NICK DRAKE

De nationalité anglaise, Nick Drake est né en 1961. Il a étudié à Cambridge avant de travailler pour la BBC et d'écrire des scénarios de films pour la télévision et le cinéma. Il a publié des revues de poésie, et est l'auteur d'une pièce de théâtre et d'un premier roman : *Néfertiti la parfaite* (Plon, 2006).

TOUTANKHAMON

DU MÊME AUTEUR
CHEZ POCKET

NÉFERTITI LA PARFAITE
TOUTANKHAMON

NICK DRAKE

TOUTANKHAMON

Le Livre des ombres

Traduit de l'anglais
par Gérard Meudal

PLON

Titre original
TUTANKHAMUN
The Book of Shadows

Le papier de cet ouvrage est composé de fibres naturelles, renouvelables, recyclables et fabriquées à partir de bois provenant de forêts plantées et cultivées durablement pour la fabrication du papier.

ISBN : 978-2-266-19775-5.

CARTES

PLAN DE LA CITÉ DE THÈBES

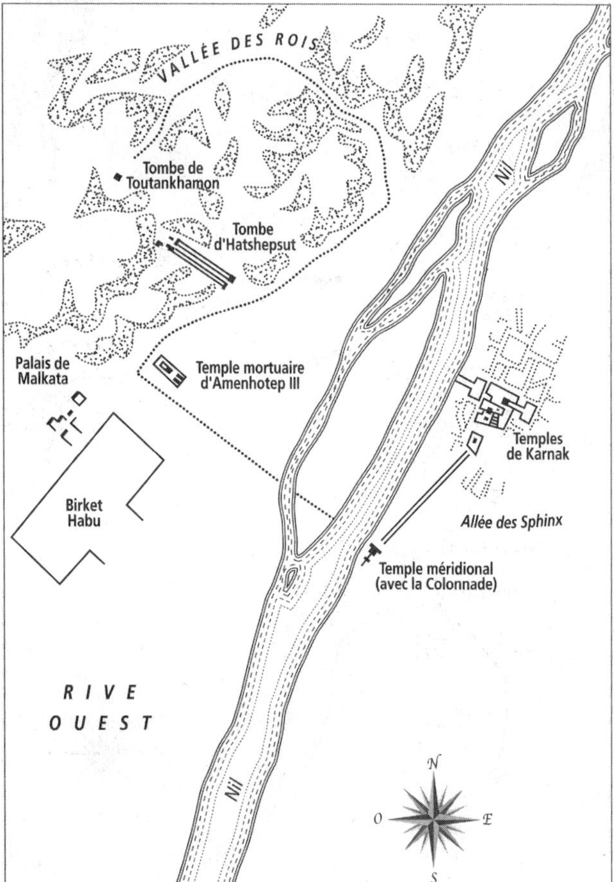

LE ROYAUME D'ÉGYPTE SOUS LA XVIIIe DYNASTIE

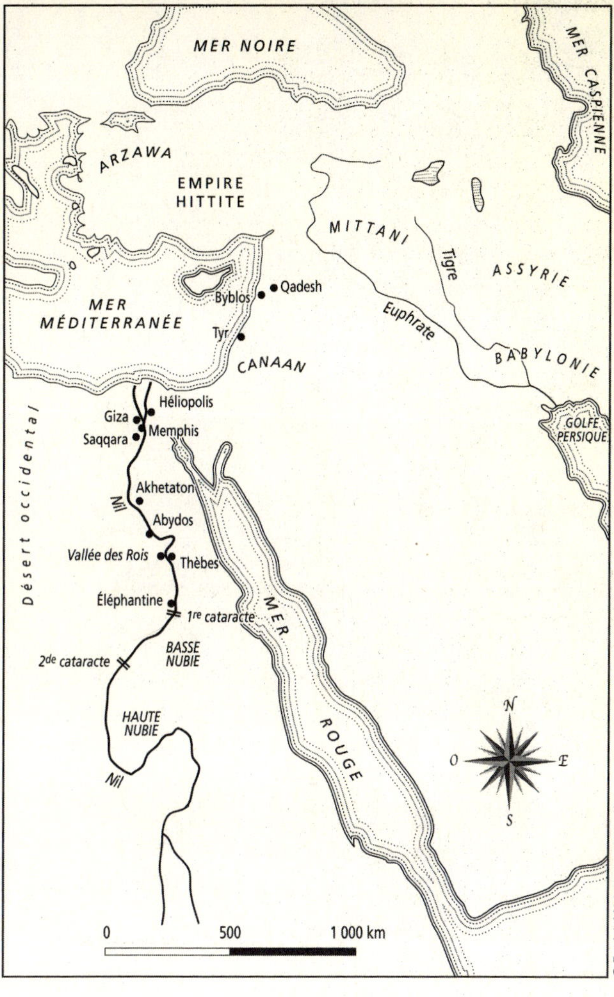

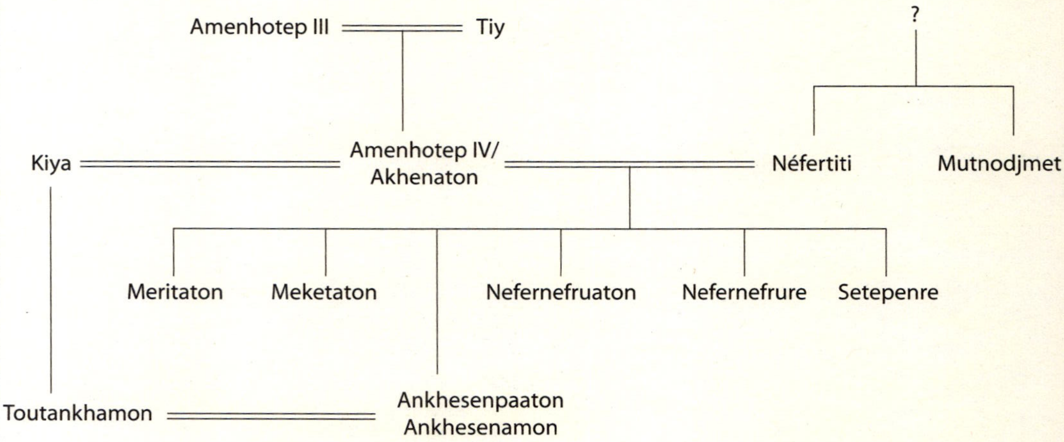

ARBRE GÉNÉALOGIQUE DE LA DYNASTIE

Liste des personnages

Rahotep, chasseur de mystères, détective en chef chez les Medjay de Thèbes (police urbaine)

Sa famille et ses amis

Tanefert, son épouse
Sekhmet, Thuyu, Nedjmet, ses filles
Amenmose, son jeune fils
Thoth, son babouin apprivoisé
Khety, son collègue policier
Nakht, noble, ami de Rahotep
Minmose, le serviteur de Nakht

La famille royale

Toutankhamon, seigneur des Deux Terres, « Vivante Image d'Amon »

Ankhesenamon, la reine, fille d'Akhenaton et de Néfertiti

Mutnodjmet, tante d'Ankhesenamon, épouse d'Horemheb

Les dignitaires du palais

Ay, régent et « Père de Dieu »

Horemheb, général en chef des armées des Deux Terres

Khay, chef des scribes

Simut, commandant de la garde du palais

Nebamon, chef des Medjay de Thèbes

Maia, porteuse de l'éventail de la Main droite du roi, nourrice de Toutankhamon

Pentu, médecin personnel de Toutankhamon

Au temps où Sa Majesté a été couronnée, les temples et les domaines des dieux et des déesses depuis Éléphantine jusqu'aux marais de Basse-Égypte tombaient tous en ruine. Leurs tombeaux s'écroulaient, n'étaient plus que de simples monticules envahis par l'herbe. Leurs sanctuaires avaient l'air de n'avoir jamais existé et leurs monuments n'étaient plus que des sentiers. La terre entière était plongée dans le chaos. Les dieux s'en étaient détournés. Lorsqu'une armée fut expédiée au nord de la Syrie pour étendre les frontières de l'Égypte, elle ne remporta aucun succès. Quand on sollicitait un dieu dans ses prières, il ne se manifestait pas. Si de la même façon on implorait une déesse, elle ne répondait pas… Le cœur des dieux s'était évanoui de leurs divines statues. Ce que l'on avait construit avait été détruit.

Stèle de la restauration érigée dans le temple de Karnak au cours des premières années du règne de Toutankhamon.

Première partie

« Je te connais, je connais tes noms. »

Textes mortuaires, verset 407.

1

Dixième année du règne du roi Toutankhamon, Vivante Image d'Amon.

Thèbes, Égypte.

Trois coups brefs. Puis un silence qui me fit dresser l'oreille et affola les battements de mon cœur. Enfin, à mon grand soulagement je reconnus le dernier coup bref du signal familier. Je relâchai doucement ma respiration. Je devais commencer à me faire vieux. Il faisait encore sombre et je ne dormais toujours pas, occupé à réfléchir car le sommeil, une fois de plus, m'avait trahi comme il le fait souvent au cours de ces petites heures mélancoliques qui précèdent l'aube. Je me levai et m'habillai rapidement en regardant Tanefert. La tête de ma femme reposait élégamment sur son appuie-tête mais ses beaux yeux inquiets étaient grands ouverts et m'observaient.

— Rendors-toi, je te promets de rentrer à temps.

Je lui donnai un léger baiser. Elle se pelotonna comme un chat et me regarda partir.

J'écartai le rideau et contemplai un instant mes trois filles endormies, Sekhmet, Thuyu et Nedjmet, couchées sur leur lit dans la chambre jaune qu'elles partagent, une pièce emplie de vêtements, de vieux jouets, de papyrus, d'ardoises, de dessins datant de leur enfance et d'autres objets dont l'usage me demeure un mystère. Notre maison est devenue trop petite pour trois grandes filles. Je prêtai l'oreille à la respiration rocailleuse de mon père dans sa chambre du fond. Elle se tut un long moment puis un nouveau souffle se fraya laborieusement un chemin à travers son corps âgé. Pour finir, comme je le fais toujours avant de quitter la maison, je m'approchai de mon jeune fils Amenmose : il dormait paisiblement d'un sommeil profond, étalé de tout son long comme un chien au coin du feu. Je déposai un baiser sur son front transpirant de chaleur. Il ne bougea pas.

Je pris mes laissez-passer car le couvre-feu était encore en vigueur et refermai la porte sans bruit. Thoth, mon babouin apprivoisé, jaillit de l'endroit où il dormait dans la cour et bondit à ma rencontre, sa courte queue touffue dressée en l'air, et il se mit sur ses pattes arrière pour me faire fête. Je le laissai flairer ma main avant de la passer dans sa fourrure brune et dense. J'esquissai un geste de libation devant la niche où se tient le petit dieu du foyer qui sait bien que je ne crois pas en lui. Puis j'ouvris la barrière et m'avançai dans la ruelle obscure où m'attendait Khety, mon adjoint.

— Eh bien ?

— On a découvert un cadavre, répondit-il tranquillement.

— Et c'est pour cela que tu me réveilles ? Cela ne pouvait pas attendre jusqu'au matin ?

Khety sait très bien combien je peux être de mauvaise humeur quand on me dérange trop tôt.

— Attends seulement de l'avoir vu, répondit-il.

Nous nous mîmes en route en silence. Thoth tirait sur sa laisse, gambadant à quatre pattes, la queue dressée, tout excité d'être dehors en pleine nuit et impatient de se lancer sur toutes les pistes qui pourraient se présenter. La nuit était claire et superbe ; la saison chaude de *Shemu* venait de s'achever, et avec l'apparition du signe de Sirius, l'étoile du Grand Chien, la crue était venue submerger les rives du Grand Fleuve et inonder les champs de son riche limon nourricier. Le temps des réjouissances était donc revenu une fois de plus. Ces dernières années les eaux n'avaient pas suffisamment monté, ou beaucoup trop, et elles avaient alors causé des ravages. Mais cette année la crue était parfaite et elle apportait joie et soulagement à une population accablée et même désespérée par cette sombre période du règne de Toutankhamon, roi de Haute et de Basse-Égypte.

La clarté de la lune éclairait notre chemin, nous tenant lieu de lampe. Elle était presque pleine, drapée dans sa traîne d'étoiles comme dans un magnifique manteau, cette déesse Nut que, d'après les prêtres, nos yeux morts contempleront quand nous serons étendus dans la petite barque de la mort nous emportant par-delà l'océan jusqu'à l'Autre Monde. Allongé sur mon lit, incapable de trouver le sommeil, je n'avais cessé de remâcher cette idée car je suis du genre à voir partout l'ombre de la mort : sur le visage radieux de mes enfants, dans les rues de la ville envahies par la foule, dans la vanité dorée des grandes salles de la cité et toujours, d'une certaine façon, au coin de mon propre regard.

— À ton avis que voit-on après la mort ? demandai-je.

Khety sait bien qu'il doit supporter de bonne grâce mes divagations philosophiques occasionnelles et bien davantage encore. Il est plus jeune que moi et, malgré toutes les scènes sinistres dont il a été témoin au cours de sa carrière au service des Medjay, il a réussi à garder une expression de franchise et de fraîcheur, et ses cheveux, contrairement aux miens, sont restés naturellement aussi noirs que la nuit. Il est toujours aussi vif qu'un chien de race, et animé de la même passion pour la chasse, si différent en cela de mon caractère pessimiste et souvent désenchanté. À mesure que je prends de l'âge il me semble en effet que la vie n'est tout simplement qu'une suite infinie de problèmes à résoudre plutôt que de jours à savourer. Je m'en fais moi-même le reproche : « Quel rabat-joie je suis devenu ! »

— Je pense que l'on voit de verts pâturages où les aristocrates vaniteux sont devenus des esclaves et tous les esclaves des aristocrates vaniteux, quant à moi je n'ai qu'une chose à faire à longueur de journée, chasser le canard dans les marais de roseaux et boire de la bière pour fêter mes glorieux succès.

Je ne relevai pas sa plaisanterie.

— Si nous devons voir quelque chose, pourquoi les embaumeurs nous mettent-ils des oignons dans les orbites ? *Des oignons !* Le bulbe des larmes…

— Peut-être en vérité ne voyons-nous l'Autre Monde que par les yeux de l'esprit, répondit-il.

— Te voilà qui parles comme un philosophe.

— Et cependant ceux qui sont riches de naissance paressent toute la journée, profitant de leurs biens et poursuivant leurs affaires amoureuses pendant que je m'échine comme un chien et ne gagne rien.

— Voilà un mystère encore bien plus grand.

Nous franchîmes le labyrinthe des vieilles ruelles étroites qui zigzaguent au milieu d'habitations rudimentaires construites sans aucun plan. Dans la journée ce quartier serait bruyant et plein de monde mais, la nuit, il était plongé dans le silence en raison du couvre-feu. Les magasins coûteux et leurs marchandises de luxe étaient protégés par des volets comme des tombes garnies d'offrandes, les chariots et les étals de l'allée des Fruits avaient disparu pour la nuit, les échoppes des menuisiers, des bourreliers et des verriers étaient vides et obscures ; même les oiseaux, dans leurs cages pendues au clair de lune, se taisaient. Car en ces jours sombres la peur obligeait chacun à obéir. Le règne désastreux d'Akhenaton au cours duquel la cour royale et les temples avaient quitté Thèbes pour s'établir à Akhetaton, nouvelle capitale en plein désert, s'était effondré dix ans auparavant. Les puissants prêtres d'Amon qui avaient été chassés et dont on avait confisqué les biens sous le règne d'Akhenaton avaient dorénavant récupéré leurs pouvoirs, leurs terres immenses et leurs inestimables fortunes. Mais la stabilité n'en avait pas pour autant été restaurée car les récoltes étaient mauvaises, la peste faisait des morts par milliers et beaucoup pensaient que de tels désastres étaient le châtiment des graves péchés commis sous le règne d'Akhenaton. Comme pour accréditer cette thèse, les membres de la famille royale moururent l'un après l'autre, d'abord Akhenaton, puis cinq de ses six filles et, pour finir, Néfertiti, sa reine si belle dont les derniers jours demeurent en privé l'objet de bien des spéculations.

Toutankhamon avait hérité le trône des Deux Terres à l'âge de neuf ans et avait alors immédiatement été marié à Ankhesenamon, la dernière fille survivante d'Akhenaton et de Néfertiti. C'était là une alliance étrange mais nécessaire car ils étaient tous les deux les enfants d'Akhenaton, quoique de mères différentes, et surtout ils étaient les derniers survivants de leur grande dynastie ; qui d'autre aurait-on pu couronner ? Cependant, ils n'étaient que des enfants, et c'est Ay, le régent, le « Père de Dieu » selon son titre officiel, qui depuis lors a gouverné de manière implacable, imposant la loi de la terreur grâce à des fonctionnaires qui ne semblaient comprendre que le langage de la peur. Des hommes irréels. Dans un monde pourtant si ensoleillé nous vivons dans un lieu obscur en des temps bien sombres.

Nous parvînmes à la maison qui était semblable à la plupart de celles de ce quartier, un haut mur de terre branlant la protégeant de l'étroite ruelle, une entrée pourvue d'une vieille porte de bois toute de guingois et toujours entrouverte, et enfin l'habitation toute simple construite en terre, abritant plusieurs étages de nouveaux logements empilés les uns sur les autres de manière plutôt précaire car l'espace est précieux dans la ville surpeuplée de Thèbes. J'attachai Thoth à un piquet dans la cour et nous entrâmes.

Il n'était pas facile de deviner son âge ; son visage allongé en forme d'amande et d'une délicatesse presque élégante était à la fois jeune et vieux, il avait un corps d'enfant mais aussi de vieillard. Il pouvait tout aussi bien avoir douze ans que vingt ans. En principe, ses pauvres os auraient dû être tordus et imbriqués les uns dans les autres après toute une vie de positions aberrantes imposées par son corps d'infirme. Mais je vis à la faible lueur de la lampe à huile dans la niche murale qu'on les avait brisés en plusieurs endroits et redisposés comme les fragments d'une mosaïque. Je soulevai délicatement un de ses bras : il était aussi léger que le plumet d'un roseau, d'une consistance à la fois molle et hérissée de pointes à cause des multiples fractures. On aurait dit une étrange poupée faite d'une étoffe très douce et de cailloux pointus.

On l'avait couché dans une position conforme aux rites funéraires, les jambes allongées, ses bras maigres et inégaux croisés, reposant l'un sur l'autre, ses paumes décharnées ouvertes de force comme les serres d'un faucon. Ses yeux étaient recouverts de feuilles d'or, et on avait dessiné autour d'eux en noir et vert l'Œil de Râ. Je soulevai délicatement les feuilles. Les deux yeux avaient été enlevés. Je contemplai l'étrange spectacle de ces orbites vides puis les recouvris à l'aide des feuilles d'or. Son visage était la seule partie de son corps que l'on n'avait pas réussi à remodeler, mais si l'on songe au nombre de muscles qui entrent en jeu pour un simple sourire, c'est peut-être parce que ses traits déformés ne s'étaient pas laissé convaincre d'abandonner leur habituel rictus de travers malgré les pinces, les ciseaux ou tous les autres instruments que ce sculpteur fou avait dû employer pour tenter de restaurer le matériau imparfait de ce corps. Cette grimace persistante avait l'air d'une petite victoire face à un tel déploiement de cruauté. Mais bien sûr il n'en était rien. Sa peau très pâle, preuve qu'il avait rarement été autorisé à s'exposer au soleil, était aussi froide que de la viande. Il avait de beaux doigts très longs, des ongles soignés qui n'avaient pas été abîmés. Ses mains tordues ne semblaient pas lui avoir beaucoup servi au cours de sa vie, pas même pour lutter contre son grotesque destin. Curieusement, il n'avait aucune trace de liens, ni aux poignets, ni aux chevilles, ni autour du cou.

On lui avait infligé un traitement pervers et cruel qui avait dû demander une force physique considérable ainsi que certaines connaissances et un vrai talent en matière d'anatomie, mais ce n'était pas nécessairement la cause de sa mort. Un jour j'avais été amené à enquêter sur la victime d'une guerre entre bandes rivales dans la banlieue pauvre : le corps avait été enroulé dans une natte de roseau mais on avait laissé dépasser la tête pour qu'il puisse assister à son propre châtiment qui consistait à le rouer de coups à l'aide de gros gourdins. Je revois encore son regard terrorisé au moment où l'on déroula doucement la natte ruisselante de son sang lorsque son corps s'effondra et qu'il mourut.

La plupart des victimes d'assassinat révèlent l'histoire de leur fin par leur position, les traces et les blessures que l'on a infligées à leur corps. Même leur expression reste parfois éloquente malgré le vide de la mort qui les fige comme des statues : la panique, le choc, la terreur, tout cela est enregistré et laisse des traces pendant un certain temps après que le petit oiseau de l'âme, le *Ba*, s'est envolé. Mais ce jeune homme semblait étrangement calme. Pourquoi ? Il me vint l'idée que le meurtrier avait pu le droguer à l'aide d'un narcotique quelconque. Dans ce cas il devait avoir certaines connaissances en matière de pharmacopée et le moyen d'y accéder. Des feuilles de cannabis peut-être, ou alors de la fleur de lotus infusée dans du vin ? Mais ni l'un ni l'autre n'aurait pu avoir plus qu'un léger effet soporifique. La racine de mandragore, sous forme d'extrait, est un sédatif plus puissant. Le niveau de violence et la complexité de ce crime suggéraient quelque chose de plus efficace encore. Peut-être du jus de pavot qu'il était toujours possible de se procurer quand on savait à qui s'adresser, conservé dans des récipients en forme de gousses de pavot à l'envers et que l'on importait dans le pays par les voies les plus secrètes, l'essentiel de la récolte provenant des terres de nos ennemis du Nord, les Hittites, avec lesquels nous sommes engagés dans une longue guerre d'usure pour le contrôle stratégique des territoires d'une importance vitale qui séparent nos deux empires. Cette substance était interdite mais c'était un luxe très populaire.

La chambre de la victime située au rez-de-chaussée et donnant directement sur la cour était aussi impersonnelle qu'un entrepôt. On n'y trouvait pas grand-chose pour rappeler la courte vie du garçon à part quelques rouleaux de papyrus et un hochet. Un simple tabouret de bois était placé près de l'entrée : il avait dû s'y tenir dans l'obscurité, occupé à observer le mouvement de la rue par l'encadrement de la porte, une porte que le meurtrier pouvait avoir franchie facilement à la faveur de la nuit. Ses béquilles étaient appuyées contre le mur auprès du lit. Le sol en terre battue était soigneusement balayé, on n'y voyait aucune trace des sandales de l'assassin.

À en juger par l'aspect de la maison et son emplacement, ses parents devaient appartenir à la classe inférieure des bureaucrates, et ils avaient probablement dû cacher leur fils aux regards critiques et superstitieux des gens, car certains pensent que de telles infirmités sont le signe qu'on est rejeté et abandonné par les dieux alors que d'autres y voient le signe d'une grâce divine. Khety allait interroger les serviteurs et recueillir les dépositions des membres de la famille. Mais je savais déjà qu'il n'en sortirait rien car le meurtrier n'était pas du genre à se permettre des erreurs grossières, il avait bien trop d'imagination pour cela et beaucoup trop de *flair.*

Je restai assis sans rien dire, contemplant l'étrange puzzle disposé devant moi, plongé dans la perplexité et l'incompréhension face à l'étrangeté délibérée d'un tel acte. Le traitement infligé à ce garçon devait signifier quelque chose de particulier, une intention ou un commentaire écrit sur son corps. Le meurtrier voulait-il seulement manifester le pouvoir qu'il avait d'accomplir une telle horreur ? Peut-être exprimait-il son mépris pour les imperfections de ce corps et cherchait-il à proclamer son besoin profond de perfection ? Ou alors, et l'hypothèse était plus intéressante, la ressemblance possible entre ce garçon et le roi, affligé lui-même de ces propres infirmités, même si je dois garder à l'esprit qu'il ne s'agit là que de rumeurs, avait peut-être joué un rôle spécifique ? Pourquoi avait-on peint son visage du signe d'Osiris, le dieu des Ombres ? Pourquoi lui avait-on enlevé les yeux ? Et pourquoi, curieusement, tout cela me rappelait-il un vieux rite d'exécration selon lequel nos ancêtres damnaient leurs ennemis en commençant par écraser des tablettes d'argile sur lesquelles ils avaient écrit leurs noms et leurs titres avant de les exécuter en les décapitant et de les enterrer à l'envers ? Il y avait là de la complexité, de l'intelligence et une intention délibérée. C'était presque aussi clair qu'un message, si ce n'est qu'il était rédigé dans un langage que je ne savais pas déchiffrer.

Soudain, je remarquai un détail. Autour du cou, dissimulée sous sa tunique, il y avait une bande de tissu d'une finesse exceptionnelle sur laquelle on avait tracé des hiéroglyphes à l'aide d'une très belle encre. Je levai la lampe. C'était un talisman, destiné tout spécialement à protéger les morts durant leur voyage nocturne à travers l'Autre Monde, sur la barque du Soleil. Il s'achevait par ces mots : « Ton corps, ô Râ, est éternel grâce à ce talisman. »

Je restai assis là à observer attentivement cet objet très rare jusqu'à ce que Khety se mette à tousser discrètement sur le seuil de la chambre. Je rangeai le morceau de tissu dans ma tunique, bien décidé à le montrer à Nakht, mon vieil ami aussi noble par la fortune que par le caractère, expert en matière de sagesse et de sortilèges et en tant d'autres choses.

— La famille est prête à te recevoir, dit-il.

Ils attendaient dans une pièce sur le côté éclairée par quelques chandelles : la mère plongée dans son chagrin se balançait d'avant en arrière en pleurant doucement, son mari se tenait assis auprès d'elle muré dans un silence d'incompréhension. J'allai vers eux et leur présentai mes condoléances bien dérisoires, j'adressai au père un signe de tête discret et il me suivit dans la petite cour où nous nous assîmes sur le banc.

— Je m'appelle Rahotep. Je suis enquêteur en chef dans la section des Medjay de Thèbes. Khety mon assistant devra t'interroger plus en détail. C'est malheureusement nécessaire, même dans un moment comme celui-ci. Mais dis-moi, as-tu entendu ou remarqué quelque chose d'inhabituel hier soir ?

Il secoua la tête.

— Rien. Nous ne montons pas la garde la nuit car ici tout le monde nous connaît et nous ne sommes pas riches. Nous sommes des gens ordinaires. Nous dormons à l'étage pour avoir de la fraîcheur, mais notre fils dormait ici, au rez-de-chaussée. C'était bien plus pratique pour lui quand il avait envie de se déplacer. Et puis il aimait bien observer ce qui se passait dans la rue, c'est tout ce qu'il pouvait voir de la vie de la cité. S'il avait besoin de nous pendant la nuit, il appelait.

Il se tut un instant comme s'il guettait le silence dans l'espoir d'entendre l'appel de son fils mort.

— Quelle sorte d'homme peut bien faire cela à un garçon si simple et innocent ?

Il me regarda, quêtant désespérément une réponse. Mais je n'en avais aucune qui puisse lui être de quelque secours en ce moment.

Le profond chagrin qu'on pouvait lire dans son regard venait de se muer brusquement en flamme désespérée de pure vengeance.

— Quand tu l'attraperas, amène-le-moi. Je le tuerai, lentement et sans pitié. Il comprendra ce que c'est véritablement que souffrir.

Je ne pouvais pas lui faire une telle promesse. Il détourna son regard et son corps se mit à trembler. Je le laissai seul avec son chagrin.

Nous sortîmes dans la rue. Dehors, l'horizon vers l'est passait rapidement de l'indigo au turquoise. Khety poussa un grand bâillement.

— Tu as l'air d'un chat de cimetière.

— Et je suis aussi affamé qu'un chat, répondit-il quand il eut fini de bâiller.

— Avant de penser au petit déjeuner, réfléchissons un peu au cas de ce jeune homme.

— Pervers, fit-il en hochant la tête.

— Mais animé d'une détermination étrange.

Il hocha à nouveau la tête en observant à ses pieds l'obscurité qui semblait changer presque à vue d'œil comme s'il devait y trouver un indice.

— Tout est sens dessus dessous en ce moment. Mais aller jusqu'à mutiler et refaçonner de pauvres garçons infirmes et sans défense… Il secoua la tête, l'air stupéfait.

— Et aujourd'hui précisément, le grand jour de la fête… Et cette ressemblance possible avec le roi en personne, ajoutai-je doucement.

Nous restâmes un moment plongés dans nos pensées.

— Prends les dépositions de la famille et des serviteurs. Fouille bien la pièce pour chercher ce qui aurait pu nous échapper dans le noir… Fais-le pendant que tout cela est encore frais. Tâche de savoir si les voisins n'auraient pas vu quelqu'un de bizarre traîner dans le coin. L'assassin a soigneusement choisi ce garçon. Quelqu'un pourrait l'avoir vu se promener dans le secteur. Ensuite tu n'as qu'à te rendre à la fête et t'amuser. Tu me retrouveras plus tard au quartier général.

Il hocha la tête et retourna dans la maison.

Tenant Thoth en laisse, je repris la ruelle et regagnai la grand-rue. Le dieu Râ venait d'apparaître au-dessus de l'horizon, renaissant du grand mystère de l'Autre Monde de la nuit dans un nouveau jour, blanc comme l'argent, répandant brusquement son immense lumière brillante. Aux premiers rayons qui touchèrent mon visage, il fit immédiatement chaud. J'avais promis d'être de retour auprès des enfants pour le lever du soleil et j'étais déjà en retard.

2

Les rues s'étaient brusquement remplies de monde. Les passants arrivaient des différents quartiers, des demeures de la haute société cachées derrière leurs hauts murs et leurs solides portails mais aussi des ruelles misérables et de leurs passages encombrés d'ordures. Aujourd'hui, pour une fois, les mules qu'on voyait habituellement en ville, transportant leur fardeau de briques de terre, de décombres, de fruits ou de légumes, n'étaient pas dans les rues, et les paysans immigrés qui auraient dû normalement s'empresser de rejoindre leur dur labeur jouissaient d'une journée de repos exceptionnel. Les membres de l'élite de la bureaucratie, revêtus de leur tenue plissée blanche, se tenaient cramponnés au rebord de leurs petits chars tirés par des chevaux qui brinquebalaient à grand bruit dans les rues de la cité, certains accompagnés par des gardes qui couraient à leur côté. Des hommes situés plus bas dans la hiérarchie allaient à pied accompagnés de serviteurs qui portaient leur ombrelle ; il y avait aussi des enfants de familles aisées avec leur précepteur et des femmes aux riches toilettes qui allaient rendre des visites matinales suivies de leurs servantes exubérantes ; chacun poursuivait son but comme à l'appel d'un roulement de tambour inaudible et se dirigeait vers le temple du Sud à la limite du territoire de la ville pour assister aux cérémonies de la Grande Fête. Tout le monde voulait assister à l'arrivée des bateaux sacrés transportant les châsses des dieux, et plus encore apercevoir le roi au moment où il les accueillerait publiquement, avant de pénétrer dans le plus secret et le plus sacré des sanctuaires du temple pour communier avec eux et recevoir en lui leur divinité. Mais alors que, autrefois, le principal souci de chaque spectateur aurait été de s'assurer que toute sa famille fût aussi bien habillée, aussi élégante, aussi bien nourrie, aussi impressionnante que possible, en ces jours d'obéissance contrainte, l'émerveillement et le respect avaient cédé la place au doute et à l'inquiétude. Les grandes fêtes ne ressemblaient plus au souvenir que j'en gardais de ma propre enfance à l'époque où le monde semblait être une légende sans limites : les processions et les visitations, station après station, des représentations des dieux dans leurs châsses d'or portées sur des bateaux de cérémonie en or se déployaient en un cortège somptueux et se déroulaient devant des foules survoltées, à la manière d'images sur un rouleau de papyrus.

J'entrai dans ma cour et libérai Thoth de sa laisse. Il bondit immédiatement sur sa couche et s'installa pour surveiller du coin de l'œil une des chattes qui se livrait de manière exquise à sa toilette, léchant avec application une patte avant élégamment lancée en hauteur. On aurait dit la jeune maîtresse d'un homme plus âgé prenant des poses de sainte-nitouche.

Dans la maison, c'était le chaos. Amenmose était assis en tailleur devant la table basse, tel un petit roi, frappant la table de son poing fermé comme s'il battait la mesure d'un air qui résonnait dans son esprit enjoué, si bien que son bol de lait finit par se renverser à terre pour la plus grande joie d'un autre chat qui vint le laper. Les filles couraient deçà, delà, tout à leurs préparatifs. C'est à peine si elles remarquèrent ma présence. « Bonjour », lançai-je, et elles me répondirent en écho quelque chose qui ressemblait à un salut. Tanefert me donna un baiser rapide en passant. Je m'assis donc à table avec mon fils qui resta un moment à me regarder d'un air vaguement surpris comme s'il me rencontrait pour la première fois. Puis brusquement il me gratifia d'un de ces grands sourires montrant qu'il me reconnaissait et se remit à taper du poing sur son bol pour me montrer combien il excellait à ce jeu-là. Cet enfant est le bonheur que nous n'attendions pas, la surprise et la joie de ma maturité. Il est encore à l'âge où il croit tout ce que je lui dis, et je prends bien soin de lui raconter ce qu'il y a de mieux. Évidemment, il n'en comprend pas un traître mot. Je tentai de le distraire en lui faisant boire son lait et, comme s'il s'agissait là d'une occasion très particulière, il se mit à boire d'un air solennel.

En le regardant, je repensai au garçon assassiné, au corps fracassé, et cette image grotesque s'invita soudain comme une ombre à la table des vivants. Qu'il ait été tué de cette manière précisément le jour des grandes fêtes ne pouvait être une simple coïncidence. Ce ne pouvait pas être non plus l'effet du hasard si les infirmités de la victime rappelaient celles de notre jeune roi. Même si personne évidemment n'osait faire en public la moindre allusion à ses infirmités, ses *prétendues* infirmités, le bruit courait que le corps terrestre de Toutankhamon était loin d'être parfait. Mais dans la mesure où il se montrait rarement en public, et encore dans ces cas-là était-il toujours soit sur un char, soit sur un trône, personne ne pouvait dire avec certitude ce qu'il y avait de vrai dans ces rumeurs. Cependant, il était communément admis qu'il n'avait jamais exercé le pouvoir lui-même bien qu'il en eût désormais l'âge.

J'avais rencontré son père à plusieurs reprises, des années plus tôt, dans la ville d'Akhetaton, et j'avais aperçu ce garçon qui est depuis devenu le roi même s'il n'en a que le titre. Je me souviens du *tap, tap, tap* de ses béquilles résonnant dans les couloirs de ce palais prétentieux, tragique et probablement en ruine à l'heure qu'il est. Je me souviens de son visage, charismatique, anguleux, pourvu d'un petit menton timide. Il avait l'air d'une vieille âme dans un jeune corps. Et je me rappelle ce qu'avait dit mon ami Nakht au sujet de ce garçon qui s'appelait à l'époque Toutankhaton. « Quand le temps d'Aton sera révolu, celui d'Amon sera restauré. Il se pourrait qu'il soit désigné sous le nouveau nom de Toutankhamon. » C'est exactement ce qui s'était produit. En effet, Akhenaton, devenu fou, avait été confiné dans ses palais de cet Autre Monde poussiéreux, sa cité de rêve qui tombait en ruine. Après sa mort, tous les vastes temples ouverts de la ville et les innombrables statues du roi et de Néfertiti avaient entamé leur retour inéluctable au néant, et l'on disait que les briques mêmes de ces bâtiments érigés à la hâte retournaient à présent à la poussière dont ils étaient faits.

Après la mort d'Akhenaton, dans les Deux Terres d'Égypte et toutes les colonies, on avait abandonné le culte d'Aton, et le pouvoir des prêtres des temples d'Amon avait été rétabli. L'image du disque solaire et de ses nombreuses mains tendant au-dessus du monde le Ankh, symbole de la vie, pour le bénir, n'était plus sculptée sur le mur des temples d'aucune de nos villes. La vie à Thèbes avait suivi son cours et tout le monde, d'un commun accord, faisait comme si rien de tout cela ne s'était produit. Naturellement, l'histoire ne peut être aussi facilement effacée des souvenirs personnels des gens et la nouvelle religion comptait de nombreux fidèles convaincus mais plus encore de gens qui, dans l'espoir d'obtenir des avantages matériels, avaient misé sur son triomphe, plaçant sous sa protection leur destin, leur vie et leur avenir. En privé, beaucoup restaient hostiles au pouvoir stupéfiant des prêtres et à l'autorité absolue d'un homme en particulier, Ay, un homme qui n'appartenait pas vraiment au monde naturel, un homme au sang froid, au cœur ferme, aussi résolu et indifférent que le *plic, plic, plic* d'une clepsydre. L'Égypte est actuellement le royaume le plus puissant que le monde ait jamais connu et pourtant personne ne s'y sent en sécurité. La peur, cet ennemi mystérieux et invincible, s'est emparée de chacun d'entre nous, telle une secrète armée des ombres.

Nous nous dépêchâmes de partir, tous ensemble car, comme d'habitude, nous étions en retard. La lumière intense de l'aube avait fait place à la chaleur du matin, forte et envahissante. Juché sur mes épaules, Amenmose battait des mains et hurlait de joie. Je fonçais en avant, m'ouvrant à grands cris un passage dans la foule. Les insignes officiels de ma fonction de Medjay semblaient produire moins d'effet que les grognements de Thoth : il m'aidait à me frayer un chemin dans cette masse enfiévrée de corps en sueur qui luttaient pour gagner un peu de place et un peu d'air, bloquant les ruelles étroites et sinueuses et les passages qui menaient au Grand Fleuve. La musique des instruments à cordes et des trompettes rivalisait avec les cris, les chants et les huées des hommes qui s'interpellaient dans de joyeuses retrouvailles ou de fantastiques disputes. Des singes en laisse menaient un grand tapage et des oiseaux en cage poussaient des cris perçants. Les vendeurs ambulants vantaient leurs marchandises et leur nourriture en insistant sur l'excellence de leurs produits. Un fou au visage émacié, le regard enflammé rivé sur le ciel, annonçait l'arrivée des dieux et la fin du monde. J'appréciais le spectacle tout autant que mon fils.

Les filles suivaient, vêtues de leurs plus beaux habits, les cheveux luisants parfumés au moringa et à l'huile de lotus. Fermant la marche, Tanefert veillait à ce qu'aucun d'entre nous ne s'égare et à ce que personne ne s'approche des filles. Mes filles deviennent des femmes. Que vais-je ressentir lorsque les trois perles de ma vie vont me quitter pour entrer dans l'âge adulte ? J'ai aimé chacune d'elles avant même l'instant où elles sont arrivées dans ce monde en répondant par des cris à l'appel de leur nom. Tandis que la pensée de leur départ commençait à me torturer, je jetai un coup d'œil derrière moi. Sekhmet, l'aînée, me sourit tranquillement. C'est la savante de la famille, elle prétend être capable de lire dans mes pensées, ce qui est franchement inquiétant étant donné l'absurdité qui caractérise la plupart de mes rêveries.

— Papa, il faudrait se dépêcher.

Elle avait raison, comme toujours. L'heure de l'arrivée des dieux approchait.

Nous trouvâmes des sièges dans la tribune officielle à l'ombre des arbres au bord du fleuve.

Tout au long de la rive est, des présentoirs d'offrandes et des reliquaires avaient été dressés, et une vaste foule s'était rassemblée, attendant avec impatience l'arrivée des bateaux. Je fis signe à plusieurs personnes que je reconnus. En bas, devant nous, de jeunes officiers

Medjay s'efforçaient sans grand succès de canaliser la foule, mais il en était toujours de même pendant les fêtes. Je jetai un coup d'œil à la ronde : le nombre des forces de sécurité semblait étonnamment important. Mais le maintien de l'ordre était devenu une obsession nationale.

Tout à coup, Thuyu poussa un cri et montra du doigt le premier des bateaux à rames qui venait d'apparaître au nord, et au même moment nous aperçûmes les haleurs sur la rive, qui peinaient à faire avancer l'*Userhet*, le Grand Vaisseau du dieu Amon. À cette distance, le temple flottant célèbre et ancien n'était qu'une lueur sur les eaux miroitantes. Mais tandis qu'il se rapprochait et virait en direction de la rive, on distingua clairement les têtes de bélier à la proue et à la poupe, et le soleil dans toute sa gloire frappa les disques polis placés au-dessus de ces têtes et projeta des éclairs aveuglants tant sur la vaste étendue des eaux vert et brun que parmi la foule éblouie. Les filles en retenaient leur souffle ; elles se levèrent et se mirent à gesticuler et à crier. Au mât du bateau et sur l'aviron à l'arrière flottaient des banderoles de couleurs vives. Et au centre se dressait le sarcophage renfermant le Dieu caché en personne qui allait être transporté en grande pompe à travers la foule sur la courte distance qui sépare l'embarcadère de l'entrée du temple.

Les rameurs à l'arrière et les haleurs sur la rive manœuvrèrent adroitement pour amener le bateau le long du quai de pierre. À présent on le voyait bien, la frise de cobras protectrice au-dessus du naos, les couronnes sur la tête des béliers, les faucons d'or sur leur perchoir. Amenmose en était interloqué et gardait sa petite bouche grande ouverte, ébloui par cette vision d'un autre monde. Alors s'éleva une clameur immense et assourdissante qui effraya mon fils et le fit se lover contre ma poitrine, au moment où les prêtres portèrent le naos du dieu sur leurs épaules. Ils peinaient à équilibrer le fardeau d'un tel poids d'or massif tandis qu'ils descendaient doucement et précautionneusement la passerelle pour rejoindre le quai. La foule essayait de forcer le barrage que formaient les gardes en se tenant par les bras. Les dignitaires, les prêtres et les souverains étrangers s'agenouillèrent et firent leurs offrandes. On lança des fleurs sur le chemin qu'empruntaient les porteurs du naos contenant la statue du dieu.

Le temple n'était pas très éloigné de la rive. Le parcours prévoyait des pauses rituelles au cours desquelles le naos devait s'arrêter un bref instant pour permettre au Dieu caché d'accepter les offrandes. Avant de traverser le grand espace ouvert et de gagner les portes du temple pour pénétrer dans la nouvelle colonnade processionnelle. C'est Amenhotep III, le grand-père du roi, qui en avait ordonné la construction, mais c'est seulement maintenant, bien des années plus tard, qu'elle fut finalement achevée à temps pour le moment le plus important de la fête.

Il était temps de s'en aller si on voulait être bien placés pour assister à l'entrée du naos dans le temple.

3

Nous nous frayâmes un chemin à travers la foule pour gagner la vaste demeure de ville de Nakht qui se dresse près de la Voie sacrée, au nord de l'entrée du temple. On ne trouve là les résidences que des plus riches et des plus puissantes familles de la ville, et mon vieil ami Nakht fait partie de cette société très fermée, même s'il n'a rien de commun, en tant qu'individu, avec ces personnages hautains, arrogants et grotesques qui constituent la grande majorité de nos prétendues élites. Je remarquai une fois de plus le solide dédain que j'éprouvais pour ces gens-là et tâchai de me préparer aux manifestations de condescendance que cette assemblée allait inévitablement me réserver.

Vêtu de ses plus beaux habits, il se tenait à quelques pas en retrait de la grande porte principale où il accueillait ses nombreux amis riches et célèbres. Son visage avait des traits anguleux qui s'étaient accentués avec l'âge et d'étranges yeux mouchetés de topaze qui semblaient observer la vie et les gens comme un spectacle fascinant mais légèrement lointain. C'est l'homme le plus intelligent que j'aie jamais rencontré, et pour lui la vie de l'esprit et l'exercice de l'intelligence pour percer les mystères du monde sont ce qui compte par-dessus tout. Il n'est pas marié et ne semble pas en souffrir car il mène une vie passionnante, entouré de la compagnie la plus choisie. Il a toujours eu quelque chose du faucon, comme s'il était ici perché sur cette terre, prêt à prendre son envol vers l'empyrée d'un bref sursaut de son puissant esprit. Pourquoi sommes-nous amis, je ne suis pas sûr de le savoir, mais il a toujours l'air d'apprécier ma compagnie. Et il aime sincèrement ma famille. Quand il vit les enfants, son visage rayonna de ravissement car ils l'adorent. Il les embrassa ainsi que Tanefert, qui à mon goût l'adore, elle, un peu trop, et il nous entraîna à travers la superbe oasis de calme de la cour magnifique, remplie d'oiseaux extraordinaires et de plantes rares.

— Venez sur la terrasse, dit-il en offrant à chacun des enfants des friandises traditionnelles de la fête, tel un magicien bienveillant. Vous êtes presque en retard, je ne veux pas que vous manquiez un instant de cette journée exceptionnelle.

Attrapant Nedjmet absolument ravie dans ses bras, et docilement suivi par les deux autres filles, il grimpa à grands pas le vaste escalier pour déboucher sur le toit en terrasse aux dimensions exceptionnelles. Contrairement à la plupart des gens qui utilisent leur minuscule toit plat pour faire sécher au soleil des fruits et des légumes ou pour étendre la lessive, Nakht utilise cet espace bien plus étendu à des fins nettement moins prosaïques ; il s'en sert, par exemple, pour observer le cours des étoiles dans le ciel nocturne, car sonder ce mystère constitue sa principale passion. Il s'en sert aussi pour ses fameuses réceptions auxquelles il invite un éventail complet de gens de tous les milieux. Et aujourd'hui toute une foule grouillait là ; elle buvait son excellent vin, se régalait de ses délicates bouchées offertes sur des plateaux disposés sur des guéridons un peu partout, et elle poursuivait ses conversations sous la protection d'un auvent aux broderies magnifiques ou sous des parasols que des serviteurs en sueur tenaient patiemment.

La vue était une des plus belles de la ville. Les toits de Thèbes s'étendaient au loin dans toutes les directions, labyrinthe de bois et de terre cuite parsemé des nombreuses taches rouges et jaunes des récoltes mises à sécher, encombré de meubles cassés mis au rebut et de caisses, d'oiseaux en cage et d'autres groupes de gens qui s'étaient rassemblés sur ces postes d'observation dominant le chaos des rues. En laissant courir mon regard dans toutes les directions je pris conscience que la ville s'était considérablement agrandie au cours des dix dernières années.

Toutankhamon tenait à manifester publiquement que la famille royale témoignait de son attachement renouvelé à l'égard d'Amon, le dieu de la cité, et lui octroyait ses largesses, mais aussi à l'égard des prêtres qui possédaient et administraient les temples en leur permettant d'en construire de nouveaux, toujours plus fastueux et plus ambitieux. Pour ce faire on avait besoin d'un grand nombre d'ingénieurs, d'artisans, et surtout de manœuvres dont les bicoques par quartiers entiers avaient jailli autour des temples, repoussant les limites de la ville au milieu des terres cultivées particulièrement au nord et à l'est. Je regardai en direction du nord et je vis les ruelles sombres anciennes, les porcheries, les ateliers et les petites maisons du cœur ingouvernable de la ville coupés en deux par le tracé bizarrement rectiligne de la voie des Offrandes construite avant ma naissance. À l'ouest, on aperçoit le serpent d'argent étincelant du Grand Fleuve et sur chaque rive les champs renvoient un éclat aveuglant comme des éclats de miroir brisé qu'on aurait soigneusement disposés là où l'inondation les a submergés.

Beaucoup plus loin, sur la rive ouest, au-delà des bandes de terres cultivées, s'étend la vaste nécropole de pierre des temples du désert, et encore au-delà les tombes souterraines cachées des rois dans leur Vallée secrète ; au sud de ces temples se dresse le palais royal de Malkata et son quartier de bureaux et d'habitations réservé aux fonctionnaires, devant la vaste étendue d'eaux dormantes du lac de Birket Habu. Au-delà de la ville et son territoire est tracée la frontière définitive entre la Terre noire et la Terre rouge ; là il est possible de se tenir, un pied dans le monde des vivants et l'autre dans celui de la poussière et du sable, là où le soleil disparaît toutes les nuits, là où nous envoyons nos esprits après la mort et nos criminels pour qu'ils y périssent, là où rôdent les monstres de nos cauchemars qui viennent nous hanter dans ces profondes et stériles ténèbres.

Devant nous, filant du nord au sud, en passant entre la vaste enceinte du temple de Karnak et celle du temple du Sud, la Voie sacrée était aussi vide qu'une rivière à sec, à l'exception des balayeurs qui s'empressaient de nettoyer les dernières traces de poussière et les débris pour que tout soit parfait. Devant le grand mur de briques peintes du temple du Sud, des phalanges de l'armée de Thèbes et des foules de prêtres en robes blanches se tenaient massées en silence, en rangs serrés. Après le chaos animé des quais, il régnait ici un ordre parfaitement réglé. Des officiers Medjay repoussaient la foule qui se pressait autour de l'espace découvert et des deux côtés de la voie, et sur une telle distance qu'on ne distinguait plus d'eux au loin qu'un miroitement flou, tant ils étaient venus nombreux, rêvant tous d'avoir la chance d'apercevoir le dieu en ce jour solennel.

Nakht apparut à côté de moi. Pendant un instant nous fûmes seuls.

— Je me fais peut-être des idées mais il me semble que l'atmosphère est étrange, dis-je.

Il acquiesça.

— Elle n'a jamais été aussi tendue.

Les hirondelles, tout au plaisir de leur vol, zigzaguaient autour de nos têtes. Discrètement, je lui montrai l'amulette de tissu.

— Que peux-tu me dire de ceci ?

Il la regarda d'un air surpris et la lut rapidement.

— C'est un charme destiné à la mort, comme tu dois le savoir toi-même. Mais il est d'un genre très particulier. Il est dit qu'il a été rédigé par Thoth, dieu de l'Écriture et de la Sagesse, pour le grand dieu Osiris. Pour que le charme soit vraiment efficace, il faut que l'encre soit fabriquée à base de myrrhe. Un tel objet est généralement réservé aux funérailles de la crème des plus hauts personnages.

— Qui par exemple ? demandai-je, interloqué.

— Des grands prêtres, des rois. Où l'as-tu trouvé ?

— Sur le cadavre d'un garçon infirme. Et qui n'était certainement pas un roi.

C'était au tour de Nakht d'avoir l'air surpris.

— Quand ?

— Dès l'aube, ce matin.

— Pour l'instant je n'y comprends rien, déclara-t-il.

— Moi non plus. Toutefois je ne crois pas aux coïncidences.

— Parler de coïncidence revient à dire qu'on perçoit un rapport entre deux événements sans être capable de discerner la signification de ce lien, fit-il observer avec concision.

— Tout ce que tu dis sonne toujours parfaitement juste, mon ami. Tu as le don de transformer la confusion en épigramme.

— Oui, dit-il en souriant, mais c'est une sorte de malédiction pour moi. Je suis bien trop ordonné pour que cela me soit utile, et la vie, comme tu sais, est généralement faite de chaos.

Je l'observais tandis qu'il continuait à examiner le tissu et la formule magique. Il pensait à quelque chose qu'il ne voulait pas me dire.

— Eh bien, c'est un mystère, mais viens à présent, fit-il de sa façon péremptoire. C'est une réception et il y a pas mal de gens que j'aimerais te présenter.

Il me prit par le coude et m'emmena rejoindre la foule bruissante de conversations.

— Tu sais bien que je ne supporte guère les grands hommes et les gens de qualité, murmurai-je.

— Oh ! Ne les prends pas de plus haut qu'ils ne sont déjà. Il y a ici aujourd'hui beaucoup de gens remarquables par leurs intérêts et leurs passions, des architectes, des bibliothécaires, des ingénieurs, des écrivains, des musiciens, et quelques hommes d'affaires et des financiers pour faire bonne mesure car l'art et la science dépendent aussi de judicieux investissements. Comment notre culture pourrait-elle croître et progresser si nous ne partagions pas notre savoir ? Et où donc un officier Medjay comme toi pourrait-il fréquenter ces gens-là si ce n'est ici ?

— Tu es comme l'une de tes abeilles, butinant de fleur en fleur, goûtant le nectar de-ci puis de-là…

— La comparaison est tout à fait pertinente si ce n'est qu'elle me fait passer pour un dilettante.

— Mon ami, je ne voudrais surtout pas t'accuser de manquer de sérieux, d'être un amateur ou un dilettante. Tu es une sorte de philosophe doublé d'un explorateur d'aventures intérieures.

Il sourit d'un air satisfait.

— Voilà qui me plaît. Le monde et l'Autre Monde sont emplis d'énigmes et de mystères. Il faudrait de nombreuses vies pour parvenir à les comprendre tous. Et malheureusement il me semble que nous n'en avons qu'une…

Avant que je puisse me défiler élégamment il me présenta à un groupe d'hommes d'un certain âge qui bavardaient ensemble sous l'auvent. Ils étaient tous richement vêtus, portaient de beaux habits et des bijoux de grande valeur. Chacun d'entre eux m'examina avec curiosité comme si j'étais un objet étrange mais présentant un certain intérêt et qu'ils allaient peut-être pouvoir s'offrir pour un prix dérisoire.

— Voici Rahotep, un de mes plus vieux amis. Il est détective en chef ici à Thèbes, spécialisé dans les meurtres et les affaires mystérieuses. Certains d'entre nous estiment qu'il aurait dû être nommé à la tête des Medjay de la ville lors de sa dernière affaire.

Je m'efforçai de réagir à ces éloges publics du mieux que je pus même si je déteste cela, et Nakht le sait très bien.

— Et vous savez tous certainement que mon ami maîtrise à la perfection l'art de la rhétorique. Il est capable de changer de la boue en or.

Ils hochèrent tous la tête en même temps, apparemment ravis de cette remarque.

— La rhétorique est dangereuse. C'est l'art de manipuler la différence, ou plutôt, devrait-on dire, *la distance*, entre la vérité et son image, déclara un petit homme rondouillard au visage en forme de postérieur qui avait le regard bleu effrayé d'un bébé et tenait à la main une coupe déjà vide.

— Et par les temps qui courent, cette distance, dit Nakht, est devenue le moyen par lequel s'exerce le pouvoir.

Il s'ensuivit un petit silence embarrassé.

— Messieurs, cette réunion commence à prendre une allure presque subversive, fis-je pour détendre l'atmosphère.

— De fait, n'en a-t-il pas toujours été ainsi ? La rhétorique a toujours été un moyen de persuasion depuis que l'homme a commencé à parler, une façon de convaincre nos ennemis que nous sommes leurs amis, ajouta un autre homme.

Ils ricanèrent.

— C'est vrai. Tout cela est devenu bien plus sophistiqué à présent. Ay et ses sbires nous vendent les mots comme s'ils étaient la vérité même. Les mots peuvent trahir et tromper, j'en sais quelque chose, déclara le petit homme avec ostentation.

Plusieurs se mirent à rire, levèrent les mains et menacèrent de leurs doigts délicats l'auteur de cette remarque.

— Hor est poète, expliqua Nakht.

— Vous êtes donc un artisan de l'ambiguïté des mots. Vous maîtrisez leurs significations secrètes. C'est un don très précieux en ce moment, déclarai-je.

Il battit des mains avec ravissement et gloussa. Je m'aperçus qu'il était légèrement ivre.

— C'est vrai. Car nous vivons des temps où personne ne peut dire ce qu'il pense réellement. Nakht, mon ami, où donc as-tu trouvé ce personnage remarquable, un officier Medjay qui comprend la poésie ! Que vas-tu nous proposer d'autre, des soldats qui dansent ?

Les invités éclatèrent franchement de rire, bien décidés à maintenir un ton anodin et léger.

— Je suis sûr que Rahotep ne m'en voudra pas si je révèle que lui aussi écrivait des poèmes quand il était plus jeune, annonça Nakht, comme s'il voulait combler les fêlures qui commençaient à apparaître dans la conversation.

— C'était très mauvais, répondis-je, et il n'en subsiste plus la moindre trace.

— Mais que s'est-il passé ? Pourquoi as-tu abandonné ? demanda le poète avec sollicitude.

— Je ne m'en souviens plus, je suppose que c'est la vie qui a pris le dessus.

Le poète se tourna vers l'assemblée, les yeux écarquillés tant il semblait amusé.

— « La vie a pris le dessus », voilà une bonne phrase, il va falloir que je l'emprunte.

Le public approuva d'un air indulgent.

— Méfie-toi, Rahotep, je les connais ces écrivains, ils parlent d'« emprunter » quand ils veulent dire « voler », tu ne vas pas tarder à lire tes propres mots revenus jusqu'à toi dans un rouleau de vers nouveaux circulant en privé, dit l'un des invités.

— Et ce sera une méchante petite satire et pas un poème d'amour d'après ce que je sais de Hor, dit un autre.

— Mes activités ne sont vraiment pas de nature à inspirer des poèmes, déclarai-je.

— Et c'est précisément cela qui est intéressant, mon ami, car autrement tout n'est qu'artifice, et l'artifice, on a vite fait de s'en lasser, répondit le poète en tendant sa coupe vide à un serviteur qui passait. Donnez-moi chaque jour le goût de la vérité, poursuivit-il. La servante s'approcha, remplit nos coupes et s'éloigna, emportant avec elle son paisible sourire et l'attention de la plupart des hommes. Je songeai que cet homme ne devait pas connaître grand-chose de la réalité.

Puis la conversation reprit.

— Le monde a certainement connu de grands changements au cours de ces dernières années, dit un autre homme.

— Et en dépit de l'accroissement de notre puissance au-delà des frontières, de la réalisation de nos nouveaux grands monuments et du niveau de vie élevé dont jouissent la plupart d'entre nous…

— Bla bla bla, fit le poète, l'air moqueur.

— Tous ces changements n'ont pas constitué des progrès, admit l'autre.

— Je suis contre le changement. C'est quelque chose de très surfait qui n'améliore rien, dit Hor.

— Voyons, c'est une opinion absurde et contraire au bon sens. C'est tout simplement un signe de l'âge car, en vieillissant, on pense que le monde ne fait qu'empirer, que la bonne éducation se perd, que les règles de la morale et du savoir se relâchent, dit Nakht.

— Et que la vie politique ressemble de plus en plus à une sinistre farce, fit le poète en lui coupant la parole et en vidant une fois de plus sa coupe.

— Mon père ne cesse d'émettre ce genre de récriminations, j'essaie de discuter avec lui mais je m'aperçois que je n'y arrive pas, déclarai-je.

— Alors soyons au moins honnêtes entre nous. Le grand mystère est que nous sommes gouvernés par des gens dont nous connaissons à peine le nom, installés dans des bureaux dont nous ne savons rien, sous l'autorité d'un vieillard, un mégalomane qui ne porte même pas un nom royal et qui semble avoir projeté son ombre abominable sur le monde d'aussi loin que je me souvienne. À cause des ambitions du grand général Horemheb nous sommes engagés dans une guerre longue et jusqu'à présent vaine contre nos anciens ennemis alors que la diplomatie aurait certainement obtenu de bien meilleurs résultats et nous aurait épargné cette saignée continue de nos finances. Pour ce qui est des deux enfants royaux, on dirait qu'ils n'ont jamais été autorisés à grandir et à prendre la juste place qui leur revient au centre de la vie des Deux Terres. Comment cela a-t-il pu se produire et combien de temps une telle situation peut-elle encore durer ?

Hor venait d'énoncer la vérité qu'on n'osait pas dire et personne ne semblait avoir le courage de lui répondre.

— De notre point de vue, nous avons d'excellentes conditions de vie et nous sommes prospères. L'abondance ni le travail ne manquent, et nous gouvernons nos belles demeures et nos serviteurs. Pour nous, c'est peut-être un bon compromis. Mais j'imagine que tu vois un aspect très différent de la vie, dit un grand et bel homme élégant en s'inclinant et en se présentant à moi comme Nebi, architecte.

— Ou bien vois-tu l'horrible réalité des choses telles qu'elles sont, une réalité qui ne nous atteint pas, nous qui vivons protégés dans le cercle enchanté de nos vies confortables ? ajouta le poète avec une pointe de dédain.

— Pourquoi ne pas m'accompagner une nuit pour trancher la question ? dis-je. Je pourrai te montrer les ruelles et les bicoques où des gens honnêtes mais malchanceux subsistent des restes que nous jetons tous sans même y prêter attention. Je pourrai te présenter à quelques professionnels du crime particulièrement prospères, maîtres en cruauté et en férocité, et qui font commerce d'êtres humains comme si c'étaient des marchandises. Beaucoup d'entre eux ont de beaux bureaux en ville, de magnifiques épouses et des enfants qui grandissent dans de superbes maisons dans les quartiers confortables des nouveaux faubourgs. Ils donnent de somptueux dîners. Ils investissent dans l'immobilier. Mais leur richesse est faite de sang. Je peux te montrer le vrai visage de cette ville si c'est ce que tu souhaites.

Le poète porta ses mains boudinées à son front dans un geste théâtral.

— Tu as raison. Je te laisse la réalité. Je ne la supporte qu'à petite dose, qui le pourrait ? Je reconnais que je suis un lâche. La vue du sang me fait défaillir, j'ai horreur de l'aspect des pauvres avec leurs habits misérables, et si quelqu'un me bouscule accidentellement dans la rue, je hurle de peur, convaincu qu'on va me voler et me battre. Non, je préfère demeurer dans la compagnie rassurante et bien éduquée des mots et des rouleaux de papyrus à l'abri de ma confortable bibliothèque.

— Pourtant les mots eux-mêmes ne sont pas toujours sûrs par les temps qui courent, fit un autre invité qui se tenait un peu en retrait, en plein dans l'ombre de l'auvent. N'oubliez pas que nous sommes en présence d'un officier Medjay. Les Medjay font partie eux aussi de la réalité de cette ville. Ils ne sont épargnés ni par la corruption ni par la décadence dont nous parlons.

Et il me regarda froidement.

— Ah ! Sobek. Je me demandais si tu viendrais, dit Nakht.

L'homme à qui il s'adressait était dans la force de l'âge, il portait des cheveux gris très courts qui n'avaient jamais connu la teinture. Il avait des yeux gris-bleu très frappants, et ses traits reflétaient une sorte de colère contre le monde. Nous nous inclinâmes l'un vers l'autre.

— Je ne pense pas que la parole soit un crime, dis-je prudemment, même si tout le monde ne partage pas ce point de vue.

— En effet. Et donc il n'y a crime que s'il est effectivement perpétré, pas seulement envisagé ou annoncé ?

Les invités se regardèrent entre eux.

— Oui, bien sûr. Sinon nous serions tous des criminels et tous derrière les barreaux.

Sobek hocha la tête, l'air pensif.

— C'est peut-être l'imagination humaine le véritable monstre, dit-il. Je pense qu'aucun autre animal n'est torturé par les tourments de l'imagination. Il n'y a que l'homme…

— L'imagination est capable de susciter ce qu'il y a de meilleur en nous, et ce qu'il y a de pire, convint Hor, et je vois très bien les châtiments que la mienne me suggère d'infliger à certaines personnes.

— En matière de châtiment tes vers suffisent déjà amplement, railla l'architecte.

— Voilà pourquoi la vie civilisée, la moralité et la sagesse sont si importantes. Nous sommes à moitié raisonnables, à moitié monstrueux, fit Nakht d'un ton assuré. Nous devons fonder notre urbanité sur la raison et l'intérêt commun.

Sobek leva sa coupe.

— Je salue ton point de vue et te souhaite bien du succès.

Il fut interrompu par une clameur qui s'élevait des rues. Nakht battit des mains et s'écria :

— C'est l'heure.

Tout le monde se rua vers le parapet de la terrasse et les hommes se dispersèrent pour tenter de se réserver les meilleurs points de vue.

Sekhmet apparut à mon côté.

— Papa, papa, dépêche-toi ou tu vas tout manquer !

Et elle m'entraîna avec elle.

Une autre vaste clameur se répandait comme un coup de tonnerre le long de la voie à nos pieds et gagnait de loin en loin toute la foule massée au cœur de la cité. Nous avions une vue parfaite sur l'espace dégagé qui s'étend devant les murs du temple.

— Qu'est-ce qui se passe ? demanda Thuyu.

— À l'intérieur du temple, le roi et la reine attendent le moment où ils devront sortir pour accueillir les dieux, répondit Nakht.

— Et qu'y a-t-il à l'intérieur du temple ?

— Un mystère à l'intérieur d'un autre mystère enveloppé dans un mystère.

Elle le regarda de travers, l'air contrarié.

— Cela ne veut rien dire du tout, fit-elle remarquer non sans une certaine pertinence.

Il sourit.

— À l'intérieur se trouve une nouvelle construction extraordinaire, la Colonnade. On vient juste de l'achever après des années de travaux. Il n'existe rien de tel sur la Terre. Ses colonnes montent jusqu'au ciel, elles sont toutes sculptées et décorées d'images où l'on voit le roi faire des offrandes, et le plafond est recouvert d'innombrables étoiles d'or parsemées autour de la déesse Nut. Plus loin s'étend la vaste cour du Soleil, entourée de nombreuses colonnes grandes et élancées. Ensuite il faut franchir plusieurs portails l'un après l'autre et progressivement le sol s'élève et le plafond s'abaisse, l'obscurité devient de plus en plus profonde, et tout cela mène au cœur même de toute chose, le naos, où est enfermé le dieu, où il est éveillé à l'aube, nourri des mets les plus délicats, vêtu des plus beaux atours, et replacé la nuit pour dormir. Mais il n'y a que quelques rares prêtres et le roi en personne qui soient autorisés à pénétrer dans ce lieu, et personne ne doit jamais parler de ce qu'il a vu. Et *toi* non plus tu ne dois jamais répéter ce que je viens de te dire. Car c'est un très grand secret. Et les grands secrets entraînent de grandes responsabilités, dit-il avec un air sévère.

— Moi j'ai envie de le voir, dit-elle en lui faisant son plus beau sourire malicieux.

— Tu ne le verras jamais, rétorqua brusquement Sekhmet, tu n'es qu'une fille.

Nakht se demandait que répondre à cela lorsqu'une fanfare de trompettes assourdissante se mit à résonner, et à ce signal les prêtres placés en rang s'agenouillèrent comme un seul homme dans la poussière parfaite. Et les soldats rectifièrent leur position, leurs fers de lance et la pointe de leurs flèches resplendissant sous le soleil impitoyable. Alors, émergeant de l'ombre de la vaste enceinte, on vit apparaître deux petits personnages, siégeant sur des trônes portés par des dignitaires, et entourés des fonctionnaires des différents services et leurs assistants. À l'instant où ils passèrent de l'ombre au soleil, leurs parures et leurs hautes couronnes captèrent la puissante lumière et lancèrent des éclats éblouissants. Un silence absolu descendit sur la ville. Même les oiseaux se turent. Le moment le plus important du rite de la Grande Fête venait de commencer.

Pourtant, pendant quelques instants, il ne se passa rien, comme dans une réception où il serait trop tôt pour entamer les festivités et où personne n'aurait pensé à occuper les invités en attendant. Les serviteurs royaux déployèrent des parasols et protégèrent le roi et la reine sous des cercles d'ombre. Un peu plus loin, une clameur annonça l'arrivée du dieu dans sa châsse d'or, hissé sur les épaules de ses porteurs au moment où la procession, dans sa marche lente et laborieuse, arrivait sur la place et apparut dans un éclair de lumière. Les personnages royaux attendaient assis comme des poupées, rigides et minuscules dans leurs parures.

Précédé par les prêtres de haut rang déclamant des prières et des incantations, entouré d'acrobates et de musiciens et suivi par un taureau blanc destiné au sacrifice, le dieu approchait. Finalement, le roi et la reine se levèrent : Toutankhamon, Vivante Image d'Amon, et à ses côtés Ankhesenamon. Je me rendis compte qu'elle devait avoir dans les dix-neuf ans, guère davantage.

— On dirait qu'elle a peur.

Je regardai Sekhmet, puis de nouveau la reine. Ma fille avait raison. Sous les ornements du pouvoir, la couronne et la parure, la reine semblait inquiète.

Du coin de l'œil j'aperçus quelques silhouettes au cœur de la foule compacte, protégées par des ombrelles de l'intense lueur du soleil ; elles étaient hissées en hauteur par d'autres silhouettes qui semblaient leur faire la courte échelle à la manière des acrobates, puis je perçus une série de mouvements rapides, des bras lançant quelque projectile, de petites balles noires qui s'élevèrent haut dans les airs au-dessus de la foule avant de retomber selon une trajectoire inexorable sur les deux personnages qui se tenaient debout, le roi et la reine. Le temps parut s'étirer et ralentir comme il le fait dans les derniers instants qui précèdent un accident.

Des éclaboussures rouge vif éclatèrent brusquement en série sur la poussière immaculée et sur les robes du roi et de la reine. Le roi recula en titubant et s'effondra sur son trône. Un silence profondément choqué suspendit toute activité pendant un long moment. Puis le monde explosa soudain en mille morceaux, bruits, mouvements, cris.

Je crus que Toutankhamon était mort mais il leva lentement les mains dans un geste d'horreur ou de dégoût, répugnant à toucher la chose rouge qui dégoulinait le long de sa robe royale pour former une flaque dans la poussière. Du sang ? Oui, mais pas celui du roi car il y en avait une trop grande quantité d'un seul coup. La châsse du dieu vacillait tandis que les porteurs, ne sachant quelle conduite adopter, attendaient des ordres qui ne venaient pas. Ankhesenamon regardait autour d'elle, l'air égaré. Puis, comme s'ils s'éveillaient lentement d'un rêve, les groupes des prêtres et les soldats rompirent les rangs.

Je me rendis compte que mes filles criaient et pleuraient, que Tanefert les tenait serrées contre elle et que Thuyu se blottissait contre moi ; je captai aussi un bref regard de Nakht qui manifestait son émotion et sa stupeur devant cet acte sacrilège. Sur la terrasse, hommes et femmes se tournaient les uns vers les autres en portant la main devant leur bouche ou en invoquant les cieux, cherchant un peu de réconfort dans ce désastre. À nos pieds un tumulte s'éleva de la foule prise de panique, complètement égarée, qui essayait de forcer le barrage des gardes Medjay pour se répandre sur la Voie processionnelle et s'enfuir à la débandade des lieux du crime. Les gardes Medjay ripostaient en frappant dans la foule, touchant tous ceux qui se trouvaient à portée de leurs bâtons, traînant des badauds innocents par les cheveux, plaquant au sol des hommes et des femmes, que les autres piétinaient alors, et encerclant le plus grand nombre de captifs possible.

Je reportai mon regard vers l'endroit d'où on avait lancé les balles et je remarquai le visage d'une jeune femme, tendu et nerveux. Elle faisait partie, j'en étais certain, de ceux qui avaient lancé les balles. Je l'observai qui regardait autour d'elle, se demandant si quelqu'un l'avait vue, avant d'aller se mêler intentionnellement à un groupe de jeunes hommes qui semblèrent se rassembler autour d'elle comme pour la protéger. Quelque chose sembla la frapper et elle leva les yeux et me vit en train de la surveiller. Elle soutint mon regard un moment puis, se dissimulant sous une ombrelle, elle s'éloigna rapidement, espérant disparaître dans le dédale des rues. Mais je vis un groupe de Medjay qui raflaient tous ceux qu'ils pouvaient attraper, comme des pêcheurs, et elle se trouva prise au piège avec beaucoup d'autres.

Le roi et la reine avaient déjà été transportés avec une hâte indécente à l'abri des murailles du temple. Où ils furent suivis par le Dieu caché dans sa barque d'or, et les foules de dignitaires décampaient tête baissée, ne se souciant que de leur propre sort et laissant derrière eux un chaos sans précédent en plein cœur de la ville. Quelques vessies remplies de sang, des armes tout à coup aussi puissantes que le plus perfectionné des arcs ou que la meilleure et la plus précise des flèches, avaient tout changé.

Je regardai loin au-dessous de moi le sol ferme envahi par cette foule qui ondoyait, saisie de convulsions de panique, et, l'espace d'un instant, ce qui me semblait solide se changea en un abîme d'ombres ténébreuses et j'aperçus le serpent du chaos et de la destruction, lui qui est lové en secret sous nos pieds, je le vis ouvrir ses yeux d'or.

4

Je laissai les miens chez Nakht en leur recommandant d'y rester jusqu'à ce qu'ils puissent rentrer à la maison en sécurité sous la protection de ses gardes personnels. Puis j'emmenai Thoth avec moi et je franchis prudemment la grande porte pour gagner la rue. Des officiers Medjay embarquaient les derniers spectateurs, faisant des prisonniers et attachant tous ceux qui leur semblaient suspects. On entendait au loin des appels et des cris dans l'air épais et enfumé. La voie ressemblait à un vaste rouleau de papyrus sur lequel la véritable histoire de ce qui venait de se produire était à présent notée dans le sable piétiné, griffonnée par les traces de pieds estompées des gens qui avaient pris la fuite, abandonnant des sandales par milliers. Des détritus voletaient çà et là. Des rafales d'air chaud soufflaient en tourbillons furieux puis retombaient dans un nuage de poussière. Des petits groupes se formaient autour des morts et des blessés, ils pleuraient et imploraient les dieux. Les restes de toutes les fleurs de la fête, salies et écrasées, formaient une offrande propitiatoire plutôt déplacée au dieu de ce désastre.

J'examinai les taches de sang éparpillées, elles étaient devenues collantes et figées au soleil et formaient des flaques noires. Thoth les renifla délicatement et me regarda en clignant des yeux. Des mouches se battaient furieusement autour de ce nouveau butin. Je pris délicatement une des vessies et la retournai dans ma main. Il n'y avait rien de bien sophistiqué dans ce procédé ni dans l'acte lui-même. Pourtant il était radical dans son originalité et d'une efficacité grossière dans son abomination, car ceux qui l'avaient perpétré avaient humilié le roi aussi sûrement que s'ils l'avaient pendu par les pieds et barbouillé de crottes de chien.

Je franchis le porche en passant sous l'image sculptée dans la pierre de notre emblème, le Loup, Celui qui Ouvre le Chemin, et pénétrai dans le quartier général des Medjay. Je fus immédiatement assailli par un véritable chaos. Des hommes de tous grades couraient à droite et à gauche, hurlant des ordres et des contrordres, prenant généralement grand soin de faire étalage de leur position hiérarchique et du fait qu'ils étaient apparemment très occupés. Dans cette foule j'aperçus Nebamon, le chef des Medjay de Thèbes. Il me lança un long regard, manifestement contrarié de me voir là, et fit un geste brusque. Je soupirai et hochai la tête.

Il claqua la porte d'un coup de pied, la renvoyant dans son cadre branlant, et nous nous assîmes sagement Thoth et moi de notre côté de sa table basse pas très propre, recouverte de rouleaux de papyrus, de restes de nourriture et de lampes à huile encrassées. Sa grosse figure toujours ombrée de barbe paraissait plus sombre que jamais. Il jeta un regard méprisant à Thoth qui le lui rendit sans se laisser démonter. Tout en écartant de ses mains boudinées les différents documents qui traînaient là. Il n'avait pas des mains de bureaucrate. C'était un homme de la rue, pas un lettré.

On évitait soigneusement lui et moi de s'adresser directement la parole, mais je m'étais efforcé de lui montrer que je n'étais pas jaloux qu'il m'ait dépassé en grade. Son poste ne m'intéressait pas, même si cela décevait mon père et contrariait les vœux de Tanefert. Elle aurait préféré me savoir installé en sécurité dans un bureau, mais elle savait bien que je détestais l'idée d'être coincé dans une pièce mal aérée, embourbé dans des affaires stupides et sans intérêt de politique interne. Lui au contraire adorait cela. Seulement, en attendant, il était devenu mon supérieur hiérarchique. Le ressentiment me restait sur l'estomac.

— Comment va ta famille ? demanda-t-il sans y prêter grand intérêt.

— Bien, et la tienne ?

Il fit un geste vague comme un prêtre ennuyé chassant une mouche importune.

— Quelle pagaille, dit-il en secouant la tête.

Je décidai de ne rien dire de ce que j'avais vu.

— Qui est derrière tout cela, à ton avis ? demandai-je d'un air innocent.

— Je ne sais pas, mais quand nous les aurons trouvés, et nous les trouverons, je vais moi-même leur arracher la peau, lentement, en longs morceaux. Après quoi je les attacherai dans le désert sous le soleil de midi pour servir de repas aux fourmis géantes et aux scorpions. Et je contemplerai le spectacle.

Je savais bien qu'il n'avait pas les moyens suffisants pour mener cette enquête dans de bonnes conditions. Ces dernières années le budget des Medjay avait subi des coupes claires à répétition au profit de l'armée, et de trop nombreux Medjay étaient désœuvrés ou alors travaillaient, pour de bien meilleures subsides que dans leur corps d'origine, à des opérations de sécurité privée pour le compte de riches clients et de leurs familles dont ils gardaient les maisons et les tombes remplies de trésors. Cela créait une situation très inconfortable pour le fonctionnement de la police urbaine. Il ferait donc ce qu'il faisait habituellement quand il était confronté à un vrai problème, il arrêterait quelques vagues suspects plausibles, inventerait des charges contre eux et les ferait exécuter pour épater la galerie. C'est ainsi que fonctionne la justice à notre époque.

Il se laissa aller en arrière et je vis à quel point son ventre avait pris de l'ampleur depuis sa nomination à ce nouveau poste. La graisse, avec ses connotations d'opulence et de bien-être, semblait faire partie de sa nouvelle personnalité.

— Cela fait un bon moment que tu ne t'es pas lancé dans une de tes grandes idées, hein ? Je suppose que tu es venu renifler par ici pour voir s'il n'y avait pas une place pour toi dans cette enquête ?

La manière dont il me regarda me donna l'envie de quitter la pièce sur-le-champ.

— Très peu pour moi. J'apprécie le calme, répondis-je.

Il en eut l'air vexé.

— Alors, que diable es-tu venu faire ici ? Du tourisme ?

— J'ai examiné un cadavre ce matin. Un garçon, un jeune homme, dans des circonstances très intéressantes…

Mais il ne me laissa pas le temps d'achever.

— Tout le monde s'en fout d'un gamin mort. Fais un rapport et classe-le… et après fais-moi plaisir, tire-toi. Il n'y a rien pour toi ici aujourd'hui. La semaine prochaine je te trouverai peut-être quelques os à ronger quand les autres auront fini. Il est temps de donner leur chance aux jeunes officiers.

Je me forçai à sourire mais je me sentais comme un chien enragé prêt à mordre. Il s'en aperçut. Il grimaça, se leva, contourna la table et par dérision alla ouvrir la porte d'un air très cérémonieux. Je sortis et il la fit claquer derrière moi.

À l'extérieur, des centaines de malheureux, hommes et femmes de tous âges, se massaient dans la cour, ils clamaient leur innocence et criaient leurs réclamations ou bien s'insultaient mutuellement. Beaucoup d'entre eux offraient tout ce qu'ils avaient sur eux, bijoux, bagues, habits, ou même à l'occasion un message gravé sur un morceau de pierre pour tenter de convaincre les gardes de les libérer. Aucun d'entre eux n'y prêtait attention. Ils seraient retenus arbitrairement aussi longtemps qu'il le faudrait. Les officiers Medjay entravaient systématiquement et sans pitié les poignets et les chevilles de tous ceux qui n'étaient pas encore attachés.

Je franchis la porte basse et sombre de la prison et fus immédiatement frappé par cette chaude puanteur d'écurie que dégage la peur. Dans de petites cellules, des prisonniers enchaînés étaient torturés, on leur tordait les pieds et les mains ou on les frappait violemment sur la plante des pieds tandis que leurs bourreaux répétaient tranquillement la même question, sans arrêt, comme un père interrogerait un enfant couché devant lui. Les lamentations pitoyables des prisonniers ou leurs prières étaient ignorées. Personne ne pouvait supporter de telles souffrances ni même la crainte de la douleur, si bien qu'avant même qu'on ait apporté les couteaux pour en montrer les lames bien aiguisées aux victimes, celles-ci étaient prêtes à avouer tout ce qu'on voulait.

Je la découvris dans la troisième cellule. Elle se tenait accroupie sur le sol fétide dans un angle obscur.

J'entrai dans le cachot. Les prisonniers dégagèrent le passage devant moi, l'air craintif, comme s'ils s'attendaient à être frappés. Elle gardait le visage dissimulé derrière ses cheveux noirs. Je m'arrêtai devant elle.

— Regarde-moi.

Quand elle releva la tête, il y avait quelque chose sur son visage, l'orgueil peut-être, ou la colère ou cet air de jeunesse si frappant, qui me toucha. Je voulus connaître son histoire, j'avais le sentiment qu'elle avait dû subir une grande injustice, de celles qui sont capables de transformer toute une vie.

— Comment t'appelles-tu ?

Elle garda le silence.

— Ta famille va s'inquiéter.

Elle accusa le coup. Je m'agenouillai tout près d'elle.

— Pourquoi as-tu fait cela ?

Toujours rien.

— Tu sais qu'il y a ici des hommes capables de te faire avouer tout ce qu'ils veulent ?

À présent elle frissonnait. Je savais que je devais la dénoncer mais pour l'instant je n'en étais pas capable. Je ne pouvais pas livrer cette fille vivante aux mains des bourreaux. Je n'aurais pas pu vivre avec cette idée.

Elle détourna le visage, attendant que son sort soit décidé. Je la regardai fixement. Que faire ? Je la relevai brusquement et l'entraînai hors de la cellule. J'étais assez connu pour ne pas avoir besoin de montrer mes papiers aux gardes, je leur fis simplement un signe de tête comme pour dire « je m'occupe d'elle ». Puis je la poussai devant moi au long du corridor puant.

Nous tournâmes et je la fis entrer dans mon bureau ; craignant le pire elle commença à se débattre violemment.

— Tiens-toi tranquille et calme-toi, murmurai-je d'un ton pressant.

Je tranchai rapidement les cordes qui lui entravaient les pieds et les mains. Une expression d'étonnement et de reconnaissance apparut sur son visage. Elle allait parler mais je lui fis signe de rester absolument silencieuse. Alors elle parut se calmer. Je lui nettoyai de mon mieux la figure à l'aide d'un chiffon trempé dans la cruche à eau et en même temps je l'interrogeai.

— Tu peux parler tranquillement. Qui a ordonné cet acte ?

— Personne. Nous agissons de notre propre chef. Il faut que quelqu'un proteste contre l'injustice et la corruption de ce pays.

Elle me semblait si jeune. Je hochai la tête devant une telle naïveté.

— Est-ce que tu crois que jeter du sang sur le roi va servir à quelque chose ?

Elle me lança un regard dédaigneux.

— Bien sûr cela va servir. Qui a jamais eu le courage de prendre position jusqu'ici ? Personne n'oubliera ce geste. Ce n'est qu'un début.

— Et tu es prête à mourir pour cela ?

Elle opina, convaincue par son idéal. Je hochai la tête.

— Crois-moi. La véritable cible n'est pas ce garçon vêtu de robes d'or. Il y en a d'autres bien plus puissants qui devraient retenir ton attention.

— Je sais très bien ce qui est fait au nom de la justice dans ce pays, et par des hommes puissants et riches. Et toi ? Tu es un officier Medjay. Tu es un rouage du système.

— Merci. Pourquoi agis-tu ainsi ?

— Pourquoi devrais-je te le dire ?

— Parce que si tu ne parles pas, je ne ferai pas ce que j'ai l'intention de faire : te rendre ta liberté.

Elle me regarda, stupéfaite.

— Mon père…

— Continue.

— Mon père était scribe dans les bureaux du précédent roi. À Akhetaton. Quand j'étais petite il nous avait tous emmenés dans la nouvelle cité. Il disait que le nouveau régime lui offrait la possibilité d'un avancement et d'un emploi stable. Et cela semblait être le cas. Nous vivions bien. Nous avions toutes les belles choses qu'il avait rêvé de nous offrir. Nous avions même un peu de terre. Mais quand tout s'est effondré, il fallut rentrer à Thèbes sans rien. Il fut renvoyé de son emploi, de sa terre, et privé de tout ce qu'il possédait. Cela le brisa. Une nuit on frappa à la porte. Quand il alla ouvrir, c'étaient des soldats qui l'attendaient. Ils l'enchaînèrent sans même le laisser nous faire ses adieux. Et ils l'emmenèrent. On ne l'a plus jamais revu.

Pendant un moment elle fut incapable de poursuivre mais je vis que c'était la colère et non pas le chagrin qui l'étouffait.

— Ma mère continue à lui servir une assiette tous les soirs. Elle dit qu'elle cessera de le faire le jour où elle saura qu'il est mort. Voilà ce que nous ont fait les hommes de ce roi. Et tu te demandes pourquoi je le hais ?

L'histoire n'était pas nouvelle. Bien des hommes de l'ancien régime avaient connu les travaux forcés, avaient été privés de leurs biens ou, dans certains cas, avaient même disparu. Des maris, des pères, des fils avaient été arrêtés et enchaînés, discrètement, et on ne les avait jamais revus. J'avais aussi entendu des histoires de restes humains que l'on aurait vus dériver vers le nord au fil du Grand Fleuve. Ou de cadavres décomposés qui n'avaient plus d'yeux et que des pêcheurs remontaient dans leurs filets, des cadavres auxquels il manquait les ongles, les doigts, les dents et la langue.

— Je suis désolé.

— Il n'y a pas de quoi.

Au moins était-elle à présent à peu près présentable. Je la fis sortir dans le chaos de la cour. Le grand risque était de se faire remarquer, mais dans la pagaille générale nous franchîmes rapidement la foule jusqu'à l'entrée portant le loup sculpté, et nous sortîmes dans la rue encombrée.

— Je comprends ce que tu ressens. L'injustice est une chose terrible. Mais réfléchis bien. Ta vie vaut mieux qu'un simple geste. La vie est courte. Ta mère a déjà été assez éprouvée. À présent rentre chez toi et restes-y, murmurai-je.

J'insistai pour qu'elle me donne son nom et son adresse au cas où j'en aurais besoin à l'avenir. Puis, je la laissai partir comme un animal sauvage. Elle disparut dans la ville sans un seul regard en arrière.

5

Il était tard quand je rentrai à la maison. Nous franchîmes la barrière, Thoth et moi. Mais au lieu de bondir à l'endroit où il dort dans la cour, il resta immobile, la queue dressée, écoutant attentivement. La maison semblait d'un calme inhabituel. Tanefert et les enfants n'étaient peut-être pas encore rentrés de chez Nakht. Pourtant, une lampe à huile était allumée dans la pièce de devant, celle où l'on ne reste jamais.

Je m'avançai jusqu'à la porte de la cuisine, l'ouvris sans bruit et franchis le seuil. Il y avait une autre lampe allumée dans la niche murale mais aucune trace des enfants. Je passai la porte pour rejoindre la pièce de devant. Tanefert était assise sur un tabouret, près de la peinture murale que, après toutes ces années, nous n'avons toujours pas eu les moyens de faire achever. Elle ne m'avait pas encore vu. En m'avançant je vis une autre ombre étalée sur le sol. Tout à coup l'ombre bougea le bras et je me glissai rapidement dans la pièce pour attraper ce bras et le bloquer derrière son dos.

Un gobelet tomba à terre. Une petite flaque de vin se forma. Je me trouvai nez à nez avec un homme de la haute société au visage condescendant ; il était d'un certain âge, richement vêtu et paraissait surpris sans être décontenancé. Tanefert se leva comme pour attirer mon attention. Mes nerfs semblaient m'avoir trahi.

— Bonsoir, dit l'homme d'un ton doux et ironique.

Je le relâchai. Il rajusta son impressionnant collier du Mérite en or, d'une beauté exceptionnelle, et s'aperçut alors qu'il avait renversé un peu de vin sur son habit. Il regarda la tache rouge d'un air contrarié. C'était probablement la pire aventure qui lui soit arrivée depuis des années.

— Ce monsieur t'attend... *depuis très longtemps.*

Ma femme ne semblait pas ravie à mon égard. La conversation n'avait pas dû être très animée. Elle disparut dans la cuisine pour chercher un chiffon et de l'eau et me lança au passage un regard noir.

— Je devrais m'excuser d'arriver de cette manière. Sans être annoncé. Sans être attendu..., dit-il de sa voix basse et distinguée.

— Et sans explications..., ajoutai-je.

Son regard parcourut la pièce. Il ne parut pas impressionné par ce qu'il voyait. Finalement il reporta son attention sur moi.

— Comment poursuivre cette conversation ? Je me trouve devant un dilemme, une alternative embarrassante.

— Une situation délicate.

— Si tu veux. Une situation délicate. Et la situation est la suivante : je ne peux pas te dire la raison de ma présence. Je peux seulement te demander si tu veux bien m'accompagner pour aller rencontrer une personne.

— Et tu ne peux pas me dire qui.

— Tu vois que c'est délicat.

— C'est un vrai mystère.

— Certes, mais j'ai entendu dire que tu es une sorte d'expert en mystères. Un « chasseur de mystères ». Je n'ai jamais imaginé rencontrer un homme pareil et cependant me voici…

Et il me gratifia de son regard le plus dédaigneux.

— Tu pourrais au moins m'indiquer ton nom et tes titres, dis-je.

— Je suis Khay, chef des scribes, gardien de la Maisonnée royale. Voilà, c'est tout ce que je peux dire pour l'instant.

Qu'est-ce qu'un officiel de haut rang, au cœur même de la hiérarchie du palais, faisait chez moi en ce jour de présages et de sang ? Je m'en voulais d'être aussi intrigué. Je nous versai à chacun un gobelet de vin. Il le regarda, manifestement pas très impressionné par sa qualité, mais le but néanmoins comme si c'était de l'eau.

— Tu veux que je vienne tout de suite ?

Il approuva d'un signe de tête presque machinal, je vis bien cependant qu'il avait absolument besoin de moi.

— Il est tard. Pourquoi devrais-je quitter ma famille sans même savoir exactement où je vais ni quand je serai de retour ?

— Je peux garantir ta sécurité, bien entendu. Du moins je peux te garantir mon engagement à assurer ta sécurité, ce qui, je suppose, n'est pas exactement la même chose. Et je peux en tout cas garantir que tu rentreras chez toi avant l'aube si tu le souhaites.

— Et si je refuse ?

— Oh !… ce serait plutôt difficile… dit-il en laissant traîner ses mots.

Puis il fouilla sous ses robes et prit une bourse de cuir dont il sortit un objet.

— *La personne* qui m'envoie m'a demandé de te montrer ceci.

C'était un jouet. Une figurine en bois représentant un homme et un gros chien aux yeux rouges, le tout actionné par des ficelles et des poulies. Il y avait une cheville. Je savais qu'il suffisait de la tourner pour que l'homme lève les bras pour se défendre et que le chien se dresse pour l'attaquer. Je le savais parce que j'avais déjà vu ce jouet, bien des années auparavant, dans la chambre des enfants de la famille royale. À l'époque où la jeune reine qui avait été aujourd'hui éclaboussée de sang n'était encore qu'une gamine.

J'allais tout expliquer à Tanefert dans la cuisine. Les filles se glissèrent hors de leur chambre et vinrent se rassembler dans le cercle rassurant de la lumière de la lampe.

— Qui est cet homme ? demanda Thuyu.

— Un officiel de haut rang.

— Un officiel de quoi ? chuchota Sekhmet tout excitée par la présence d'un bureaucrate de l'élite en chair et en os dans notre maison.

Tanefert fit taire toutes leurs questions et les persuada de retourner dans leur chambre. Nedjmet la Douce resta là, me regardant à peine. Je la pris dans mes bras, l'embrassai et lui promis d'être de retour pour le petit déjeuner.

— Où vas-tu ? Il fait noir.

— Je dois sortir voir quelqu'un.

— C'est pour le travail ?

— Oui, c'est pour le travail.

Elle hocha la tête d'un air grave et je la tendis à Tanefert qui me lança un de ces regards.

— Je laisse Thoth monter la garde.

Elle m'embrassa doucement et se retira dans notre chambre.

Nous parvînmes au quai à l'endroit où les navettes traversent. Le jour, le lieu est encombré de bateaux et d'embarcations de toutes les tailles, depuis les petites barques de roseaux jusqu'aux navettes transportant des passagers vers les vastes zones commerciales du royaume en passant par les navires chargés de pierres. L'économie qui fait la richesse et la prospérité de la ville, qui fournit les objets de luxe, les matériaux de construction et la nourriture est basée ici. C'est ici que les accords se nouent ou se trahissent, ici que les marchandises sont importées légalement ou en contrebande. Mais la nuit tout est calme. Il n'y a aucune activité commerciale car il est très dangereux de traverser le Grand Fleuve dans l'obscurité, à cause des crocodiles qui flottent invisibles et qui dissimulent leurs intentions belliqueuses dans les courants et les tourbillons de l'eau noire.

Mais il aurait fallu toute une horde de crocodiles pour renverser le magnifique bateau à bord duquel nous prîmes place. Nous nous installâmes dans l'intimité de la cabine à l'abri de rideaux et passâmes la brève traversée en silence. Khay m'offrit du vin mais je refusai. Il haussa les épaules, s'en servit une coupe et s'assit pour boire. Je manipulai le jouet, tournai la cheville pour que le chien, avec sa rangée de poils hérissés découpés à même le bois et ses crocs rouges, saute encore et encore à l'assaut de l'homme. Et je repensai à cette enfant qui m'avait dit, si longtemps auparavant : « Regarde, c'est toi !... »

Mais je n'allais pas ouvrir le coffret scellé de ces souvenirs. Du moins, pas encore. Je regardai les toits bas et les murs blancs de Thèbes éclairés par la lune tandis que nous filions vers la rive ouest. La plupart des habitants de la ville devaient dormir à présent en prévision de la reprise, demain, de leur labeur incessant ; seuls les riches qui jouissaient de liberté étaient encore sur pied, participant à leurs fêtes privées emplies de vin et de plaisir, discutant des événements du jour, de la politique et des conséquences.

Nous n'abordâmes pas directement sur la rive ouest, mais nous longeâmes le cantonnement des gardes avant de suivre un long canal obscur entre les arbres et les champs bruissant de vie nocturne. Le canal construit en ligne droite comme les aiment les ingénieurs débouchait brusquement sur le vaste bassin en forme de T du lac de Birket Habu. Des bandes d'oiseaux nocturnes se chamaillaient sur sa surface lisse et calme. Des rangées de blocs de pierre taillés destinés à protéger de l'inondation l'ensemble des bâtiments environnants empêchaient de voir le paysage. Mais je savais ce qui se cachait derrière ces remparts : le palais de Malkata, ce vaste assemblage de bâtiments où la famille royale, sous bonne garde, avait ses quartiers, mais aussi tous les bureaucrates, les fonctionnaires, les serviteurs qui, par milliers, rendaient possible cet étrange mode de vie. On le désignait sous le terme de « palais des Réjouissances » mais il n'y avait pourtant pas grand-chose, dans ce sombre bâtiment qui se profilait à présent à l'horizon, pour justifier une appellation aussi optimiste. Le bâtiment était célèbre pour la complexité et le coût de sa construction qui avait eu lieu sous le règne du grand-père de Toutankhamon, et aussi pour ses installations hydrauliques remarquables qui alimentaient, disait-on, des salles de bains, des bassins et des jardins jusqu'au cœur même du palais. On racontait que les lits étaient incrustés d'ébène, d'or et d'argent, que les portes étaient ornées d'or massif. Ainsi vont les rumeurs que rapportent les gens du peuple sur les palais de rêve où ils n'entreront jamais.

Nous accostâmes à la grande jetée du palais qui s'étend tout au long de cette rive du lac. Des bassins de cuivre emplis d'huile, disposés sur des supports ouvragés, étaient allumés et répandaient une épaisse lueur jaune orangé plutôt sinistre. Les gardes du palais s'inclinèrent bien bas au moment où Khay et moi descendîmes du bateau. La profondeur de leur révérence indiquait clairement l'importance du statut qu'avait cet homme en ces lieux. De toute façon, il ignora superbement leur existence, comme le font toujours les personnages de haut rang.

Nous suivîmes un long chemin processionnel éclairé par des lampes et par la lueur familière et bienvenue de la lune, et nous nous dirigeâmes vers la longue silhouette basse du palais ; puis, aiguillonné par le mystère qui m'attendait et poussé en avant par la nécessité, j'entrai avec Khay dans de vastes ténèbres.

6

Le gardien de la Maisonnée royale prit dans une niche une lampe à huile allumée. Le décor paraissait feutré, somptueusement décoré et totalement coupé du monde extérieur. Tout au long du couloir que nous suivîmes d'un pas rapide, on voyait de magnifiques statues et des sculptures disposées sur des socles. Je me demandai ce qui pouvait bien se passer dans ces pièces latérales : quelles réunions, quelles discussions, quelles décisions étaient prises dont les grandes conséquences se répercutaient tout au long de la hiérarchie jusqu'au monde sans défense qui n'était au courant de rien ? Nous avancions, tournant tantôt à droite, tantôt à gauche, franchissant de grands corridors hauts et sonores où parfois des groupes de fonctionnaires se concertaient et où des sentinelles montaient la garde, et nous progressions de plus en plus profondément dans le palais. C'était un véritable labyrinthe d'ombres. De temps en temps, un serviteur ou un garde passait, la tête baissée, s'efforçant de faire oublier sa présence tandis qu'il entretenait la lumière des lampes à huile.

Les pièces se succédaient, les murs étaient peints de scènes glorieuses représentant les loisirs et les plaisirs des gens de l'élite, des oiseaux dans des marais de roseaux, des poissons dans l'eau claire ; elles apparaissaient et disparaissaient à la lumière de la lampe que tenait Khay. J'aurais du mal à retrouver mon chemin en sens inverse. Le bruit de mes pas semblait déplacé, une fausse note dans cet univers feutré. Khay me précédait, avançant en silence dans ses sandales de luxe. Je décidai de faire encore plus de bruit, rien que pour l'ennuyer. Il refusa d'accorder la moindre importance à ma conduite en ne jetant même pas un simple regard en arrière. Pourtant, aussi étrange que cela puisse paraître, il est vrai que l'on peut deviner l'expression de quelqu'un en regardant l'arrière de son crâne.

Nous franchîmes rapidement un poste de contrôle où Khay se contenta d'écarter d'un geste les gardes d'élite des quartiers royaux, et il me conduisit au cœur du sanctuaire, le long d'un autre passage, jusqu'à ce que finalement nous nous arrêtions devant une grande porte à deux battants, en bois sombre incrusté d'or et d'argent, surmontée d'un scarabée ailé sculpté dans la masse. Il fit un signe de tête. Le garde frappa avec précision ; au bout d'un moment la porte s'ouvrit et nous fûmes introduits dans une vaste pièce dont les murs magnifiques et le mobilier étaient éclairés par de grandes vasques martelées disposées sur tout le pourtour et dont les flammes montaient droites et claires.

Le mobilier et la décoration étaient d'une sobriété parfaite. Ici, semblait dire cette pièce, on pouvait vivre calmement en cultivant des sentiments élevés. Mais elle donnait aussi le sentiment d'une scène de théâtre, comme si derrière ces prestigieuses façades on pouvait découvrir les gravats des maçons, les pinceaux des peintres et les affaires inachevées.

Une jeune femme entra tranquillement par la porte ouverte qui donnait sur le jardin, elle s'arrêta un instant sur le seuil, entre la lumière provenant des grandes vasques et les ombres obscures qui enveloppaient tout. Et elle semblait participer des deux à la fois. Ankhesenamon se rapprocha, avançant dans la lumière. Son visage, malgré sa beauté juvénile, inspirait la confiance. Une belle perruque tressée et lustrée encadrait ses traits, et elle portait une robe de lin plissée qui soulignait sa poitrine et dont la coupe fluide semblait sculpter ses formes élégantes et parfaites, ainsi qu'un imposant collier d'or fait de plusieurs rangs d'amulettes et de perles. Des gourmettes et des bracelets scintillaient et tintaient élégamment à ses poignets et à ses chevilles quand elle se déplaçait. Des bagues d'or et d'électrum brillaient à ses doigts délicats. Des boucles d'oreilles en forme de disques d'or étincelaient à la lumière des lampes. Elle s'était soigneusement maquillé le contour des yeux au khôl et elle avait dessiné les traits noirs dans un style légèrement démodé. Je m'aperçus, tandis qu'elle me regardait, l'esquisse d'un sourire sur les lèvres, qu'elle avait délibérément souligné sa ressemblance avec sa propre mère.

Khay s'empressa de baisser la tête, je l'imitai et attendis comme l'exigeait le protocole car c'était à elle d'engager la conversation.

— Je ne sais pas si je me souviens de toi ou si mes souvenirs me viennent des histoires qu'on m'a racontées.

Sa voix manifestait à la fois son sang-froid et une certaine curiosité.

— Vie, prospérité et santé. Tu étais très jeune, majesté.

— C'était une autre vie. Un autre monde peut-être.

— Les choses ont changé, dis-je.

— Viens voir, dit-elle tranquillement, et, me lançant un regard énigmatique de ses yeux noirs, elle se détourna comme pour m'inviter à la suivre.

Nous passâmes dans le jardin. L'homme ne se retira pas mais nous suivit discrètement à une distance d'où il pouvait comprendre ce que nous disions tout en faisant semblant que ce n'était pas le cas. On entendait le murmure d'une fontaine quelque part dans l'obscurité. L'air était frais et parfumé. Elle suivit un sentier richement décoré, éclairé par la lueur vacillante de nombreuses lampes, et s'avança plus loin à la seule clarté de la lune.

Je me rappelai la petite fille que j'avais rencontrée des années auparavant, sa mauvaise humeur, ses frustrations. À présent elle était une jeune femme accomplie et élégante. Le temps lui-même semblait se moquer de moi. Où donc étaient passées toutes ces années ? Peut-être avait-elle grandi d'un seul coup, trop vite, à la manière de ces gens qui ont vu des changements catastrophiques s'abattre sur eux pendant leur jeunesse. Je pensai à mes propres filles, à leur nouvelle aisance face à leurs changements et à ceux de leur vie. Elles n'avaient pas besoin, grâce aux dieux de la fortune, de faire preuve d'une telle stratégie et d'un tel souci des apparences. Mais elles grandissaient et s'éloignaient vers leur propre avenir.

— Ainsi tu te souviens de moi, fit-elle tranquillement, tandis que nous marchions.

— Tu portais un autre nom à cette époque-là, répondis-je prudemment.

Elle détourna le regard.

— Je n'ai pas eu beaucoup le choix en ce qui concerne mon destin personnel. J'étais une gamine gauche et malheureuse, je n'avais rien d'une princesse, contrairement à mes sœurs, et à présent elles sont toutes mortes et on attend bien davantage de moi. J'ai été réinventée, mais peut-être ne suis-je pas à la hauteur du rôle que l'on m'a attribué, est-ce bien le mot ? ou plutôt destiné…

On aurait dit qu'elle parlait de quelqu'un d'autre, pas d'elle-même.

Nous parvînmes à un grand bassin d'eau noire au centre de la cour, avec des lampes à huile disposées à chaque coin. La lune s'y reflétait, bougeant lentement dans le rêve des eaux.

L'endroit était romantique et secret. Nous marchâmes sur le bord du bassin. J'avais en même temps le sentiment que nous nous approchions du cœur du sujet.

— Ma mère m'a dit que si j'étais un jour vraiment en danger je devais t'appeler. Elle m'a promis que tu viendrais.

— Et je suis là, répondis-je tranquillement.

J'avais enfermé le souvenir de sa mère dans une case au fond de mon crâne. Il était si puissant et si désespéré que je ne pouvais agir autrement. Et le fait qu'elle soit morte à présent n'y changeait rien car elle continuait à vivre là où je n'avais aucun pouvoir sur elle, dans mes rêves.

— Et si tu m'as appelé et que je suis ici, tu dois vraiment être en danger.

Un poisson brisa la surface immaculée de l'eau et des cercles concentriques se formèrent pour aller lécher doucement le rebord du bassin. Le reflet de la lune tremblota vaguement, se défit avant de se recomposer lentement.

— Je suis préoccupée par des signes. Des présages…

— Je ne crois pas beaucoup aux signes ou aux présages.

— C'est ce qu'on m'a dit et c'est cela qui est important. On s'alarme trop facilement, mon époux et moi. Nous avons besoin de quelqu'un de moins superstitieux et de moins craintif. Je me considère comme quelqu'un de moderne, comme une personne qui ne se laisse pas facilement effrayer par les choses qui ne sont pas de ce monde. Mais je m'aperçois qu'il n'en est pas ainsi. Peut-être ce palais n'aide-t-il pas beaucoup. Il est si vaste et si dépourvu de vie que l'imagination le peuple de tout ce qu'elle redoute. Un coup de vent souffle dans la mauvaise direction, il vient des Terres rouges, et aussitôt je sens des esprits malfaisants s'agiter dans les rideaux. Ces chambres sont trop vastes pour qu'on puisse y dormir sans crainte. Je garde des lampes allumées toute la nuit, je crois en la magie, je me cramponne à des amulettes comme une enfant… C'est ridicule car je ne suis plus une enfant. Je ne peux pas me permettre de me laisser aller à des terreurs enfantines.

Elle détourna le regard.

— La peur est un ennemi puissant mais un ami précieux.

— Voilà bien une pensée que seul un homme peut avoir, répondit-elle d'un air amusé.

— Peut-être devrais-tu me dire de quoi tu as peur.

— Je vois que tu sais écouter.

— Ce n'est pas ce que disent mes filles.

— Ah ! C'est vrai, tu as des filles. Une famille heureuse.

— Ce n'est pas toujours aussi simple.

Elle hocha la tête.

— Aucune famille n'est simple.

Elle se tut, plongée dans ses pensées.

— J'ai été mariée à mon époux quand nous étions encore très jeunes tous les deux. J'avais quelques années de plus que lui. Mais nous étions des enfants unis par l'État pour des raisons de pouvoir et d'alliances politiques. Personne ne nous a demandé notre avis. À présent on nous exhibe comme des statues dans les occasions solennelles. Nous exécutons les rites. Nous accomplissons les gestes. Nous récitons les prières. Après quoi on nous fait rentrer dans le palais. En récompense de notre obéissance on nous offre le luxe, des indulgences, des privilèges. Je ne me plains pas. C'est tout ce que je sais. Ce magnifique tombeau est tout ce que je connais en fait de foyer depuis des années. C'est une prison et cependant je m'y suis sentie chez moi. N'est-il pas étrange que je puisse le voir sous cet angle ?

Je hochai la tête.

De nouveau elle prit le temps de réfléchir.

— Mais depuis quelque temps je ne me sens plus en sécurité, même ici.

— Pourquoi ?

— Pour plusieurs raisons. Peut-être en partie parce que je sens que quelque chose a changé dans l'atmosphère. Ce palais est un monde très organisé, très discipliné. Aussi quand les choses changent je m'en aperçois immédiatement : ce sont des objets qui ne sont pas là où ils devraient être ou qui surgissent de nulle part, des choses qui ne signifient rien et qui pourtant, vues sous un certain angle, peuvent laisser deviner quelque chose de mystérieux, quelque chose… Et puis aujourd'hui…

Elle se trouva à court de mots, haussa les épaules. J'en attendais davantage.

— Tu veux dire les événements de la fête ? Le sang ?…

Elle secoua la tête.

— Non, autre chose.

— Peux-tu me le montrer ?

— Oui, mais auparavant je dois te dire encore quelque chose.

Elle m'entraîna vers un long banc caché à l'ombre et se mit à parler à voix basse avec des précautions de conspirateur.

— Ce que je vais te dire est un secret connu seulement de moi-même et de quelques hommes de toute confiance. Tu dois me donner ta parole que tu ne le répéteras pas. Les mots ont de grands pouvoirs et le silence aussi est très puissant. Ces pouvoirs sont les miens, ils doivent être respectés et tu dois leur obéir. Si tu ne le fais pas je le saurai et je ne t'épargnerai pas ton châtiment.

Elle me regarda d'un air grave.

— Tu as ma parole.

Elle hocha la tête d'un air satisfait et prit une profonde respiration.

— Toutankhamon va prochainement annoncer son couronnement et son accession à la royauté. Cela aurait dû avoir lieu aujourd'hui après sa rencontre avec les dieux. Mais cela n'a pas pu se faire. Pour des raisons évidentes. Nous avons subi un échec. Mais cela ne nous arrêtera pas. Il en va de l'avenir du royaume.

Elle guettait ma réaction.

— Il est déjà roi, commentai-je prudemment.

— En titre seulement, car c'est Ay le régent, et il détient en réalité tout le pouvoir. Son propre gouvernement est l'autorité qui dirige le royaume. Il demeure invisible, et derrière ce voile il fait tout ce qu'il veut tandis que nous ne sommes que ses marionnettes. Aussi devons-nous dès maintenant nous emparer du pouvoir. Pendant qu'il en est encore temps.

— Cela sera très difficile et très dangereux.

— Évidemment. Aussi comprends-tu mieux à présent pourquoi j'ai fait appel à toi.

Je sentis que les ombres du palais s'épaississaient autour de moi à chaque nouveau mot qu'elle prononçait.

— Puis-je te poser une question ?

Elle fit signe que oui.

— Es-tu certaine qu'Ay ne soutiendrait pas ce projet ?

Ankhesenamon sembla soudain aussi solitaire que n'importe quelle femme. C'était comme si la porte qui donnait accès à son cœur avait soudain été arrachée par une bourrasque. À ce moment je compris qu'il n'y avait plus moyen de revenir en arrière, d'oublier cette étrange nuit ou d'échapper au labyrinthe lugubre de ce palais.

— Il nous détruirait s'il était au courant.

On pouvait lire à présent dans son regard à la fois de la détermination et de la peur.

— Peux-tu être sûre qu'il n'est au courant de rien ?

— Je ne peux pas en être sûre, dit-elle, mais il n'a montré aucun signe. Il traite le roi avec mépris et le maintient dans une dépendance infantile dont il devrait déjà être sorti. Son pouvoir dépend de notre soumission. Il nous mène tous les deux par la peur. Mais il a commis l'erreur la plus dangereuse : il nous sous-estime. Il me sous-estime. Et je ne supporterai pas cela plus longtemps. Nous sommes les enfants de notre père. Je suis la fille de ma mère. Je la possède en moi, elle m'appelle, m'encourage, elle m'aide à surmonter ma peur. Le temps est venu de reprendre le pouvoir et de rétablir notre dynastie. Et je crois que je ne suis pas la seule à refuser un monde gouverné par un homme au cœur si froid.

Il fallait que je réfléchisse prudemment.

— Ay est très puissant. Il est aussi intelligent et impitoyable. Il va falloir un plan efficace et remarquable pour se montrer plus malin que lui, répondis-je enfin.

— J'ai eu amplement le temps de l'étudier et d'observer les stratagèmes de son esprit. Je l'ai observé et cependant je ne pense pas qu'il s'en soit aperçu. Je suis une femme et donc je ne suis même pas digne de retenir son attention. Je suis presque invisible. Et puis, il m'est venu une idée.

Elle s'autorisa un instant à montrer qu'elle était fière d'elle.

— Je suis sûr que tu es consciente des risques, dis-je avec précaution, même si vous réussissez à proclamer l'accession du roi au pouvoir, Ay gardera presque certainement les rênes du gouvernement. Il contrôle de nombreuses factions et des forces puissantes.

— La cruauté d'Ay est bien connue. Mais nous ne manquons pas d'alliés, et lui-même a quelques puissants ennemis. Et puis il ne faut pas oublier son amour obsessionnel de l'ordre. Il préférerait se couper en deux que de risquer le retour du chaos dans le monde.

— Je pense qu'il déciderait plus volontiers de couper un millier de personnes en deux.

Elle sourit pour la première fois.

— Ay lui-même ne manque pas d'ennemis et de rivaux qui menacent son pouvoir suprême. Le général Horemheb attend son heure. Je suis au courant de cela. Et souviens-toi, nous avons un autre grand avantage sur Ay, peut-être le plus grand de tous…

— Quel est-il ?

— Le temps. Ay est vieux. Il a mal aux os. Il a mal aux dents. Le temps, ce destructeur, l'a découvert et prend sa revanche. Mais nous sommes jeunes. Le temps est notre allié.

Elle était assise là, dans la simple beauté de sa jeunesse, vêtue de l'or du dieu du Soleil, et elle souriait à cette idée.

— Cependant, le temps est aussi, c'est bien connu, un traître. Il nous tient tous à sa merci.

Elle approuva.

— Ta remarque est sage. Mais notre heure est venue. Nous devons saisir l'occasion dans notre intérêt et dans l'intérêt des Deux Terres. Si nous ne le faisons pas, je vois se profiler pour nous tous un âge des ténèbres.

— Puis-je te poser une dernière question ?

Elle sourit.

— On m'a dit que tu aimais les questions. Je vois que c'est vrai.

— Quand Toutankhamon va-t-il annoncer son couronnement ?

— Dans les tout prochains jours. L'inauguration officielle de la nouvelle Colonnade a été réorganisée. À ce moment-là, le roi pénétrera dans l'enceinte la plus sacrée du sanctuaire, ce sera le meilleur moment pour un changement.

Comme elle était vive et intelligente ! Le roi allait rendre visite aux dieux. Après un tel événement, l'annonce tomberait au meilleur moment. Elle serait marquée par l'autorité de la sanction divine. Je sentis une pointe d'excitation à imaginer la possibilité d'un changement, ce que je n'avais pas éprouvé depuis bien longtemps. Cela pouvait peut-être réussir, mais je savais que mon optimisme était dangereux et pouvait me trahir en m'incitant à l'imprudence car, pour l'instant, nous étions toujours dans le monde des ombres. Je me rappelai ses craintes.

— Tu as dit que tu avais quelque chose à me montrer.

7

C'était un petit objet sculpté représentant Akhenaton et Néfertiti, accompagnés de leurs filles aînées, en train de vénérer Aton, le disque solaire qui avait été le grand symbole de leur révolution. De nombreux rayons de lumière partaient du disque et se terminaient par des mains divines offrant le Ankh, symbole sacré de la vie, à d'étranges petits personnages humains qui tendaient les bras pour recevoir les dons du dieu. En dépit de l'étrange élongation fluide de leurs membres, typique du style de l'époque, on pouvait voir qu'il s'agissait d'un portrait de famille. La pierre n'était pas très ancienne car elle n'était ni rugueuse ni abîmée sur les bords par le vent ou le passage du temps. L'objet ne pouvait provenir que de la ville d'Akhetaton.

Il présentait d'autres caractéristiques remarquables. D'abord les signes formant le nom d'Aton avaient été effacés au ciseau. C'était significatif car les noms possèdent des pouvoirs et leur profanation était une profanation explicite contre l'âme de Râ lui-même. Ensuite le disque du soleil, le grand cercle, le symbole de la vie, avait lui aussi été effacé. Rien de tout cela n'était surprenant, car depuis l'abolition de cette religion, ces pratiques iconoclastes étaient répandues. Ce qui était plus important c'est que les yeux et le nez de tous les membres de la famille royale avaient été martelés, de sorte que ceux-ci ne jouiraient ni de la vue ni de l'odorat dans l'Autre Monde. Et je constatai que les noms royaux d'Ankhesenamon elle-même avaient aussi été détruits. C'était là une profanation à visée très personnelle.

La pierre sculptée avait été trouvée dans une boîte plus tôt dans la journée à l'intérieur des appartements royaux pendant que se déroulaient les cérémonies de la fête. Une inscription indiquait qu'il s'agissait d'un cadeau offert au roi et à la reine. Personne ne se souvenait de l'avoir vue arriver ni de la personne qui l'avait apportée, et on ne trouvait aucune trace de son passage au contrôle des bureaux royaux. Elle semblait être sortie de nulle part. La boîte elle-même n'avait rien de remarquable, il s'agissait d'un coffret en bois sculpté, probablement de l'acacia, typique du style de l'artisanat thébain. Je fouillai dans la paille qui avait servi à emballer la pierre : pas de note, aucun message. C'était la pierre profanée qui constituait le message. Il n'avait sans doute pas été simple de se la procurer car Akhetaton, la cité de l'Horizon, même si elle n'était pas totalement désertée, retournait lentement à la poussière dont elle avait été fabriquée et plus personne ne s'y rendait. Elle avait à présent la réputation d'être un endroit maudit et abandonné.

Khay et moi considérions avec perplexité cet objet énigmatique.

— Et tu penses que cette pierre a un rapport avec ce qui s'est passé aujourd'hui au temple et que les deux événements ensemble constituent une menace contre votre vie ? demandai-je.

— Chaque événement pris isolément peut être considéré comme une menace. Mais les deux le même jour… répondit-elle.

— Ce qui s'est passé aujourd'hui et l'apparition de cette pierre ne sont pas forcément liés, dis-je.

— Comment peux-tu en être sûr ? demanda aussitôt Ankhesenamon.

— La manifestation publique était un acte de dissidence politique parfaitement conscient. Alors qu'ici il s'agit d'une affaire privée et plus personnelle.

— Cela paraît un peu vague, fit remarquer Khay avec désinvolture.

— Dans le premier cas on a affaire à un acte vulgaire commis par un groupe qui n'a pas d'autre moyen d'exprimer son opposition et sa colère. Ils n'ont aucun meilleur accès au pouvoir si ce n'est de lancer des projectiles sur le roi pendant une cérémonie. Même si l'effet est spectaculaire, ce n'est pas là l'action de gens qui ont du pouvoir. Ce sont des francs-tireurs, impuissants, aux marges de la société. Dans le second il s'agit d'un acte plus puissant, plus significatif et plus élaboré. Il implique la maîtrise de l'écriture et du pouvoir des noms, mais aussi des effets de l'iconoclasme. Il a nécessité des préparatifs considérables et une bonne connaissance du fonctionnement de la sécurité dans les appartements royaux. Nous pouvons donc supposer que cet acte a été commis par un membre de l'élite, et vraisemblablement par quelqu'un de bien placé au sein de la hiérarchie.

— Qu'est-ce que tu sous-entends ? demanda Khay sèchement.

— Que cet objet provient de l'intérieur même du palais.

— C'est absolument impossible. Les appartements royaux sont soigneusement gardés en permanence.

— Et pourtant il est là, dis-je.

Il avait à présent le menton pointé en avant. Il était hérissé d'indignation vertueuse comme un oiseau en colère. Mais avant qu'il ait pu m'interrompre, je poursuivis :

— Celui qui a commis cet acte est parfaitement conscient de ce qu'il a fait car il a l'intention de susciter la peur là où elle peut causer le plus de dégâts. Dans l'esprit du roi et de ses proches.

Ils me regardèrent tous les deux, décontenancés. J'étais probablement allé trop loin en prêtant au roi une forme de faiblesse humaine ou de défaillance. Néanmoins l'heure n'était plus au protocole ni à la correction.

— … Ou du moins c'est ce que semble espérer le coupable. Puis-je supposer que personne n'est au courant de cet incident ?

Khay avait l'air d'avoir mangé un fruit amer.

— Ay en a été informé. Il exige d'être informé de tout ce qui se passe dans les appartements royaux.

Pendant un instant, personne ne parla.

— Tu devines à présent ce que je vais te demander, dit-elle doucement.

Je fis signe que oui.

— Tu veux que je découvre qui est responsable de l'envoi de cet objet et de cette profanation agressive.

— Des gens malveillants ont accès aux appartements royaux. Il faut les démasquer. Mais j'ai besoin d'autre chose : je veux que tu sois le protecteur privé de mon époux et de moi-même. Que tu sois notre gardien. Celui qui veille sur nous. Sans être remarqué par personne…

— Tu as la garde du palais, dis-je.

— Je ne fais pas confiance à la garde du palais.

Chaque phrase de cette conversation me donnait l'impression de tomber dans un piège qui se refermait sur moi.

— Je suis un homme seul.

— Tu es le seul homme. Et c'est pour cela que j'ai fait appel à toi.

À présent la dernière issue qui aurait encore pu me permettre de fuir cet endroit et de retourner vers la vie venait de se refermer en silence.

— Quelle est ta réponse ?

Bien des réponses se bousculaient dans mon esprit.

— Ce sera un honneur de tenir la promesse faite à ta mère, dis-je au bout d'un moment, et mon cœur se serrait à l'idée des conséquences de ces quelques mots.

Elle sourit, soulagée.

— Mais en même temps je ne peux pas abandonner ma famille.

— Et c'est peut-être mieux ainsi. Cela doit rester un secret entre nous. Tu dois donc continuer à mener ta vie normalement et puis…

— Mais Ay me connaît. D'autres vont s'apercevoir de ma présence. Je ne peux pas demeurer secrètement ici. Cela me rendrait la tâche impossible. Tu devrais simplement dire que tu m'engages, en plus de la garde du palais, à cause des menaces que vous avez reçues. Il suffit de dire que je suis un consultant indépendant en matière de sécurité intérieure.

Elle lança un regard à Khay qui réfléchit à cette proposition avant de hocher la tête.

— Nous acceptons cet arrangement, dit-elle.

L'idée de la double vie qui m'attendait me rendait anxieux. Et, je dois avouer, excité également. J'avais promis à Tanefert de ne pas laisser ma famille toute seule. Mais je me dis que je n'allais pas trahir ce serment car je n'aurais pas besoin de quitter la ville pour élucider cette énigme. Et je n'avais pas grand-chose à faire au quartier général des Medjay, sous l'autorité de Nebamon. Je me demandai pourquoi je cherchais à me convaincre moi-même.

Khay faisait le genre de bruits qui signifiaient qu'il était temps pour nous de nous retirer. Nous prîmes formellement congé. Ankhesenamon retint mes mains entre les siennes comme si elle voulait y sceller les secrets que nous venions d'évoquer.

— Merci, dit-elle, les yeux brillant d'une véritable sincérité.

Et puis elle sourit d'un sourire franc et chaleureux cette fois et à cet instant je crus voir le visage de sa mère, non pas le superbe masque public, mais le visage chaleureux de la femme vivante.

Puis la grande porte à deux battants s'ouvrit silencieusement derrière nous, et nous nous retirâmes, à reculons, en nous inclinant jusqu'à ce que les battants se referment et que nous nous retrouvions dans ce couloir interminable et silencieux bordé de toutes ces portes identiques comme dans une scène de cauchemar.

J'avais une envie pressante et je voulais vérifier si toutes ces histoires d'installation d'eau étaient vraies. Khay me conduisit dans un couloir sur le côté.

— Troisième porte à gauche, fit-il d'un air dédaigneux, je t'attendrai devant la porte de l'appartement de la reine, et il s'éloigna.

J'entrai. L'espace était long et étroit, pourvu d'un sol en pierre sur lequel on avait peint des bassins où nageaient des poissons d'or. Un treillage laissait entrer l'air frais et parfumé de la nuit. Quelques chandelles vacillèrent dans le courant d'air quand j'entrai. Je fis ce que j'avais à faire. Je produisais un bruit énorme dans cet effrayant silence presque religieux. J'avais l'impression de pisser dans un temple. Je me lavai les mains dans un bassin disposé là en prenant de l'eau dans une cruche. Aucune installation miraculeuse de tuyauterie ici. Je me séchai les mains quand j'eus une sensation étrange, une démangeaison dans les poils de mon cou, l'impression d'un vague reflet sur la surface polie du miroir de cuivre : je me retournai brusquement.

La femme m'observait d'un air entendu, son regard intelligent brillait dans la faible lumière, elle avait des cheveux noirs sévèrement tirés en arrière, son visage était anguleux et étrangement maigre, ses robes semblaient un habit de ténèbres.

— Est-ce que tu me reconnais ? dit-elle d'une voix basse et tranquille.

— Je devrais ?

Elle secoua la tête d'un air déçu.

— Je suis venue te dire mon nom.

— Dans les *toilettes* ?

— Je suis Maia.

— Ton nom ne me dit rien.

Elle fit claquer sa langue d'un air contrarié.

Je finis de me sécher les mains.

— Je suis la nourrice du roi. C'est moi qui l'ai nourri depuis le jour de sa naissance. Maintenant je m'occupe de lui et personne d'autre ne peut le faire.

Elle devait avoir vécu dans la ville d'Akhetaton. Elle avait dû assister de près à la vie d'Akhenaton et de la famille royale. Tout le monde savait que la mère du roi était Kiya qui, en tant qu'épouse royale, avait été rivale de Néfertiti. Mais Kiya avait disparu. Plus tard Toutankhamon, fils de Kiya, avait été marié à Ankhesenamon, la fille de Néfertiti, les enfants d'un même père, Akhenaton, et de deux ennemies, les derniers survivants de leur lignée, mariés l'un à l'autre. D'un point de vue politique c'était une grande alliance. De leur propre point de vue, ce devait être l'enfer, car il est rare que les enfants d'une belle-famille puissent s'aimer, surtout quand de telles sommes de pouvoir et de richesses sont en jeu.

Elle hocha la tête comme si elle me suivait dans l'imbroglio de mes pensées.

— Que souhaites-tu me dire ?

Elle jeta un coup d'œil à la ronde, soupçonneuse, même ici.

— Ne fais pas confiance à cette fille. Elle est du même sang que sa mère.

— Elle est la reine. Comme sa mère l'était. Pourquoi ne devrais-je pas lui faire confiance ?

— Malgré tout ton pouvoir tu ne sais rien. Tu ne comprends pas ce qui se passe ici. Tu es ébloui comme un imbécile devant de l'or.

Je sentis une bouffée de colère me remonter à la gorge.

— Homme orgueilleux ! Homme vain ! Réfléchis donc. Sa mère s'est débarrassée de sa rivale, Kiya, la mère de mon roi. Cela il ne faut pas l'oublier. Il ne faudra jamais l'oublier. Il faudra venger cela. Et toi tu viens comme un chien attendre devant sa porte.

— Tu parles comme une conteuse sur un marché et tu n'as aucune preuve de ce que tu avances. Et même si tu as raison, tout cela s'est passé il y a si longtemps.

— J'en ai la preuve parce que je l'ai vu. Je la vois pour ce qu'elle est vraiment. Elle est l'héritière de sa dynastie. Rien ne change. Aussi je suis venue t'avertir. Elle ne se soucie guère de son époux. Elle ne se soucie que d'elle-même.

Je m'approchai d'elle. Elle se drapa dans ses robes.

— On pourrait t'arrêter pour cela.

— Arrêter Maia ? Le roi ne le permettra jamais. C'est mon enfant et c'est par amour pour lui que je parle. Personne d'autre ne l'aime. Sans moi il est tout seul dans ce palais. De plus je connais leurs noms. Je connais le nom des ombres.

— Qu'est-ce que tu veux dire ?

— Les ombres ont de grands pouvoirs, répondit-elle, et sur ces paroles énigmatiques, elle fila le long du mur sombre et disparut.

8

Quand nous fûmes de retour sur la jetée, Khay me remit un papyrus officiel qui m'autorisait à retourner au palais de Malkata et à lui demander audience à n'importe quel moment. Il m'apprit qu'il résidait à l'intérieur des quartiers royaux et que je pouvais faire usage de ce document chaque fois que je le voulais. Tout ce qu'il me dit me fit comprendre qu'il était la clef qui permettait de franchir tous les obstacles, l'homme dont la parole avait force de loi et dont le moindre soupir résonnait à l'oreille du pouvoir. Alors que je m'apprêtais à partir, il me remit une petite bourse de cuir.

— Qu'est-ce que c'est ?

— Considère cela comme une petite avance.

Je regardai à l'intérieur. Elle contenait une bague en or de bonne qualité.

— Pourquoi parles-tu d'une petite avance ?

— Je pense que cela devrait suffire.

Il mâchait ses mots comme si c'était du sable sous la meule d'un moulin. Il me tourna le dos et partit sans même attendre la réponse que j'aurais pu lui donner.

Debout à la poupe du bateau qui s'éloignait, je regardai en arrière jusqu'à ce que le palais où vivait cette reine solitaire et son étrange jeune roi clandestin ait disparu derrière le rempart des blocs de pierre qui bordaient le lac.

Le bateau me déposa discrètement dans un lieu écarté des quais, et je dus revenir sur mes pas et longer les centaines de bateaux amarrés là ; ils portaient chacun leurs yeux peints et ballottaient en se heurtant les uns contre les autres au gré des courants obscurs du fleuve.

Leurs voiles étaient affalées et rangées, et leurs équipages, en compagnie des travailleurs des quais, dormaient sur les ponts et à l'ombre de piles de marchandises, lovés dans leurs rêves comme des cordes enroulées. À l'extrémité la plus éloignée du quai, je remarquai à ma grande surprise deux navires que l'on déchargeait de leur cargaison. Aucune torche n'était allumée pour éclairer le travail mais la lueur de la lune devait suffire. Les hommes s'activaient en silence, avec efficacité. Ils faisaient passer des jarres d'argile des bateaux sur un convoi de charrettes. Je vis un homme grand et mince qui marchait au milieu des ouvriers et semblait diriger les opérations. Des contrebandiers probablement, car personne d'autre ne se serait risqué à naviguer sur le fleuve dangereux en pleine nuit. Après tout, ce n'étaient pas mes affaires. J'avais bien d'autres soucis.

Marcher a toujours été ma façon de me remettre les idées en place. C'est parfois le seul moyen que j'ai de me sentir sain d'esprit. Je suivis mon chemin en empruntant des rues désertes ; à présent la cité nocturne ressemblait à un théâtre vide, un édifice de papyrus, d'ombres et de rêves. Je m'efforçais de réfléchir calmement à toutes les expériences que cette étrange journée m'avait offertes : les cérémonies de la fête et leur atmosphère étrangement oppressante, cet étonnant sacrilège, la jeune fille dans sa cellule et cette rage qui avait mûri en elle comme un vin pour se transformer en quelque chose de sombre et de puissant, cette rencontre nocturne avec la reine du royaume, rongée par la peur, et la conversation avec la nourrice du roi. Et, peut-être plus étrange que tout le reste, ce garçon assassiné, ses membres cruellement fracassés, cette effrayante mise en scène d'une perfection organisée dans la mort, et le sort jeté sur un morceau de tissu. Toutes ces choses, les événements de cette étrange journée, avaient-ils quelque chose en commun ? Est-ce que cela pouvait être le cas, car j'ai tendance à voir des relations là où peut-être il n'en existe pas. Et pourtant j'avais comme un sentiment, une intuition vague que je ne parvenais pas à formuler, quelque chose comme l'éclat d'un tesson brillant un instant parmi des décombres, mais que l'instant d'après j'avais perdu. Pour l'instant tout cela ne rimait à rien. Je sais que j'aime bien envisager la façon dont des éléments disparates peuvent être étonnamment reliés entre eux, plus comme dans un rêve ou un poème que dans la réalité. Mes collègues se moquent de moi et ils ont peut-être raison, et pourtant je considère que le mystère qui gît au cœur de l'être humain n'est jamais aussi facile à résoudre qu'ils le prétendent. Mais à quoi tout cela pouvait-il me servir pour l'instant ?

Je repensai ensuite à la pierre sculptée. Apparemment, elle manifestait de l'animosité à l'égard de l'ancien règne de l'Aton dont le roi était l'héritier, le survivant, mais aussi (comme cela avait été clairement signifié par ses déclarations, ses actes et ses constructions nouvelles) à présent le destructeur. De toute façon, l'iconoclasme n'avait rien d'exceptionnel, et la question intéressante était celle-ci : pourquoi l'objet avait-il été livré d'une manière aussi délibérée et même personnelle au roi lui-même ? De façon plus subtile, c'était là une façon d'adresser une grave menace car la suppression des signes représentait la suppression de la réalité. Le roi était le Soleil. La destruction du Soleil et, pis encore, l'effacement des noms royaux représentaient la destruction du roi et de la reine dans la vie après la mort. Et il y avait encore autre chose : la véritable rage de ces coups de ciseau évoquait une colère profonde confinant à la folie. C'était comme si chaque coup de ciseau avait été un coup de poignard dans leur esprit éternel. Mais pourquoi ? Et donné par qui ?

Je contemplai la lune qui était descendue à présent presque au niveau des toits et des pylônes des temples, telle la faucille de lumière dans l'œil gauche d'Horus, et je me rappelai brusquement cette vieille fable que l'on racontait aux enfants selon laquelle c'était là le dernier morceau de l'œil divin détruit qui avait été finalement soigné par Thoth, le dieu de l'Écriture et des Secrets. Maintenant, nous sommes mieux informés, nous connaissons les actions et les déplacements des corps célestes grâce à l'observation, nos calendriers stellaires notent leurs mouvements perpétuels et leurs grands retours au fil de l'année et dans l'infinité du temps. Et *tout à coup* une idée me frappa. Si cette pierre avait un sens beaucoup plus évident ? Si elle signifiait : *éclipse* ? Cela pouvait désigner une véritable éclipse. L'éclipse du Soleil vivant n'était peut-être qu'une simple métaphore. Mais si ce n'était pas le cas ? Cela semblait une piste possible, et d'une certaine façon l'idée me plaisait.

J'en parlerai à Nakht qui est très au fait de toutes ces questions.

Je remontai ma rue, poussai la barrière et entrai dans la cour. Thoth m'attendait. Il était assis sur son derrière, bien éveillé, comme s'il savait que j'allais arriver et qu'il s'était préparé à m'accueillir dignement. Tanefert avait insisté quelques années plus tôt pour que j'en fasse l'acquisition car les rues de la ville étaient devenues de plus en plus dangereuses pour un homme comme moi qui faisais partie des Medjay. Elle prétendait qu'elle le voulait pour garder la maison, mais sa véritable intention était de me protéger pendant mon travail. Pour lui faire plaisir j'avais accepté. Et à présent je devais presque admettre que j'aimais cet animal pour son intelligence, sa loyauté et sa dignité. Il renifla l'air autour de moi comme pour deviner tout ce qui m'était arrivé et me regarda droit dans les yeux, de son bon vieux regard interrogateur. Je passai la main dans sa fourrure et il marcha dans mes jambes, prêt à recevoir d'autres caresses.

— Je suis fatigué, mon vieux. Toi tu dormais pendant que j'étais au boulot.

Il regagna sa place et s'y installa, ses yeux topaze grands ouverts, épiant l'obscurité.

Je refermai la porte d'entrée et me déplaçai sans bruit dans la cuisine. Je me lavai les pieds, avalai une coupe d'eau à la cruche de terre et mangeai une poignée de dattes. Puis je suivis le couloir et, aussi doucement que possible, écartai le rideau de notre chambre. Tanefert était couchée sur le côté ; la courbe gracieuse de ses hanches et de ses épaules formait comme une écriture élégante sur un rouleau noir, soulignée par la lueur de la lampe. J'enlevai ma robe et me couchai à ses côtés, déposant le sac de cuir près du lit. Je savais bien qu'elle ne dormait pas. Je me rapprochai d'elle, plaçai mes bras sur la chaleur de son corps, me blottis contre elle pour épouser ses formes et déposai un baiser sur ses épaules douces et chaudes. Elle se retourna vers moi, mi-ennuyée mi-souriante, elle m'embrassa dans le noir et se blottit entre mes bras, douce et rassurante. Plus que n'importe où au monde, je me sentais chez moi. J'embrassai ses cheveux noirs et lisses. Que pouvais-je lui raconter des événements de la soirée ? Elle savait que je parlais rarement de mon travail et comprenait mes réticences. Elle ne me le reprochait jamais parce qu'elle savait que j'avais besoin de séparer mes activités. Pourtant, à mon visage, à ma façon d'entrer dans la pièce, elle remarquait immédiatement quand quelque chose me préoccupait. Nous ne pouvions pas avoir de secrets. Alors je lui racontai tout.

Elle me caressait le bras en m'écoutant comme pour apaiser sa propre angoisse. Je sentais son cœur battre, l'oiseau de son âme dans l'arbre verdoyant de sa vie. J'achevai mon histoire et elle resta ainsi pendant un moment, réfléchissant tranquillement, son regard posé sur moi mais aussi en quelque sorte au-delà, comme quand on contemple un feu.

— Tu aurais pu refuser.

— Tu penses que j'aurais dû ?

Son silence était éloquent, comme toujours.

— Alors je vais aller rendre ceci demain.

J'attrapai la bourse et la secouai pour faire tomber la bague en or dans ma main.

Elle la prit pour l'observer puis me la rendit.

— Ne me demande pas de te dicter ta conduite. Tu sais que j'ai horreur de cela. Ce n'est pas juste.

— Oui, mais que faire ?

Elle haussa les épaules.

— Qu'est-ce qu'il y a ?

— Je ne sais pas. J'ai un mauvais pressentiment.

— Où cela ?

Je tendis la main vers elle.

— Ne fais pas l'idiot. Je sais bien que chaque journée est pleine de dangers, mais que peut-il sortir de bon de tout cela ? Des intrigues de palais, des menaces contre la vie du roi ? Ce sont des affaires graves. Elles me font peur. Mais regarde-toi, tu as encore les yeux qui étincellent…

— C'est parce que je suis épuisé…

Je bâillai de manière extravagante pour en souligner l'effet. Pendant un instant nous restâmes tous les deux sans parler. Je savais bien ce qu'elle pensait. Et elle aussi connaissait mes pensées.

Puis ma femme prit la parole.

— Cet or, nous en avons besoin. Et tu ne peux pas t'en empêcher, tu adores les mystères.

Elle eut un sourire triste dans le noir, songeant aux conséquences de ses paroles.

— J'adore ma femme et mes enfants.

— Mais sommes-nous assez mystérieux pour le chasseur de mystères ?

— Nos filles vont bientôt nous quitter. Sekhmet a presque seize ans. Comment cela est-il arrivé ? C'est un grand mystère pour moi de voir comme le temps a passé depuis l'époque où elles rampaient, vomissaient et souriaient de leur sourire fier et sans dents. Et, à présent, regarde…

Tanefert glissa sa main dans la mienne.

— Et regarde-nous. Un couple d'un certain âge qui a besoin de dormir.

Sur ce, elle s'installa sur son repose-tête et ferma ses beaux yeux.

Je me demandai si j'allais trouver le sommeil cette nuit. J'en doutais. Il fallait que je réfléchisse à la manière dont j'allais aborder ce mystère quand le soleil se lèverait, et il se lèverait très bientôt. Je m'allongeai et contemplai le plafond.

9

J'arrivai de bonne heure, dès les premières lueurs du jour, au bureau du Trésor.

Un employé armé d'une brosse et d'un pot lavait le sol en progressant à reculons sur le vaste espace ; il l'aspergeait d'eau propre d'un geste habile puis l'essuyait jusqu'à ce qu'à ses pieds la surface de pierre devienne brillante. Il travaillait avec méthode, impassible, la tête baissée, tandis que les premiers bureaucrates et les fonctionnaires arrivaient au travail, des hommes en robe blanche qui nous jetaient à Thoth et à moi un bref regard de curiosité et qui passaient à côté de l'employé comme s'il n'existait pas, laissant l'empreinte sale de leurs sandales poussiéreuses sur son sol immaculé. Il les essuyait aussitôt et recommençait sans cesse avec une infinie patience. C'était le genre d'homme qui n'aurait jamais marché sur un sol de pierre d'une propreté éclatante. À aucun moment il ne leva les yeux vers l'étranger assis sur le banc avec un babouin à côté de lui, attendant patiemment quelqu'un.

Finalement, un fonctionnaire de haut rang, l'adjoint au Trésor, m'invita à entrer dans son bureau. Sous ses airs affables et compétents, il paraissait légèrement inquiet. Je connaissais bien ce genre d'individu : loyal, tranquillement fier de ses mérites et savourant la juste récompense de sa situation, une belle villa, des terres fertiles et des serviteurs fidèles. Je laissai Thoth attaché à l'extérieur. Nous prîmes place sur des tabourets l'un en face de l'autre. Il rectifia la position de quelques objets disposés sur sa table basse, des statuettes, des plateaux, l'étui de sa plume de roseau, sa palette pour les mélanges et deux petits sacs, l'un pour l'encre rouge, l'autre pour l'encre noire, et il entreprit de réciter la longue liste de ses titres depuis son entrée dans la vie professionnelle jusqu'au moment présent. Après seulement, il me demanda ce qu'il pouvait pour mon service. Je lui répondis que je souhaitais solliciter une audience auprès d'Ay.

Il feignit la surprise.

Je poussai vers lui le papyrus que Khay m'avait donné en guise de laissez-passer. Il déroula le document, le parcourut rapidement, puis me regarda d'un air différent.

— Je vois. Peux-tu patienter ici quelques instants ?

Je hochai la tête. Il disparut.

Je prêtai l'oreille aux bruits variés en provenance du couloir et écoutai un instant au loin le chœur des oiseaux du fleuve. Je l'imaginai allant frapper à toutes les portes, l'une après l'autre, comme si une boîte contenait une autre boîte, jusqu'au seuil du sanctuaire le plus retranché.

Quand il revint, il avait l'air d'avoir fait une longue marche. Il était essoufflé.

— Si tu veux bien me suivre…

Nous traversâmes des zones d'obscurité profonde et des taches de soleil répandues tout au long des couloirs. Devant les portes, les soldats levaient respectueusement leurs armes. Le fonctionnaire m'abandonna devant le dernier seuil. Il n'irait pas plus loin. Un assistant suffisant et dédaigneux, un des trois qui étaient assis devant le bureau sur le qui-vive, frappa à la porte et écouta le silence qui suivit. Il dut entendre quelque chose car il ouvrit la porte et j'entrai.

La pièce était vide. Elle était meublée du strict minimum, deux divans magnifiquement ouvragés se faisaient face dans un alignement parfait. Une table basse, très belle dans son style purement fonctionnel, était placée au milieu, à égale distance des divans. Les murs n'étaient pas décorés, mais recouverts d'une pierre si fine que son grain était parfaitement assorti à l'ensemble. Même la lumière qui entrait dans la pièce semblait minimaliste, parfaite et étudiée. Je détestai cet ordre immaculé. Et pour mon plaisir, je déplaçai la table afin de rompre son alignement parfait.

Deux portes s'ouvraient dans les murs opposés, comme dans un jeu où il faut faire un choix. Sans que je m'en aperçoive, l'une d'elles venait de s'ouvrir en silence. Ay se tenait sur le seuil, dans la pénombre, revêtu de sa robe blanche qui luisait à la lueur tombant d'une haute fenêtre. On aurait dit un prêtre. Son visage était indéchiffrable.

Je courbai la tête :

— Vie, prospérité et santé, dis-je selon la formule consacrée.

En me relevant je fus surpris de constater que, même si Ay détenait de grands pouvoirs, le temps, comme l'avait dit Ankhesenamon, au cours de toutes ces années écoulées depuis notre première rencontre, avait commencé à exercer sur lui son travail de destruction. Il se déplaçait prudemment, avec raideur, comme s'il ne faisait pas confiance à son propre squelette. Il souffrait manifestement de fièvre même s'il faisait tout ce qu'il pouvait pour ne pas le montrer. Mais ses yeux perçants de reptile dénotaient une vivacité et une concentration extraordinaires. Il m'observa intensément, comme un connaisseur qui estime un objet de valeur douteuse. Ses lèvres minces et serrées exprimaient clairement sa déception et sa désapprobation. Je lui rendis son regard. Il avait le front ridé et des pattes-d'oie autour de ses yeux froids, sa peau semblait étroitement plaquée sur les surfaces planes de son visage, ses yeux étaient enfoncés, comme dans la mort. Il avait des marques rouges aux endroits où il avait retiré des points noirs. Et je sentais l'odeur de la pastille à la cannelle et au clou de girofle qu'il avait sous la langue pour calmer ses rages de dents, la malédiction de l'âge.

— Assieds-toi, dit-il très doucement.

Je m'exécutai tout en remarquant avec quelles difficultés il s'asseyait lui-même sur le siège magnifique.

— Parle.

— Tu sauras que j'ai…

— Arrête.

Il leva la main. J'attendis.

— Si la reine s'était hasardée à me demander mon avis, je lui aurais interdit de faire appel à toi.

Il me regarda de la tête aux pieds.

— Je n'aime pas que les Medjay de la ville viennent se mêler de l'administration et des affaires du palais.

— Elle a fait appel à moi pour une affaire privée à titre strictement personnel.

— Je suis parfaitement au courant de la nature et de l'histoire de tes relations avec la famille royale, répondit-il tranquillement, et si cette affaire ne reste pas strictement privée et personnelle tu peux être certain que je n'aurai aucune pitié ni pour toi ni pour ta famille.

Je hochai la tête mais ne dis rien.

— De toute façon, j'ai décidé que cette pierre sculptée n'avait aucune importance. Il faut simplement la détruire et l'oublier.

Sa main couverte de taches et décharnée trembla quand il agrippa le pommeau de sa canne. Je contemplai l'arrangement impeccable de la pièce. Elle manquait manifestement de vie, totalement, et du désordre qui la caractérise.

— Et pourtant elle semble avoir inquiété le roi et la reine.

— Ce sont des enfants. Les enfants ont peur de l'irrationnel. Le fantôme dans la tombe. L'esprit malfaisant sous le lit. Ce n'est que de la superstition, et la superstition n'a pas sa place dans les Deux Terres.

— Peut-être n'est-ce pas de la superstition mais de l'imagination.

— Il n'y a aucune différence.

Pas pour toi, pensai-je, espèce de cervelle vide.

— Néanmoins cet incident souligne une faille du système, reprit-il, les responsables du palais auraient dû s'en apercevoir. Que cet objet ait pu pénétrer dans l'enceinte du palais représente une grave négligence. On ne saurait tolérer cela.

— Il y aura évidemment une enquête et on remédiera à ces défauts.

Il feignit de ne pas remarquer le ton d'ironie méprisante sur lequel je fis cette remarque.

— L'ordre est la priorité du pouvoir. Après les arrogantes catastrophes du passé, le glorieux règne de Toutankhamon représente le triomphe de l'ordre universel divin du *maat* par la volonté des dieux. Nous avons rétabli la stabilité de ce pays. Nous ne laisserons rien la menacer. Absolument rien.

— Tu le traitais d'enfant il y a un instant.

Il me lança un tel regard que je crus un instant qu'il allait me jeter dehors. Mais il n'en fit rien et je poursuivis donc.

— Pardonne-moi d'insister sur un point, mais lorsque la foule se met à asperger en public le roi de sang de cochon au moment de l'ouverture de la fête d'Opet…

— C'est un incident isolé. Ces éléments perturbateurs n'ont aucune importance et ils seront anéantis.

Il remarqua que la table n'était pas correctement alignée ; il fronça les sourcils et la replaça parfaitement.

— Et puis cette pierre sculptée. Découverte précisément le même jour ? Il y a quelqu'un dans la hiérarchie même du palais qui conspire contre le roi. Et qui évoque les rumeurs d'une défaite dans la guerre contre les Hittites et la longue absence du général Horemheb…

J'avais touché le point sensible. Sa canne s'abattit sur la table basse entre nous. Une figurine de verre en tomba et se fracassa au sol. Il aboya :

— Ton travail est de faire appliquer la loi. Pas d'en discuter la valeur morale ou les modalités de sa mise en œuvre.

Il s'efforça de se calmer.

— Tu n'es nullement habilité à discuter de ces questions. Que fais-tu ici à me faire perdre mon temps ? En quoi cela me concerne-t-il si elle veut donner libre cours à ses fantasmes de peur et de protection ? Quant à toi, tu te prends pour un héros dans une histoire de vérité et de justice. Et qui es-tu en réalité ? D'autres ont obtenu des promotions avant toi. Tu végètes dans une position subalterne, tenu à l'écart par tes collègues, incapable d'accomplir quoi que ce soit. Tu te crois malin et subtil, féru de poésie, et pourtant tu te trouves plus ou moins impliqué dans une profession qui exalte la nécessaire violence de l'application de la loi. Cela te résume bien.

Silence. Je me levai. Il resta assis.

— Tu l'as dit. Je suis un personnage poétique, absurde, démodé, décalé. La reine m'a subjugué. Je n'y peux rien. J'ai un faible pour les dames en détresse. Si quelqu'un crie le mot « justice », j'accours aussitôt comme un chien.

— *La justice*… Qu'est-ce que cela a à voir avec tout ceci ? Rien du tout…

Le ton moqueur sur lequel le vieil homme décrépit me lança ce mot me fit penser à toutes les injustices.

Je me dirigeai vers la porte.

— Je suppose que j'ai désormais ton approbation pour poursuivre mon enquête sur ce mystère, quelles qu'en soient les implications ?

— L'accord de la reine est suffisant, je soutiens ses vœux en toute chose.

Ce qui revenait à dire : « Tu n'auras aucune autorisation de ma part. »

Je souris, ouvris la porte et l'abandonnai dans sa pièce parfaite en proie à ses vieilles douleurs. J'avais du moins officialisé mon rôle dans cette affaire. Et j'avais appris une chose importante : il n'avait aucune idée des plans d'Ankhesenamon.

10

Je regagnai mon petit bureau minable du mauvais côté du dernier passage, là où la lumière renonçait à pénétrer et où les employés chargés du ménage ne s'aventuraient jamais. On ne voyait ici aucun signe du pouvoir. Ay avait bien raison, naturellement. Je n'allais nulle part, dérivant lentement comme une feuille morte dans une mare d'eaux stagnantes. Tout le charme de la rencontre de la nuit laissait place à présent à la lumière crue du jour et je pris conscience du fait que je ne savais pas par où commencer. Des jours comme aujourd'hui je me sentais pire qu'une crotte de vautour. Thoth gambadait devant moi, il connaissait parfaitement son chemin, comme il connaît tout ce qu'il faut savoir.

Khety m'attendait. Il a une façon de déborder d'informations nouvelles, habitude que je ne supporte que dans mes bons jours.

— Assieds-toi.

Il hésita un moment, déconcerté.

— Parle.

— La nuit dernière…

— Arrête.

Il se tut, resta la bouche ouverte et se tourna vers Thoth, comme si l'animal était en mesure de lui expliquer les raisons de ma mauvaise humeur. Nous nous assîmes avec l'air de trois idiots.

— Crois-tu en la justice, Khety ?

Il parut déstabilisé par ma question.

— Qu'entends-tu par *croire*... ?

— C'est une question de foi plus que d'expérience, non ?

— J'y *crois* mais je ne pense pas en avoir jamais vu de mes propres yeux d'exemple concret.

J'approuvai d'un hochement de tête cette excellente réponse et changeai de sujet.

— Tu as quelque chose à me dire ?

Il opina.

— Une chose dont tu as été témoin ? poursuivis-je.

Il fit signe que oui.

— On a découvert un nouveau cadavre.

— Voilà qui est contrariant, répondis-je tranquillement, quand l'a-t-on découvert ?

— Tôt ce matin. Je suis allé chez toi mais tu étais déjà parti. Celui-ci est différent.

Elle devait avoir été belle. La nuit dernière c'était encore une jeune femme, de dix-huit ou dix-neuf ans, au sommet de sa beauté. Mais là où aurait dû se trouver son visage et sa chevelure, il y avait maintenant un masque fait d'une feuille d'or. De la pointe de mon couteau j'en décollai un coin avec précaution et constatai que sous l'or il n'y avait plus de visage mais seulement l'os du crâne, des tissus sanglants et des nerfs. Quelqu'un l'avait scalpée, devant et derrière, avec un soin méticuleux et effrayant, et lui avait arraché le visage et les yeux. Il subsistait une trace vivante de ses traits dans les contours du masque, là où la feuille d'or avait été appliquée comme un moule. L'opération avait été menée avant qu'on ait massacré sa beauté. Cela nous aiderait à l'identifier.

Autour du cou, dissimulé sous sa robe de lin blanc, elle portait une amulette en forme de Ankh accrochée à une délicate chaîne d'or, un joyau d'une beauté exceptionnelle, un talisman protecteur car c'est la représentation du mot qui désigne la Vie. Je le lui ôtai délicatement et tint l'or froid dans ma main.

— Ce bijou n'a jamais appartenu à cette fille, dit Khety.

Mon regard fit le tour de la pièce misérable où on l'avait découverte. Il avait raison. L'objet avait bien trop de valeur. On aurait plutôt dit un trésor, un bijou de famille appartenant à des gens très aisés. J'avais une petite idée de l'identité de sa propriétaire, mais si j'avais raison, le mystère de sa présence sur ces lieux aggravait considérablement la situation.

— Regarde. Elle porte un tatouage, dit Khety en me montrant un serpent qui s'enroulait autour de son bras.

Le dessin était banal et exécuté de façon sommaire.

— Elle s'appelait Neferet. Elle vivait seule ici. D'après le propriétaire elle travaillait de nuit. Je pense donc qu'on peut supposer qu'elle travaillait dans des cabarets. Ou des bordels.

Je contemplai son corps superbe. Pourquoi là encore ne portait-il aucune marque de violence ou de lutte ? Personne ne pouvait supporter de telles souffrances sans se débattre, sans se mordre les lèvres et la langue, en essayant de survivre et de se libérer des liens qui devaient attacher ses poignets et ses chevilles. Pourtant on ne voyait aucune trace. C'était comme si tout cela s'était accompli en rêve. Je fis le tour de la pièce à la recherche d'indices mais je ne trouvai rien. Alors que je revenais vers le lit rudimentaire, un rayon de soleil se glissa par l'étroite fenêtre et se posa sur le corps de la fille. C'est alors seulement que je remarquai, sur l'étagère placée près de la couche, mis en évidence par la longue lumière oblique du matin, la marque imperceptible d'un cercle dans la poussière, la trace d'une coupe qui avait été posée là et qui n'y était plus.

Une coupe fantôme, une coupe de rêves. Je repensai à ma première intuition, à cette idée que le meurtrier du garçon infirme avait administré à sa victime du jus de pavot ou quelque autre puissant narcotique pour le calmer pendant qu'il se livrait à son horrible tâche. Il existe actuellement un secret dans les Deux Terres, bien caché derrière la construction de superbes bâtiments et de temples, les grandes conquêtes, les brillantes promesses de fortune et de réussite faites aux plus chanceux de ceux qui viennent ici travailler, servir et, d'une certaine manière, tenter de survivre, c'est que les souffrances accablantes, les douleurs quotidiennes et l'interminable ennui de vivre peuvent être tempérés pour des gens de plus en plus nombreux par l'usage trompeur des drogues. Autrefois c'était le vin qui ouvrait la voie du bonheur artificiel, aujourd'hui les choses sont devenues plus sophistiquées, et ce qui était alors un des grands secrets de la médecine est devenu la source du seul bonheur que bien des gens trouvent dans la vie. Que cette euphorie ne soit qu'une illusion ne change rien au problème, du moins jusqu'à ce que ses effets se dissipent, abandonnant le consommateur à ces mêmes souffrances qui ont motivé sa fuite hors du réel. Les rejetons des familles de la haute société recourent régulièrement à ce procédé pour apaiser leurs nerfs et les prétendues tensions de leur vie insignifiante de nantis. Quant à d'autres qui, pour une raison ou pour une autre, ont perdu le soutien de leur réseau familial, ils se retrouvent rapidement sur la pente fatale et ténébreuse qui mène à ce monde souterrain où les gens sont contraints de vendre les seuls biens qu'ils possèdent encore, leur corps et leur âme, en échange d'un instant de bonheur.

Aujourd'hui, des commerces en tous genres ont développé leurs routes et leurs voies jusqu'aux endroits les plus éloignés et les plus étranges du monde. Aussi, à côté des éléments fondamentaux sur lesquels repose la puissance économique du royaume, le bois, la pierre, les minerais, l'or, le travail, de nouveaux produits de luxe parviennent jusqu'à nous, par terre, par mer et par le fleuve, des peaux de bêtes rares, d'habiles singes vivants, des girafes, des babioles en or, des tissus, de nouveaux parfums subtils… tout le défilé interminable des objets à la mode que l'on convoite. Et aussi, naturellement, les choses secrètes, la marchandise des rêves.

Prêtres et médecins ont depuis toujours utilisé les parties actives de plantes choisies ; certaines d'entre elles, comme le pavot, sont si puissantes que quelques gouttes distillées versées dans un gobelet d'eau suffisent à endormir les sens d'un patient au moment d'entreprendre une intervention particulièrement douloureuse comme par exemple une amputation. Je me souviens qu'un des symptômes de cet usage est la dilatation des pupilles. Je le sais parce que les prostituées de la vie nocturne mettent leurs charmes en valeur en absorbant ce même produit pour donner de l'éclat à leurs regards éteints et fatigués. La question du dosage est délicate, si l'on en prend trop les yeux flambent de cette lumière étrange et irréelle de la drogue pour se dessécher et mourir en une seule nuit.

J'exposai mon idée à Khety.

— Mais pourquoi le meurtrier ne s'est-il pas contenté de tuer sa victime à l'aide de la drogue avant d'entreprendre son opération de remodelage ?

La question était pertinente.

— L'assassin semble attacher de l'importance à ce que le « travail » soit effectué sur un corps vivant, répondis-je. C'est le cœur même de son obsession. Son fétichisme…

— J'ai horreur de ce mot, dit Khety, sans tellement d'à-propos, il me donne la chair de poule.

— Il nous faut découvrir où travaillait cette fille, dis-je.

— Les gamines qui échouent en ville pour faire ce qu'elle faisait sont venues de partout et de nulle part. Elles changent de nom. Elles n'ont pas de famille et ne peuvent jamais repartir.

— Va inspecter les cabarets et les bordels. Vois si tu peux retrouver sa trace. Il y a peut-être quelqu'un qui s'inquiète de sa disparition.

Je lui remis le masque d'or.

Il hocha la tête.

— Et toi ?

— J'ai besoin que tu t'occupes de cela pendant que je suis une autre piste.

Il me regarda d'un air légèrement amusé.

— À t'entendre on dirait que tu ne m'aimes plus.

— Je ne t'ai jamais aimé.

Il sourit.

— Tu me caches quelque chose…

— Voilà une excellente déduction. Nos longues années de travail commun t'auront au moins servi à quelque chose.

— Et alors pourquoi ne me fais-tu pas confiance ?

Je portai un doigt à mon oreille pour confirmer mon intention de me taire et désignai Thoth d'un geste.

— Tu n'as qu'à lui demander. Il est au courant de tout.

Le babouin nous regarda droit dans les yeux de son air très digne.

Nous nous rendîmes dans une auberge tranquille à l'écart des quartiers les plus animés de la ville. On était au milieu de la matinée et tout le monde était au travail, l'endroit était donc désert. Nous nous assîmes sur des bancs au fond de la pièce pour boire une bière et manger les amandes que j'avais commandées au patron silencieux mais vigilant, et nous nous rapprochâmes l'un de l'autre pour pouvoir parler sans être entendus. Je lui racontai tout ce qui s'était passé la nuit précédente et la veille. Je lui parlai du mystérieux Khay, d'Ankhesenamon et de la pierre sculptée.

Il écouta attentivement sans rien dire, à part pour demander plus de détails sur le palais et ses particularités. C'était inhabituel. En principe, Khety avait une opinion rationnelle sur tout. On se connaissait depuis des années. Je m'étais assuré qu'il soit nommé officier Medjay à Thèbes pour leur permettre, à sa femme et à lui, de quitter Akhetaton. Depuis, il était mon assistant.

— Pourquoi tu ne dis rien ?

— Je réfléchis.

Il but une grande gorgée de bière comme si réfléchir lui donnait soif.

— Cette famille n'est qu'une source d'ennuis, finit-il par déclarer.

— Et je devrais t'être reconnaissant pour une telle perle de sagesse ?

Il sourit.

— Ce que je veux dire c'est que tu ne devrais pas t'en mêler. Cela n'augure rien de bon.

— C'est ce que me dit ma femme. Mais qu'est-ce que tu me suggères ? Je dois abandonner la fille à son sort ?

— J'ignore tout de son sort. Et d'abord ce n'est pas une fille, c'est la reine. Tu ne peux pas être responsable de tout le monde. Tu dois d'abord t'occuper de ta propre famille.

Je me sentis curieusement contrarié.

Il m'observait.

— Et malgré tout, tu te sens responsable, c'est ça ?

Je haussai les épaules, finis ma bière et me levai. Thoth tirait déjà sur sa laisse.

Nous sortîmes dans la chaleur et la lumière ; Khety trottinait pour marcher à mon allure.

— Où vas-tu à présent ? demanda-t-il tandis que nous esquivions la foule.

— Je vais rendre visite à mon ami Nakht. Et toi, tu vas chercher tout ce que tu peux apprendre sur la disparition de cette fille. Tu sais par où commencer. Ne manque pas de venir me rejoindre après cela.

11

Rendre visite à mon vieil ami Nakht dans sa résidence à la campagne revenait à passer du chaos étouffant et poussiéreux de la ville à un autre monde, plus calme et plus rationnel. Il avait employé son immense fortune à agrémenter sa vie de tout le luxe et le confort possibles en créant son propre petit royaume sous le signe de l'art et de la connaissance derrière les murs de sa propriété hors de la ville. Sa réputation d'amateur de plantes et d'apiculteur lui avait valu un nouveau titre pour le moins inhabituel, celui de « superviseur des jardiniers d'Amon ». Les bouquets de fleurs qui décorent les temples par milliers au moment des fêtes et même ceux que l'on offre aux dieux pour qu'ils pensent à nous dans l'autre vie poussent sous le contrôle de Nakht.

Je quittai les faubourgs en empruntant la porte du Sud et poursuivis mon chemin pour me rendre chez lui. Le soleil régnait au firmament et la terre vibrait dans la chaleur de midi. Je n'avais pas pris d'ombrelle, mais les palmiers qui bordaient la route me donnaient assez d'ombre. Chemin faisant, j'admirais les cultures prospères dont les rangées bien alignées s'étendaient dans toutes les directions. Les canaux submergés par la crue formaient çà et là des lignes miroitantes où se reflétait le ciel bleu pâle. Je rencontrai peu de monde car tous les travailleurs prenaient leur déjeuner et leur bière ou dormaient bien en rang dans tous les lieux qui offraient un peu d'ombre, sous des charrettes, des palmiers, au pignon des maisons ou des granges, le visage protégé par leur turban. Haut dans le ciel, les faucons déployaient leurs ailes sombres couleur de bronze dans les courants ascendants, et ils tournaient et viraient pour observer la terre. Je me suis souvent demandé à quoi pouvait ressembler le monde de ce poste d'observation privilégié qu'aucun homme, rivé à la terre sur ses deux jambes, ne pourra jamais connaître. Je m'imagine le serpent miroitant du Grand Fleuve, s'écoulant d'une extrémité du monde à l'autre et, déployées en éventail sur chaque rive, les taches vertes et jaunes des cultures. Et au-delà l'espace infini des Terres rouges où les familles royales bâtissent leurs tombes de pierres éternelles, et les temples qui veillent sur elles, aux frontières du monde sauvage, dans le désert, ce lieu de haute solitude. Peut-être sont-ils capables de voir ce que nous ne voyons pas : ce qu'il advient du soleil quand il plonge au-delà de l'horizon inaccessible du monde visible. Existe-t-il vraiment un océan obscur, vaste et dangereux, peuplé de dieux et de monstres, dans ce grand au-delà où le soleil mène sa barque dans sa course nocturne à travers les écueils de la nuit ? Est-ce là le message que nous confient ces oiseaux de proie de leurs cris perçants qui sonnent comme des mises en garde ?

J'entrai dans la première cour de la grande et longue demeure de Nakht. Minmose, son serviteur, accourut pour m'accueillir et me conduisit rapidement à l'intérieur en prenant soin de déployer une ombrelle au-dessus de ma tête.

— Ta cervelle va bouillir dans ton crâne comme un œuf de canard, maître, avec la chaleur qu'il fait à cette heure-ci. J'aurais dû envoyer un serviteur muni d'une ombrelle pour t'accompagner si j'avais su que tu allais nous faire l'honneur d'une visite.

— C'est une visite impromptue.

Il s'inclina.

— Mon maître s'occupe de ses ruches au fond du jardin, dit-il.

Il proposa de m'y conduire, désireux en fait, comme je le savais, d'apprendre ce qui se passait en ville, car même si peu de distance l'en séparait, la campagne semblait aussi éloignée que si elle était un autre monde. Mais je connaissais parfaitement l'endroit car j'y venais seul ou accompagné de mes filles depuis des années. Il s'éclipsa, discrètement comme toujours, pour aller à la cuisine préparer quelques rafraîchissements, et je traversai la seconde cour, m'arrêtant un moment pour jouir de la vue magnifique. En ville nous sommes entassés les uns sur les autres comme des animaux. Ici, grâce au luxe de cet immense espace et à l'abri des hauts murs qui protègent la propriété, tout n'est que calme, on a l'impression de se promener dans un rouleau de papyrus vivant dépeignant les délices de l'autre vie.

Je longeai, à l'ombre des arbres, l'immense bassin bordé de pierres rempli de lotus bleus et blancs qui fournit l'eau aux parterres de fleurs et aux planches de légumes, et qui abrite la collection de poissons d'ornement de Nakht. De joyeux jardiniers, jeunes et vieux, s'occupaient des plantes et des arbres avec un zèle tranquille ; ils arrosaient, désherbaient, élaguaient et taillaient, manifestement heureux de s'adonner à ces tâches. Des vignes grimpantes étendaient leurs vrilles, ombrageant une pergola. Des plantes exotiques et rares étalaient leur floraison exubérante. Des oiseaux profitaient en toute liberté du cadre de ce jardin et gazouillaient de plaisir. Des oiseaux aquatiques se livraient à leurs jeux et à leurs plongeons à l'ombre fraîche des papyrus qui poussaient dans le grand bassin. C'en était presque ridicule à force de beauté, et cela semblait tellement éloigné de la ville, de sa grandeur, de sa poussière et de sa pauvreté.

Je trouvai Nakht au milieu de ses ruches, enfumant des abeilles pour les faire sortir des cylindres d'argile. Je gardai mes distances, n'étant pas grand amateur d'abeilles ni de leur dard, et m'assis sur un banc à l'ombre d'un arbre pour m'amuser un peu à ses dépens ; car il avait l'air d'un prêtre exalté d'un culte du désert, tandis qu'il s'agitait, dansait et projetait de la fumée vers le nuage confus des abeilles en furie. Il transféra avec soin les rayons dans des récipients et il en eut rapidement une grande quantité, disposés sur un plateau.

Ensuite il s'éloigna, souleva son voile de protection et s'aperçut que je l'observais. Il me fit signe et vint me rejoindre pour m'offrir un pot de miel.

— Pour les enfants.

Nous nous embrassâmes.

Un serviteur apporta un récipient et un linge, puis ce fut Minmose qui arriva, apportant du vin et des vivres qu'il disposa sur une table basse. Nakht lava son visage en sueur, et pourtant toujours élégant. Puis nous nous assîmes à l'ombre sur des tabourets et il me servit du vin. Je savais qu'il serait excellent.

— Qu'est-ce qui t'amène un jour de travail ?

— Mais justement je travaille.

Il me regarda attentivement puis salua les dieux et but une bonne gorgée de vin.

— Sur quoi ? Ce n'est pas cet incident pendant la fête ?

— En partie.

Il eut l'air intrigué.

— J'imagine que le palais doit être encore plus affolé que mes abeilles…

— Il y a sûrement quelqu'un qui agite un bâton dans la ruche royale…

Il approuva.

— Et alors, qu'est-ce que tu en penses ? Un complot de courtisans peut-être ? demanda-t-il d'un air enthousiaste.

— Probablement pas. Je crois qu'il s'agit d'une aberration. Au pire, quelqu'un de bien placé dans la hiérarchie a poussé une bande de jeunes fous à commettre un acte de violence irresponsable.

Il sembla presque déçu.

— Peut-être. Mais le résultat en est tout de même particulièrement spectaculaire. Tout le monde ne parle plus que de cela. On dirait que cela a catalysé tout le mécontentement qui couvait à la surface depuis des années. Les gens murmurent même qu'il pourrait y avoir un coup d'État…

— Et qui prendrait la tête d'une telle opération ? rétorquai-je.

— Il n'y a qu'un seul homme. Le général Horemheb, dit-il non sans une certaine satisfaction.

Je soupirai.

— Cela ne vaudrait guère mieux que le régime actuel, dis-je.

— Ce serait sans aucun doute bien pire car Horemheb a une vision du monde formée par son expérience militaire. Il n'a pas une once d'humanité, dit-il, mais quoi qu'il en soit, nous sommes dans une mauvaise passe car l'incident a montré que le roi était vulnérable. Et aucun roi ne peut se permettre d'avoir l'air vulnérable. Il n'a jamais été de la race des guerriers. On dirait que cette dynastie n'a cessé de s'affaiblir et de paraître de plus en plus bizarre d'une génération à l'autre. À présent il n'a plus de pouvoir…

— Et il est de plus en plus dépendant de l'influence d'autrui, dis-je.

Nakht abonda dans mon sens.

— Il n'a jamais vraiment réussi à affirmer sa propre autorité, en partie parce que après Akhenaton personne ne pourrait y arriver, en partie parce qu'il a grandi à l'ombre sinistre d'Ay. Et on voit quel tyran celui-ci est devenu. Pas étonnant que le garçon ne puisse exercer son propre pouvoir.

Nous étions heureux de partager en privé notre profond mépris à l'égard du régent.

— Je suis allé voir Ay ce matin, dis-je en observant le visage de Nakht.

Il eut l'air stupéfait.

— Pourquoi diable faire une chose pareille ?

— Non pas parce qu'il m'a convoqué mais parce qu'il fallait que j'y aille.

— Comme c'est étrange, dit mon ami en se penchant pour me resservir de son excellent vin.

— J'ai rencontré Ankhesenamon la nuit dernière, dis-je après avoir ménagé une pause dramatique.

— Ah !…

— Elle a envoyé un de ses hommes me chercher.

— Qui donc ?

— Khay, le chef des scribes.

— Oui, je le connais. Il marche comme s'il avait une canne en or dans le derrière. Et qu'est-ce qu'elle t'a dit ?

— Elle voulait me montrer quelque chose. Une pierre. Provenant d'Akhetaton. Une pierre sculptée représentant l'Aton.

— C'est intéressant mais il n'y a là rien d'extraordinaire.

— En effet tant qu'on n'a pas vu que quelqu'un a détruit le disque d'Aton, les mains tenant les ankhs et les deux noms royaux et sacrés, ainsi que le nez et les yeux des figurines royales.

Nakht jeta un regard au tableau idyllique que formait son jardin, assemblage de couleurs et d'ombres.

— Un peu d'iconoclasme peut faire beaucoup d'effet, j'imagine, spécialement au palais.

— Exactement, ils sont tous terrifiés parce qu'ils ne comprennent pas ce que cela signifie.

— Et toi qu'en penses-tu ?

— Cela veut peut-être dire tout simplement qu'une personne qui a un vieux grief a perdu son temps à imaginer un moyen d'adresser une vilaine insulte à la famille royale.

— Oui, mais la coïncidence…, insista-t-il.

— Je sais bien. Nous ne croyons pas aux coïncidences, n'est-ce pas ? Nous croyons aux liens logiques. Ce garçon mort, les os brisés, cette amulette appartenant à l'élite et à présent une jeune fille morte portant un masque d'or pour dissimuler l'absence de son visage.

Nakht parut horrifié.

— Quelle horreur ! Quelle barbarie ! L'époque devient décidément de plus en plus terrible.

Je hochai la tête.

— La sophistication de tous ces actes et la logique de cette façon d'agir me donnent à penser que l'objet déposé au palais pourrait ne pas être un acte isolé. Je me demande si l'effacement du disque solaire ne pourrait pas avoir aussi une signification spécifique.

— Quoi, par exemple ? demanda-t-il d'un air dubitatif.

— Une éclipse, hasardai-je.

— Eh bien, c'est une idée qui ne manque pas d'intérêt, fit-il, réfléchissant déjà à ses implications ; le Soleil est détruit par la puissance des ténèbres, puis il est restauré et renaît… Le symbole est fort. Et tout à fait pertinent en ce moment…

— Oui, quelque chose dans ce genre-là, répondis-je. C'est pourquoi je me suis dit qu'il fallait que je consulte l'homme le mieux informé que je connaisse sur la question des astres.

— Oui, c'est une allégorie, dit-il en souriant, se passionnant déjà pour le sujet.

Je ne voyais absolument pas ce qu'il voulait dire.

— Explique-toi.

— Marchons un peu.

Nous empruntâmes une allée bordée de parterres de fleurs et il entreprit de s'expliquer. Comme d'habitude avec Nakht, je l'écoutais même si je ne comprenais pas tout, sachant que l'interrompre par une question ne ferait que le lancer dans une nouvelle digression qui susciterait tout autant d'admiration mais aussi une perplexité sans cesse renouvelée.

— Réfléchis à la conception que nous avons des mystères du monde qui nous entoure. Râ, dieu du Soleil, traverse l'océan bleu de la journée à bord du Navire doré du Jour. Mais au coucher du Soleil, le dieu embarque sur le Navire de la Nuit et disparaît dans l'Autre Monde. L'océan noir de la nuit apparaît alors avec ses étoiles brillantes, la Pointue, la plus brillante, les cinq étoiles d'Horus et celles de la Voie lactée et les Étoiles lointaines dans les hauteurs du ciel, sans oublier l'étoile de l'aube, la voyageuse, et toutes elles naviguent sur les eaux sombres suivant le Soleil dans son voyage nocturne plein d'épreuves et de périls, ce voyage auquel nous ne pouvons jamais assister et que nous pouvons seulement *imaginer*. Ce voyage que dans *Le Livre des morts* nous comparons à celui de l'âme après la mort. Est-ce que tu me suis jusque-là ?

Je hochai la tête.

— Mais à propos de…

— Maintenant ça se complique. Écoute bien et concentre-toi. De tous ces périls, le plus significatif et le plus mystérieux est l'union du Soleil avec le corps d'Osiris au moment le plus noir de la nuit. « Le Soleil se repose en Osiris, Osiris se repose dans le Soleil », selon le dicton. C'est l'instant le plus secret lorsque le Soleil replonge dans les eaux originelles et leur pouvoir de chaos. Mais c'est précisément à ce moment obscur qu'il reçoit une nouvelle puissance vitale et qu'Osiris renaît. Nous autres, les vivants, nous ne pouvons pas non plus assister à cet événement car il demeure caché à la vue des hommes au fond du territoire le plus lointain de l'Inconnu. Mais là encore, nous pouvons l'*imaginer*, même si cela demande un effort mental considérable. Enfin, à l'aube, le Soleil revient, visible et ressuscité, car Râ est son propre créateur et le créateur de toutes choses. Et cette forme nouvelle du dieu qui revient, nous l'appelons le Scarabée, *khepri*, celui qui avance et se propulse lui-même du néant dans l'existence. Ainsi commence le jour nouveau ! Et c'est ainsi que toute chose va de l'avant, jour après jour, année après année, vie après vie, mort après mort, renaissance après renaissance, perpétuellement et de toute éternité.

Je savais qu'il adorait discourir de la sorte. Mon problème, c'est que pour moi cela ressemblait trop à une belle histoire. Et comme toutes les histoires que nous nous racontons à nous-mêmes ou que nous racontons à nos enfants pour expliquer la marche du monde et pourquoi les choses sont ce qu'elles sont, on ne peut jamais en apporter la preuve.

— Mais quel rapport avec la question que j'ai posée ? demandai-je.

— C'est qu'il existe un moment où les vivants *peuvent* assister à cette union divine.

— Lors d'une éclipse ?

— Exactement. Naturellement ce genre de phénomène peut s'expliquer de différentes manières selon la source que l'on consulte ou à laquelle on fait confiance. Selon certains, la déesse Hathor de l'Ouest recouvre de son corps le dieu. Une union divine de la lumière et de l'obscurité pour ainsi dire. À l'inverse, selon une autre explication, quelque puissance obscure dont nous ignorons jusqu'au nom et dont, de ce fait, nous ne pouvons pas parler, remporte la victoire, laisse la lumière reprendre le dessus et triomphe dans la divine bataille céleste.

— Heureusement pour nous.

— En effet. Car sans lumière la vie n'existerait pas. Le royaume des Ténèbres est la terre des ombres et de la mort. Mais il y a encore des choses, même maintenant, qui dépassent notre entendement. Pourtant je suis convaincu que notre savoir sera capable un jour d'expliquer tout ce qui existe.

Il s'arrêta devant un buisson de grenades et passa ses doigts dans les fleurs roses, la dernière mode, avant d'enlever quelques fleurs fanées comme pour affirmer ses pouvoirs quasi divins sur sa création.

— À la manière d'un Livre de Toutes Choses… suggérai-je.

— Tout à fait. Mais les mots sont imparfaits, et notre système d'écriture, malgré toutes ses merveilles, est limité dans sa capacité à décrire la création sous toutes ses formes et ses exploits mystérieux… Il faudrait inventer une nouvelle façon de décrire les choses.

— Quoi, par exemple ?

— C'est là la question, mais peut-être la solution n'est pas à rechercher dans les mots mais dans des symboles, des faits, des chiffres…

À ce stade, mon esprit commençait à s'embrouiller, comme cela arrive souvent quand je discute avec Nakht. Il a un goût de la spéculation qui me donne parfois l'envie de me lancer dans une activité pratique, dépourvue de toute portée intellectuelle, comme de balayer la cour.

Il sourit devant mon air perplexe.

Je ramenai la conversation sur mon terrain.

— À ce propos, en se basant sur le calendrier stellaire, je sais que tu es capable de prévoir la Crue et le début des festivités. Mais est-ce que les éclipses apparaissent sur ces cartes ?

Il réfléchit un instant avant de répondre à ma question.

— Je ne crois pas. J'ai établi mon propre calendrier sur la base de mes observations mais je n'ai jamais eu la chance d'assister à une éclipse du Soleil, car ce genre d'événement se produit très rarement. En revanche, j'ai assisté depuis ma terrasse à une éclipse de Lune. Je suis intrigué et surpris par la présence constante d'un élément de circularité, à la fois dans le retour naturel des événements cosmiques et dans le fait que les ombres soient courbes quand elles sont projetées à la surface de la Lune, car cela implique l'existence d'un cercle global puisque c'est sous cette forme qu'apparaissent la Lune et le Soleil et que c'est aussi ce que nous pouvons constater lors d'une éclipse totale. Cela suggère que le cercle est la forme parfaite des cieux, à la fois en tant que concept, car le cercle implique le retour éternel, et en tant que réalité.

Trop heureux de profiter d'une pause dans le flot rapide de ce torrent de spéculations, je m'empressai de lui demander :

— Mais comment pourrait-on en apprendre davantage ? Pourrais-tu m'emmener aux archives astronomiques ?

— Dans l'enceinte du temple de Karnak ? Auquel je peux accéder librement ? dit-il en souriant.

— Comme j'ai de la chance d'avoir parmi mes plus proches amis un homme qui jouit d'un statut aussi élevé !

— Ton sarcasme est tellement petit-bourgeois, répondit-il joyeusement.

12

Thoth et moi suivîmes Nakht tandis qu'il franchissait d'un air impérieux, et comme toujours de son pas rapide et élégant, les postes de contrôle à l'entrée du pylône principal du temple de Karnak. Je contemplai les grands murs en briques de terre qui se dressaient très haut devant nous. Puis nous plongeâmes dans la pénombre de « l'Endroit le plus secret » ; un monde interdit, caché à l'intérieur du monde, car tous ceux qui n'appartiennent pas à l'élite du clergé ne peuvent accéder à cet immense et antique labyrinthe de pierre, constitué de colonnades et de temples obscurs, décoré d'une quantité infinie de sculptures énigmatiques, entourant un dédale de sanctuaires que n'atteint jamais la lumière du soleil et où, au cœur même de ces ténèbres silencieuses, se trouvent les statues des dieux dont on prend soin, que l'on éveille, que l'on vénère, que l'on habille, que l'on nourrit, que l'on rend au sommeil et sur qui on monte la garde toute la nuit.

Nous parvînmes à un vaste espace découvert clôturé par de très hauts murs. Un peu partout des membres de l'aristocratie vêtus du plus beau lin blanc s'employaient vaguement à leurs activités ésotériques. Le travail sacerdotal ne semblait pas très prenant. À certaines époques fixes de l'année et en échange d'une part de l'immense revenu des temples, ils entraient dans ces enceintes pour servir pendant un certain temps, en respectant les règles anciennes de pureté rituelle, se baignant à l'aube dans le lac sacré, se rasant le corps, portant des robes de lin blanc et respectant scrupuleusement et sans la moindre variation les fonctions et les rites du culte conformément aux Instructions.

Mais tous les temples, depuis le plus modeste des sanctuaires dans un petit comptoir commercial desséché aux confins des frontières sud jusqu'aux lieux les plus anciens et les plus divins des Deux Terres, sont exposés à l'éventail habituel des machinations humaines : corruption, subornation, vol, détournement de fonds et tout le reste. Depuis le scandale des rites écourtés ou du vol des offrandes sacrées et des reliques jusqu'à la violence et au meurtre. Plus le temple est important, plus la fortune qu'il gère est grande. Et la fortune, c'est le pouvoir. Et Karnak est le plus grand de tous les temples. Sa richesse et son pouvoir ont longtemps rivalisé avec ceux de la famille royale et les ont à présent dépassés.

Le vaste espace à l'intérieur des murailles renferme ce qui apparaît à mes yeux comme un chaos où se mêlent l'ancien et le moderne : pylônes, obélisques, avenues, statues, chapelles. Et des temples inaccessibles aux colonnades couronnées de papyrus, et aux corridors obscurs. Certains d'entre eux étaient de construction récente, certains encore en travaux, tandis que d'autres étaient démantelés ou parfois même tombaient en ruine. Il y avait aussi des entrepôts, des bureaux et des logements pour les fonctionnaires et les prêtres. C'était en fait une petite ville, à la fois grandiose et complètement en désordre. Des groupes de prêtres ne cessaient d'aller et venir, franchissant les portes et les pylônes, assistés par des serviteurs et des aides en plus grand nombre encore. Devant nous se dressait un autre pylône menant à d'autres pylônes encore qui débouchaient finalement sur les sanctuaires anciens au cœur du temple.

— Au-delà de ces cours s'étend le lac sacré, dit Nakht en pointant le doigt vers la droite ; deux fois par jour et deux fois par nuit les prêtres doivent s'y asperger et se laver la bouche avec un peu de natron.

— C'est une vie bien pénible, dis-je.

— C'est très facile de faire de l'ironie, mais les relations sexuelles sont strictement interdites pendant la période où les prêtres accomplissent les rites à l'intérieur de l'enceinte du temple, et je suis certain que toi, par exemple, tu trouverais cette contrainte insupportable, me répondit-il avec cette candeur avec laquelle il aborde généralement ce genre de sujet. Naturellement, les prêtres représentent ici la partie la plus passagère de la population, mais il y a aussi les chanteurs, les officiants du sanctuaire, les prêtres lecteurs, les scribes, les prêtres de l'heure chargés de s'assurer que les rites se déroulent bien au moment correct… Et puis il y a encore l'intendance, les serviteurs, les tisserands, les cuisiniers, les balayeurs, qui permettent en fait sur le plan matériel l'accomplissement correct des rituels. On pourrait dire que le dieu Amon emploie plus de personnel que le roi en personne.

— En fait, c'est par nature une sorte de vaste gouvernement, dis-je.

— Exactement. Il y a des gens chargés de superviser tous les aspects de la gestion des temples, les domaines, les comptes, les questions militaires, les problèmes de personnel, les cultures, les vêtements, les greniers et les finances…

Il s'arrêta devant l'entrée d'une série de bâtiments qui ne payaient pas de mine.

— Et ici c'est la Maison de la Vie, qui renferme le scriptorium, les bibliothèques et les archives, ainsi que les bureaux des prêtres lecteurs.

Nous entrâmes. Devant nous, au-delà d'une grande porte à double battant, se trouvait une vaste pièce silencieuse.

— Voici le scriptorium, chuchota Nakht comme s'il parlait à un enfant.

Car je voyais des hommes de tous les âges plongés dans leurs travaux qui recopiaient avec soin ou collectaient des textes à partir d'anciens rouleaux de papyrus. Il régnait dans la bibliothèque une atmosphère de somnolence parce qu'on était au milieu de l'après-midi, et plusieurs des usagers d'un certain âge ne travaillaient pas très attentivement et, en fait, somnolaient face aux documents déployés devant eux. Le long des murs, des casiers de bois contenaient quantité de papyrus, des masses de rouleaux entassés les uns sur les autres, comme si tout le savoir écrit était renfermé là. La lumière du soleil entrait en biais par des fenêtres à claire-voie et captait les innombrables grains de poussière qui s'illuminaient ou disparaissaient au gré de leur dérive de bas en haut ; on aurait dit des particules d'idées ou de signes échappées des rouleaux sous forme de miettes et qui auraient perdu toute signification hors du grand texte dont elles étaient issues.

Nakht reprit en chuchotant :

— Ce sont les plus anciennes archives du monde. Bien des textes conservés ici remontent à l'aube de notre civilisation. Le papyrus est d'une robustesse remarquable. Mais certains rouleaux sont si anciens qu'on les conserve dans des boîtes en cuir et qu'ils sont illisibles. D'autres peuvent être déroulés, mais on craint que la moindre lueur de soleil n'en efface les dernières traces d'encre, et on ne peut donc les consulter qu'à la lueur des chandelles. Il y en a même en fait qui ne les lisent qu'à la lumière de la lune, mais je pense que c'est pousser la superstition un peu loin. Certains d'entre eux sont rédigés dans des signes qui nous sont devenus incompréhensibles et n'ont donc plus que l'apparence d'un fatras de gribouillages enfantins sans aucune signification. C'est une pensée effrayante : que des pans entiers de la connaissance aient sombré dans l'absurde. C'est ici un grand palais des connaissances, cependant une partie d'entre elles, hélas, est devenue inaccessible. Une sagesse perdue… Des livres perdus…

Il soupira. Nous avançâmes dans un couloir bordé de portes.

— C'est ici que l'on conserve les traités mythiques et théologiques ainsi que les récits et l'original des inscriptions qui sont ensuite gravées sur les murs des temples et sur les obélisques, et fidèlement reproduites. Il y a aussi des ateliers où l'on copie à la demande *Le Livre des morts*. Et puis il y a des pièces réservées à l'apprentissage et à l'enseignement. Et enfin toutes les zones où sont rangés les textes concernant divers sujets comme l'écriture, la technique, la poésie, le droit, la théologie, la magie, la médecine…

— Et l'astronomie, ajoutai-je.

— Évidemment. D'ailleurs nous y voici.

Nous nous trouvâmes devant un vieil homme vêtu d'un habit de lin blanc et portant la ceinture des prêtres lecteurs ; il se tenait face à une porte à double battant fermée par une corde munie d'un sceau.

Il nous jeta un regard sinistre de dessous ses magnifiques sourcils blancs.

— Je suis Nakht, dit Nakht.

— Bienvenue, répondit le prêtre sur un ton qui impliquait le contraire.

— J'aimerais consulter certains rouleaux dans la section de l'Astronomie.

Le prêtre le regarda, plissant les yeux comme s'il examinait sa requête.

— Et qui est ton compagnon ? fit-il d'un air soupçonneux.

— C'est Rahotep. Il est détective en chef chez les Medjay de Thèbes.

— Quel besoin un policier a-t-il de consulter des traités d'astronomie ?

— Il possède une curiosité d'esprit que je m'efforce de satisfaire, répondit Nakht.

Le prêtre sembla incapable de trouver un autre argument pour nous empêcher d'entrer ; il se leva en poussant un profond soupir, tel un hippopotame s'extrayant de la boue, brisa les scellés d'un air grognon et dénoua la corde. Il ouvrit la porte et, d'un geste bref, nous fit signe d'entrer.

La pièce était beaucoup plus vaste et plus haute que je ne l'avais imaginé. Chaque mur était recouvert d'étagères jusqu'au plafond, et de hauts casiers de rangement étaient aussi disposés en forme d'arête de poisson au centre de l'espace. Sur chaque étagère étaient rangés de nombreux rouleaux de papyrus. Je n'aurais pas su par où commencer, mais Nakht parcourut rapidement les registres à la recherche d'un sujet précis.

— L'astronomie n'a jamais qu'une fonction religieuse en ce qui concerne le monde. Du moment que nous savons quand apparaissent les principales étoiles et que nous pouvons faire coïncider les jours de fêtes et de cérémonies avec le calendrier lunaire, tout le monde est content. Mais personne ne semble avoir remarqué que la régularité et le mouvement de retour des étoiles impérissables elles-mêmes impliquent l'existence d'un immense univers ordonné qui dépasse notre entendement.

— Au lieu de ces vieilles histoires qu'on nous raconte depuis toujours à propos de dieux et de déesses, de la naissance de toute chose provenant des marécages de papyrus et du monde nocturne comme lieu de la vie éternelle…

— En effet, murmura Nakht. Les étoiles représentent la vie éternelle, mais peut-être pas au sens où nous l'avons toujours pensé. Cela est une hérésie, bien sûr, dit-il, et il sourit joyeusement.

Il déroula plusieurs papyrus qu'il posa sur les tables basses disposées entre les casiers et me montra la liste des étoiles, une colonne de signes et de figures tracés à l'encre noire et à l'encre rouge.

— Regarde, trente-six colonnes qui énumèrent les groupes d'étoiles qui divisent le monde nocturne. Nous appelons ces groupes des décans.

Je parcourus ces colonnes de symboles, déroulant le vieux rouleau au fur et à mesure. La liste semblait infinie.

Nakht fit un petit bruit de désapprobation.

— Fais attention. Il faut les manipuler délicatement. Avec respect.

— Et pourquoi ces informations sont-elles consignées de la sorte ?

— Chaque colonne énumère les étoiles qui se lèvent avant l'aube au-dessus de l'horizon pour chaque période de dix jours au cours de l'année. Regarde, voici par exemple l'étoile du Chien qui apparaît précisément au moment de la Crue, au commencement de l'année solaire.

Et voici Sak, Glorieuse Âme d'Osiris, l'étoile brillante qui apparaît au début de *peret*, l'époque du printemps… Tu connais le dicton bien sûr : « Je suis l'étoile qui chemine sur les Deux Terres, qui navigue en tête des étoiles du ciel sur le ventre de ma mère Nut. »

Je secouai la tête.

— J'ai parfois l'impression que tu ne sais absolument rien, dit-il.

— Ce n'est pas mon domaine habituel. Mais qu'en est-il de l'éclipse ? lui rappelai-je.

Pendant quelques minutes, il s'employa à consulter de nombreux autres documents, les déroulant et les enroulant les uns après les autres, et chaque papyrus semblait plus ancien et plus fragile que le précédent.

Pour finir, il secoua la tête d'un air résigné.

— Il n'y a rien de mentionné. Je ne l'aurais pas cru.

— Une impasse.

— L'idée était intéressante et cela t'aura au moins permis d'apprendre deux ou trois choses sur le sujet, fit-il de son ton le plus docte.

Nous quittâmes les archives, et le prêtre se pencha avec raideur pour renouer la corde et replacer les scellés. Tout en marchant je m'interrogeai à haute voix :

— Où conserve-t-on les livres secrets ?

Nakht ne parvint pas à dissimuler l'inquiétude que lui causait ma question.

— De quoi parles-tu ? Quels livres secrets ?

— Les Livres de Thoth, par exemple.

— Attends, il s'agit plus d'une légende que d'une réalité. Comme pour bien des *prétendus* livres secrets.

— Mais il est vrai, n'est-ce pas, qu'il existe certains textes sacrés qui ne sont révélés qu'aux initiés ?

— Des « initiés » à quoi ? Et des textes sur quels sujets ?

— Oh ! Par exemple les questions de géométrie divine, répondis-je innocemment.

— Je n'ai jamais entendu parler d'une chose pareille, fit-il d'un ton sec en regardant autour de lui pour s'assurer que personne ne pouvait nous entendre.

— Bien sûr que si, mon ami, dis-je tranquillement.

Il me lança un regard courroucé.

— Que veux-tu dire ?

— Tu savais qu'il n'y aurait rien dans ces rouleaux susceptible de m'intéresser. Et j'apprécie que tu aies pris le temps de me démontrer que je ne trouverais rien. Mais je te connais très bien et je suis persuadé que tu me caches quelque chose.

Il eut le bon goût de rougir.

— Il existe des questions importantes qu'on ne peut pas toujours aborder n'importe comment.

— Quelles questions ?

— Je te déteste vraiment quand tu appliques tes techniques d'interrogation contre moi. J'essaie seulement de t'aider, dit-il sans vraiment avoir l'air de plaisanter.

— Alors, je vais te dire le fond de ma pensée. Je pense qu'il existe des livres secrets sur l'astronomie, entre autres, et je pense que tu as été initié, que tu as lu certains d'entre eux et que tu sais parfaitement où ils se trouvent.

Il me dévisagea, me lançant le regard le plus froid que je lui aie jamais connu.

— Quelle imagination débordante…

Sur ce, nous nous remîmes en route.

Je retournai avec lui dans la lumière et la chaleur de cette fin d'après-midi et nous marchâmes tous les deux en silence. Brusquement il s'arrêta et m'attira dans un coin d'ombre près d'un vieux temple.

— Je ne peux pas te mentir à toi, mon ami. Mais je ne peux pas te révéler le contenu de ces livres. J'ai fait un vœu solennel.

— Tout ce que je te demande c'est s'ils existent ou pas.

— Même cela c'est encore trop. Leur existence réelle ou supposée doit nécessairement être cachée. Les livres secrets sont mal vus en ces temps difficiles. Le savoir occulte est redevenu dangereux. Comme tu le sais, celui qui en aurait en sa possession, même si ce n'étaient que des passages recopiés, serait puni de la peine de mort.

— Mais ils existent, ils circulent dans un cercle très étroit et ils doivent donc être conservés quelque part clandestinement. Et donc où sont-ils ? demandai-je franchement.

— Je ne peux pas le dire.

Je contemplai à l'entour tous ces bâtiments qui s'entassaient dans l'enceinte du temple. Je compris soudain qu'il devait y avoir encore une autre ville cachée dans cette ville secrète. Car tout secret en renferme un autre dissimulé en son cœur.

Il me regarda, vraiment en colère.

— Tu présumes trop de notre amitié.

Nous nous fîmes face pendant cet étrange moment. Puis je m'inclinai pour relâcher la tension.

— Je m'excuse. Les questions professionnelles ne devraient jamais interférer entre amis.

Il hocha la tête, d'un air presque satisfait. Je savais que je ne pourrais pas en apprendre davantage de lui dans ce moment d'emportement.

— C'est l'anniversaire de Sekhmet, à moins que tu ne l'aies oublié, plongé dans tes histoires d'éclipses et de livres secrets ? Je dîne chez toi en famille ce soir, me rappela-t-il.

Je me frappai le front. En fait je ne l'avais pas oublié, car Tanefert me l'avait rappelé avant que je parte, mais il me restait encore un devoir familial sacré à accomplir.

— Et c'est moi qui suis responsable de la fête. Je ferais mieux de me dépêcher d'aller acheter les ingrédients secrets, dont je ne révélerai jamais la nature sous peine de mort, avant que les commerçants du marché, ces marchands sacrés et ésotériques, aient fermé boutique.

Il parvint tout de même à sourire enfin et nous franchîmes ensemble le grand portail pour retrouver la vie de la cité ; puis nous nous séparâmes, il rentra chez lui et moi je me dirigeai vers le marché pour y acheter de la viande, des épices et du vin.

13

Nous avons chacun notre place attitrée sur les tabourets qui entourent la table basse : mon père s'assoit au bout, Sekhmet et Thuyu sur le côté avec Khety et sa femme, Tanefert et Amenmose en face avec Nakht et Nedjmet la Douce, qui aime bien être à côté de lui et lui passer les bras autour du cou. Elle observe son public quand elle fait ces gestes affectueux. Où peut-elle avoir acquis un tel sens de la flatterie ? J'ai préparé notre plat favori, de la gazelle au vin rouge, réservé pour les grandes occasions.

Sekhmet semblait sereine et pleine de confiance dans sa robe plissée neuve avec les boucles d'oreilles que nous lui avions offertes pour son anniversaire. Le caractère hésitant de ses années d'adolescence avait cédé la place à une nouvelle maîtrise de soi. Elle a lu bien plus que moi et elle retient tout. Elle est encore capable de réciter les poèmes absurdes que nous composions quand elle était gamine. Le savoir est ce qui importe le plus pour elle. Elle m'a déclaré un jour solennellement : « Je ne peux pas être à la fois une grande sportive *et* une étudiante. » Aussi a-t-elle choisi.

Assis au milieu de ma famille et de mes amis, un soir comme celui-ci, tandis que les mets sont disposés sur la table et que les lampes à huile sont allumées dans leur niche, je me demande ce que j'ai fait pour mériter un tel bonheur. Et dans les moments de doute j'ai peur que mon métier mette tout cet équilibre en danger, car s'il m'arrivait quelque chose, comment vivraient-ils ? Et je me demande aussi pourquoi ce bonheur ne me suffit pas ? Comment ferai-je quand mon père sera mort, quand mes filles seront mariées et seront parties vivre ailleurs dans d'autres foyers et qu'Amenmose sera allé étudier au loin, à Memphis peut-être, et que Tanefert et moi on se retrouvera tous les deux face à face dans le calme étrange de notre vieillesse ?

— Papa, je me demande pourquoi les filles n'ont pas accès à l'éducation et n'ont aucune possibilité de progresser dans le monde ?

Sekhmet prit une bouchée de gazelle tout en observant les effets de sa déclaration.

— Et à propos, c'est absolument délicieux, marmonna-t-elle la bouche pleine.

Nakht, Khety et mon père me lancèrent un regard amusé.

— Mais les occasions ne t'ont pas manqué.

— Uniquement parce que Nakht m'a appris des choses que personne d'autre ne m'aurait enseignées…

— Et c'est une élève particulièrement remarquable, ajouta fièrement celui-ci.

— Mais il me semble qu'à partir du moment où je suis une fille, j'ai beaucoup moins de possibilités que les garçons. Parce que tout dans notre société repose sur la domination de l'homme sur la femme. Je trouve cela ridicule. Ainsi va le monde moderne. Mais ce n'est pas parce que j'ai de la poitrine à présent que j'en ai perdu mon intelligence.

Mon père se mit brusquement à tousser comme s'il avait avalé de travers. Nakht lui tapa dans le dos, il toussa de plus belle, les larmes aux yeux. Je savais bien que c'étaient des larmes de joie, mais il ne voulait pas embarrasser Sekhmet. Je lui adressai un clin d'œil.

— Tu as parfaitement raison, dis-je. S'il y a un projet que tu veux réaliser, tu dois être déterminée.

— J'ai décidé. Je ne veux pas me marier pour l'instant. Je veux poursuivre mes études et devenir médecin.

Elle jeta un coup d'œil à sa mère et je compris immédiatement qu'elles en avaient déjà discuté ensemble. Je regardai Tanefert et elle me renvoya sans rien dire un regard qui me priait de prendre la question en considération.

— Ma très chère fille adorée, commençai-je en espérant que Nakht allait dire quelque chose pour voler au secours de ma position délicate.

— Oui, mon cher père adoré ?

Je m'efforçai de trouver les mots les plus appropriés.

— Les femmes ne peuvent devenir médecins.

— Mais si, bien sûr, dit Nakht, décidé à ne pas m'aider.

— Qu'est-ce que cela peut faire si jusqu'à présent elles ne l'étaient pas ? C'est ce que j'ai envie de faire. Il y a tant de souffrance dans le monde et je veux contribuer à ce que cela change. Et il y a aussi beaucoup trop d'ignorance. La connaissance peut alléger la souffrance et combattre l'ignorance. D'ailleurs, pourquoi m'avoir appelée Sekhmet si vous ne vouliez pas que je devienne médecin ?

— Pourquoi l'avez-vous appelée Sekhmet ? demanda Nedjmet, trouvant là une bonne occasion de se glisser dans la conversation.

— Parce que cela signifie *celle qui est puissante*, dit Tanefert.

— Sekhmet la déesse Lionne a le pouvoir de provoquer les maladies mais aussi de les guérir, dit Sekhmet elle-même.

— Je vois que tu as été à bonne école auprès de ton brillant parrain, dis-je.

— J'ai beaucoup *discuté* avec lui.

Sans savoir exactement pourquoi, j'eus le sentiment d'être la seule pièce de l'échiquier qui n'avait pas bougé depuis le début de la partie.

Soudain, mon père, au bout de la table, prit la parole.

— Elle sera un excellent médecin. Elle est calme, méthodique et belle à regarder. Rien à voir avec ces vieillards puants et acariâtres qui agitent quelques fumigations dans l'air et te font boire ta propre urine. En tous les cas je lui ferai volontiers confiance pour qu'elle s'occupe de moi quand je serai vieux et malade.

Sekhmet me regarda, m'adressant un sourire triomphal.

— Eh bien, tu es assurée d'avoir ton premier patient, dis-je, mais comprends-tu bien ce que cela implique ?

Elle hocha la tête d'un air sage.

— Cela veut dire des années d'étude, et je devrai travailler deux fois plus que tous les autres parce que je serai la seule fille parmi tous les garçons. Et je devrai subir l'opposition de l'institution et les insultes étriquées des enseignants de la vieille école. Mais je survivrai.

Je ne voyais pas le moyen de m'opposer à son souhait et en vérité j'étais fier de sa détermination. La seule chose qui m'empêchait de la soutenir à fond, c'est que je savais bien quelles difficultés l'attendaient et qu'elle risquait fort d'échouer non pas à cause d'un manque de talent de sa part, mais parce que la hiérarchie refuserait de l'accepter.

J'allais intervenir lorsque soudain Thoth se mit à aboyer dans la cour. Un coup violent fut frappé à la porte et tout le monde se tut. Je me levai et allai ouvrir. Un homme de grande taille, costaud et peu amène, arborant l'uniforme des gardes du palais, attendait à l'entrée. Derrière lui se tenaient des gardes tenant des épées qui luisaient à la lueur de la lampe à huile placée dans la niche près du seuil.

— Je sais pourquoi tu es venu, dis-je tranquillement avant qu'il ne prenne la parole. Laisse-moi un petit moment s'il te plaît.

Je regagnai la pièce. Toute ma famille me regardait d'un air curieux.

Tanefert dit qu'on a toujours le choix mais parfois elle a tort.

Je priai Khety de m'accompagner et demandai à Nakht de rester participer à la fête. Sekhmet me rejoignit dans la cuisine. Elle dévisagea les gardes qui attendaient à la porte et hocha la tête.

— Ne t'inquiète pas, Papa, le travail passe avant tout. Ce que tu fais est important. Je le sais bien. Et nous serons tous là à ton retour.

Elle me sourit et me donna un baiser sur la joue.

14

Nous traversions une fois de plus le Grand Fleuve ; Khety était assis en face de moi et Thoth s'aplatissait à mes pieds car il se méfie des traîtrises des bateaux et de l'eau. Je contemplais l'océan noir de la nuit, ce vaste ciel émaillé d'étoiles mystérieuses. Je repensais à un vieux proverbe que m'avait appris mon grand-père selon lequel le plus important ce n'étaient pas les innombrables étoiles mais l'obscurité glorieuse entre elles. Les vieux rouleaux de papyrus à moitié effacés que m'avait montrés Nakht cet après-midi, avec leurs colonnes et leurs signes, n'étaient à mes yeux que la grossière traduction par les hommes de cet immense mystère.

Les rameurs nous menèrent habilement jusqu'à la jetée du palais où les eaux noires venaient lécher doucement les pierres éclairées par la lune. Khay nous attendait. À la lueur tremblante des vasques de cuivre martelé, son visage émacié paraissait bouleversé par une angoisse qu'il s'efforçait de réfréner. Je présentai Khety comme mon assistant. Celui-ci se tint à une distance respectueuse, la tête baissée. Khay l'examina avant de hocher la tête.

— Tu es responsable de sa conduite et de sa sécurité, dit-il.

J'ai entendu parler de gens qui revivent en rêve la même situation et les mêmes dilemmes. Les images effrayantes de leurs craintes ou de leurs terreurs reviennent nuit après nuit, un cauchemar les poursuit au long de souterrains sans issue, ou bien c'est le frémissement d'un crocodile que l'on ne voit pas mais dont on sent la présence dans les eaux noires et profondes, ou alors la vision fugitive d'un mort bien-aimé que l'on ne peut atteindre perdu dans une vaste foule grise. Et le rêveur hanté s'éveille de cet Autre Monde d'hallucinations, en sueur et en pleurs, cherchant désespérément quelque chose ou quelqu'un qu'il ne cesse de perdre. Ce palais, avec ses couloirs interminables, toutes ses portes closes et ses antichambres silencieuses, me faisait la même impression. Je m'imaginais que chaque pièce fermée contenait un rêve différent, un cauchemar différent. Et pourtant je n'avais pas peur, c'est plutôt l'excitation qui m'avait à nouveau saisi dans sa poigne monstrueuse et glorieuse. *Quelque chose d'inattendu s'était produit et j'en étais plus heureux que jamais.*

Nous franchîmes le poste de garde et pénétrâmes dans les appartements royaux. Quelque part dans le noir on entendit une porte claquer, et la voix claire d'un jeune homme lança un ordre sur un ton tremblotant. Des voix étouffées insistantes et persuasives s'efforcèrent de le calmer. Nouveau claquement de porte, et tout retomba dans un silence de tombeau. Khay, attentif à la signification de ces signes et de ces manifestations étranges, pressa le pas dans ses sandales coûteuses et immaculées. Jusqu'à ce que nous arrivions une fois de plus devant la grande porte à double battant qui menait aux appartements d'Ankhesenamon. Khety me lança un coup d'œil, les sourcils levés, amusé de la situation dans laquelle nous nous trouvions. La porte s'ouvrit brusquement pour nous laisser entrer.

À l'intérieur rien n'avait changé. Les lampes brûlaient toujours à la même place. Les portes donnant sur la cour et le jardin étaient toujours ouvertes. Ankhesenamon, sous la garde d'un soldat, se tenait assise parfaitement immobile. Elle regardait fixement un petit coffret de bois fermé posé sur un plateau bas à l'autre bout de la pièce comme si elle était hypnotisée. À notre arrivée elle tourna lentement la tête pour nous regarder ; elle gardait les mains serrées l'une contre l'autre et ses yeux brillaient.

Le coffret n'était guère plus grand que ceux dans lesquels on range une perruque. Il était fermé par une cordelette nouée dans un entrelacs compliqué. Détail intéressant, ce nœud semblait correspondre à une intention magique plutôt que pratique. Son aspect énigmatique (celui qui l'avait réalisé semblait fasciné par les devinettes déroutantes ou peut-être complètement folles) paraissait de façon inquiétante en accord avec les mystères de ces derniers jours. Au lieu de dénouer la cordelette (car c'était un élément de preuve et Nakht pourrait peut-être déchiffrer la signification de sa forme particulière), je la tranchai. J'approchai mon visage du couvercle et je perçus des sons presque insaisissables : quelque chose bougeait à l'intérieur, c'était comme une sorte de labeur à l'extrême limite de l'audible, même dans le silence de cette pièce. Je lançai un regard à Khety puis à Khay et, avec d'extrêmes précautions, je soulevai le couvercle. Une puanteur douceâtre de chair pourrie se mit à flotter dans la pièce. Tout le monde recula rapidement en se bouchant le nez avec ses vêtements.

Je me forçai à regarder le contenu de la boîte. Des asticots blancs grouillaient dans les orbites, le nez, les oreilles et les mâchoires d'une tête humaine. Je remarquai une paire de clavicules, des vertèbres reliées par un autre bout de cordelette et plusieurs crânes plus petits d'oiseaux ou de rongeurs. Des os de toutes sortes, manifestement d'origine animale et humaine, avaient été mélangés pour composer cet horrible masque mortuaire. D'habitude les masques mortuaires sont faits de l'or le plus précieux pour représenter le défunt aux yeux des dieux, mais celui-ci avait été délibérément fabriqué en forme de masque dérisoire fait de rebuts de boucherie. Il y avait pourtant aussi un élément en or : un collier sur lequel un nom avait été gravé dans un cartouche royal. Il y était écrit en hiéroglyphes : *Toutankhamon.*

J'examinai le coffret. Sur le couvercle, à l'intérieur et à l'extérieur, d'étranges symboles avaient été gravés puis peints en noir et rouge : des courbes, des faucilles, des points et des traits plus appuyés, une sorte d'écriture absurde. Je ne reconnaissais aucun langage. On aurait dit la formule d'une malédiction. Je n'aurais pas voulu les entendre prononcés à haute voix. Je n'aurais pas aimé rencontrer l'homme qui s'exprimait par de tels signes. Je m'imaginais un monstre. Et là, au centre de la face interne du couvercle, je vis une image gravée que je reconnus immédiatement : un cercle noir. Le Soleil détruit.

Khay, tenant d'un air dégoûté un linge contre son nez et sa bouche, s'approcha à contrecœur, jeta un coup d'œil au contenu du coffret et s'écarta aussitôt comme si le sol se dérobait tout à coup sous ses pieds. Le garde s'approcha d'un pas décidé et se pencha à son tour avec un sang-froid tout militaire. Il s'écarta pour laisser la place à Ankhesenamon. Khay essaya de la dissuader de regarder à l'intérieur mais elle insista. Debout auprès de moi, elle lutta contre le dégoût que lui inspirait la puanteur et plongea courageusement le regard vers le contenu dans la boîte. Elle ne put le supporter que quelques instants.

Mais soudain la grande porte qui donnait dans la pièce fut ouverte à la volée et on entendit un cri de rage ; un jeune homme au beau visage en forme d'amande et aux traits fins et délicats fit irruption dans la pièce. Il boitait un petit peu et s'appuyait légèrement sur une élégante canne de marche. Un pectoral en or recouvrait ses minces épaules. De beaux habits enveloppaient son corps fin mais large à la taille.

— Je ne me laisserai pas traiter comme un enfant ! hurla Toutankhamon, seigneur des Deux Terres, Image du Dieu vivant, dans la pièce silencieuse.

Khay et le soldat se déplacèrent de manière à masquer le coffret et essayèrent de le convaincre de ne pas s'en approcher sans oser toutefois poser la main sur son corps royal. Mais en dépit de sa légère infirmité il fut plus rapide qu'eux. Il les contourna avec la rapidité sournoise d'un scorpion. Il observa les signes gravés puis baissa les yeux sur l'assemblage décomposé. Il parut d'abord hypnotisé par ce qu'il voyait, par toute cette pourriture. Mais à mesure qu'il en comprenait la signification son expression se transforma. Ankhesenamon lui prit les mains et lui parla avec douceur et gentillesse, plus comme une grande sœur peut-être que comme une épouse, et le persuada de s'éloigner. Il leva son regard sur moi et je m'aperçus qu'il avait les mêmes yeux que son père, des yeux presque féminins mais animés d'une expression qui trahissait à la fois une franche innocence et une cruauté latente. Il vit le collier gravé du nom royal et me l'arracha des mains. Je m'empressai de baisser respectueusement les yeux, me souvenant des règles du protocole.

Tandis que j'attendais, le regard rivé au sol, je me dis que Toutankhamon était beaucoup plus intéressant quand on le voyait de près. De loin, il m'avait paru aussi inconsistant qu'un roseau. De près, il avait un véritable charisme. Sa peau luisante évoquait la vie d'un être qui apparaissait rarement en plein air, à la lumière crue du soleil. On aurait dit plutôt une créature lunaire. Ses mains étaient exquises et immaculées. Et il y avait quelque chose dans la longueur de ses membres qui semblait en harmonie parfaite avec l'élégance de son collier d'or bien poli, de ses bijoux en or, de ses sandales en or. En sa présence je me sentais terre à terre ; il semblait appartenir à une espèce rare qui ne pouvait survivre que dans un environnement soigneusement protégé, fait d'ombre, de secret et de luxe. Je n'aurais pas été surpris de découvrir de magnifiques ailes de plumes repliées derrière son dos ou de petits joyaux parmi ses dents parfaites. Je n'aurais pas été surpris d'apprendre qu'il se nourrissait exclusivement d'eau bue à une source divine. Mais je n'aurais pas non plus été surpris d'apprendre qu'il vivait dans une chambre d'enfant aux portes hermétiquement closes pour le protéger d'un monde extérieur dont il refusait de prendre en compte les exigences. Je vis à l'instant à quel point il était effrayé et compris que l'homme qui était derrière ces deux « cadeaux » le savait parfaitement. Toutankhamon jeta le collier dans un coin.

— Cette abomination doit être ôtée de ma vue et détruite par le feu.

Sa voix, bien que tremblante, avait une intonation désinvolte et un timbre délicat. Comme souvent les gens qui parlent doucement, il le faisait à dessein, sachant qu'il créait ainsi les conditions où chacun devait faire un effort pour capter ses moindres mots.

— Avec tout mon respect, Majesté, je te déconseillerais de le détruire. C'est un élément de preuve, dis-je.

Khay, le guide ultime en matière d'étiquette, faillit s'étrangler devant mon impudence. Et je me demandais si le roi n'allait pas se mettre à hurler après moi. Mais il sembla changer d'avis. Au lieu de cela, il hocha la tête, alla s'asseoir sur un divan et s'y tint, le dos rond. Il avait l'air à présent d'un enfant apeuré. Je vis en imagination le monde de son point de vue à lui : seul dans un univers plein d'ombres, de choses terrifiantes, de secrets et de machinations. J'eus la tentation de le prendre en pitié. Mais cela ne servirait à rien.

Il me fit signe d'approcher. Je me tins devant lui, les yeux baissés.

— Ainsi, c'est toi le chasseur de mystères. Regarde-moi.

J'obéis. Il avait un visage singulier, aux à-plats de forme délicate, avec de larges pommettes qui semblaient souligner le pouvoir tranquille, quoique persuasif, de ses grands yeux noirs. Il avait des lèvres charnues et sensuelles au-dessus d'un petit menton légèrement fuyant.

— Tu as été au service de mon père.

— Vie, prospérité et santé, j'ai eu cet honneur, seigneur.

Il m'observa attentivement comme pour s'assurer que je ne faisais pas d'ironie. Puis il fit signe à Ankhesenamon de venir le rejoindre. Ils échangèrent un bref regard chargé de compréhension tacite.

— Ce n'est pas la première fois que ma vie est menacée. Mais avec la pierre, le sang, et maintenant ce…

Il regarda les autres personnes présentes dans la pièce comme s'il ne leur faisait pas confiance et se pencha plus près de moi. Je sentis la chaleur de son haleine, douce comme celle d'un enfant, flotter sur mon visage tandis qu'il murmurait :

— Je crains d'être hanté et traqué par des ombres…

À cet instant précis la double porte fut ouverte une fois de plus et Ay pénétra dans la pièce. En sa présence l'air lui-même sembla se refroidir. J'avais pu constater que chacun traitait le roi comme un enfant merveilleux, mais Ay ne lui accorda qu'un bref regard méprisant qui aurait brisé une pierre. Puis il examina le contenu du coffret.

— Viens là, dit-il tranquillement au roi.

Le roi s'approcha de lui à contrecœur.

— Cela n'est rien. Ne lui accorde pas une importance que cette chose n'a pas.

Toutankhamon hocha la tête, peu sûr de lui.

Puis, avec la rapidité d'un faucon, Ay attrapa la tête de mort grouillante d'asticots, dégoulinante de vers, et la tendit au roi qui fit un bond en arrière, révulsé et effrayé. Ankhesenamon s'approcha comme pour protéger son époux, mais Ay la tint à l'écart d'un geste péremptoire de la main.

— Ne fais pas cela, dit-elle doucement à Ay.

Le vieil homme ne l'écouta même pas ; il gardait son regard fixé sur le roi et lui tendait la tête de mort dans sa main ouverte. Lentement, avec répugnance, le jeune roi tendit le bras et, se faisant violence, il saisit l'horrible objet dans sa main.

Un silence tendu régnait dans la pièce tandis que le roi fixait les orbites vides et la vermine festoyant sur cette tête.

— Si la mort n'est rien d'autre que ces os vides et cet absurde sourire répugnant, murmura-t-il, alors il n'y a rien à craindre. Ce qui survivra de moi sera bien plus grandiose.

Et brusquement il relança le crâne à Ay qui, tel un enfant solitaire peu doué pour les jeux de ballon, peina à rattraper cette chose glissante.

Le roi éclata de rire et tout à coup je me mis à l'aimer pour son audace. Il fit signe à un serviteur de lui apporter un bassin et un linge pour se laver les mains. Puis il fit tomber délibérément le linge mouillé aux pieds d'Ay avant de quitter lentement la pièce.

Ay, bouillant de rage, le regarda sans rien dire puis laissa tomber le crâne dans le coffret et se lava les mains. Ankhesenamon s'approcha.

— Pourquoi manques-tu ainsi de respect au roi ? Et en présence d'autrui ?

Ay se tourna vers elle.

— Il doit apprendre le courage. Que serait un roi incapable de supporter la vue de la pourriture et de la mort ? Ce sont des choses qu'il doit endurer et accepter sans peur.

— Il y a plusieurs moyens d'apprendre le courage, et la peur n'est sûrement pas le meilleur maître. C'est peut-être le pire.

Ay sourit, on apercevait ses dents gâtées entre ses lèvres.

— La peur est un vaste et étrange sujet.

— J'en ai beaucoup appris sur elle, ces dernières années, répondit-elle, j'ai eu un professeur particulièrement compétent.

Ils se toisèrent pendant un long moment comme des chats sur le point de se battre.

— Il faut dénoncer cette absurdité avec tout le mépris qu'elle mérite au lieu de lui donner de l'importance dans l'esprit des faibles et des vulnérables.

— Je ne saurais mieux dire, et c'est la raison pour laquelle j'ai demandé à Rahotep d'enquêter. Je vais rejoindre le roi à présent, et vous laisser discuter tous ensemble d'un plan d'action qui permettra d'éviter à l'avenir de tels incidents.

Elle quitta la pièce. Je m'inclinai devant Ay et la suivis. Dehors, dans le couloir obscur, je lui montrai l'amulette en forme de Ankh que j'avais trouvée sur le cadavre de la jeune fille.

— Pardonne-moi d'avoir à te montrer ceci, mais je dois te demander si tu la reconnais.

— La reconnaître ? Mais c'est la mienne. C'est ma mère qui me l'a offerte. À cause de mon nom et en guise de protection.

— Le Ankh, *Ankhesenamom.*

Mon intuition à propos du rapport entre les deux était vérifiée. Et à présent j'étais en train de rendre l'objet à sa propriétaire. Et ce geste en soi me frappa tout à coup comme s'il faisait partie du plan du meurtrier.

— Où l'as-tu trouvée ?

Elle était en colère à présent, et m'arracha l'amulette.

Je cherchai maladroitement une explication susceptible de ne pas trop l'inquiéter.

— On l'a trouvée en ville.

Elle me fit face.

— Ne me cache pas la vérité. Je veux connaître la vérité. Je ne suis pas une enfant.

— On l'a trouvée sur un cadavre. Celui d'une jeune fille assassinée.

— Comment a-t-elle été tuée ?

Je fis une pause, hésitant à en dire davantage.

— Elle a été scalpée. Son visage lui a été arraché. On lui a enlevé les yeux. À leur place il y avait un masque en or. Je suppose qu'il reproduisait ses traits.

Elle en eut tout à coup le souffle coupé. Elle examina en silence le bijou qu'elle tenait à la main.

— Qui était-ce ? demanda-t-elle doucement.

— Elle s'appelait Neferet. Je pense qu'elle travaillait dans un bordel. Elle avait ton âge. Si cela peut avoir une importance, je pense qu'elle n'a pas souffert. Et je découvrirai pourquoi on a trouvé ton amulette sur son cadavre.

— Mais quelqu'un a dû me la voler dans mes appartements privés. Qui a pu faire cela ? Et pourquoi ?

Elle arpenta le couloir, l'air angoissé.

— J'avais raison. Je ne suis en sécurité nulle part. Regarde cet endroit. Il est empli d'ombres. Tu me crois à présent ?

Elle brandit l'amulette qui bougeait en brillant dans la pénombre du couloir. Je vis qu'elle avait les yeux gonflés de larmes.

— Je ne pourrai plus jamais la porter, dit-elle, et elle s'éloigna en silence.

À peine eus-je regagné la pièce qu'Ay se tourna vers moi.

— Ne crois pas que ceci justifie ta présence ici. Tout cela n'est rien. C'est complètement absurde.

— C'est peut-être absurde mais cela a eu l'effet escompté par celui qui en est responsable.

Il renifla d'un air dédaigneux.

— C'est-à-dire ?

— D'accroître le climat de terreur.

— *Le climat de terreur*. Comme c'est poétique.

J'aurais aimé pouvoir l'éliminer comme on écrase une mouche.

— Et une fois de plus, ce « cadeau » a réussi à parvenir jusqu'au roi en personne. Comment cela a-t-il pu arriver ? poursuivit-il.

Tous les regards se tournèrent vers le garde.

— On l'a découvert dans les appartements de la reine, concéda-t-il à contrecœur.

Ay lui-même en fut déconcerté.

— Comment est-ce possible ? dit-il d'un ton ferme. Que se passe-t-il avec la sécurité des appartements royaux ?

— Je n'ai aucune explication, déclara le soldat honteux.

Ay s'apprêtait à l'insulter quand tout à coup il se renfrogna et se tint la joue, victime d'une soudaine rage de dents.

— Et qui l'a découverte ? reprit-il alors que sa douleur s'estompait.

— Ankhesenamon elle-même, répondit Khay.

Ay soupesa le coffret pendant un moment.

— Cela ne doit plus se reproduire. Tu sais ce qu'il en coûte d'échouer ?

Le soldat se mit au garde-à-vous.

— Et je suggère que le grand chasseur de mystères et toi vous vous concertiez. Deux idiots valent peut-être mieux qu'un. Même si l'expérience suggère tout le contraire.

Il marqua une pause.

— Il ne doit plus y avoir le moindre incident dans la sécurité du palais. Vous me ferez tous les deux votre rapport avant l'ouverture de la cérémonie de la Colonnade. Avec vos propositions pour assurer la sécurité du roi.

Puis il partit. Un peu de la tension qui régnait dans la pièce retomba. Le soldat se présenta comme Simut, commandeur de la garde du palais. Nous échangeâmes tous les gestes adéquats de respect et prononçâmes les bonnes formules, mais il avait l'air d'un homme qui se réjouirait de ma chute. J'étais un intrus sur son territoire.

— Qui a accès à cette pièce ? demandai-je.

— Les femmes de chambre de la reine, le roi, ceux qui sont à son service et les serviteurs de cet appartement. Personne d'autre, dit Khay.

— Il y a des gardes postés à chaque entrée des appartements royaux, dit Simut, chacun doit être muni d'une autorisation pour pouvoir passer.

— Par conséquent, cette autorisation doit être accordée par quelqu'un qui bénéficie d'un accès hautement prioritaire et se déplace sans problèmes au sein des appartements royaux, répondis-je ; j'imagine que, passé les postes de contrôle et pour permettre une certaine intimité familiale, il n'y a plus ni gardes ni sentinelles dans les appartements royaux proprement dits ?

Khay en convint, mal à son aise.

— La compétence de la garde royale n'est absolument pas en cause mais il y a manifestement une grave faille quelque part qui a permis que cet objet et la pierre sculptée parviennent jusqu'ici. Je suis sûr que tu conviendras qu'il est nécessaire de mettre en place des mesures de sécurité plus strictes autour du roi et de la reine, tant dans les appartements privés qu'en public. Quand l'inauguration de la Colonnade doit-elle avoir lieu ?

— Dans deux jours, répondit Khay, mais demain doit se tenir une assemblée du Conseil de Karnak à laquelle le roi doit assister.

— Demain, fis-je d'un air contrarié, c'est fâcheux.

— Ce qui est fâcheux, répliqua-t-il, c'est que ces « troubles » n'auraient pas pu plus mal tomber.

— Il ne s'agit pas d'une coïncidence, fit remarquer Simut, avec un manque d'humour typiquement militaire ; s'il s'agissait d'une situation conventionnelle comme une bataille je verrais l'ennemi en face de moi. Mais dans ce cas c'est différent, cet ennemi est invisible.

Il peut être l'un d'entre nous. Il peut se trouver en ce moment même à l'intérieur du palais. Il a l'air d'en connaître très bien tous les aspects, sa disposition, son protocole et sa hiérarchie.

— Nous avons donc un problème, dis-je, car je suppose que nous ne pouvons guère interroger les membres de l'élite haut placés dans la hiérarchie du pouvoir sans preuves solides.

— Tout cela n'est que trop vrai, hélas ! répondit Khay d'un air las, comme si toutes ses forces l'avaient brusquement abandonné.

— Néanmoins, chacun d'eux est suspect. Il faudrait commencer par établir une liste de leurs noms. Et quelques simples questions à propos de leurs allées et venues devraient permettre de clarifier la situation. Nous devons savoir qui se trouvait ce soir-là dans les appartements royaux et qui dispose d'un alibi, proposai-je.

— Mais en même temps nous ne devons rien dire de ces objets. Il est impératif de garder le silence le plus absolu sur cette question, dit Khay mal à l'aise.

— Mon assistant se fera un plaisir de t'aider à rassembler ces renseignements et à entamer les enquêtes préliminaires, répondis-je.

Khay lança un regard à Khety et s'apprêtait à accepter lorsque Simut intervint.

— La sécurité des appartements royaux relève de ma responsabilité. Je vais immédiatement faire recueillir ces informations.

— Parfait, répondis-je, et je suppose que tu incluras tes propres gardes dans la liste de ceux qui peuvent accéder à cette zone ?

Il s'appliquait à répliquer vertement mais je ne lui en laissai pas le temps.

— Crois-moi, je n'ai aucune raison ni aucune envie de mettre en doute l'intégrité de tes gardes, mais tu m'accorderas, j'en suis sûr, que nous ne pouvons négliger aucune éventualité, aussi invraisemblable et inacceptable soit-elle.

Il finit par hocher la tête pour donner son accord bien malgré lui.

Sur ce, nous partîmes.

15

— Quel spectacle ! fit Khety en se gonflant les joues, cet endroit me fait penser à une école particulièrement violente. On y trouve toujours les durs et les petits gars. Ceux qui jouent des poings et ceux qui se servent de leur cervelle. Les despotes et les guerriers, les diplomates et les serviteurs. Mais il y a aussi toujours quelque part un étrange garçon, à l'écart, qui torture lentement à mort une autre pauvre créature. Il s'agit d'Ay.

Le paysage éclairé par la lune défilait devant nous tandis que nous remontions le canal en direction du Grand Fleuve. Je restai un moment à regarder l'eau noire disparaître sous la quille avant de prendre la parole.

— As-tu remarqué les signes gravés sous le couvercle, en particulier le cercle noir ? On dirait une sorte de langage.

Khety secoua la tête.

— Ce que j'ai remarqué, c'est l'imagination cruelle de celui qui a fait cela et son goût pour le sang et les tripes.

— Il a pourtant une bonne éducation, il est très adroit et fait presque certainement partie de l'élite. Sa fascination pour le sang et les tripes, comme tu dis, vient de ce qu'ils représentent pour lui quelque chose. Il s'agit d'un symbole plutôt que d'un objet en lui-même.

— Va dire cela à la jeune fille sans visage, au garçon aux membres fracassés ou à ce nouvel homme mystérieux à qui il manque la tête, répondit-il non sans un certain bon sens.

— Ce n'est pas la même chose. D'ailleurs avons-nous raison de supposer que nous avons affaire au même homme dans tous les cas ? lui demandai-je.

— Eh bien, il suffit de considérer les ressemblances, l'horaire, le mode opératoire, répondit-il.

— C'est ce que j'ai fait. Le même genre de mise en scène est utilisé. La même obsession pour la pourriture et la destruction apparaît chaque fois. Et quelque part dans tout cela, je devine son amour de la beauté et de la perfection. Il y a presque comme une sorte de chagrin dans ses actes. Une sorte de pitié horrible pour ses victimes…

Khety me regarda comme si j'avais perdu l'esprit.

— Quand tu parles ainsi je suis content que personne ne puisse nous entendre. Comment peut-on éprouver du chagrin à arracher le superbe visage d'une jeune fille ? Tout ce que je vois là-dedans c'est une cruauté horriblement méchante. Et d'ailleurs à quoi tout cela nous avance-t-il ?

Nous restâmes assis sans parler. À mes pieds, Thoth contemplait la lune. Khety avait raison, naturellement. Peut-être avions-nous simplement affaire à un cas de folie ? Est-ce que j'imaginais des schémas logiques là où il n'en existait pas ? Et pourtant je subodorais quelque chose. Derrière les meurtres et la brutalité, derrière les menaces iconoclastes et la destruction, il y avait quelque chose de plus profond et de plus noir, une sorte de quête ou de vision. Mais si nous avions raison, si le même homme était responsable de tous ces événements, restait une question bien plus importante. Pourquoi ? Pourquoi commettait-il ces actes ?

— Je crois aussi que le coupable, quel qu'il soit, tient à nous faire savoir qu'il est au cœur du pouvoir, de façon à renforcer la puissance de ses menaces. En fait, cela fait partie de son jeu de nous convaincre qu'il nous surveille tous, poursuivit Khety.

En l'entendant parler ainsi, je compris tout à coup que tous ces actes et ces meurtres avaient un autre élément en commun : *Rahotep, le chasseur de mystères.*

Nous venions d'atteindre la jetée. Et au lieu de faire part à Khety de cette idée étrange, je décidai de la laisser reposer un certain temps dans un coin de mon esprit. Elle semblait trop fragile, trop stupide et trop vaine pour être exprimée.

Je dis au revoir à Khety et, précédé de Thoth qui trottinait devant, je rentrai chez moi par les rues vides à cause du couvre-feu. Je laissai le babouin à sa litière et entrai dans la maison obscure. Je perçus son silence comme un reproche à mon absence. J'ai parfois l'impression de ne pas faire partie de cette maisonnée composée de jeunes femmes, d'un vieil homme et d'un bébé. Je passai un moment dans la cuisine avant d'aller me coucher. À la lumière de la lampe à huile que Tanefert avait laissée allumée dans sa niche en prévision de mon retour, je me servis une grande coupe d'un bon vin rouge provenant de l'oasis de Kharga et posai quelques figues sèches et des amandes sur un plat.

Je m'assis sur le banc à ma place habituelle au-dessous de la statuette du dieu de la maisonnée qui sait bien que je ne crois pas en lui, et méditai sur les familles. Il m'arrive de penser, et ce n'est pas nouveau, que tous les problèmes et les crimes proviennent de la famille. Même dans nos histoires anciennes ce sont des frères jaloux qui s'entretuent, des épouses enragées qui châtrent leur mari et des enfants furieux qui se vengent de leurs parents, que ces derniers soient coupables ou pas. Je sais bien que mes filles sont capables de passer de l'affection la plus tendre à la colère la plus terrible, elles se caressent mutuellement les cheveux pour se mettre l'instant d'après à se les arracher à mains nues et pour une raison tellement insignifiante qu'elles en rougiraient de honte si elles devaient l'avouer.

Et il en va de même des mariages. Nous sommes un couple heureux. Si j'ai déçu Tanefert par mon manque de réussite sociale, alors elle l'a bien caché. Elle dit toujours qu'elle ne m'a pas épousé pour ma fortune. Et elle me fait à ce moment-là un de ses sourires entendus. Mais je sais qu'il existe entre nous des choses inavouées que nous préférons passer sous silence comme si le fait de les formuler risquait de leur donner une réalité trop pénible. Peut-être en est-il ainsi de tous les couples qui ont résisté pendant de si nombreuses années à la force insoupçonnée de l'habitude et aux dangers de l'ennui domestique. Même le contact familier avec le corps de l'autre autrefois si ardemment désiré finit par déboucher indéniablement sur le désir de la surprise d'une beauté étrangère. La beauté et le mépris de la routine… peut-être est-ce là ce que je cherche à fuir quand je me passionne pour mon travail si captivant ? Je ne suis pas fier de cette idée. Je suis un homme parvenu au milieu du chemin de sa vie et j'ai peur de la voie médiane en toutes choses. Pourquoi ne puis-je me contenter de tout ce que le dieu du foyer m'accorde généreusement ?

S'il en est ainsi des gens ordinaires tels que nous, comme cela doit être encore beaucoup plus étrange de naître dans une famille dont le destin est public et dont l'intimité doit être en permanence défendue et contrôlée comme un terrible secret ? Malgré toute leur fortune et leur pouvoir, les enfants de la famille royale et des plus grandes familles de l'élite sont élevés dans un air dépourvu de chaleur humaine. De quoi parlent-ils à l'heure du dîner ? D'affaires d'État ? Des manières de table ? Doivent-ils écouter sempiternellement les hauts faits de leur grand-père, Amenhotep le Grand, dont ils savent qu'ils ne parviendront jamais à l'égaler ? Et si mes filles sont capables de se disputer pour un peigne, qu'est-ce que cela doit être lorsque des enfants se battent pour la fortune, le pouvoir et les Deux Couronnes ?

Pourtant, ces deux enfants que j'avais vus ne semblaient pas en compétition pour la conquête du pouvoir. Ils semblaient proches, complices, unis peut-être par les souffrances qu'Ay leur infligeait. L'affection entre eux m'avait paru totalement sincère. Mais le plan d'Ankhesenamon avait un défaut. Toutankhamon n'est pas un guerrier. Il brille peut-être par la qualité de son esprit mais certainement pas par ses prouesses physiques. Le monde malheureusement exige de ses rois qu'ils démontrent leur vaillance et leur virilité dans les défilés, les luttes et toutes les aventures du pouvoir. Certes, on sculptait dans la pierre des statues héroïques, on décorait les temples de sculptures glorifiant les hauts faits de Toutankhamon, ses campagnes et son mérite d'avoir rétabli l'ordre et les traditions anciennes. Quant à Ankhesenamon, sa propre lignée était un atout, car elle avait beau être encore jeune, elle avait hérité les grandes qualités de sa mère : sa beauté, sa popularité, son indépendance d'esprit. Et ce soir elle avait fait preuve d'un grand courage dans son altercation avec Ay. Il n'en demeurait pas moins qu'au cœur du grand drame du pouvoir il y avait un problème : l'Image du Dieu Vivant était un jeune homme intelligent mais timoré et pas vraiment héroïque sur le plan physique. Cela les rendait tous les deux vulnérables. Et l'inconnu qui tourmentait le roi en l'effrayant, quel qu'il soit, l'avait bien compris.

Tanefert se tenait dans la pénombre du seuil, elle m'observait. Je bougeai un peu pour lui faire de la place. Elle vint s'asseoir à côté de moi et grignota une amande.

— Y aura-t-il jamais une nuit où je puisse être sûre que personne ne viendra frapper à la porte pour te demander de le suivre ?

Je passai mon bras autour d'elle et la tint serrée contre moi, mais ce n'était pas ce qu'elle voulait.

— Jamais, dit-elle, jamais.

Je ne trouvai pas les mots pour dissiper le malaise.

— Je pense que j'y suis habituée. Je l'accepte. Je sais que c'est ton travail. Mais parfois, comme ce soir, quand nous sommes en train de faire la fête, je voudrais que tu sois là et je voudrais être sûre que tu ne devras pas nous quitter. Et c'est impossible parce que le crime, la cruauté et les effusions de sang font partie de ces choses que les gens s'infligent mutuellement, et tu auras toujours de plus en plus de travail. Il y aura toujours des coups frappés à la porte, la nuit, de plus en plus souvent.

Elle détourna le regard.

— Je veux toujours, toujours être ici avec vous, balbutiai-je.

Elle se retourna pour me regarder bien en face.

— J’ai peur. J’ai peur qu’un jour tu ne reviennes pas. Et je ne pourrai pas le supporter.

Elle m’embrassa tristement, se leva et s’éloigna dans le couloir obscur.

16

L'entourage royal pénétra dans la grande salle du Conseil de Karnak, et tout le bruit et les clameurs cessèrent rapidement comme au début d'un spectacle. Par les fenêtres à claire-voie, la lumière brûlante de la fin de matinée tapait fort dans la salle de pierre. Un long soupir s'éleva de la foule rassemblée, résonna parmi les grandes colonnes et disparut.

Toutankhamon et Ankhesenamon se dirigèrent ensemble vers l'estrade ; leurs petits pieds royaux se posaient sur l'image des ennemis du royaume que l'on avait peinte sur les marches. Ils se retournèrent et s'assirent sur leur trône au milieu d'un cercle de lumière intense. Ils avaient l'air de petits dieux, et pourtant ils paraissaient également si jeunes. Leurs mains nettes et immaculées étaient refermées sur les griffes de lion sculptées dans l'accoudoir de leur trône comme s'ils commandaient même à la nature sauvage. Je vis Ankhesenamon effleurer la main de son époux comme pour l'encourager. Dans leurs belles robes de lin blanc, portant chacun un magnifique collier représentant la tête d'un vautour et ses ailes déployées, ils resplendissaient de gloire.

Et quelle galerie de personnages grotesques que ces membres du Conseil : de vieux bonshommes, voûtés, soutenus par leurs serviteurs, et qui avaient connu des jours meilleurs il y a bien trop longtemps, des faces bouffies marquées par les habitudes luxueuses et la vénalité de leur classe, cette grimace de supériorité inscrite dans leurs traits, dans les rides des vieux ou dans l'assurance mielleuse des jeunes. Mains molles et bedaines relâchées. Grosses bajoues tremblotantes autour de bouches charnues presque efféminées, emplies à coup sûr de chicots pourris. Il y avait aussi des types décharnés qui semblaient ne prendre aucun plaisir au seul fait d'être vivants. Des hommes de pouvoir au regard vif et éveillé évaluant les changements politiques permanents et les mouvements envisageables dans le jeu complexe qu'ils pratiquaient entre eux. Et enfin les tyrans : ces gros taureaux irascibles et trapus, toujours en quête d'une victime, de quelqu'un à attaquer ou à blâmer. Je m'aperçus que l'un d'entre eux avait les yeux fixés sur moi. C'était Nebamon, le chef des Medjay de la ville. Il avait l'air perplexe et furieux que je puisse prendre part à cette réunion de l'élite. Je lui adressai un signe de tête amical comme si je lui témoignais du respect. J'espérais qu'il en apprécierait toute l'ironie dans un tel contexte. Puis je regardai le roi. Finalement, quand le silence fut complètement établi, Toutankhamon prit la parole. Sa voix était haut perchée et légère, mais on l'entendait parfaitement dans le silence de la vaste salle.

— La construction de la Colonnade en l'honneur d'Amon-Râ, le Roi des dieux, a été financée à parts égales par le temple et par notre propre trésor royal. C'est le signe de notre unité de vues. La construction de ce glorieux monument a été entreprise sur l'ordre de mon grand-père, Amenhotep III. Il aurait été fier de voir ce qu'il avait conçu il y a bien des années achevé dans toute sa magnificence par son petit-fils.

Il marqua une pause, comme s'il prêtait l'oreille au silence impatient qui régnait dans la salle.

— Les Deux Terres sont elles-mêmes un magnifique monument, une construction splendide et éternelle. Ensemble nous bâtissons un nouveau royaume, et cette salle, la plus vaste et la plus admirable qui existe et ait jamais existé à la surface de la terre, est le signe de notre triomphe, de nos ambitions et de notre proximité avec les dieux. Je vous invite tous, membres éminents du Conseil de cette grande cité et du royaume des Deux Terres, à vous joindre à nous dans cette célébration car vous avez tous participé à cette réalisation et nous tenons à associer chacun d'entre vous à sa gloire.

Ses propos énoncés sur un ton calme étaient amplifiés par la résonance silencieuse de la salle. Beaucoup hochèrent la tête, satisfaits de la manière dont il les avait tous inclus dans son propre projet.

— À présent, j'invite Ay, notre régent, Père de Dieu qui nous a si bien servi, à vous parler de notre part, de différentes questions d'État.

Je ne fus probablement pas le seul à remarquer un nouveau signe intéressant de tension dans l'usage qu'il venait de faire du passé. Ay s'en était sûrement aperçu, lui si attentif aux nuances les plus subtiles, mais ne le montra pas. Il sortit lentement de l'ombre, s'efforçant de masquer la douleur qui le dévorait comme un chien ronge de vieux os, et vint rejoindre sa juste place sur la marche au-dessous du roi et de la reine. Il scruta leur expression d'un air magistral. Son visage était décharné, son regard impitoyable et inflexible. De sa voix, presque monocorde, il entama une réponse formelle, détaillée et pesante au roi et au Conseil. Je regardai autour de moi ; le public se penchait pour ne perdre aucun de ses mots comme s'il était hypnotisé non par le contenu mais par le calme saisissant de son discours bien plus efficace qu'une agitation vide et spectaculaire. Puis il aborda le véritable ordre du jour.

— À la suite des événements intolérables et ignominieux qui se sont produits lors de la fête, une enquête approfondie a été menée avec diligence et efficacité par la police de la ville.

Il parcourut la foule du regard jusqu'à repérer Nebamon à qui il adressa un signe de tête. L'entourage d'Ay en fit autant avec respect. Nebamon se rengorgea instantanément, empli de fierté.

— Les meneurs ont avoué et ont été empalés, ainsi que leurs femmes, leurs enfants, leurs familles élargies et tous leurs proches. Leurs corps ont été exposés à la vue du public sur les murailles de la ville. Bien qu'aucun châtiment ne soit à la hauteur d'un tel crime, nous avons fait un exemple et le problème a été *éradiqué*.

Il marqua une pause et observa les conseillers comme pour les mettre au défi de critiquer cette version de la justice et du châtiment.

— Le chef des Medjay de la ville m'a convaincu qu'il ne se produirait plus aucune agression publique contre le roi ; je lui fais confiance. Son efficacité dans la recherche des agitateurs, la discipline et le zèle qu'il a mis à arrêter et à exécuter les coupables ont été exemplaires. Je souhaite simplement que les autres travaillent avec autant de zèle. Aussi lui accordons-nous, en témoignage de gratitude, le collier d'or de l'Honneur, et nous doublons à dater d'aujourd'hui le budget de la force des Medjay placée sous son autorité.

Nebamon se fraya un chemin au milieu de la foule admirative, recevant avec joie approbations et acclamations, signes de tête et petites tapes d'encouragement, jusqu'à ce qu'il rejoigne le vieil homme décharné devant qui il courba la tête. Au moment où Ay déposait le collier sur la nuque grasse de mon supérieur, il me prit brusquement l'envie d'aller de ce pas le lui arracher. Car qui, dans cette assemblée, était au courant des traitements injustes et cruels qu'il avait infligés à des innocents pour obtenir cet instant, et cet or ? Le dégoût me tordait l'estomac. Il releva la tête, adressa les gestes de reconnaissance à Ay, au roi et à la reine, et regagna sa place au milieu de sa clique. En chemin il m'adressa un signe de tête triomphal. Je savais qu'il utiliserait cette victoire pour me rendre la vie encore plus difficile.

Ay reprit :

— L'ordre est primordial. Nous avons restauré le *maat* dans les Deux Terres. Je ne laisserai aucun voyou, aucun agitateur perturber la stabilité et la sécurité de notre royaume.

Il parlait comme si le fait d'affirmer les choses avec force suffisait pour qu'elles se réalisent et comme si lui seul était le garant de l'ordre.

— À présent, abordons la question des guerres hittites. Nous avons reçu des rapports faisant état de victoires et de la conquête de nouveaux territoires ; les villes et les routes commerciales existantes ont été renforcées et leur sécurité améliorée. Nous nous attendons à recevoir des Hittites des offres de négociation. Le vieil ennemi des Deux Terres bat en retraite !

Une salve d'applaudissements obséquieux répondit à ces déclarations vides de sens. Car tout le monde savait que les guerres étaient loin d'être gagnées et que la lutte contre les Hittites, qui n'était que le dernier en date des conflits incessants dans les zones frontières et les États situés entre les deux royaumes, ne pourraient pas se résoudre aussi facilement.

Ay poursuivit :

— S'il n'y a pas d'autre point à aborder avec mes amis et estimés collègues, nous pouvons nous rendre au banquet.

Il promena un regard sinistre sur l'assemblée. Le silence régnait et je vis que personne n'oserait le contredire.

Chacun se prosterna laborieusement et de manière peu convaincante, comme une bande de vieux singes savants sur le retour, tandis que, suivi par Ankhesenamon et Toutankhamon, il descendait de l'estrade.

Dans la salle extérieure, de nombreux plateaux avaient été disposés sur des supports : on y avait empilé de la nourriture : des pains de toutes sortes et des gâteaux fraîchement sortis du four du boulanger, des tranches de viande grillées, des oiseaux à la broche recouverts d'un épais glaçage, des gourdes et des échalotes rôties, des rayons de miel, des olives luisant dans leur huile, de grosses grappes de raisin noir, des figues, des dattes et des amandes, le tout en quantités invraisemblables. Tous les bons produits de la terre étaient empilés là.

On assista alors à un spectacle édifiant. Car ces hommes qui n'avaient jamais travaillé la terre sous le soleil de midi ni dépecé un animal de leurs propres mains se ruèrent sur les plateaux comme des victimes désespérées de la famine. Sans vergogne et sans s'embarrasser des moindres manières, ils jouaient des coudes, se bousculaient et se poussaient pour atteindre les montagnes odorantes des mets délicieux du banquet.

Des préparations délicates qui avaient dû demander un temps très long dégringolaient de leurs plats surchargés et étaient piétinées. Ils étaient si avides qu'ils se servaient eux-mêmes sans attendre qu'on les serve. En dépit des quantités véritablement hallucinantes d'une nourriture dont la majorité de la population devait se contenter de rêver, ils se comportaient comme s'ils étaient absolument terrifiés à l'idée de manquer. Ou plutôt comme si, quelle que soit la quantité qu'on plaçait devant eux, ils avaient toujours peur de n'en avoir *jamais assez.*

C'est peut-être naïf de ma part de mettre en parallèle le luxe indécent de cette scène et la pauvreté, les besoins de première nécessité comme l'eau, la viande ou le pain qui hantent quotidiennement ceux qui se trouvent à l'extérieur de cette enceinte privilégiée. Mais c'est inévitable. Le bruit me faisait penser à des porcs devant leur auge. Pendant ce temps, tandis que les agapes se poursuivaient, le roi et la reine, assis à présent sur une autre estrade, saluaient une longue file de hauts dignitaires accompagnés de leur suite qui venaient présenter leurs respects obséquieux et formuler leurs dernières demandes, très certainement intéressées.

Nakht vint me rejoindre.

— Quel spectacle répugnant, dis-je. Les riches tels qu'en eux-mêmes ; on dirait une fable morale sur l'avidité.

— Cela coupe certainement l'appétit, convint-il poliment, sans paraître toutefois aussi choqué que moi.

— Qu'as-tu pensé du discours d'Ay ?

Nakht secoua la tête.

— Je l'ai trouvé effrayant. Encore un nouveau déni de justice. Dans quel monde vivons-nous ! Mais cela prouve au moins une chose : au-delà d'un certain point, même un tyran doit se battre pour garder son pouvoir. La vérité c'est que quelques exécutions ne résoudront pas les problèmes de plus en plus grandissants de ce pays. Et même si personne ici ne voudrait risquer sa vie à le dire, tout le monde le sait : il ment, et c'est intéressant parce cela veut dire qu'il est dans une situation très difficile.

J'aperçus rapidement Ay entouré de ses courtisans. Je regardai ce petit jeu, d'un côté son arrogance et sa condescendance, de l'autre leurs sourires forcés, flagorneurs, désespérés. Nebamon était à ses côtés. Comme un chien stupide contemplant son maître avec adoration. Ay s'aperçut que nous le regardions ; il enregistra aussitôt l'information, le moment précis et l'expression de nos visages, dans la tombe froide de son cerveau. Il hocha la tête à quelque chose que venait de dire Nebamon, et le chef des Medjay parut sur le point de m'appeler pour l'interrogatoire condescendant que je redoutais.

Mais juste à ce moment-là, alors que la clameur du festin, les cris et les discussions avaient atteint leur sommet, la brusque sonnerie d'une longue trompette en argent fit taire tout le monde. Les bouches pleines en restèrent béantes de surprise. Des cuisses de caille ou d'oie se figèrent à mi-chemin entre la bouche et l'assiette, et tout le monde se retourna pour voir un jeune soldat solitaire avancer d'un air martial vers le centre de la salle. Ay sembla pris de court. Ce n'était pas une assurance tranquille qui brillait dans son regard de reptile. Il n'avait pas été averti de l'arrivée de cet homme. Un héraut du temple fit un pas en avant et le présenta comme le messager d'Horemheb, général des armées des Deux Terres. Le silence devint encore plus pesant.

Le soldat fit les prosternations d'usage et adressa les formules de louange à Toutankhamon et Ankhesenamon.

Il n'accorda aucune importance à la présence d'Ay, comme s'il ne savait pas de qui il s'agissait. Il contempla la salle désormais silencieuse et son assemblée de gourmands avec l'arrogance morale de la jeunesse, manifestement déçu par leur comportement vénal. Un soupçon de honte parut dans l'expression de la plupart de ceux qui continuaient à s'empiffrer. De ravissantes poteries vernies et des plats de pierre taillée tintèrent légèrement quand on les reposa rapidement sur les plateaux. Les honorés conseillers déglutirent, essuyèrent leurs grosses lèvres et nettoyèrent leurs doigts graisseux.

— J'ai l'honneur d'apporter et d'adresser un message au Grand Conseil de Karnak, de la part d'Horemheb, général des armées des Deux Terres, clama-t-il fièrement.

— Nous entendrons ce message en privé, dit Ay en se dirigeant rapidement vers lui.

— J'ai reçu l'ordre d'adresser le message du général à tous les membres du Conseil de Karnak réunis, répondit le messager d'un ton ferme, de sorte que tous puissent l'entendre.

Le vieil homme regimba.

— Je suis Ay. Je suis ton supérieur et le supérieur de ton général. Mon autorité n'a pas à être remise en cause.

Le soldat à présent avait l'air indécis. Mais Toutankhamon prit la parole de sa voix claire et calme.

— Nous souhaitons entendre ce que notre grand général veut nous dire.

Ankhesenamon hocha la tête, donnant innocemment son accord, mais je vis bien le plaisir qui brillait dans ses yeux devant le dilemme où se trouvait Ay. Car celui-ci ne pouvait que céder, en public, devant le roi. Il hésita avant de s'incliner avec ostentation.

— Alors parle immédiatement, dit Ay en regagnant sa place, d'une voix encore vibrante de menace.

Le soldat salua, déroula son rouleau de papyrus et se mit à lire les mots écrits par son général.

« À Toutankhamon, Image Vivante d'Amon, seigneur des Deux Terres, et à sa reine Ankhesenamon et aux seigneurs du Conseil de Karnak. Quand la rumeur s'exprime, de ses millions de bouches sortent des chuchotements craintifs, des murmures pleins de spéculations, des marmonnements soupçonneux. Mais la vérité parle des choses telles qu'elles sont. Rien ne change dans sa bouche. Et donc, tandis que je mène campagne dans les plaines de Kadesh, j'entends parler d'agressions publiques contre le roi dans la grande ville de Thèbes. Que dois-je croire ? Il ne s'agit sûrement que de rumeurs. Ou alors, chose impensable, cela pourrait-il être vrai ? »

Le messager marqua une pause, mal à l'aise. Il était inquiet. Je ne l'en blâmai pas.

« Les Deux Terres sont placées sous le commandement suprême d'Ay au nom de notre seigneur Toutankhamon. Aussi pourquoi m'inquiéterais-je ? Mais alors est-ce une rumeur ou la vérité qui me parle de complots contre la personne du roi à l'intérieur même du palais bien gardé ? »

Choqués par cette accusation nouvelle et directe, les gens regardaient tous Ay et le couple royal. Ay s'apprêtait à répliquer mais Toutankhamon, avec une autorité inattendue, leva la main pour faire taire son régent. Le public était à présent totalement captivé par ces nouveaux développements surprenants. Le roi adressa alors un signe de tête au soldat qui, conscient de la nature hasardeuse et menaçante de ce qu'on l'avait chargé de lire, continua implacablement en accélérant le rythme de sa lecture.

« Ainsi nous avons des ennemis à l'extérieur et des ennemis à l'intérieur. Les Hittites ont dernièrement renouvelé leurs attaques contre les riches ports et les villes de la confédération d'Amuru, parmi lesquels Kadesh, Sumur et Byblos, et nous peinons à les défendre. Pourquoi ? Parce que nous manquons de moyens. Nos troupes ne sont pas assez nombreuses. Notre armement est insuffisant. Nous nous trouvons dans la pénible situation d'être incapable de soutenir et d'encourager nos alliances cruciales dans la région. J'ai honte de devoir le dire, pourtant la vérité m'y oblige. On dit qu'en ce moment la politique étrangère de notre royaume a été négligée au profit de la construction de grands bâtiments à la gloire des dieux. Néanmoins je présente au roi et au Conseil l'offre de ma présence et de mes services dans la ville de Thèbes en cette période de crise. S'il est impératif pour moi de rentrer je le ferai. Nous combattons l'ennemi à nos frontières. Mais ces ennemis de l'intérieur sont une menace encore plus grave. Car ils se sont peut-être infiltrés au cœur même de notre gouvernement. Sinon d'où pourraient venir ces menaces contre le roi, notre grand symbole d'unité ? Comment est-il possible que nous soyons assez faibles pour laisser se produire de telles attaques sans précédent ? Mon messager, dont je remets la sauvegarde entre vos mains, m'apportera votre réponse. »

Tous les regards se tournèrent vers Ay. Son visage de patricien ne laissa voir aucune réaction. Il fit un geste impérieux de la main vers un des scribes qui accourut muni de sa tablette d'ivoire et de ses plumes de roseau. Ay se mit à parler et le scribe nota.

« Nous saluons le message de notre honorable commandeur. Voici notre réponse au nom de Toutankhamon, seigneur des Deux Terres. Premièrement : les troupes et les armes nécessaires ont été affectées à cette campagne. Comment se fait-il qu'elles n'aient pas suffi ? Pourquoi n'es-tu pas déjà de retour pour une parade victorieuse, accompagné de prisonniers enchaînés et de chariots débordant des mains coupées de nos ennemis morts, et avec leurs chefs vaincus pendus dans des cages à la proue de nos navires pour les offrir au roi ? Deuxièmement, le général émet des allégations infondées contre la compétence de la ville et du palais à gérer leurs propres affaires. Il a entendu des rumeurs et a cru ces mensonges. Et même dans ces conditions, pour des raisons douteuses il a proposé d'abandonner sa mission primordiale qui est de tenir sa position dans la bataille de Kadesh. C'est une proposition stupide, irresponsable et superflue. On pourrait même l'interpréter, bien que j'hésite à l'appeler ainsi, comme un abandon de ses responsabilités et en fait un acte de trahison. L'impératif c'est la victoire, et dans ce domaine tu es manifestement en train d'échouer. Tes ordres, de la part de Toutankhamon, seigneur des Deux Terres, sont de rester à ton poste, de te battre et de vaincre. Ne t'avise pas d'échouer. »

Le seul bruit qu'on percevait dans la salle était le grattement de la plume de roseau du scribe à la surface du rouleau de papyrus tandis qu'il notait la réponse d'Ay. Il lui remit le message pour qu'Ay y appose son cachet. Celui-ci le parcourut, l'enroula, le noua et scella le cordon puis le tendit au soldat qui s'inclina et prit le rouleau, lui donnant à la place celui qu'il avait apporté.

Puis Ay se pencha vers lui et parla doucement à l'oreille du soldat. Personne n'entendit ses paroles mais leur effet fut assez évident sur le visage de l'homme. On aurait dit qu'il venait d'entendre prononcer une malédiction et l'annonce de sa propre mort. J'éprouvais déjà depuis un moment une vive sympathie à son égard. Je me demandai s'il vivrait assez longtemps pour rapporter sa réponse.

Mais les paroles d'Ay, toutes fortes qu'elles étaient, ne pouvaient plus réparer ce qui était brisé. Car le message du général avait eu pour conséquence de pulvériser l'illusion des certitudes politiques. Et le grondement sourd de discussions vives et consternées qui s'éleva dès que le soldat eut quitté la salle n'était autre que le bruit de la ruine de cet édifice dont les blocs retombaient en poussière. Je vis Ankhesenamon toucher discrètement la main de son époux. Et Toutankhamon, à la surprise générale, se leva. Pendant un court instant il parut se demander pourquoi il avait agi ainsi. Mais il se ressaisit, fit un signe aux trompettes dont la sonnerie rétablit le silence, et il déclara :

« Nous avons entendu tout ce que le grand général a voulu nous confier. Il se trompe. Le Grand État est sûr et solide. Un royaume aussi important, aussi sublime et aussi éternel que les Deux Terres suscite la jalousie et l'animosité de nos ennemis. Mais toutes les attaques seront anéanties rapidement et sûrement. Aucune révolte ne sera tolérée. Quant à la “conspiration” qu’évoque le général, ce n’est qu’une plaisanterie. Ses responsables sont recherchés et ils seront éliminés. Nous avons placé notre confiance en cet homme. »

Soudain tous les regards se tournèrent vers ma personne, moi l’étranger parmi eux.

« Voici Rahotep. Il est détective en chef au sein des Medjay de la ville. Nous l’avons chargé d’enquêter sur les accusations du général concernant notre sécurité personnelle. Il a reçu des ordres. Il a tous les pouvoirs que nous lui avons confiés pour mener ses recherches où qu’elles puissent conduire. »

Le silence dans la salle était absolu. Toutankhamon sourit et poursuivit :

« L’État a de grandes choses à accomplir. Le travail de la journée vient seulement de commencer. Il me tarde de vous retrouver tous à l’inauguration de la Colonnade. »

Pour la deuxième fois de la journée, Ay sembla pris de court. Ankhesenamon lui lança un bref regard. Elle semblait avoir repris courage au vu des derniers événements, et on le voyait à son regard. Y brillait l’étincelle d’une détermination nouvelle, une flamme qui avait été trop longtemps étouffée. Au moment où elle quittait la salle, elle me regarda avec un petit sourire aux lèvres. L’instant d’après, elle était partie, entourée de la procession de sa garde et reconduite vers le palais des Ombres.

Nebamon ne tarda pas à bondir vers moi. Il était en nage. Son vêtement était trempé et de petites veines rouges palpitaient de manière presque imperceptible sous ses yeux troubles. Le souffle lui manqua tandis qu'il braquait sur mon visage un doigt court et gros.

— Quoi que tu mijotes, Rahotep, souviens-toi d'une chose. Tu dois me tenir informé. Je veux savoir tout ce qui se passe. Peu importent les pouvoirs que le roi t'a confiés, tu as intérêt à le faire, sinon, crois-moi, quand tout cela sera terminé et que ta petite mission privée sera achevée, en supposant que tu parviennes à un résultat, ce dont je doute, il faudra que tu viennes me voir. Tu verras bien ce qui restera pour toi chez les Medjay de la ville.

Je souris et m'inclinai.

— Toute gloire est passagère et le chemin est long jusqu'au bas de la pile. Je te tiendrai bien sûr au courant de tout ce dont je m'occupe. Mais je vais être très pris. Je t'écrirai un rapport.

Sur ce, je lui tournai le dos et sortis rapidement. Je savais que par ces paroles je compromettais mon avenir pour le plaisir de satisfaire mon mépris, mais je le haïssais vraiment trop pour m'en soucier.

17

Au moment où je franchissais la porte du temple, Khety surgit de la foule amassée derrière les barrières de sécurité.

— Viens vite, dit-il, hors d'haleine.

— Une nouvelle victime ?

Il fit signe que oui.

— Mais cette fois le meurtrier a été dérangé dans son travail. Dépêche-toi.

J'hésitai. J'étais supposé assister avec Simut aux interrogatoires de tous ceux qui avaient accès aux appartements royaux. Mais je savais que je n'avais pas le choix.

Nous fonçâmes à travers la foule en direction de la maison située dans un quartier éloigné de la ville. Les gens et les choses semblaient se déplacer avec une insupportable lenteur, des passants faisaient demi-tour ou bien s'arrêtaient juste sur notre passage, des mules chargées de briques de terre, d'ordures ou de légumes bloquaient les ruelles étroites, tous les vieillards de la ville semblaient s'être donné le mot pour traverser les rues à pas lents, nous étions donc obligés de filer en louvoyant, de crier pour qu'on nous cède le passage, de bousculer et d'écarter les importuns, les travailleurs, les fonctionnaires et les enfants qui semaient la pagaille dans notre sillage.

Le jeune homme était allongé sur son lit. Il avait à peu près le même âge que le premier garçon et la même infirmité. On lui avait également fracassé les os. Sa peau portait des traces horribles de l'agression. Mais cette fois le meurtrier avait appliqué sur sa tête la chevelure, ces longs cheveux noirs et ternes, et la peau à présent déformée du visage qui avait dû être celui de la jeune fille tel un masque de cuir qui aurait fondu sous l'effet de la chaleur. Il avait entrepris de coudre avec une précision extrême les bords tranchés du visage de la fille sur celui du garçon, mais il n'avait pas eu le temps d'achever son abominable travail. Les lèvres de la morte, desséchées et recroquevillées, s'ouvraient sur le petit trou noir de ce qui avait autrefois été sa bouche. J'y posai doucement l'oreille. Et je l'entendis : un souffle très faible, aussi léger qu'une plume me caressant le visage.

Avec précaution mais le plus rapidement possible, je défis tous les points à l'aide de mon couteau pour finir par enlever délicatement le masque hideux. Des humeurs poisseuses et des traces de sang avaient permis au visage de la fille d'adhérer à celui du garçon, et je dus le décoller avec minutie ; les deux visages finirent par se séparer comme à regret. Le garçon avait le visage très pâle, exsangue et moucheté des traces du sang qui commençait à couler aux endroits où le meurtrier avait piqué son aiguille. Mais il y avait pire : à l'endroit où auraient dû se trouver ses yeux, il n'y avait que des orbites sanglantes. Je tendis à Khety le visage de la fille, car même dans l'état lamentable où il était, c'était tout de même la trace de son identité, une piste à suivre.

Tout à coup le garçon prit une légère inspiration qui ressemblait plutôt à un petit cri. Il essaya de bouger, mais ses membres brisés ne répondirent pas et un éclair de douleur le traversa.

— Essaie de ne pas bouger. Je suis un ami. Qui t'a fait cela ?

Mais il ne pouvait pas parler car il avait les os de la mâchoire brisés.

— Est-ce que c'était un homme ?

Il luttait pour s'efforcer de me comprendre.

— Est-ce que c'était un homme ? Un jeune ou un vieux ?

Il se mit à trembler.

— T'a-t-il fait avaler une poudre ou une potion ?

Khety me toucha l'épaule.

— Il ne te comprend pas.

Le garçon se mit à gémir, une plainte basse et lugubre comme celle d'un animal plongé dans une effroyable détresse. Il revivait les souffrances qu'on lui avait infligées. Il eut soudain de plus en plus de mal à respirer. Je lui pris la main, mais son gémissement se transforma en un hurlement de douleur. Craignant désespérément pour sa vie, je lui humectai les lèvres et le front d'un peu d'eau. Cela parut le soulager un petit peu. Il entrouvrit la bouche un court instant comme s'il réclamait encore de l'eau et je lui en donnai. Mais aussitôt il perdit conscience. Horrifié, je me penchai à nouveau pour écouter son souffle et entendis, grâce aux dieux, une respiration presque imperceptible. Il vivait toujours.

— Khety, il nous faut un médecin, immédiatement !

— Mais je n'en connais pas, balbutia-t-il.

Je me creusai les méninges et j'entrevis tout à coup une solution.

— Vite, on va l'emporter chez Nakht. Nous n'avons pas de temps à perdre.

— Mais comment… ? commença-t-il, les paumes levées dans un geste d'impuissance.

— Sur son lit, idiot, comment faire autrement ? lui criai-je, je veux qu'on le garde en vie et Nakht peut y arriver.

Et ainsi, à la stupéfaction de sa famille, je recouvris le corps du garçon d'un linge blanc comme s'il était déjà mort. À nous deux, nous soulevâmes son lit qui était plutôt léger, et ce n'était pas le frêle poids du garçon qui alourdissait beaucoup notre fardeau. Nous sortîmes dans la rue. Je marchais devant en criant pour qu'on nous cède le passage et en m'efforçant de ne pas prêter attention aux regards curieux des gens qui se poussaient pour jeter un coup d'œil sur ce que nous transportions et ce qui causait une telle agitation. Mais en voyant la toile qui recouvrait le corps, ils se disaient que c'était un cadavre et se désintéressaient de nous pour retourner à leurs occupations. Rien à voir avec la réaction de Nakht lorsque je dévoilai à ses yeux le corps martyrisé. Khety et moi étions en nage et avions désespérément envie d'une bonne gorgée d'eau fraîche, mais le garçon passait avant tout. Pendant que nous courions par les rues, je n'avais pas osé vérifier son état, priant pour que les inévitables cahots et secousses du lit entre nos mains ne lui causent pas de trop grandes souffrances. J'espérais qu'il était simplement inconscient mais non pas, plût aux dieux, déjà parvenu dans l'Autre Monde.

Nakht donna l'ordre à ses serviteurs de porter le garçon dans une de ses chambres et l'examina attentivement.

Khety et moi, inquiets, le regardions faire. Quand il eut terminé, il se lava les mains dans un bassin et nous fit signe d'un air sombre de le suivre dehors.

— Je dois avouer, mon ami, que c'est le plus étrange cadeau que tu m'aies jamais apporté. Qu'ai-je fait pour mériter cela ? Le corps d'un garçon infirme, les os fracassés, le visage si étrangement marqué par des trous d'aiguille et les yeux arrachés ? Je ne comprends rien, je ne comprends vraiment pas ce qui a pu te donner l'idée de me l'apporter, comme un chat rapporte à la maison les dépouilles de ses proies…

Il était manifestement en colère. Et moi aussi je m'aperçus que je l'étais également.

— Et où aurais-je pu le porter ? S'il n'est pas soigné de façon experte il va mourir. Mais je dois le garder en sécurité jusqu'à ce qu'il soit rétabli. C'est ma seule piste. Il est le seul à pouvoir me dire qui lui a fait cela. Il devrait pouvoir nous aider à identifier son agresseur. Va-t-il guérir ?

— Il a la mâchoire disloquée. Ses bras et ses jambes sont fracturés en plusieurs endroits. Je crains que les blessures au visage et les orbites s'infectent. Et parmi toutes les raisons très mystérieuses pour lesquelles un traitement aussi cruel lui a été infligé avec tant de précision, pourquoi porte-t-il au visage des marques d'aiguille ?

Je sortis de mon sac le visage de la fille et le lui montrai. Il se détourna, révulsé.

— Nous avons trouvé ceci cousu sur son visage. Ça appartient au corps que nous avions déjà découvert. Ce visage est celui d'une jeune fille dont le nom était Neferet.

— De grâce, éloigne cette chose. Je suis tout à fait incapable de te parler pendant que tu me fourres sous le nez ces restes d'un visage humain, s'écria-t-il.

J'en convins. Et je tendis le visage à Khety qui le prit à contrecœur et le déposa d'un air dégoûté dans le sac.

— Pouvons-nous parler à présent ?

Il fit signe que oui.

— Je ne suis pas habitué comme toi à des actes d'une telle brutalité. Je n'ai jamais participé au combat. Jamais été volé ni agressé. Je n'ai même jamais pris part à une bagarre. J'abhorre la violence comme tu le sais très bien. Rien que l'idée me rend malade. Aussi pardonne-moi si ce qui fait pour toi partie de la routine professionnelle quotidienne me cause un tel choc.

— Je te pardonne mais dis-moi, penses-tu pouvoir le sauver ?

Il soupira.

— C'est possible pourvu qu'il ne fasse pas une infection. Les fractures, on peut les réduire, mais on ne peut pas soigner le sang.

— Et quand crois-tu que je pourrai l'interroger ?

— Mon ami, ce garçon a été littéralement massacré. Il faudra des semaines, des mois pour que ses blessures guérissent. Sa mâchoire est complètement fracassée. S'il survit, il lui faudra longtemps pour s'habituer à sa cécité. Et il faudra encore du temps, un mois au minimum, avant qu'il puisse parler. Et encore, à supposer que son esprit n'ait pas été endommagé dans cette affaire et qu'il soit encore capable d'articuler et de comprendre.

Je regardai le garçon. Il était mon seul espoir. Je me demandai ce qu'il allait bien pouvoir me dire et si dans un mois, de toute façon, ce ne serait pas déjà bien trop tard.

— Que faisons-nous à présent ? demanda tranquillement Khety quand nous fûmes sortis de chez Nakht. Il avait l'air choqué.

— As-tu trouvé une piste sur l'endroit où travaillait Neferet ?

— Je suis arrivé à une liste réduite de quelques adresses. Nous devrions nous y rendre.

Il me montra la liste des établissements.

— Parfait. Quand ?

— Le mieux c'est d'y aller le soir, quand les affaires marchent.

Je hochai la tête.

— Rendez-vous au premier de la liste. Et apporte cela avec toi, dis-je en parlant du visage qu'il avait replacé dans le sac de cuir.

— Que vas-tu faire maintenant ? demanda-t-il.

— J'ai bien envie de rentrer chez moi, de boire une bouteille de bon vin rouge et de donner à mon fils son repas du soir. Mais il faut que je retourne au palais. L'interrogatoire de tous ceux qui ont un accès prioritaire aux appartements royaux s'est déroulé cet après-midi. J'aurais dû y être.

Je regardai le soleil de l'après-midi qui commençait à décliner à l'ouest. Je devais déjà avoir tout raté.

— Veux-tu que je t'accompagne ?

Je secouai la tête.

— Je veux que tu retournes voir la famille du garçon et que tu leur expliques que nous prenons soin de lui. Dis-leur qu'il est vivant et que nous avons bon espoir. Et surtout prends des dispositions pour que le garçon soit surveillé. Fais placer deux gardes à l'entrée de chez Nakht jour et nuit. Il ne faut pas qu'on puisse lui faire davantage de mal. On ne peut pas courir le risque de le perdre.

— Qu'arrivera-t-il s'il meurt ? demanda tranquillement Khety.

— Je n'en sais rien. Prions les dieux pour qu'il vive.

— Tu ne crois pas aux dieux.

— Il s'agit d'un cas d'urgence. Tout à coup je reconsidère ma position.

18

Je devais me retenir de courir tandis que je me dirigeais, de mémoire cette fois, vers les appartements royaux. De jour, je remarquai une affluence plus importante : des groupes de fonctionnaires, des ministres étrangers, des délégués et des potentats étaient occupés dans différentes pièces. Je montrai aux gardes mon laissez-passer : ils l'examinèrent avec la plus grande attention avant de m'autoriser à entrer. Preuve au moins que la sécurité avait fait quelques progrès.

— Conduisez-moi à Simut immédiatement, ordonnai-je.

En compagnie de Khay, il m'attendait dans le bureau de ce dernier. Quand j'entrai, ils me lancèrent tous les deux un regard mécontent.

— Je suis désolé. J'ai eu une autre urgence.

— Quelle urgence peut-elle bien être plus importante que celle-ci ? demanda Khay d'un ton désinvolte.

Simut me tendit sans rien dire un rouleau de papyrus. Je parcourus la liste d'une dizaine de noms : les chefs du domaine royal, les vizirs du Nord et du Sud, Huy, le chancelier ; le régisseur en chef, le chambellan,

Maia, la porteuse de l'éventail de la Main droite du roi…

— Tous ceux qui sont entrés dans les appartements royaux au cours des trois derniers jours, je les ai convoqués et interrogés. Dommage que tu n'aies pas été là. Ils n'ont pas apprécié d'être forcés d'attendre ni d'être questionnés. Cela aggrave le climat d'inquiétude qui règne au palais. Je crains de n'avoir trouvé aucune charge contre aucun d'entre eux, dit-il.

— Tu veux dire qu'ils prétendent tous avoir un alibi ?

J'étais en colère contre lui et contre moi-même, inquiet de voir l'enquête piétiner. Il avait raison, j'aurais dû être là. Il hocha la tête.

— Bien sûr, nous vérifions actuellement tous ces alibis et je te ferai parvenir un nouveau rapport demain matin.

— Mais où sont-ils en ce moment ?

— Je leur ai demandé de rester ici jusqu'à ce que tu puisses leur parler. Qu'aurais-je dû faire d'autre ? À présent il fait nuit et ils sont furieux de ne pas pouvoir rentrer chez eux rejoindre leur famille. Ils prétendent déjà être retenus prisonniers dans les appartements royaux, fit-il remarquer d'un air dédaigneux.

— Étant donné l'importance des enjeux, c'est bien le cadet de mes soucis. Qui sont ces hommes ? Je veux dire envers qui sont-ils loyaux ?

Khay me rabroua aussitôt.

— Ils sont loyaux envers le roi et envers les Deux Terres. Comment oses-tu insinuer qu'il puisse en être autrement ?

— Oui, c'est la version officielle. Je le sais. Mais qui parmi eux sont des hommes d'Ay ?

Ils échangèrent un regard embarrassé et ce fut Simut qui répondit :

— Tous.

Au moment où j'entrai, les grands responsables du domaine royal interrompirent tous comme un seul homme leurs conversations pour me dévisager avec une franche hostilité, mais restèrent assis et silencieux pour bien marquer leur mépris. Je vis qu'on leur avait apporté vin et nourriture en quantité abondante. À son habitude, Khay se lança dans une introduction embrouillée à laquelle je mis fin le plus vite possible.

— Ce n'est plus un secret que, on ne sait comment, quelqu'un dépose des objets à l'intérieur des appartements royaux dans le but d'inquiéter et de menacer le roi et la reine. Nous sommes parvenus à la conclusion que le seul moyen d'introduire ces objets à l'intérieur du palais, en dépit de l'excellence des mesures de sécurité, c'est qu'ils y soient apportés par quelqu'un qui jouit d'une grande liberté de circulation. Ce qui veut dire, je le crains, messieurs, par l'un d'entre vous.

Il y eut un moment de silence glacial et ils bondirent tous sur leurs pieds pour crier leur indignation à Khay, Simut et moi. Khay tapota l'air d'un geste diplomatique comme pour calmer des enfants.

— Messieurs, je vous en prie. Rappelez-vous que cet homme a été loué en public par le roi lui-même. Il ne fait qu'accomplir sa tâche au nom du roi. Et comme vous devez vous en souvenir, il est autorisé à mener ses recherches, et je cite les mots du roi, « où qu'elles puissent conduire ».

Son intervention fut efficace.

— Je suis désolé de vous importuner de la sorte. Je sais que vous avez tous une vie très occupée, des devoirs très importants à remplir et probablement une famille qui vous attend à la maison avec inquiétude.

— Toi au moins ce n'est pas ton cas, lâcha l'un d'eux d'un air offusqué.

— Et j'aimerais pouvoir dire que le moment est venu de vous remercier et de vous laisser rentrer chez vous. Hélas, ce n'est pas le cas. Je vais malheureusement avoir besoin de parler avec chacun d'entre vous en tête à tête, et je devrai aussi interroger vos assistants et tout le personnel qui sont, d'une manière ou d'une autre, liés avec vos fonctions ici au palais…

Un nouveau grondement d'indignation salua mes paroles pendant lequel je m'aperçus peu à peu qu'on frappait très fort à la porte. Cela eut pour effet de faire taire tout le monde progressivement. Je me dirigeai vers la porte, furieux d'être interrompu, et découvris à ma grande stupéfaction Ankhesenamon, tenant un petit objet dans le creux de sa main.

La figurine magique, guère plus grande que la paume de ma main, avait été enveloppée dans un linge blanc et déposée devant la chambre du roi. On aurait presque pu la prendre pour un jouet sans l'impression perfide de malveillance qui s'en dégageait. Faite de cire noire, modelée en forme de personnage humain, elle n'avait aucun trait ou caractère particulier. On aurait dit un fœtus de l'Autre Monde à moitié formé. Des aiguilles de cuivre lui transperçaient la tête d'une oreille à l'autre, d'avant en arrière enfoncées dans les yeux et aussi dans la bouche, et de bas en haut depuis le sommet du crâne. Aucune aiguille ne transperçait le corps comme si la malédiction ne visait que la tête, le siège de la pensée, de l'imagination et de la peur. Quelques mèches de cheveux noirs humains avaient été enfoncées dans le nombril pour faire passer l'essence de la victime visée dans la matière inerte de la figurine. Je me demandai si c'étaient bien les cheveux du roi, sans quoi la magie ne pourrait pas opérer.

Sur le dos, les noms et titres du roi avaient été minutieusement gravés dans la cire. Ce rituel d'exécration devait faire tomber une malédiction mortelle sur la personne et ses noms, et provoquer la destruction de son esprit jusque dans l'Outrevie. De telles figurines représentaient une pratique magique ancienne et très puissante pour ceux qui y croyaient. C'était une nouvelle tentative pour provoquer la terreur, mais cette menace était beaucoup plus personnelle que toutes les autres, même le masque de mort, car c'était une grave malédiction lancée contre l'immortalité même de l'esprit du roi.

Au dos de la figurine, un morceau de papyrus avait été enfoncé dans la cire. Je le retirai et le déroulai délicatement ; de petits signes avaient été tracés à l'encre rouge, semblables à ceux qu'on avait gravés sur le couvercle du coffret au masque mortuaire. Cela pouvait être n'importe quoi, bien sûr, car c'est souvent ainsi que s'expriment les malédictions, mais encore une fois cela pouvait également être un véritable langage magique.

Ankhesenamon, Khay et Simut attendaient impatiemment que j'aie fini d'examiner l'objet.

— Cela ne peut plus durer, dit Khay, comme si le fait de le dire suffisait pour qu'il en soit ainsi. C'est une catastrophe épouvantable…

Je ne dis rien.

— Trois fois l'intimité du roi a été violée. Et trois fois on lui a fait peur, poursuivit-il en bêlant comme une chèvre.

Je lui coupai la parole.

— Où est-il en ce moment ?

— Il s'est retiré dans une autre chambre, répondit Ankhesenamon, son médecin est auprès de lui.

— Et quel effet cela a-t-il eu sur lui ?

— Il est bouleversé.

Elle me lança un regard et soupira avant de reprendre :

— Quand il a trouvé la figurine macabre, il en a perdu la respiration, son cœur s'est serré comme un nœud dans une corde. J'ai eu peur qu'il ne meure de terreur. Et c'est demain qu'a lieu l'inauguration de la Colonnade. Il faut qu'il y participe. Cela ne pouvait arriver à un pire moment.

— Le choix du moment est intentionnel, dis-je.

Je me remis à observer la figurine.

— Celui qui a fait cela, quel qu'il soit, a réussi à se procurer des cheveux du roi.

Je pris Khay à témoin. Il regarda la figurine d'un air révulsé.

— En tous les cas, déclara lentement Nakhtim de sa voix de stentor, personne ne semble avoir remarqué que tous les prétendus suspects se trouvaient rassemblés dans cette pièce au moment précis où on a découvert cet objet. Aucun d'entre nous ne peut l'avoir déposé.

Il avait raison, bien sûr.

— Retourne dans la pièce. Fais-leur toutes mes excuses et laisse-les partir en les remerciant pour le temps qu'ils m'ont accordé.

— Mais qu'est-ce que je vais leur dire exactement ? gémit Khay.

— Dis-leur que nous avons une nouvelle piste. Une piste prometteuse.

— Si seulement c'était vrai, répliqua-t-il amèrement, Nous sommes sans défense, semble-t-il, contre ce péril. Et le temps passe, Rahotep !

Il secoua la tête et sortit accompagné de Simut, par mesure de sécurité.

J'enveloppai la figurine macabre dans un morceau de lin et la rangeai dans mon sac, car je voulais montrer ces symboles à Nakht au cas où il pourrait y reconnaître un langage. Ankhesenamon et moi restâmes debout dans le couloir. Je ne savais pas quoi dire. J'eus tout à coup le sentiment d'être un animal pris au piège qui consent à son destin. Puis je remarquai que les portes de la chambre du roi étaient restées entrouvertes.

— Puis-je ? demandai-je.

Elle acquiesça.

La pièce me fit penser à une chambre sortie de l'imagination d'un enfant, un endroit pour jouer et rêver. Il y avait des centaines de jouets dans des coffres de bois, sur des étagères ou dans des paniers. Il y en avait de très vieux et fragiles qui semblaient avoir appartenu à des générations d'enfants, mais d'autres semblaient tout à fait neufs, vraisemblablement fabriqués sur commande : toupies marquetées, collections de billes, un coffret de jeu dont le couvercle constituait un superbe plateau de *senet* muni d'un tiroir pour ranger les pièces en ébène et en ivoire, et reposant sur de magnifiques pieds et des rallonges d'ivoire. Il y avait aussi de nombreux animaux en bois et en terre cuite, dont les membres ou les mâchoires étaient mobiles, parmi lesquels un chat dont la gueule était animée par une ficelle, et toute une collection de sauterelles dont les ailes pouvaient se replier les unes sur les autres, exactement comme dans la réalité ; et puis un cheval à roulettes et un pic-vert peint pourvu d'une grande queue, d'une élégance parfaite avec sa gorge arrondie, et dont les couleurs d'origine avaient été altérées par de nombreuses manipulations. Il y avait aussi des nains d'ivoire bien dodus placés sur un vaste socle muni de cordelettes qui permettaient de les faire se déplacer d'un bord à l'autre en dansant. Et à côté du lit, avec son repose-tête en verre bleu, doré et recouvert d'inscriptions protectrices, se tenait tout seul un singe sculpté qui avait un visage rond et souriant presque humain et de longs membres mobiles pour se balancer de branche en branche sur des arbres imaginaires. On voyait aussi des palettes de peintre aux alvéoles pleines de pigments. Et au milieu de tous ces animaux, il y avait des bâtons de chasse, des arcs et des flèches, et une trompette en argent à l'embouchure en or. Dans des cages dorées alignées le long du mur au fond de la chambre, de nombreux oiseaux minuscules aux vives couleurs sautillaient et voletaient délicatement contre les minces barreaux de leurs palais de bois si élaborés avec leurs petits nids, leurs tours et leurs bassins.

— Où est le singe du roi ? demandai-je.

— Il est auprès de lui. Cette créature lui apporte un grand réconfort, répondit-elle.

Et comme pour excuser le comportement infantile du roi, elle reprit :

— Il m'a fallu des années pour convaincre le roi d'adopter notre plan, et demain doit en voir l'accomplissement. Il doit absolument reprendre courage malgré ceci. D'une manière ou d'une autre, je dois l'aider pour qu'il y parvienne.

Nous contemplâmes tous les deux la chambre et son contenu bizarre.

— Il s'intéresse plus à ces jouets qu'à toutes les richesses du monde, dit-elle doucement, d'une voix plutôt découragée.

— Peut-être y a-t-il une bonne raison à cela.

— Il y en a une et je la comprends. Ce sont les trésors de son enfance perdue. Mais il est temps de ranger toutes ces choses. L'enjeu est trop important.

— Notre enfance demeure peut-être ensevelie en chacun d'entre nous, et c'est elle qui dessine le schéma de notre avenir, suggérai-je.

— Dans ce cas, je suis condamnée par la mienne, déclara-t-elle sans la moindre trace d'apitoiement.

— Peut-être pas, car tu en es consciente.

Elle me lança un regard chaleureux.

— Tu ne parles jamais comme un Medjay.

— Et je parle trop. Oui, je suis réputé pour cela.

Elle faillit sourire.

— Et tu aimes ta femme et tes enfants, ajouta-t-elle bizarrement.

— Oui, cela je peux l'affirmer, répondis-je avec sincérité.

— Mais c'est là ton point faible.

Je fus pris de court par sa remarque.

— Comment cela ?

— Cela veut dire que tu peux être anéanti par personnes interposées. J'ai appris une chose, c'est de ne me soucier de personne, car si j'aime quelqu'un, je sais que je serai mise en danger par mon amour.

— J'appelle cela la survie, pas la vie. Et cela annule l'amour d'autrui. Peut-être n'a-t-on pas le droit de faire cela ou de prendre cette décision à la place des autres, dis-je.

— Peut-être, mais dans mon monde c'est une obligation. Je voudrais qu'il n'en soit pas ainsi mais cela ne change rien à la réalité.

Elle semblait troublée et marchait de long en large dans la pièce.

— À présent, c'est moi qui dis des bêtises. Pourquoi dis-je de telles choses alors que je suis avec toi ? poursuivit-elle.

— Je suis très honoré par ton honnêteté, répondis-je prudemment.

Elle me lança un long regard insistant comme si elle soupesait l'équivoque polie de ma réponse. Mais elle n'ajouta rien.

— Puis-je te poser une question ? dis-je.

— Bien sûr, j'espère que je ne suis pas suspecte, dit-elle avec un demi-sourire.

— Celui qui dépose ces objets peut se déplacer assez facilement à l'intérieur des appartements royaux. Sinon comment pourraient-ils arriver là ? J'ai donc besoin de savoir qui a accès à cette pièce. Ses serviteurs personnels, hommes et femmes évidemment, mais aussi sa nourrice…

— Maia ? Elle se charge des tâches les plus intimes pour le roi. Elle me déteste bien sûr. Elle blâme ma mère à propos de tout, et comme j'aurais pu bénéficier selon elle de crimes avant ma naissance, elle estime que je devrais aujourd'hui payer pour cela.

— Ce n'est qu'une servante, fis-je observer.

— Elle murmure sa haine à l'oreille du roi. Elle est plus proche de lui qu'une mère.

— Mais son amour pour le roi est indiscutable…

— Elle est réputée pour sa loyauté et son amour. C'est tout ce qu'elle a, répondit-elle d'une manière presque désinvolte, tout en arpentant la pièce.

— Qui d'autre alors peut entrer ici ?

Elle prit le singe en bois et l'observa froidement.

— Moi, naturellement… Mais je pénètre rarement dans cette pièce. Je n'ai aucune raison de venir ici, je n'ai aucune envie de m'amuser avec des jouets, je l'ai plutôt encouragé à se diriger vers autre chose.

Elle reposa le singe.

— Et de toute façon je ne risque pas d'être suspecte puisque c'est moi qui t'ai demandé la première de mener l'enquête. Ou se pourrait-il parfois que celui qui lance les recherches se trouve finalement être le coupable ?

— Cela arrive. J'imagine qu'étant donné ta position, il y en a qui pourraient se servir de toi à leur guise. Ils pourraient prétendre par exemple que tu veux que ton mari soit paralysé par la peur de manière à garder tout le pouvoir pour toi.

L'éclat de ses yeux se ternit brusquement comme un étang lorsque le soleil disparaît.

— Les gens bavardent, ils adorent cela, je n'y peux rien. Mais mon époux et moi sommes liés par bien plus qu'une nécessité partagée. Nous avons un lien historique très fort. Il représente tout ce qui me reste de cette histoire. Je ne lui ferai jamais de mal, ne serait-ce que parce que cela ne risquerait pas d'améliorer ma sécurité. Nous sommes nécessairement liés pour notre survie et pour notre avenir. Mais nous éprouvons aussi l'un pour l'autre une tendresse et une affection sincères…

Elle glissa ses ongles soigneusement peints entre les barreaux d'une cage qu'elle tapota délicatement à l'intention de l'oiseau qui la regarda de son œil rond et s'empressa de se réfugier le plus loin possible.

Elle se retourna dans ma direction, les yeux brillants.

— Je sens le danger partout, dans les murs, dans les ombres. Je ressens la peur comme un million de fourmis que j'aurais dans l'esprit, dans les cheveux. Regarde comme mes mains tremblent tout le temps.

Elle les tendit devant elle et les regarda. Comme si elles la trahissaient. Puis elle poursuivit ses confidences.

— Demain est un jour qui nous changera la vie à tous. Je veux que tu veilles sur nous pendant la cérémonie prévue.

— Seuls les prêtres sont autorisés à pénétrer dans l'enceinte du temple, lui rappelai-je.

— Les prêtres sont les seuls à porter la tenue de rigueur. Si tu te rases les cheveux et que tu mets une robe blanche, on te prendra pour un prêtre. Qui pourra se douter que tu ne l'es pas ? dit-elle, amusée à cette idée. Par moments, tu as l'air d'un prêtre. Tu as l'air d'un homme qui a assisté à des choses mystérieuses.

Je m'apprêtais à répondre lorsque Khay revint ; il s'inclina ostensiblement.

— Les seigneurs du domaine royal sont partis en proférant des menaces et en clamant leur indignation, dois-je dire.

— C'est bien dans leurs manières, cela leur passera, répondit Ankhesenamon.

Khay fit la révérence.

— Rahotep nous accompagnera demain à l'inauguration, il faudra qu'il soit correctement vêtu pour que sa présence ne provoque aucun accroc au protocole.

— Très bien, dit-il du ton sec de celui qui ne fait qu'obéir aux ordres.

— J'aimerais rencontrer le médecin du roi, dis-je brusquement.

— Pentu soigne le roi, répondit Khay.

— Je suis sûr qu'il accordera bien quelques instants de son temps à Rahotep ; dis-lui que je le lui demande comme une faveur, dit Ankhesenamon.

Khay s'inclina de nouveau.

— Je dois rejoindre le roi à présent. Nous avons tant à faire et si peu de temps.

Puis elle ajouta doucement :

— Peux-tu rester ici, dans les appartements royaux, cette nuit ? L'idée de ta présence me serait d'un grand réconfort.

Je me souvins du rendez-vous avec Khety.

— Hélas ! Je dois retourner en ville. J'ai une nouvelle piste que je dois suivre ce soir. C'est absolument nécessaire, je le crains.

Elle me regarda fixement.

— Pauvre Rahotep, qui essaie de vivre deux vies à la fois. Tu veilleras sur nous demain matin.

Je m'inclinai ; et quand je relevai les yeux, elle avait disparu.

19

Pentu arpentait la pièce de long en large, les mains serrées derrière le dos ; son visage anguleux et hautain semblait desséché par la tension. Dès que j'entrai et que le rideau fut refermé derrière nous, il me jaugea comme un malade importun.

— Pourquoi as-tu besoin de me voir ?

— J'apprécie, je sais que tu es très occupé. Comment va le roi ?

Il interrogea Khay du regard ; celui-ci hocha la tête, lui signifiant qu'il pouvait répondre.

— Il a été victime d'une crise d'angoisse. Ce n'est pas la première fois. Il a l'esprit sensible et facilement bouleversé. Cela va s'arranger.

— Et comment le soignes-tu ?

— J'ai lutté contre le mal en récitant la prière de protection d'Horus, efficace contre les démons nocturnes.

— Cela a-t-il fait effet ?

Il plissa le front et répondit d'un ton qui signifiait que cela ne me regardait pas.

— Naturellement. J'ai aussi convaincu le roi de prendre une eau curative. Il est beaucoup plus calme à présent.

— Quelle sorte d'eau curative ?

— Pour avoir son effet magique, l'eau doit être versée sur une stèle sacrée et recueillie après qu'elle a absorbé le pouvoir des inscriptions, ronchonna-t-il.

Il me regarda fixement comme pour me mettre au défi de poser encore une question.

Nous nous tûmes.

— Merci. Le monde de la médecine m'est complètement étranger.

— Manifestement. Maintenant, s'il n'y a rien d'autre… dit-il en s'apprêtant à sortir ; mais Khay l'apaisa d'un geste et il resta.

C'était le moment pour moi d'être à la hauteur.

— Je vais être clair et aller droit au but. On dénombre aujourd'hui trois tentatives réussies d'infiltrer le cœur même des appartements royaux, et un objet a été déposé pour menacer le roi d'une manière à la fois physique et, du moins en intention, métaphysique. J'ai des raisons de penser que celui qui a fait cela, quel qu'il soit, a de bonnes connaissances en matière de pharmacopée…

— Qu'est-ce que tu insinues ? hurla-t-il. Cet homme est-il en train de sous-entendre que mon équipe ou moi sommes suspects ?

Il lança un regard irrité à Khay.

— Excuse-moi, je me suis mal exprimé. Mes déductions viennent d'ailleurs, d'événements qui ont eu lieu en dehors du palais. Mais je tiens à dire que cette situation, et ses conséquences sur l'état d'esprit du roi, devraient être notre priorité absolue. Car si le responsable de tout ceci a pu agir si facilement, que ne sera-t-il capable de faire ?

Nous nous regardâmes sans rien dire.

— Pourquoi n'irions pas nous asseoir ? suggéra Khay, toujours diplomate, en profitant de l'occasion.

Nous nous assîmes sur des sièges bas disposés le long du mur de la pièce.

— Premièrement, j'ai de bonnes raisons de penser que cet homme pourrait être lui-même médecin. Et il me serait très utile de comprendre comment sont organisés les médecins du palais et qui peut accéder directement au roi.

Il se racla sèchement la gorge.

— En tant que médecin du Nord et du Sud, je suis le seul à pouvoir rencontrer le roi directement. Aucun autre médecin ne peut se trouver en sa présence à moins que je ne sois là également. Tous les traitements sont autorisés et prescrits par moi. Naturellement nous avons aussi à notre charge la santé de la reine et des autres membres de la famille royale, et des familles des autres habitants des appartements royaux, y compris des serviteurs.

— Tu parles d'autres membres de la famille royale. Qui d'autre vit ici à part la reine ?

Il consulta Khay du regard.

— Je veux dire par là les membres des familles au sens large qui sont au service du roi et de la reine, répondit-il d'un ton curieusement détaché.

— Combien de médecins sont affectés au palais ?

— Tous les médecins des Deux Terres sont placés au bout du compte sous mon autorité. Il n'y en a que très peu parmi nous qui soient pleinement compétents dans tous les domaines des mystères, mais il y a des spécialistes des yeux, de l'œil droit ou de l'œil gauche, du ventre, des dents, de l'anus et des organes cachés à qui on peut faire appel n'importe quand en cas de besoin.

— Et si je comprends bien, il existe des différences de hiérarchie entre les différentes branches ?

— *Naturellement*, il y a des différences. Ne crois-tu pas qu'il est important de trier entre les rebouteux de marché et ceux d'entre nous qui possèdent la formation académique et le savoir des livres pour soigner à l'aide des plantes et de la magie ? persifla-t-il.

— Ces livres m'intriguent, dis-je.

— Tu peux bien être intrigué, ce sont des livres secrets, un point c'est tout.

Je lui fis un sourire engageant.

— Je m'excuse. Est-ce que le roi reçoit un traitement quelconque en ce moment ? À part l'eau curative ?

— Il a une grande résistance physique et il est en excellente santé, mais je lui ai prescrit en plus un somnifère. Il a subi un choc sévère. Il doit se reposer en prévision de demain. Il ne doit pas être dérangé. Je passerai toute la nuit à son chevet.

Cette fois, Simut avait fait en sorte que la sécurité des appartements royaux les transforme en sanctuaire hermétiquement clos. Au coin de chaque couloir deux gardes étaient postés. Et quand nous arrivâmes à la chambre du roi proprement dite, il y avait un garde de chaque côté de la porte et deux autres en face. La porte était fermée, mais Pentu l'ouvrit doucement et me fit signe de jeter un coup d'œil à l'intérieur.

La chambre provisoire du roi était éclairée par des lampes à huile placées dans des niches murales, à même le sol et surtout en grand nombre autour du lit, de sorte qu'il avait l'air d'un jeune dieu au milieu d'une constellation de lumières. Ces lumières étaient destinées à repousser la noirceur du monde environnant, mais elles semblaient bien faibles contre le danger de telles menaces. Ankhesenamon tenait la main de son époux et lui parlait doucement. Je voyais bien la tendresse qu'il y avait entre eux et constatai qu'il se sentait bien et en sécurité grâce à elle, et je voyais aussi qu'elle était la plus courageuse et la plus forte des deux. Je n'arrivais pas à comprendre comment ce couple charmant allait pouvoir demain arracher le pouvoir à des démagogues et des dictateurs ambitieux comme Ay et Horemheb. De toute façon, j'aimerais mieux obéir à son autorité à elle plutôt qu'à celle de ces deux-là. Et je savais bien qu'Ankhesenamon était intelligente. Ils l'avaient sous-estimée. Elle les avait observés et s'était instruite à leur contact, et peut-être même avait-elle acquis la dureté dont elle aurait besoin pour survivre dans ce labyrinthe de monstres. À un moment, ils levèrent les yeux tous les deux et m'aperçurent dans l'encadrement de la porte. Je fis une révérence. Toutankhamon, seigneur des Deux Terres, me regarda froidement et agita la main pour me faire signe de partir.

Pentu me claqua la porte au nez.

20

Je courus rejoindre Khety dans ce quartier de la ville où les hommes se rendent après leur dure journée de travail dans les bureaux de l'administration. L'heure du rendez-vous était dépassée depuis longtemps ; les seules lumières dans les rues et les ruelles provenaient des petites fenêtres des maisons où l'on avait allumé des lampes à huile. Les venelles étroites étaient envahies d'ivrognes, de fonctionnaires et d'ouvriers ; certains filaient sans bruit, furtivement, d'autres se regroupaient en bandes de jeunes gens qui braillaient et s'interpellaient en tanguant d'un lieu à l'autre. Des jeunes filles à la poitrine offerte, des jeunes gens minces et rusés et des individus qui pouvaient appartenir à l'un comme à l'autre sexe déambulaient, se frottaient au passage contre les hommes, puis se retournaient et jetaient un coup d'œil par-dessus l'épaule en entrant sous des porches sombres qui menaient aux pièces minuscules dissimulées derrière un rideau où ils exerçaient leur métier. Une des femmes m'accosta.

— Je peux te faire découvrir des plaisirs dont tu n'as même pas idée, me proposa-t-elle d'une voix usée.

Je finis par trouver le porche bas, anonyme dans le grand mur de briques qui partait de la rue la plus animée. Je passai devant le vigile épais et franchis la porte tout aussi épaisse, je suivis une allée. Ce genre d'endroit est généralement constitué d'un dédale de pièces basses, sans air, au plafond encrassé d'un suif immémorial, mais celui-ci était bien différent. Je me retrouvai dans une enfilade de pièces et de cours. Tout ici respirait le luxe, des fresques de grande qualité, d'un art raffiné, et de superbes tapisseries tendues aux murs. L'endroit était l'image même de la prospérité, et il était bondé d'hommes à la mode et opulents avec leurs acolytes et leurs conquêtes ; ils s'adonnaient à un véritable tumulte de discussions, d'éclats de rire et de remarques méprisantes devant des cruches de bière, des gobelets de vin et des plats débordant de mets exquis. Des visages apparaissaient et disparaissaient de mon champ de vision : une femme très maquillée portant des habits très coûteux et qui braillait comme une mule, le regard terrorisé, un homme plus âgé au visage rougeaud, la bouche grande ouverte comme un bébé qui hurle, et, caché dans un coin, le profil fin, luisant et sévère d'un jeune homme qui ne parlait à personne mais observait tout ce qui se passait, guettant l'occasion, une hyène aux aguets.

Les murs étaient recouverts de peintures représentant des scènes de copulation : des hommes avec des femmes, des hommes entre eux, des hommes et de jeunes garçons, des femmes entre elles. Chaque personnage exprimait son extase dans une formule tracée en quelques lignes rouges et noires. Des sexes masculins d'une taille inconcevable crachaient leur jus. Toutes les formes possibles de pénétration étaient représentées. J'avais déjà vu cela circulant sur des papyrus satiriques confisqués, mais jamais reproduit à une aussi vaste échelle.

Khety m'attendait. Je commandai une cruche de vin à une servante d'un certain âge dont la peau pâle et tachée semblait ne pas avoir vu la lumière du soleil depuis des années.

— J'ai bu très très lentement, dit-il pour me faire sentir à quel point j'étais en retard.

— C'est un bon point pour ta maîtrise, Khety.

Nous nous installâmes dans un coin, tournant le dos à la foule, désireux de ne pas nous faire remarquer plus que nécessaire, car les officiers Medjay ne pouvaient guère se promener sans problèmes dans ce genre d'endroit. Il y avait quantité de riches personnages dont les affaires étaient tout sauf régulières qui fréquentaient ce genre d'établissement et qui seraient peut-être ravis de chercher noise à des gardiens de la loi comme Khety et moi, en un lieu où nous ne pouvions guère espérer trouver de nombreux alliés.

Le vin arriva. Comme je m'y attendais, il était hors de prix et de qualité médiocre. J'avais du mal à me faire au brusque passage d'un monde à l'autre : le palais de Malkata et ses couloirs de pierre silencieux, ses gens de la haute, personnages d'un drame feutré de pouvoir et de trahison, et ce théâtre bruyant de la vie nocturne. Je suppose que c'est la même chose qui se déroulait dans les deux endroits : l'expression nocturne du désir masculin et les différents moyens de le satisfaire.

— De nouvelles pistes ? demandai-je.

— J'ai posé des questions à droite à gauche. Mais ce n'est pas facile parce que ces jeunes viennent à présent de tous les coins du royaume. Il y a parmi eux des esclaves ou des prisonniers, d'autres qui cherchent seulement à fuir désespérément pour tenter leur chance dans les rues dorées de la ville et à quitter ce lieu improbable et infesté de mouches qu'ils appellent leur maison. La plupart viennent ici attirés par les promesses mirobolantes qu'un recruteur vient leur faire chez eux, mais il y en a beaucoup qui sont vendus par leur propre famille. De Babylone, d'Assyrie, de Nubie… Et encore ils ont de la chance quand ils arrivent à Thèbes ou à Memphis.

— Ou alors, quand ils n'ont pas de chance, dis-je, ils échouent dans un endroit moins romantique, une ville de garnison comme Bubastis ou Élephantine. Ils ne font pas long feu, où que ce soit. Tout ce qu'ils ont à offrir c'est leur beauté et leur jeunesse. Quand ils les ont perdues… ils sont tout juste bons pour les poubelles de l'humanité.

Je regardai autour de moi et constatai sur leurs visages les ravages causés par les services rendus à tous ces clients exigeants, nuit après nuit. De jeunes visages radieux au sourire trop large, trop forcé, essayant trop de plaire, de jolies jeunes filles et de jolis garçons assis comme des poupées vivantes sur les genoux de ces hommes répugnants, capables de s'offrir de la chair fraîche toutes les semaines ou seulement une fois par an. Tout le monde ici paraissait outrancier ou un peu fou. Une jeune femme au regard défait passa près de nous : on lui avait coupé le nez.

On aurait dit qu'elle se déplaçait mue par des fils invisibles tirés par un marionnettiste. Elle disparut dans la foule comme si elle était trop lasse pour chercher ce qu'elle avait perdu.

— Ce qui est intéressant, c'est que beaucoup d'entre eux transportent des drogues illicites et leur font passer les frontières ou les apportent par le fleuve, et que cela fait partie du marché. C'est une méthode de livraison peu coûteuse. Tout le monde le sait, mais les sommes prises séparément sont trop faibles pour qu'on s'en soucie, les douaniers sont achetés ou alors ils tirent un coup rapidement en guise de pot-de-vin, et même s'il arrive que quelques-uns se fassent prendre quand on veut faire un exemple, le profit dépasse largement les pertes.

— Quel joli monde, dis-je.

Khety eut un petit rire.

— Avec quelques améliorations cela pourrait aller.

— Cela ne fait qu'empirer, dis-je d'un air lugubre.

— Tu dis toujours ça. Tu ne saurais pas quoi dire s'il se produisait vraiment quelque chose de bien, répondit-il avec l'optimisme forcené dont il fait toujours preuve. Tu es plus à plaindre que Thoth qui n'est qu'une bête stupide.

— Thoth n'est pas à plaindre. Et il est loin d'être aussi stupide que la plupart des créatures à deux pattes qui sont ici. Il est réfléchi.

Je bus mon vin.

— Qui est le propriétaire de cet établissement ?

Il haussa les épaules.

— Probablement celui qui possède la plus grande partie de ce quartier, quel qu'il soit. Sans doute un membre d'une des grandes familles, en relation avec les temples qui prélèvent certainement un pourcentage important des bénéfices.

Je hochai la tête. Il était bien connu que l'énorme fortune du clergé dépendait d'investissements dans diverses activités très lucratives à travers la ville et dans tous les nomes du royaume.

— Qui devons-nous rencontrer ?

— La patronne. C'est une femme bien.

— Je suis sûr qu'elle a un cœur d'or.

Nous nous frayâmes un chemin au milieu de la foule beuglante, passâmes auprès des musiciens aveugles qui jouaient de leurs instruments bien que personne ne les écoutât, et suivîmes un long couloir silencieux éclairé par quelques lampes à huile.

D'autres couloirs partaient de celui-là où l'on voyait d'élégants rideaux masquer de petits espaces assez larges pour qu'on puisse y étaler un matelas confortable. Des vieillards adipeux battirent en retraite dans ces cabines pour nous éviter, des petites filles et de jeunes garçons qui riaient bêtement passaient çà et là comme de stupides poissons d'ornement. Malgré l'encens qui brûlait partout, l'air était lourd, chargé d'odeurs corporelles : de sueur, de mauvaises haleines, de pieds sales et d'aisselles rances. Quelque part on entendait quelqu'un haleter et grogner. Dans une autre cabine une fille chuchotait des mots doux et gloussait, et dans une autre encore une femme chantait, d'une voix basse et ardente, comme une chanteuse de cour. Plus loin, j'entendis des bruits d'eau, puis un rire.

Au bout du couloir il y avait une porte, et dehors se tenaient deux cerbères aussi costauds, inexpressifs et laids que des statues inachevées. Ils nous fouillèrent sans prononcer un mot.

— Vous ne trouvez pas que cela sent l'oignon ? dis-je en percevant des relents d'haleine chargée.

La brute qui me palpait s'arrêta un instant dans sa tâche. Son visage me faisait penser à une marmite cabossée. L'autre brute posa une main sur le large dos de son collègue pour le calmer, en lui conseillant d'un mouvement de tête silencieux de ne pas tenir compte de mon sarcasme. La brute souffla comme un taureau et me pointa un gros doigt boudiné entre les deux yeux. Je souris en l'écartant. L'autre type frappa à une porte.

Nous entrâmes. La pièce était petite et basse mais vaguement égayée par un bouquet de fleurs de lotus fraîches dans un vase sur la table. La patronne nous accueillit poliment mais froidement. Elle portait une longue perruque châtaine, à la dernière mode, mais son beau visage sculpté restait figé, presque gelé, comme si elle avait oublié de sourire depuis longtemps. Elle nous offrit tabourets et coussins et s'installa dans une pose élégante en face de nous, le menton posé sur sa main, et attendit la suite.

— Peux-tu me dire ton nom, s'il te plaît ?

— Takherit, répondit-elle d'une voix claire.

Elle était donc syrienne.

— Je m'appelle Rahotep.

Elle hocha la tête et attendit.

— Je mène une enquête, c'est tout. Tu n'as aucune raison personnelle de t'inquiéter.

— Je ne m'inquiète pas, répondit-elle froidement.

— Nous enquêtons sur une série de meurtres.

Elle haussa les sourcils en une mimique moqueuse comme si elle attendait la suite.

— Voilà qui est passionnant.

— Ces assassinats ont été commis avec une brutalité inhabituelle. Personne ne mérite de périr dans les conditions où sont morts ces jeunes gens. Je veux essayer d'arrêter ce genre de massacres, répondis-je.

— En ces périodes sombres, les gens préfèrent détourner le regard de ce qu'ils n'ont pas envie de voir, répondit-elle d'un air évasif. Elle parlait sur un ton si neutre qu'il était impossible de savoir si elle ironisait franchement ou pas du tout.

— Je veux que tu comprennes à quel point cette affaire est sérieuse.

Je lançai le visage de la morte couronné de sa chevelure noire ternie sur la table devant elle.

Son visage demeura figé mais quelque chose changea dans son regard, enfin une réaction au fait brut placé devant nous. Elle secoua sa chevelure auburn.

— Seul un monstre peut infliger cela à une femme.

— Ce qu'il a fait est cruel mais certainement pas dépourvu de sens, ce n'est pas un acte improvisé de simple violence ou de passion. Cet homme a tué pour des raisons et selon des modalités qui ont pour lui une signification très importante, à défaut d'en avoir pour autrui.

— Si c'est le cas, il n'existe pas de monstres.

— Non, seulement des gens.

— Je ne sais quoi en penser, si c'est mieux ou si c'est pire, répondit-elle.

— Je suis d'accord. Nous avons besoin de savoir qui était cette fille. Nous pensons qu'elle travaillait ici.

— C'est possible. Nous avons beaucoup d'employées.

— As-tu remarqué une disparition en particulier ?

— Parfois ces jeunes disparaissent. Cela se produit tout le temps. Personne ne se soucie de ce qui leur arrive. Il y en a toujours davantage de nouveaux.

Je me penchai en avant.

— Cette fille a connu une mort atroce. Le moins qu'on puisse faire pour elle c'est de l'appeler par son nom. Elle avait un serpent tatoué en haut du bras. Sa propriétaire nous a dit qu'elle s'appelait Neferet.

Elle observa son visage, me regarda et hocha la tête.

— Alors, en effet, je la connaissais. Elle travaillait ici. Je ne savais pas grand-chose d'elle, mais peut-on aussi croire les histoires qu'ils racontent ? Elle m'avait frappée comme une des filles les plus innocentes et les plus sérieuses. Elle avait un étrange sourire triste, ce qui la rendait encore plus désirable auprès de certains de nos clients. On aurait dit qu'elle appartenait à un monde meilleur que celui-ci. Elle prétendait qu'elle avait été volée à sa famille qui l'aimait et viendrait un jour ou l'autre, elle en était convaincue, la rechercher…

— Elle n'a pas dit d'où elle venait ?

— Un petit village agricole au nord de Memphis, je crois. Je ne me souviens pas de son nom.

— Nous pouvons supposer que c'est ici qu'elle a rencontré son assassin. Ce qui veut dire que c'est un de tes clients. C'est un homme d'un certain âge, appartenant à l'élite. Instruit. Peut-être un médecin.

Elle me regarda froidement.

— Savez-vous combien d'hommes de ce genre fréquentent discrètement des établissements comme le mien ? Et de toute façon, mes employés ont pour ordre de ne jamais poser de questions aux clients sur leur vie privée.

Elle avait raison, naturellement. Je tentai une autre approche.

— Y a-t-il beaucoup de clients ou d'employés chez vous qui consomment des drogues ?

— Quel genre de drogues ? demanda-t-elle d'un air innocent.

— Des soporifiques. De l'opium…

Elle fit semblant de réfléchir.

— Nous ne laisserions entrer personne qui en fasse un usage notoire. Je fais tout ce qui est en mon pouvoir pour éviter ce genre de choses. Je dirige une affaire honnête.

— Mais on en trouve partout, de ces drogues…

— Je ne peux pas être tenue pour responsable du comportement privé ou des penchants de mes clients, répondit-elle fermement.

— Mais il faut bien qu'ils achètent cette drogue quelque part.

Elle haussa les épaules en évitant mon regard.

— Il existe toujours des vendeurs, des intermédiaires et des fournisseurs. Comme dans toutes les sortes de commerce, et surtout quand il y a de l'or à gagner.

Je lançai un regard à Khety.

— Je me suis souvent demandé comment on pouvait satisfaire une demande aussi largement répandue. Je veux dire le nombre de jeunes gens qui se font arrêter au moment de franchir la frontière est relativement faible, il doit donc y en avoir beaucoup qui parviennent dans des établissements comme celui-ci dans toutes les villes. C'est un moyen d'approvisionnement direct, pratique et peu risqué. Nous savons que les jeunes qui viennent travailler ici servent de passeurs. Et cependant, même s'ils étaient des milliers, ils n'arriveraient pas à transporter une quantité suffisante de cette denrée de luxe tellement désirée pour satisfaire à la demande. Cela reste une énigme pour moi.

Elle baissa les yeux.

— Je vous l'ai déjà dit. Je ne me mêle pas de ce genre d'affaires.

Je l'observais attentivement et remarquai qu'elle avait les pupilles dilatées. Elle vit que je la regardais.

— Il me serait très facile de faire venir une troupe de Medjay pour perquisitionner cet endroit. Je pense que beaucoup de tes clients n'apprécieraient pas d'être exposés à un tel scandale.

— Et moi je pense qu'il y en a très peu qui apprécieraient que tu fasses une chose aussi stupide. Qui crois-tu qui vienne ici ? Nos clients appartiennent aux plus hauts rangs de la société. Ils ne laisseraient pas un officier de bas étage comme toi provoquer le moindre problème.

Elle secoua la tête, se leva et fit tinter une clochette. La porte s'ouvrit, les deux brutes étaient là, l'air patibulaire.

— Ces messieurs s'en vont, dit-elle.

Nous sortîmes tranquillement, mais dès que nous eûmes passé la porte, les brutes échangèrent un regard, hochèrent la tête, et celui que j'avais taquiné me flanqua un violent coup de poing. Je dois dire qu'il était bien envoyé et douloureux. L'autre frappa Khety, moins méchamment, par simple souci d'équité.

— Il ne faut pas être susceptible comme ça, dis-je en me frottant la joue tandis qu'ils claquaient la porte.

Nous nous retrouvâmes dans la rue sinistre et désormais silencieuse.

— Et ne viens pas me dire que je l'ai bien cherché, fis-je à Khety.

— Très bien. Je ne dis rien.

Nous nous mîmes en route dans l'obscurité.

— Donc, dit Khety, comment toute cette marchandise entre-t-elle dans les Deux Terres ? Cela ne peut pas être uniquement par l'intermédiaire de ces jeunes.

Je secouai la tête.

— Je pense que ces jeunes, ces passeurs, font office de diversion. Ils ne servent à rien. Le trafic et le transport doivent se faire à une échelle bien plus importante. Mais si la marchandise arrive par bateau, les employés des ports doivent être achetés, et si elle arrive par les routes terrestres, les douaniers doivent toucher des pots-de-vin.

— Il y a quelque part quelqu'un qui amasse une grande fortune, dit-il, mais quel qu'il soit il doit être très puissant et avoir beaucoup de relations.

Je soupirai.

— J'ai parfois l'impression que le travail que nous faisons revient à endiguer à mains nues les eaux du Grand Fleuve.

— C'est la question que je me pose à peu près tous les matins, répondit Khety. Mais après, je me lève et je pars au travail. Et puis, bien sûr, je passe mon temps à tes côtés, ce qui est une forme de compensation.

— Tu as bien de la chance, Khety, mais réfléchis un peu : au moins, les connexions commencent à apparaître clairement. Dans chaque meurtre la victime a été anesthésiée, apparemment au moyen d'une drogue. La fille travaillait ici. Et c'est sûrement là que les passeurs livrent la drogue. Ils en apportent probablement à d'autres établissements du même genre dans toute la ville. C'est déjà quelque chose.

— Et souviens-toi aussi que le meurtrier te fait danser entre deux mondes, dit-il en affichant un sourire ironique.

Si nous avions raison et que le même homme était coupable des deux meurtres, alors je ne faisais que sauter d'un indice à l'autre, comme un chien sur la trace d'un bon morceau, les yeux rivés au sol, ne voyant rien d'autre.

Je souhaitai une bonne nuit à Khety et m'en allai, fatigué. Pour une fois, je rentrai chez moi.

21

Le soleil blanc de la fin de la matinée et son terrible flamboiement n'épargnaient rien ni personne. La ville paraissait recuite et desséchée, brune, jaune et blanche, sous la chaleur. Je levai les yeux vers le ciel et vis un faucon noir aux ailes largement déployées. Il plongeait et remontait dans la lumière éblouissante, adaptant subtilement la direction et l'altitude de son vol en fonction des courants dans l'air chaud du désert. C'était Horus, dont l'œil droit est celui du soleil et le gauche celui de la lune. Que pouvait-il bien voir en observant de là-haut notre étrange petit univers de statues et de monstres, de foules, de défilés, de temples et de taudis, de richesse et de misère répugnante ? Que pouvait-il penser de ce groupe cérémonial de petites figurines protégées par de frêles ombrelles et qui se dirigeait lentement, d'un pas solennel, vers le temple d'Amon, le sanctuaire du Sud, en longeant l'avenue des Sphinx, bordée d'arbres alignés à la perfection ? Est-ce qu'il m'avait repéré, vêtu, comme un officiant, de la robe blanche d'un prêtre ? Nous voyait-il tous, au sein de notre monde verdoyant de champs et d'arbres étroitement dépendants du serpent miroitant du Grand Fleuve et entourés par l'étendue infinie des éternelles Terres rouges ? Qu'apercevait-il au-delà de l'horizon ? Je l'observai tandis qu'il s'attardait un moment au-dessus de nous, avant de se détourner et de basculer en direction du fleuve pour disparaître derrière la ligne des toits.

J'avais mal dormi une fois de plus. J'avais rêvé du garçon. Dans mon rêve il avait le visage de Neferet, la jeune fille, et elle me souriait d'un air mystérieux. Délicatement j'entreprenais de lui enlever la peau du visage, elle continuait de sourire. Et quand je finissais par lui retirer entièrement le visage en le faisant passer par-dessus le sommet de son crâne, je ne découvris en dessous qu'un masque de ténèbres et sentis l'odeur douceâtre de la décomposition. Je m'étais éveillé en sursaut, le cœur battant. Le mauvais vin de la veille avait peut-être été encore plus rude à digérer que je ne le pensais. Le matin, Tanefert n'avait pas eu le moindre geste tendre, et quand j'étais revenu de chez le barbier, le crâne rasé, elle s'était contentée de secouer la tête.

— À quoi je ressemble ? fis-je en passant la main sur mon crâne poli.

— Tu as l'air d'un gros bébé, répondit-elle, peu coopérante.

— Pas comme un prêtre du temple, alors ?

À son crédit, je dois dire qu'elle éclata de rire.

— Je ne pense pas, non… Et ne t'avise pas de revenir avant que cela ait repoussé.

Sur le parcours du cortège, une foule bien encadrée se tenait respectueusement en silence sous la chape immobile de chaleur écrasante, ne criant rien que des louanges au passage du roi et de la reine sur leur char. Toutankhamon, sous la Couronne bleue, était soigneusement protégé par des rangs serrés de gardes du palais dont les coiffes à plumes brillaient au soleil au moindre mouvement ; ils avaient des arcs et des flèches bien astiqués et étincelants. Des soldats de l'armée de Thèbes étaient répartis tout au long de l'avenue. Simut faisait bien son travail, il avait mobilisé toutes les ressources dont il disposait. Ay suivait sur son char. Puis, Simut et moi partagions le même char. Lui guettait avec une extrême attention le moindre détail anormal, le moindre signe d'un éventuel problème. Derrière venait le long train de quantité d'autres fonctionnaires du palais et de prêtres, parmi lesquels Khay, tous vêtus de la même robe blanche, accompagnés de leurs serviteurs en sueur qui tenaient des ombrelles au-dessus de leurs têtes. Je remarquai un chien errant qui courait le long de cette cavalcade étrangement sinistre, passant alternativement de la lumière à l'ombre des arbres entre les soldats qui marchaient au pas. Il ne cessait d'aboyer et montrait les dents comme s'il avait vu l'ombre d'un ennemi ou un intrus. Soudain un des soldats thébains l'abattit d'une flèche. La foule effrayée se détourna, mais il n'y eut pas de mouvement de panique et la cavalcade se poursuivit.

Quand la procession parvint à l'entrée du temple, j'avais la sueur qui me coulait dans le dos. Une bâche en toile avait été déployée devant la double porte monumentale, décorée d'or et d'argent, qui ouvrait sur la nouvelle Colonnade. Le grand-père du roi en avait entrepris la construction du temps de ma jeunesse suivant un plan ambitieux qui consistait à remplacer le fouillis de petits sanctuaires anciens par ce qui devait être un immense bâtiment sombre et moderne, pourvu de gigantesques colonnes de pierre, si larges qu'on aurait pu faire tenir une foule à leur sommet. Elle devait devenir la merveille du monde, et aujourd'hui j'avais le privilège exceptionnel de la découvrir de mes propres yeux.

La place qui s'étendait devant le temple était remplie de milliers de prêtres vêtus de leur robe, et ils étaient si nombreux qu'ils transformaient l'immense espace en un vaste lac blanc quand ils se prosternaient. Les musiciens du temple interprétaient des hymnes et des musiques nouvelles. Simut observait tout, envisageant toutes les éventualités, vérifiant la position de ses archers postés sur les murs d'enceinte et celle des soldats qui constituaient la garde rapprochée du roi et de la reine ; il examinait tout et chacun de son regard sombre. Cette fois il ne pourrait y avoir aucun problème, aucune surprise sanglante, aucun mouvement de panique.

Enfin, au son de la fanfare des trompettes du temple qui brillaient, dressées haut dans la lumière, nous franchîmes les grandes portes, passâmes sous les énormes linteaux sculptés du mur extérieur et pénétrâmes dans la vaste Colonnade. Ma première impression fut d'entrer dans un royaume d'ombres. Des colonnes sculptées à la perfection dont le fût était bien plus gros que celui d'un palmier, plutôt équivalentes à dix arbres, se dressaient dans l'air frais, obscur et mystérieux ; elles étaient quatorze disposées sur deux rangs, chacune devant faire environ trente coudées de haut ; elles supportaient le vaste toit telle une arcade de pierre colossale sous un ciel noir de granit. De minces rayons de soleil tombaient en biais depuis des ouvertures à claire-voie hautes et étroites, formant des taches et des fragments de lumière intense où s'agitaient en dansant des particules presque imperceptibles pendant un bref instant de gloire. À chaque endroit où la lumière intense venait frapper la pierre, elle illuminait un détail des sculptures peintes qui recouvraient toute la surface des murs.

Le long cortège des dignitaires et des officiels entra derrière nous, et tous se pressaient, se bousculaient et se plaignaient à qui mieux mieux pour trouver une place à occuper sous les hautes colonnes. L'architecture impressionnante de la salle semblait les réduire à une taille négligeable. On aurait pu les prendre pour un troupeau de chèvres : ils soufflaient, toussaient et chuchotaient leurs petits commentaires admiratifs en découvrant pour la première fois cette nouvelle merveille. Et pourtant c'étaient les hommes qui avaient en charge le pouvoir et la gloire du royaume. Les responsables du domaine royal, les membres de l'administration et le clergé des temples, ceux-là mêmes qui avaient perdu pouvoir et fortune sous le règne d'Akhenaton, le père du roi, et qui à présent les avaient récupérés, prétendant avoir restauré le *maat* dans les Deux Terres. Ce qui avait vraiment été restauré, à l'évidence, c'étaient leur autorité implacable et leur droit de contrôler et de développer les ressources infinies et les possibilités commerciales du royaume pour le grand bénéfice de leur fortune personnelle. Et le roi en personne, tout passif qu'il était, incarnait cette restauration. Dans une autre enceinte dans le temple de Karnak, naguère au cours de son règne, il avait ordonné, ou plutôt Ay avait ordonné en son nom, qu'une stèle de pierre soit érigée sur laquelle était gravée pour l'éternité cette déclaration dont chaque mot était bien connu : « Le pays avait sombré dans le chaos et les dieux s'en étaient détournés sur toute l'étendue du royaume. Mais après bien des temps mon roi est monté sur le trône de son père et a gouverné le territoire d'Horus, et la Terre noire aussi bien que la Terre rouge ont obéi à son pouvoir. » Et cela semblait vrai à présent, car ce qui avait été laissé inachevé par son grand-père était aujourd'hui terminé en présence du petit-fils, et l'étrange interrègne d'Akhenaton était devenu une période complètement oubliée, ses monuments étaient désertés, ses images cachées, on ne prononçait plus son nom, on n'honorait plus sa mémoire, comme s'il n'avait jamais existé. Seuls subsistait le souvenir de sa révolution religieuse et de sa tentative pour arracher tout le pouvoir aux prêtres traditionnels, et même s'il était combattu, il restait vivace pour beaucoup.

Le groupe royal fut invité à admirer les sculptures murales qui recouvraient sur toute sa longueur le mur d'enceinte. Les prêtres brandissaient des torches ou se regroupaient pour que leurs robes blanches reflètent et renforcent l'éclat de la lumière permettant de révéler les détails de ces superbes peintures là où elles étaient cachées en hauteur dans l'obscurité. À la lueur vacillante des flammes, ces images pleines de couleurs semblaient s'animer. Je me donnai beaucoup de mal pour rester à proximité du roi et de la reine, mais c'est aussi parce que j'étais moi-même très curieux de contempler ces splendeurs. Pour commencer, près de l'entrée, par l'effet d'une coïncidence ou d'un savant calcul, un puissant rayon de soleil éclairait l'image sculptée du roi lui-même. Je l'observais tandis qu'il faisait face à sa propre représentation gravée dans la pierre en train d'honorer le dieu du temple. Toutankhamon en chair et en os, avec ses terreurs puériles et son visage délicat, fixait son reflet de pierre qui avait de larges épaules et les gestes décidés et autoritaires d'un roi ; je dois avouer qu'ils ne se ressemblaient guère malgré tout le soin qu'on avait apporté à rendre les particularités du profil et des oreilles.

Tout le monde avança le long du grand mur ouest. On y avait gravé des scènes représentant la procession fluviale des dieux vers Karnak pendant la fête d'Opet. On y voyait les acrobates agiles et les bateaux dont le gréement était reproduit dans le moindre détail, et les musiciens aveugles jouant de leurs instruments. On aurait dit que chaque visage était le portrait fidèle d'un individu que j'aurais pu reconnaître au milieu d'une foule.

Puis, au milieu de la tension et de la bousculade, le groupe royal, entouré de ses assistants et de ses serviteurs, traversa la salle pour rejoindre le mur opposé sur lequel se poursuivait l'histoire de la fête. Toutankhamon et la reine longeaient lentement le mur, observant attentivement les images et écoutant le Grand Prêtre et ses acolytes, penchés respectueusement vers eux, qui leur murmuraient des louanges et des informations, insistant sans aucun doute sur le coût énorme et les proportions remarquables de ce temple, cet admirable chef-d'œuvre à la gloire du roi et des images divines. La cérémonie suivait son cours bien ordonné.

Puis ils revinrent en direction de l'entrée et furent invités à admirer la dernière partie des gravures murales, près de l'angle, celles qui représentaient la scène la plus importante : le roi se fondant dans la présence du dieu à l'intérieur du sanctuaire, lorsqu'il se produisit quelque chose. Toutankhamon lisait les inscriptions décrivant ce moment le plus sacré sous la direction du Grand Prêtre quand tout à coup il fit un pas en arrière, bouleversé. Le Grand Prêtre, profondément choqué et honteux, porta la main à ses yeux comme s'il venait de voir une épouvantable profanation. Aussitôt les gardes du palais se placèrent en position défensive autour du groupe royal, brandissant des dagues courbes et des flèches aux mains des archers. Derrière moi les gens allongeaient le cou pour voir ce qui se passait. Je me frayai un chemin entre les gardes. Ay examinait déjà la pierre gravée que le Grand Prêtre et ses assistants lui montraient du doigt. Il me laissa venir à ses côtés pour que je l'observe moi aussi. Dans un cartouche, les noms royaux avaient été complètement effacés.

Ay prit la situation en main. Il parla calmement à Toutankhamon qui tremblait tandis qu'Ankhesenamon essayait de lui faire boire un peu d'eau. Il ordonna que la pierre profanée soit cachée à la vue et ordonna à tous ceux qui avaient pu la voir de ne jamais en parler sous peine de mort. Les noms devaient être regravés immédiatement. Ankhesenamon murmurait à l'oreille de Toutankhamon qui finit par hocher la tête. Ensuite, comme si de rien n'était, le groupe reprit sa visite. En passant auprès de moi, Ankhesenamon me jeta un regard, mais nous ne pûmes pas nous parler.

Nous revînmes rapidement sur nos pas, franchîmes la Colonnade en passant entre les grands piliers et sortîmes dans la cour du Soleil où des prêtres toujours plus nombreux s'étaient rassemblés et se prosternaient devant le roi et la reine sous le soleil de midi, d'autant plus aveuglant que nous sortions de l'obscurité. Le cortège se tenait à l'ombre des grandes colonnes au motif de papyrus qui couraient sur trois côtés. Nous fîmes le tour de la cour dans un étrange silence car tout le monde savait à présent qu'un incident s'était produit, et pourtant la cérémonie se poursuivait comme si rien n'avait changé. Puis nous pénétrâmes dans la partie la plus ancienne du temple. Je me trouvai replongé dans d'anciennes ténèbres. On voyait partout l'image sculptée du vieux roi Amenhotep, apportant des offrandes à Amon-Râ, le dieu du temple et de la ville. Le cortège royal poursuivit son chemin, franchissant une salle d'offrande décorée de colonnes. Sur les murs, gravé dans l'éternité de la pierre, Amenhotep conduisait le bétail sacré et offrait les fleurs et l'encens rituels à l'endroit où la barque d'or du dieu serait déposée pendant la fête. Au-delà de cet endroit, j'avais entendu dire qu'il y avait de petites chapelles dépendant du sanctuaire divin, et des antichambres encore plus petites le long des murs latéraux, où se tenaient plongées dans de profondes ténèbres des statues en or à l'image des dieux. Mais ni moi ni la plupart des autres ne pouvions aller au-delà de cette limite. Seul le roi et les prêtres les plus haut placés pouvaient pénétrer dans le sanctuaire d'Amon lui-même, dans le cœur obscur du temple, là où sa statue, qui lui conférait sa présence terrestre parmi les hommes, était vénérée, nourrie et vêtue.

Le moment était venu pour Toutankhamon d'avancer seul dans le mystère du sanctuaire. Ankhesenamon pouvait l'accompagner jusqu'à l'antichambre mais pas plus loin. Il paraissait inquiet mais semblait reprendre courage. Ankhesenamon et le roi s'avancèrent et disparurent ensemble, puis le silence fut total.

Des effluves chargés d'encens et de sueur montaient de la chaleur de tous ces corps humains entassés dans la petite salle et dans la cour du Soleil derrière nous. Des rangées de prêtres psalmodiaient des prières. On agitait des sistres au son grêle. Le chœur féminin du temple entonna des hymnes. Le temps semblait s'étirer indéfiniment… Je vis Ay relever légèrement la tête, semblant se demander si tout allait bien.

Soudain le roi et la reine réapparurent ensemble. Il avait remplacé sa Couronne bleue par la Double Couronne de Haute et Basse-Égypte. Le vautour et le cobra brillaient sur son front en signe de protection divine. Elle portait la haute couronne à double panache que sa mère Néfertiti elle-même avait portée, et par ce geste elle se proclamait comme reine et déesse. Loin de paraître hésitant ou effrayé, Toutankhamon jetait à présent un regard arrogant sur la foule de prêtres et de dignitaires assemblés dans le vestibule et au-delà, dans la cour du Soleil. Il attendit un moment, puis de sa voix calme et intense, il déclara :

« Les dieux se sont révélés à Toutankhamon, Vivante Image d'Amon, dans le temple d'Amon. Je possède les noms royaux, le nom d'Horus, Taureau puissant, Celui qui Est Beau de Naissance ; Roi de Haute et Basse-Égypte, Celui qui Possède les Formes de Râ, Maître de la Vérité. En vertu de ces noms royaux qui sont les miens, je porte la Double Couronne et je tiens la crosse du pouvoir et le fléau d'Osiris. Je déclare qu'à dater d'aujourd'hui je suis roi en titre et en actes. »

Les noms sont le pouvoir. Ils donnent l'existence à ce qu'ils nomment. C'était l'affirmation d'une nouvelle politique d'indépendance. Un nouveau couronnement. Un remous de stupéfaction et de crainte respectueuse suivit cette déclaration surprenante et inattendue. J'aurais donné cher pour pouvoir observer l'expression d'Ay tandis qu'il écoutait ces mots. Mais sa tête décharnée était restée baissée.

Le roi poursuivit :

« Que ceci soit proclamé à travers les Deux Terres. Je déclare que je célébrerai cette date par une nouvelle fête au nom sacré d'Amon-Râ. Que ceci soit inscrit à jamais dans l'écriture des dieux. Et que ces paroles rédigées se répandent dans tous les nomes des Deux Terres pour que chaque sujet de cette Grande Maison connaisse cette grande vérité. »

Les scribes officiels accoururent munis de leurs palettes et s'assirent en tailleur, leur pagne étalé sur les genoux comme de petites tables, et ils consignèrent rapidement cette déclaration sur leurs rouleaux.

Je compris à cet instant que cela avait dû faire l'objet de plusieurs répétitions. Ankhesenamon se leva alors pour rejoindre Toutankhamon, et ils se tinrent debout tous les deux tandis que la foule absorbait lentement la révélation et comprenait tout ce qu'elle impliquait avant de tomber à genoux pour se prosterner. Je me demandai comment Ay allait réagir à ce mouvement audacieux dans le grand jeu du pouvoir. Il se tourna vers la multitude des visages qui semblaient tendus dans l'attente, soupçonnant qu'il n'accepterait pas sans lutter une telle rétrogradation. Mais il était plus intelligent que cela. Après une longue pause, prudente, comme si c'était lui qui tenait la destinée des Deux Terres entre ses mains, il déclara :

« Les dieux sont omniscients, nous qui avons œuvré toute notre vie pour soutenir et renforcer la Grande Maison et pour rétablir l'ordre perdu dans les Deux Terres, nous célébrons cette proclamation. Le roi est roi. Que les dieux fassent de lui un grand roi. »

Les scribes notèrent également cela et, sur un signe d'Ay, ils lui firent rapidement parvenir leurs rouleaux, passant de main en main à travers la salle. Ils furent alors rassemblés par ses assistants pour être recopiés et diffusés à travers tout le royaume et ses dominions, sous forme de papyrus ou de stèles de pierre gravée. Puis, donnant l'exemple à la foule, il se prosterna devant le couple royal, tel un vieux monstre devant ses enfants, lentement, avec raideur et cette ironie dangereuse que lui seul semblait capable de glisser dans tous ses gestes. Ankhesenamon et Toutankhamon avaient tout parié sur cet instant et sur le succès de leur proclamation. Les jours à venir décideraient s'ils avaient gagné ou pas.

22

Le roi et la reine sortirent du temple et traversèrent la cour du Soleil où les prêtres s'agenouillèrent sur le sol soigneusement balayé, puis ils retraversèrent la Colonnade et rejoignirent le char qui les attendait et qui partit rapidement dans un bref éclair d'or.

Avant de les suivre et de m'en aller avec Simut sur son char, je me retournai pour regarder l'espace encombré par la foule devant la Colonnade, et j'aperçus Ay qui se tenait au centre de tout et nous regardait partir, aussi immobile qu'une pierre. On aurait dit que des vagues de suppositions ardentes et passionnées agitaient la multitude tout autour de lui et venaient déferler en son sein. La nouvelle allait se répandre très rapidement dans toute la ville, dans les bureaux, les administrations, les entrepôts et les services des finances, et la proclamation officielle arriverait sans tarder à Thèbes ; de là, des messagers la transmettraient directement à toutes les grandes villes et cités, à Memphis, Abydos, Héliopolis et Bubastis, ainsi qu'au sud à Éléphantine et dans les villes de garnison de Nubie.

Nous suivîmes le char royal jusqu'au fleuve où une foule énorme s'était rassemblée, criant des prières et des acclamations, puis nous embarquâmes rapidement à bord du navire royal pour la traversée. Le roi et la reine demeurèrent dans leurs quartiers privés, derrière un rideau tiré. Tandis que nous gagnions le milieu du fleuve et que l'écho des cris sur la rive faiblissait, je les entendais se parler doucement, sans toutefois comprendre leur conversation, mais j'entendais parfaitement qu'elle parlait d'une voix apaisante et encourageante tandis que lui gardait un ton plaintif.

Le bateau accosta devant le palais ; le couple royal débarqua et fut aussitôt entouré d'une troupe de gardes chargés de les protéger. Ils s'engouffrèrent tous dans le bâtiment comme si le soleil lui-même était dangereux.

Khay nous raccompagna, Simut et moi ; il était volubile. Pour une fois il semblait passionné.

— Ay doit être furieux, chuchota-t-il avec empressement. Il n'avait pas prévu cela.

— Mais toi, tu le savais, dis-je.

— Eh bien, je peux me flatter d'avoir bénéficié des confidences de la reine. Elle n'aurait pas envisagé un tel coup d'éclat dans le grand jeu sans s'être assurée au préalable du soutien de ses proches.

Et elle en avait effectivement besoin, me dis-je. Ay tenait les Deux Terres à la gorge. Il avait toujours la haute main sur le clergé, l'administration et les finances. Horemheb, lui, contrôlait l'armée.

— Mais nous avons frôlé une nouvelle catastrophe. Comment tout cela a-t-il pu se produire, il faut enquêter immédiatement là-dessus. Par bonheur, cela n'a pas empêché le roi de faire sa proclamation, dit Khay.

Simut intervint brusquement.

— L'architecte en chef arrive en ce moment même pour répondre à un interrogatoire.

— Et toi, Rahotep, tu n'as guère progressé dans la découverte du coupable qui semble circuler à son aise, non seulement dans les appartements royaux, mais désormais également dans la Colonnade elle-même, à l'intérieur des limites du temple ! dit Khay comme si le moment était venu de répartir à parts égales la responsabilité entre nous.

— Nous combattons une ombre, dis-je.

— Ce qui, en fait, ne veut rien dire, répondit-il d'un ton courroucé.

— Ce qui importe, c'est de comprendre le raisonnement de notre homme. Tous ses actes permettent de mieux le cerner. Nous devons étudier attentivement chaque circonstance, et tâcher de déchiffrer et comprendre ses intentions. Le problème est le suivant : tous nos efforts pour contrôler la situation sont sapés par les bouleversements qu'il prend grand soin à provoquer parmi nous. C'est une sorte de jeu élégant pour lui. Il nous met au défi de le comprendre, de saisir sa logique et de le capturer. Pour l'instant nous avons échoué sur ces trois points. C'est à peine si nous commençons à le prendre au sérieux. À moins que nous ne l'ayons déjà trop pris au sérieux, car si nous avions ignoré tous ses actes, quel pouvoir aurait-il ?

— Tu parles comme un guerrier qui admire son ennemi, répondit Khay d'un ton sarcastique.

— Je peux respecter son intelligence et son habileté sans admirer ni respecter l'usage qu'il en fait.

Ankhesenamon et Toutankhamon nous attendaient dans une pièce de réception, assis sur des trônes d'apparat. L'ambiance était à l'euphorie, mais l'on sentait tout de même une pointe d'inquiétude car tout ne s'était pas parfaitement déroulé.

Khay, Simut et moi présentâmes nos congratulations formelles.

Toutankhamon nous fixait tous les trois intensément.

— Courbez la tête devant moi, hurla-t-il brusquement en se levant, comment se fait-il que j'aie dû subir une telle humiliation *une fois de plus* ? Comment se fait-il que je ne sois toujours pas en sécurité, y compris dans mon propre *temple* ?

Nous attendions tous, tête baissée.

— Mon époux, dit très vite Ankhesenamon, voyons ce que nous pouvons faire et écoutons les bons conseils de ces hommes de confiance.

Il se rassit sur son petit trône.

— Levez la tête.

Nous obéîmes.

— Pas un seul d'entre vous n'a été capable de me protéger de tous ces périls mais il m'est venu une idée. Je pense que c'est une excellente idée et qui pourrait bien, en fait, résoudre d'un seul coup tous nos problèmes.

Nous attendions la suite avec des sentiments mêlés qui devaient se lire sur notre visage.

— De quelle façon, traditionnellement, un nouveau roi proclame-t-il son pouvoir et sa bravoure si ce n'est dans une chasse au lion ? Nous nous sommes proclamé roi ; quel meilleur moyen ai-je de prouver au peuple mes capacités si ce n'est d'aller à la chasse dans les Terres rouges ? Et d'en rapporter un lion en trophée ?

Ce fut Khay qui prit la parole le premier.

— Un coup de maître, bien sûr, commença-t-il très prudemment, cela donnerait au public une image des plus positives. Mais, Seigneur, as-tu pensé aux graves dangers auxquels tu t'exposerais ?

— Et qu'y a-t-il là de nouveau ? Ici même, dans mes propres appartements qui devraient être sûrs et bien protégés, je suis exposé à un danger encore plus grand, répliqua-t-il avec humeur.

Ankhesenamon posa doucement sa main sur celle du roi.

— Puis-je parler ? demanda-t-elle.

Il fit signe que oui.

— Il me semble que la réussite de la royauté dépend en grande partie de la manière dont ses qualités et sa force sont habilement mises en scène dans la personne du roi. Des parades de victoire, des rituels de triomphe et ainsi de suite sont les instruments qui permettent de démontrer au peuple la gloire de la royauté. Par conséquent, si la sécurité du roi était bien assurée, une partie de chasse symbolique qui aurait lieu à l'intérieur d'une de nos grandes réserves pourrait s'avérer très utile en ce moment.

— Voilà un excellent compromis, dit immédiatement Khay, une telle expédition peut être rapidement organisée dans l'enceinte sécurisée d'une réserve de chasse. Un lion, un cerf sauvage peut-être…, continua-t-il plein d'espoir.

Mais le visage du roi se rembrunit.

— Non. Le rituel ne suffit pas. Il faut accomplir une véritable prouesse. Quel prestige y a-t-il à tuer un lion qui a déjà été capturé et ne peut pas s'échapper ? On doit me voir tuer un lion. Et cela doit avoir lieu dans les territoires sauvages qui constituent son habitat. On doit me voir affirmer mon autorité royale sur la terre du chaos. Il ne doit rien y avoir de symbolique dans cette affaire.

Cela nous fit tous taire.

À présent c'était au tour de Simut de prendre la parole. Il se montra moins diplomate.

— Au sein de la réserve nous pouvons contrôler l'environnement. Nous pouvons garantir ta sécurité. Mais dans le désert les dangers sont grands.

— Il a raison, dit Ankhesenamon, ce qui importe, de toute façon, c'est le spectacle.

Mais Toutankhamon secoua la tête.

— Tout le monde saura que tout ce que j'ai fait c'est tuer un lion captif. Ce n'est pas le geste qui convient pour débuter mon règne. Je suis bon chasseur. Je le démontrerai. Nous *irons* dans le désert.

Khay fit une nouvelle tentative.

— Sa Majesté a-t-elle envisagé que, pour atteindre les territoires de chasse aussi bien du Nord-Ouest que du Nord-Est, il nous faudra passer par Memphis ? Peut-être cela n'est-il pas très… souhaitable. Après tout, c'est la ville d'Horemheb et la base même de l'armée, murmura-t-il, ne sachant pas très bien comment formuler sa remarque.

Toutankhamon se leva de nouveau, prenant appui avec précaution sur sa canne d'or.

— Une visite royale à Memphis est *hautement* souhaitable en ce moment. Nous voulons témoigner notre affection à Horemheb. C'est un vieil allié et, au cas où vous l'auriez oublié, il était mon tuteur à Memphis. Il est engagé depuis trop longtemps dans les guerres hittites. Nous voyagerons avec toute l'ostentation nécessaire. Je dois me montrer là-bas, maintenant plus que jamais, *parce que* c'est la ville d'Horemheb. Je dois manifester clairement ma présence et mon autorité nouvelle. Et quand cela sera accompli, je rentrerai triomphalement à Thèbes et célébrerai ma victoire en défilant sur les voies de la ville, et tout le monde saura et reconnaîtra que Toutankhamon est roi non seulement par le titre mais aussi par les actes.

Les conséquences et les diverses implications de tout cela accaparaient notre esprit.

Ankhesenamon reprit la parole :

— Le roi a raison. On doit le voir dans tout l'éclat de sa royauté accomplissant les gestes qu'un roi doit accomplir. C'est absolument nécessaire et cela doit être fait. Mais nous devons solliciter une importante faveur. C'est ma requête personnelle…

Elle tourna son regard vers moi.

— Rahotep, accompagneras-tu le roi ? Simut et toi, vous serez responsables de sa sécurité.

Comment m'étais-je retrouvé, en fin de compte, à tirer la plus courte paille ? Comment m'étais-je retrouvé embarqué aussi loin dans cette affaire, dans l'impossibilité de choisir, obligé d'aller de l'avant ? Je repensai à la première demande que m'avait faite Ankhesenamon, un appel fondé sur la solitude et la peur. Je décidai de ne pas penser pour le moment aux récriminations que j'allais entendre à la maison et aux conséquences sur ma vie de famille.

Je m'inclinai. Simut me lança un regard puis hocha la tête pour donner son accord.

— Nous aurons besoin d'une troupe parfaitement entraînée et totalement fiable, mais pas trop importante en nombre, sans extravagance ni pompe superflue : un cuisinier, des pisteurs, des serviteurs et quelques gardes triés sur le volet. Ils doivent tous avoir été approuvés en matière de sécurité par les services du palais et le bureau des finances. Ce qui veut dire par Ay lui-même, dis-je.

— C'est une suggestion judicieuse, dit Ankhesenamon, car ainsi nous impliquons le régent dans les préparatifs au lieu de l'exclure, et il est bien plus dangereux s'il se sent exclu.

Khay comprit qu'il n'avait d'autre solution que d'accepter.

— Je vais m'occuper avec Simut de tous les préparatifs nécessaires en matière de sécurité pour la visite à Memphis, répondit-il.

— Excellent, dit Toutankhamon en battant des mains.

Et je m'aperçus que pour la première fois il avait l'air vraiment heureux.

23

La maison me parut déserte quand je rentrai chez moi. Je pris conscience du fait que j'y étais rarement pendant la journée. Je me sentais comme un étranger, sentiment que les hommes éprouvent parfois dans leur propre foyer. Je lançai un bonjour, mais seul Thoth répondit au son de ma voix et accourut la queue en l'air.

Je trouvai Tanefert en train d'arroser les plantes sur le toit. Je restai tranquillement un petit moment au sommet de l'escalier sous le portique à la regarder aller et venir parmi les pots, efficace et absorbée par sa tâche. Elle commence à avoir quelques fils d'argent dans sa chevelure noire comme la nuit, mais elle refuse catégoriquement de les teindre ou de les arracher. Nous vivons ensemble depuis tant d'années, leur nombre excède de loin celui des années que j'ai vécues avant de la rencontrer. Je me rends compte de la chance que j'ai eue. Ma vie avant elle ressemble au rêve à moitié effacé d'un autre monde, et depuis c'est une histoire nouvelle, avec nos filles qui sont à présent presque des jeunes femmes et la surprise de la naissance tardive de mon fils.

Elle reposa l'arrosoir et s'étira ; ses nombreux bracelets scintillèrent en coulant et tintant sur sa peau douce. Je songeai un instant qu'ils ressemblaient aux années que nous avons passées ensemble, puisque je lui en offre un chaque année à la date de notre anniversaire de mariage.

Elle s'aperçut tout à coup de ma présence. Elle me sourit, surprise de me voir rentrer à cette heure étrange. Je m'avançai vers elle. Nous restâmes tous deux côte à côte, mon bras passé sur ses épaules, à contempler la ville en silence. L'après-midi était bien avancé, le soleil avait franchi le Grand Fleuve et donnait à présent sur la rive ouest. D'où nous étions nous apercevions tous les toits de notre quartier encombrés de lessives étendues au soleil, de légumes séchant sur des claies, de vieux morceaux de meubles mis au rebut ou réemployés, et de cages à oiseaux.

— Tes plantes sont superbes, fis-je dans une tentative pour briser le silence.

— Elles n'ont besoin que d'eau, de soleil et d'un petit peu d'attention…

Elle me lança un de ses regards chargés de sens mais n'ajouta rien.

Elle m'avait immédiatement percé à jour, comme d'habitude. Elle n'avait pas l'intention de me faciliter la tâche. Elle attendit en jouant machinalement avec une feuille brune recroquevillée.

Je ne savais pas bien comment aborder le sujet.

— Je dois m'absenter quelques jours.

Elle continua à fixer l'horizon, jouissant de la brise légère et rafraîchissante qui venait du nord. Elle défit ses beaux cheveux noirs et ils lui cachèrent un instant le visage avant qu'elle les recoiffe en un nœud brillant.

Je me tournai doucement vers elle et la tint serrée, mais je la sentais tendue entre mes bras.

— Ne fais pas comme si tout allait bien. J'ai peur.

Je la serrai un peu plus fort et elle se détendit légèrement. Puis, comme émue par un réflexe involontaire, elle me repoussa.

— Pourquoi nous quittes-tu ? Tu m'avais promis un jour de ne plus jamais le faire.

Je haussai les épaules pour masquer mon embarras, ce qui est toujours une bêtise à ne pas faire en sa présence.

— Je ne peux pas faire autrement. Crois-moi…

— Rien au monde ne compte plus pour moi que toi et les enfants. Khety a reçu des instructions pour veiller sur vous et vous aider si vous avez besoin de quoi que ce soit.

Elle hocha la tête et s'essuya les yeux.

— Combien de temps seras-tu absent ?

— Dix jours peut-être… pas plus de quinze au maximum.

— C'est ce que tu avais dit la dernière fois. Et tu avais promis de ne jamais recommencer.

— Je suis désolé. Crois-moi. Je n'ai pas le choix.

Elle me lança un de ses regards les plus noirs.

— On a toujours le choix.

— Non, tu te trompes. Je n'ai pas le sentiment d'avoir le moindre choix. Je me sens piégé par des circonstances qui m'échappent complètement. Et si j'essaie de m'évader, quelle que soit la direction que je prends, je ne fais que m'enfoncer de plus en plus dans le piège.

— Et moi, ce que je redoute, ce sont les coups frappés à la porte ; j'ai peur d'aller ouvrir et de me trouver en face d'un messager Medjay lugubre, affichant une mine de circonstance et s'apprêtant à m'annoncer une mauvaise nouvelle, répondit-elle.

— Cela n'arrivera pas. Je suis capable de prendre soin de moi.

— Tu ne peux jamais en être complètement sûr. Ce monde est trop dangereux. Et je sais très bien que tu ne te sens jamais aussi heureux qu'au cœur du danger.

Je ne pouvais rien dire à cela.

— Où vas-tu ?

— À la chasse.

Elle se mit à rire malgré elle.

— Je parle sérieusement. J'accompagne le roi sur les terres de chasse au nord de Memphis.

Son visage se rembrunit aussitôt.

— Pourquoi ?

Je redescendis l'escalier avec elle. Nous nous assîmes dans le coin calme et ombragé de notre petite cour. Thoth nous épiait depuis son repaire. Les bruits de la rue, les cris des colporteurs, les appels des enfants, les réponses de leurs mères nous parvenaient affaiblis. Je lui racontai toute l'affaire.

— Ankhesenamon…

— Oui ?

— Tu lui fais confiance ?

J'hésitai et elle s'en aperçut.

— Sois prudent, dit-elle, et elle allait ajouter quelque chose quand la porte de la rue s'ouvrit à la volée, et j'entendis Thuyu et Nedjmet qui arrivaient dans le couloir, se disputant à propos d'un fait d'une extrême importance. Nedjmet se laissa tomber sur Thoth à moitié endormi qui avait appris à supporter ses embrassades étouffantes. Thuyu nous embrassa tous les deux et resta se balancer contre mes genoux tout en mangeant un morceau de fruit. J'admirai sa grâce légère et ses cheveux brillants.

Tanefert alla leur chercher de l'eau. Ma cadette s'empressa de me dévoiler ce qu'elle avait sur le cœur.

— Je ne crois pas que je me marierai.

— Pourquoi pas ?

— Parce que je sais écrire et réfléchir, et je peux m'occuper de moi toute seule.

— Mais cela ne veut pas dire que tu ne vas pas rencontrer quelqu'un que tu vas aimer…

— Mais pourquoi choisir d'aimer une seule personne quand il y en a tellement ?

Je lui caressai les cheveux.

— Parce que l'amour est une décision, ma chérie.

Elle rumina ma remarque.

— Ils disent tous qu'ils ne peuvent pas s'en empêcher.

— C'est ce qu'on appelle tomber amoureux. Mais le véritable amour est différent.

Elle fronça les sourcils, l'air perplexe.

— Pourquoi c'est différent ?

C'est à ce moment-là que Tanefert revint portant une cruche d'eau ; elle remplit quatre tasses tout en guettant ma réponse.

— Tomber amoureux, c'est romantique et magnifique, et c'est un moment très particulier. On a l'impression alors que rien d'autre ne compte. Mais vivre amoureux, année après année, dans une vraie relation, c'est cela le véritable cadeau.

Thuyu nous regarda tous, leva les yeux au ciel et dit :

— Ce que ça a l'air *vieux jeu*.

Et elle éclata de rire avant de boire son eau.

Puis, la servante amena Amenmose pour qu'il profite de l'air frais de ce début de soirée ; il venait de se réveiller de sa sieste. Encore à moitié endormi et grognon, il tendait les bras pour qu'on le prenne ; je le mis sur mes épaules afin qu'il soit assez haut placé pour taper sur les cages des oiseaux avec un bâtonnet. Il y provoqua bien vite un tapage de cris indignés. Je le fis redescendre et lui donnai du gâteau au miel et de l'eau. Nedjmet rentra à son tour et vint nous rejoindre. Elle prit son petit frère sur ses genoux et joua avec lui.

Mon père revint de sa partie de senet quotidienne qu'il dispute avec ses vieux copains. Nous nous saluâmes et il vint s'asseoir à sa place habituelle sur le banc. Son visage ridé nous observait depuis son coin d'ombre. Les filles allèrent s'asseoir auprès de lui en bavardant. Tanefert commença à penser au dîner et donna ses instructions à la servante qui s'inclina et disparut dans la réserve. Je servis une assiette de figues et versai à mon père et à moi-même une petite coupe de vin de l'oasis de Dakhla.

— Une libation aux dieux, dit-il en levant sa coupe, et il sourit de toute la sagesse de ses yeux d'or, en observant la tristesse calme de Tanefert.

Je contemplai ma famille rassemblée dans la cour de ma maison en cette soirée ordinaire et je levai ma propre coupe pour faire une libation aux dieux qui m'ont offert un tel bonheur. Ma femme avait sûrement raison. Pourquoi irais-je risquer tout ce présent ici et maintenant, pour me lancer dans l'inconnu ?

DEUXIÈME PARTIE

« Hier m'appartient. Je connais demain. »

Le Livre des morts, verset 17.

24

Le soleil avait disparu derrière les toits plats du palais de Malkata et les derniers vestiges du jour quittaient les vallées. Le long plateau bas du désert de l'ouest luisait derrière nous, rouge et or. Le grand lac était d'un calme inquiétant, sa surface noire argentée par la lune comme de l'obsidienne polie reflétait le ciel noir, troublée parfois par les rides langoureuses que provoquait le plongeon d'un poisson-chat invisible. La lune décroissante surplombait le paysage telle la proue incurvée d'un bateau blanc, sur le fond indigo du ciel de plus en plus sombre où les premières étoiles allaient apparaître. Des serviteurs allumèrent lampes et torches, et l'endroit fut éclairé de grandes taches de lumière orangée et tremblante.

Tous les objets nécessaires à un voyage royal étaient lentement et laborieusement chargés à bord du grand navire royal d'apparat, *Le Bien-Aimé d'Amon*. Ses longues courbes élégantes s'élevaient très haut jusqu'à la proue décorée de fleurons sculptés aux proportions magnifiques. Des scènes détaillées décoraient les cabines montrant le roi pourfendant ses ennemis sur le champ de bataille, les voiles étaient ferlées, et les longs avirons n'étaient pas encore à l'eau – ils étaient appuyés à la verticale contre les cabines, au sommet du grand mât –, les faucons royaux déployaient leurs ailes d'or à la lumière argentée de la lune. Le navire paraissait une merveille d'équilibre posée sur les eaux calmes du lac. Amarré à côté de lui, il y avait un autre navire presque aussi beau, *L'Étoile de Thèbes*. À eux deux ils constituaient une double merveille, les meilleurs moyens de transport jamais construits par une civilisation, équipés de tout le luxe et fruit d'une connaissance parfaite de la construction navale pour tirer le meilleur profit de toutes les données du vent et de l'eau, des courants du fleuve qui vous entraînaient sans cesse vers le delta, ou bien, au retour, des vents réguliers du Nord, qui vous ramenaient chez vous.

J'étais inquiet. L'événement dont j'avais espéré qu'il se déroulerait rapidement et n'aurait qu'une importance mineure était devenu une opération problématique sur le plan politique et en matière d'image. J'aurais dû me douter que rien ne serait simple. Il y avait eu des réunions secrètes avec des discussions et des échanges répétés de correspondances entre l'administration royale, les services de sécurité et à peu près toutes les branches du gouvernement ; discussions et échanges sur tous les sujets, depuis l'absence du roi des affaires et de l'exercice du pouvoir jusqu'à des arguties sans fin entre différents ministres à propos de la liste des passagers, du ravitaillement, des meubles nécessaires et de l'horaire officiel. Le moindre sujet avait posé problème. Mais Ay s'était chargé de mettre de l'ordre dans ce chaos. Je ne l'avais pas revu depuis la proclamation au temple mais il semblait soutenir ce projet de partie de chasse. Il avait aussi été décidé qu'Ankhesenamon resterait à Thèbes pour représenter le roi dans les affaires de gouvernement. Ay lui aussi resterait. Il n'avait rien fait jusqu'à présent qui laisse supposer qu'il était hostile à la proclamation du roi.

Je me faisais également du souci pour le garçon. Nakht m'avait dit que ses progrès étaient très lents et que je ne devais pas m'attendre à de grandes améliorations. « Accepte le pire, réjouis-toi du moindre progrès et considère le succès comme un imposteur », m'avait-il déclaré de manière sentencieuse quand j'étais passé le voir chez lui en ville pour prendre des nouvelles de la santé du garçon. Le pauvre avait presque l'air d'une momie sous ses attelles et ses bandages de lin que mon vieil ami lui avait posés pour tenter de soigner ses terribles blessures. J'avais remarqué que les déchirures tout autour de son visage avaient heureusement cicatrisé et commençaient à guérir. Naturellement il ne voyait pas, mais quand je lui parlai il me sembla à son expression qu'il me reconnaissait.

— Est-ce que tu te souviens de moi ? lui demandai-je doucement.

Il hocha la tête.

— Je dois m'en aller mais je te laisse aux bons soins de ce gentilhomme. Il s'appelle Nakht. Il va s'occuper de toi jusqu'à mon retour. N'aie pas peur. C'est un brave homme. Et quand je reviendrai nous parlerons toi et moi. Est-ce que tu me comprends ?

Il finit par hocher la tête une fois de plus, doucement. Je ne pouvais rien faire d'autre si ce n'est espérer contre tout espoir qu'il soit encore vivant quand je reviendrais à Thèbes.

Je fus arraché à ce souvenir par des cris, des bêlements et des caquetages indignés : c'étaient les canards, les poulets et les chèvres que l'on amenait, totalement effrayés, pour les charger vivants à bord des bateaux. Des groupes d'esclaves transportaient des coffres de provisions les uns après les autres, des viandes déjà découpées conservées dans le sel à l'intérieur de caisses et de boîtes. Ils apportaient aussi des carcasses entières dont les os étaient cachés sous des pièces de viande tendres et sombres, des entrepôts entiers de fruits et de légumes, des sacs de grain, des assiettes en argent, de belles nappes blanches, des gobelets et des coupes... On aurait dit qu'on partait pour un voyage à travers l'éternité. Un contremaître supervisait l'opération : il passait d'un pas impérieux d'une équipe de travailleurs à l'autre, cochant les marchandises sur un long papyrus où tout ce dont on pouvait avoir éventuellement besoin était soigneusement noté. Je me présentai et lui demandai de me parler de tout ce que l'on chargeait. Il hocha la tête et me fit signe de le suivre en direction des entrepôts.

— Ces provisions sont destinées uniquement au roi et à son entourage, celles des troupes et du reste de la suite ont été embarquées à bord d'un autre navire de transport qui naviguera un peu en avant des bâtiments royaux et préparera chaque nuit l'arrivée du roi en prenant les dispositions nécessaires.

Il passa soudain entre deux gardes et entra dans un entrepôt plein à craquer.

— Et voici l'équipement royal.

Il resta là, les mains sur les hanches, surveillant tout d'un regard de connaisseur. Des serviteurs entrèrent en silence et, avec son accord, et sur son ordre, ils commencèrent à tout sortir.

Il y avait quatre chars et une vaste panoplie d'armes, des carquois garnis aux incrustations d'or et de bois, des arcs, des épieux, des poignards, des bâtons, des fouets. Et aussi tous les accessoires indispensables au confort du roi ; des éventails, des sièges, des tabourets de voyage, des lits, des boîtes, des trônes, des toiles, des lanternes d'albâtre, des coupes d'albâtre, des gobelets d'or, des quantités de robes d'apparat, des tenues de chasse, des linges de cérémonie, des bijoux, des colliers, du maquillage, des onguents et des huiles. Tout était décoré des matériaux les plus précieux ou sculpté dans les bois les plus rares. Mais ici, entassé sur le quai, dans la pénombre, tout juste éclairé par les torches que la fraîche brise nocturne venue des Terres rouges faisait vaciller, tout cela faisait penser à l'attirail d'un dieu sans demeure. Tant d'*affaires* pour un voyage aussi court ; pas étonnant qu'Ankhesenamon se sente étouffée par le fardeau de la royauté et par la possession d'une telle quantité d'or.

Je les laissai poursuivre leur tâche et retournai vers le navire où je vis le jeune lion apprivoisé du roi que l'on faisait monter à bord en le tenant par sa chaîne ; il flairait l'air étrange de la nuit et essayait de se défaire de sa courte laisse. C'était un animal superbe ; ses épaules et sa tête se balançaient en ondulant tandis qu'il marchait silencieusement sur le pont pour rejoindre le confort de la cage luxueuse qu'on lui avait préparée à la proue. Il s'y installa, lécha ses pattes veloutées en regardant de ses yeux graves le vaste monde de la nuit si proche et pourtant inaccessible derrière les barreaux infranchissables. Puis il bâilla comme s'il se résignait à son sort et à sa confortable prison, et il posa sa tête sur ses pattes pour s'endormir.

Mais il dressa aussitôt les oreilles et se retourna pour observer un peu d'agitation qui venait de se produire sur le quai. Une brève sonnerie de trompette retentit. La silhouette élancée et élégante du roi apparut devant une suite d'officiels et de gardes. Ankhesenamon le suivait, le visage voilé. Ils échangèrent des adieux publics avec courtoisie, et je vis Ay se pencher pour murmurer quelque chose à l'oreille du roi. Khay se tenait attentivement d'un côté comme s'il espérait qu'on allait faire appel à lui. Puis Simut, en grande tenue militaire, invita le roi à monter à bord du bateau. Accompagné de son petit singe doré, Toutankhamon gravit la passerelle prudemment mais avec élégance, élancé et circonspect dans sa robe blanche, tel un ibis parmi les roseaux.

Quand il fut sur le pont du bateau, il se retourna et fit un geste vers ceux qui étaient restés sur la terre ferme. Le moment était étrange : on aurait dit qu'il avait l'intention, soit de faire un discours, soit d'agiter la main comme un enfant. Tout le monde restait silencieux, attendant qu'il se passe quelque chose. Puis, comme s'il ne savait pas quoi faire de plus, il se contenta de hocher la tête avant de disparaître dans sa cabine.

Ankhesenamon me fit signe d'approcher pendant qu'Ay était engagé dans une discussion avec le capitaine du bateau.

— Prends soin de lui, dit-elle doucement en faisant tourner sans arrêt les bagues en or qu'elle portait à ses doigts délicats, et si parfaitement soignés.

— Je me fais du souci pour ta propre sécurité au palais. Avec Ay…

Elle me regarda froidement.

— J'ai l'habitude d'être seule. Et il semblerait qu'Ay ait décidé de soutenir ce à quoi il ne pouvait s'opposer, murmura-t-elle.

— Vraiment ?

— Naturellement, je ne lui fais pas confiance, pas plus que je ne me fierais à un cobra. C'est presque plus déconcertant de le voir se comporter en allié plutôt que comme un adversaire déclaré. Mais il nous a acquis la coopération des ministres et le soutien du clergé. Je suppose qu'il croit toujours pouvoir nous manipuler au service de ses grands desseins.

— Il est absolument pragmatique. Il doit avoir immédiatement compris qu'en s'opposant il se compliquerait la tâche plus qu'en collaborant. Mais il détient toujours de grands pouvoirs..., dis-je prudemment.

Elle hocha la tête.

— Je ne commettrai pas l'erreur de le sous-estimer ni même de lui faire confiance. Mais un nouvel équilibre s'est établi. L'usage public de ses pouvoirs ne peut s'exercer que par l'intermédiaire du roi. De plus, nous avons lui et moi un ennemi commun.

— Horemheb ?

— Précisément. Le roi reste bien naïf quand il s'agit du général. Je suis convaincue que, où qu'il soit, il est en train de préparer la prochaine étape de sa conquête du pouvoir. Sois prudent à Memphis, c'est sa ville, pas la nôtre.

Je m'apprêtai à répondre lorsque Ay, toujours doué pour apparaître au moment où on souhaitait le moins le voir, nous interrompit.

— As-tu tes autorisations et tes papiers ? demanda-t-il de son ton péremptoire.

Je fis signe que oui.

— Le roi a fait sa grande proclamation et tout son entourage le plus proche a soutenu son projet. Maintenant, la chasse royale doit être un succès aux yeux de tous. La déception serait grande s'il revenait sans un lion en guise de trophée, poursuivit-il sur un ton plus confidentiel. Sa voix était sèche comme du sable.

— Je n'y connais rien à la chasse au lion. Mon rôle est d'assurer sa sécurité, de le ramener ici sain et sauf, et de le rendre à son avenir serein.

— Tu feras exactement ce qu'on t'a ordonné de faire. Et si tu échoues, tu le paieras très cher.

— Que veux-tu dire ?

— Il ne saurait être question d'aucun malentendu, n'est-ce pas ? répondit-il comme s'il était surpris par la naïveté de ma question.

Sur ce, sans rien ajouter de plus, il s'inclina et proposa à Ankhesenamon de se préparer pour le départ du bateau.

La soixantaine de rameurs placèrent les avirons dans les ouvertures du plat-bord et, au son du tambour, ils entreprirent, avec de grands efforts, d'éloigner le bateau du quai. Dans ce paysage qui s'élargissait à mesure que l'on s'éloignait, je vis Ankhesenamon qui nous regardait partir ; Ay était à ses côtés. Puis sans un geste, comme une frêle apparition retournant dans l'autre monde, elle disparut dans le palais obscur. Ay resta à nous regarder jusqu'à ce que nous disparaissions de sa vue. Je fixai les eaux noires, leurs remous et leurs tourbillons selon des courants secrets, comme si quelque sorcier était en train de mélanger d'étranges fortunes et les tempêtes du destin.

25

Simut vint me rejoindre à la proue du navire doré tandis que la ville disparaissait derrière nous. Thèbes, ma ville natale, la ville où je vis, sombre sous le ciel noir, ses faubourgs ténébreux et ses taudis, les hauts murs droits de ses temples, de ses pylônes, d'un blanc pur aux endroits où ils reflètent la lune, et il me semblait, malgré toutes les vies qu'elle renfermait, que la ville était vide, posée en équilibre précaire, faite de papyrus et de roseaux comme si elle pouvait s'écrouler au premier coup de vent mauvais. L'imagination peut vaincre les distances mais je m'aperçus que le cœur ne le peut pas. Je pensai à mes enfants endormis et à Tanefert éveillée dans notre lit, une chandelle encore allumée sur la petite table auprès d'elle, m'imaginant sur le bateau doré qui s'éloignait. J'avais décidé de lui laisser Thoth pour qu'il monte la garde la nuit. L'animal avait paru inconsolable en me voyant partir, comme s'il avait compris que je serais absent un certain temps.

— Est-ce que tu as laissé ta famille ici ? demandai-je à Simut.

— Je n'en ai pas. C'est un choix que j'ai fait au début de ma carrière. J'avais une petite famille quand j'étais jeune et elle ne m'a été d'aucun secours. J'ai donc décidé que je pouvais très bien me passer d'une famille en tant qu'adulte. C'est l'armée qui a été ma famille et qui a constitué toute ma vie. Je ne regrette rien.

C'était le plus long discours qu'il m'ait jamais tenu. Après une pause, comme s'il avait pris le temps de se demander s'il pouvait me faire une confidence encore plus intime, il ajouta :

— Je trouve que ce voyage est bien plus dangereux que le fait d'assurer la protection du roi au palais. Là au moins on peut contrôler la situation. On peut réglementer l'accès, assurer la stabilité… Ici tout peut arriver.

J'étais bien d'accord avec lui, et pourtant nous étions ici, écrasés par des circonstances qui nous échappaient totalement.

— Qu'as-tu appris de l'architecte en chef du temple à propos des sculptures profanées ?

— Il m'a dit que ces dernières semaines le chantier était un véritable chaos. Tout était en retard, les sculptures étaient loin d'être achevées, il a donc, sur les conseils du chef des artistes, affecté des ouvriers supplémentaires à cette tâche. En raison de la panique, il y a eu des manquements dans les procédures de sécurité appliquées aux ouvriers ; certains sculpteurs n'ont pas été inscrits comme ils auraient dû l'être, et à présent naturellement personne n'acceptera d'être responsable de cette sculpture-là… Cela n'a pas dû être très compliqué pour quelque vaurien de s'introduire sur le chantier…

Il contemplait d'un œil sinistre le feuillage sombre des arbres le long de la rive comme si des assassins non répertoriés se cachaient derrière chaque palmier.

— Je ne suis guère plus emballé que toi par cette mission. Memphis est un nid de serpents…

— Je la connais bien. C'est là que j'ai fait mes classes. Heureusement j'ai mes propres alliés dans la ville.

— Et que penses-tu d'Horemheb ?

Il regarda fixement les eaux noires du fleuve.

— Sur le plan militaire je considère que c'est un grand général. Je n'en dirais pas autant sur le plan humain.

Un jeune officier s'approcha à ce moment-là ; il salua Simut et me dit :

— Le roi a demandé à te voir.

Et je fus donc introduit dans la cabine royale. D'épais rideaux avaient été tirés pour rendre plus intime cette pièce de réception. Je ne vis ni le roi ni son singe. Éclairé par des lampes à huile parfumée, l'endroit avait été richement et superbement décoré. Je contemplai autour de moi un véritable étalage de trésors dont un seul aurait suffi aux ressources d'une famille pendant une vie entière. Je pris un élégant gobelet en albâtre façonné en forme de lotus blanc.

Il portait une inscription en hiéroglyphes noirs nettement tracés. Je la lus pour moi-même à haute voix.

Vis ton ka
Et puisses-tu passer des millions d'années
Toi qui aimes Thèbes
Le visage baigné de la fraîche brise du nord
Dans un bonheur parfait

— C'est un très beau poème, dit le roi de sa voix haute et claire.

Je ne l'avais pas entendu entrer. Je reposai délicatement le gobelet. Puis je m'inclinai et lui adressai mes vœux de paix, de santé et de prospérité.

— « *Vis ton* ka… » La phrase est énigmatique mais très belle. J'ai entendu dire que tu as toi-même écrit des vers autrefois. Que veut dire celui-ci à ton avis ?

— Le *ka* est la mystérieuse force de vie qui existe en toutes choses et en chacun d'entre nous…

— C'est ce qui nous différencie des morts et des choses mortes, mais que signifie en réalité le vivre pleinement ?

Je réfléchis.

— Je suppose que c'est une façon d'inciter chacun à vivre selon cette vérité et, de cette façon, si l'on en croit le poème, à trouver le bonheur, c'est-à-dire le bonheur éternel, *« des millions d'années »*.

Il sourit, révélant des dents parfaites.

— C'est vraiment un grand mystère. Moi, par exemple, j'ai l'impression en ce moment d'être enfin en train de vivre véritablement mon *ka*. Ce voyage et cette partie de chasse sont mon destin. Mais peut-être ne crois-tu pas aux sentiments qu'exprime ce poème ?

— J'ai quelques difficultés avec le mot *bonheur*. Je suis un officier Medjay, je ne m'attends pas à trouver beaucoup de bonheur. Mais c'est peut-être que je ne cherche pas aux bons endroits, répondis-je prudemment.

— Tu vois le monde comme un endroit cruel et dangereux.

— C'est vrai, dus-je admettre.

— Tu as la raison de ton côté, pourtant je reste convaincu qu'il peut en être autrement.

Puis il s'assit sur l'unique siège de la pièce. Comme tout le reste, ce meuble n'avait rien d'ordinaire, c'était un petit trône d'ébène en partie recouvert de feuilles d'or et incrusté de motifs géométriques en verre et en pierres colorées. Je fus surpris d'apercevoir sur le dossier, juste avant qu'il ne s'asseye, le disque d'Aton, le symbole du règne et du pouvoir de son père, depuis longtemps interdit. Il déposa ses sandales sur le repose-pieds incrusté où l'on avait représenté les ennemis de l'Égypte, les captifs enchaînés, et il me fixa intensément avec une sorte d'étrange douceur.

— Tu sembles étonné par ce trône.

— C'est un objet magnifique.

— Il a été fait pour moi du temps de mon père.

Le singe sauta sur ses genoux et me regarda de ses yeux mouillés et inquiets. Le roi lui caressa la tête et l'animal sembla bavarder avec lui un instant. Il lui donna une amande, tout en jouant machinalement avec une superbe amulette qu'il portait à une chaîne d'or autour du cou.

— Mais ce symbole n'est plus autorisé, hasardai-je prudemment.

— Non. Il est interdit. Mais mon père n'avait pas entièrement tort dans la révolution religieuse qu'il a entreprise. J'ai le sentiment de ne pouvoir parler de cela qu'avec toi, n'est-ce pas étrange ? J'ai été élevé dans cette religion, et c'est peut-être pour cette raison que, dans l'esprit, si ce n'est dans la lettre, elle me paraît vraie, aussi juste qu'un cœur sincère.

— Mais c'est toi qui l'as fait interdire, Seigneur.

— Je ne pouvais pas faire autrement. Le cours du temps s'était retourné contre nous. Je n'étais qu'un enfant. C'est Ay qui l'a emporté, et à l'époque il avait raison, sinon comment aurait-on pu rétablir l'ordre dans les Deux Terres ? Mais, au fond de mon cœur et de mon âme, je continue à adorer le dieu unique, le dieu de Lumière et de Vérité. Et je sais bien que je ne suis pas le seul.

Cela m'ouvrit des perspectives stupéfiantes. Voici le roi qui confessait son attachement à une religion interdite et dont les images avaient été détruites et le clergé banni en son propre nom. Je me demandai si Ankhesenamon elle aussi était impliquée dans cette affaire.

— Laisse-moi te confier, Rahotep, que même si le devoir d'un roi, je le sais bien, est de se montrer en train de capturer et de tuer un lion, je n'ai en vérité aucune envie personnelle de le faire. Pourquoi tuerais-je une créature aussi merveilleuse, dotée d'un caractère farouche ? Je ferais mieux d'observer sa puissance et sa grâce et d'en prendre exemple. Parfois, dans mes rêves, j'ai le corps robuste d'un lion et toute la sagesse de Thot pour réfléchir. Puis je m'éveille et je me rappelle que je ne suis que moi-même. Et il me faut encore un bon moment pour me souvenir que je suis, et dois être, le roi.

Il contempla ses propres membres comme s'ils lui étaient étrangers.

— Un corps puissant ne peut rien sans un esprit puissant.

Il me sourit presque avec gentillesse comme s'il appréciait ma tentative maladroite de flatterie. Il me vint tout à coup l'étrange idée qu'il m'aimait bien.

— Parle-moi de mon père, dit-il en me désignant un tabouret où je pourrais m'asseoir aux pieds de sa royale personne.

Une fois de plus, il m'avait pris par surprise. Son esprit raisonnait curieusement, par bonds soudains, par écarts inattendus, par associations, à la manière d'un crabe.

— Que veux-tu savoir ? répondis-je.

— Le souvenir que je garde de lui s'affaiblit de jour en jour. Je me raccroche fermement à certaines images mais elles ressemblent à un vieux tissu brodé : les couleurs se fanent et les fils s'usent, et bientôt, j'en ai peur, son souvenir m'échappera.

— Je pense que c'était un grand homme qui avait une nouvelle vision du monde. Ce qu'il a accompli exigeait un grand courage personnel et une volonté politique. Mais je crois qu'il se faisait une trop haute opinion des capacités de l'être humain à se perfectionner. C'était là la faille de son grand projet.

— Tu ne crois pas en la perfection, non ?

Je secouai la tête.

— Pas dans cette vie. L'homme est moitié dieu, mais aussi moitié bête.

— Tu es un sceptique. Les dieux ont fait de nombreuses tentatives pour créer une humanité parfaite, mais chaque fois ils ont été déçus et ont rejeté leur œuvre puis abandonné le monde au chaos. Je pense que c'est ce qui est arrivé à mon père. Mais l'histoire n'était pas terminée. T'en souviens-tu ? Le dieu Râ, avec ses os d'argent, sa peau en or, ses cheveux et ses dents en lapis-lazuli et ses yeux dont la vision a donné naissance à l'humanité, le dieu Râ a découvert la traîtrise dans le cœur des hommes et il a envoyé Hator, sous les traits de Sekhmet, la Vengeresse, pour massacrer ceux qui avaient comploté contre lui. Mais au fond de son cœur Râ éprouva de la pitié pour ses créatures. Il changea d'avis. Il trompa la déesse en inventant la bière rouge des dieux, et elle se soûla de ses délices et ne s'aperçut pas que ce n'était pas le sang des hommes qui tachait le désert ; voilà comment nous avons survécu à sa vengeance, grâce à la compassion de Râ.

Il caressa le singe comme s'il était l'humanité et que lui était Râ.

— Tu te demandes pourquoi je t'ai raconté cette histoire ? demanda-t-il tranquillement.

— Je ne sais pas. Peut-être parce que tu n'es pas ton père. Peut-être me l'as-tu racontée parce que, en dépit de son désir de perfection, il a conduit ce monde au bord d'une terrible catastrophe. Peut-être parce que, dans ta compassion, tu sauveras le monde du désastre.

Il me considéra un instant.

— C'est peut-être ce que je pensais. Mais que dis-tu d'Hator et de sa soif de sang ?

— Je ne sais pas, répondis-je franchement.

— Je pense qu'il existe une forme de rétribution des événements. Un crime engendre un crime qui engendre un autre crime, et ainsi de suite jusqu'à la fin de tout. Comment peut-on échapper à ce schéma, à ce labyrinthe de vengeance et de souffrances ? Uniquement par un acte d'indulgence exceptionnel… L'être humain est-il capable d'une telle compassion ? Non, on ne m'a toujours pas pardonné les crimes de mon père. Peut-être ne me pardonnera-t-on jamais. Si c'est le cas, je devrai me montrer meilleur qu'il n'a été. Mais nous voilà, voyageant dans l'obscurité, cernés par la peur, pour que je puisse ramener un lion sauvage en triomphe. Je parviendrai peut-être alors à m'imposer comme roi en mon nom propre et non plus en tant que fils de mon père. Ce monde est étrange. Et te voilà pour m'en protéger, tel l'œil de Râ.

Il fouilla dans sa robe et en sortit un anneau, orné d'un talisman en forme d'œil, petit mais très beau. Il me le donna. Je le glissai à mon doigt et m'inclinai pour le remercier.

— Je t'offre cet Œil qui voit tout afin que ta vue soit aussi perçante que celle de Râ. Nos ennemis voyagent aussi vite que des ombres. Tu dois les voir. Tu dois apprendre à les repérer dans le noir.

26

Le puissant courant nous emmenait de l'avant, toujours vers le nord en direction de Memphis. Simut et ses gardes étaient sur le qui-vive en permanence, et moi j'étais agité, incapable de dormir, je me sentais prisonnier sur l'eau. Chaque fois que le roi prenait l'air, ce qui n'arrivait pas souvent, nous nous assurions que nous étions loin de tout village. Malgré tout, chaque champ, chaque bouquet de palmiers pouvait présenter un danger car nous représentions une cible extravagante. Depuis le bateau j'apercevais de misérables villages de terre entassés à l'ombre des palmiers dattiers où des enfants nus et des chiens grouillaient dans des chemins de terre étroits et sinueux, où des familles s'entassaient les unes sur les autres, vivant avec leurs animaux dans une seule maison qui ne valait guère mieux qu'une étable. Dans les champs, des femmes vêtues de robes miraculeusement propres et colorées sarclaient des rangs parfaits vert et or d'orge et d'avoine, d'oignons et de choux. Le spectacle semblait paisible et idyllique, mais la réalité ne correspond jamais aux apparences : ces femmes devaient peiner de l'aube au crépuscule simplement pour payer la taxe sur les céréales, à cultiver une terre qu'elles louaient probablement à une famille de l'élite confortablement installée à Thèbes dans sa demeure luxueuse et richement meublée.

Après trois jours de navigation, nous arrivâmes à proximité de la ville quasi déserte d'Akhetaton. Je me mis à la proue pour observer la ligne accidentée des falaises rouge et gris derrière la ville. Quelques années plus tôt à peine, cet endroit avait été le théâtre de la grande expérience d'Akhenaton : une nouvelle capitale de l'avenir, blanche et brillante ; de grandes tours, des temples solaires largement ouverts, des bureaux et des faubourgs bâtis de superbes demeures. Mais depuis la mort du père du roi, les administrations étaient progressivement retournées à Thèbes ou à Memphis. Puis la peste s'était abattue comme un fléau vengeur, tuant par centaines ceux qui étaient restés, la plupart d'entre eux parce qu'ils n'avaient pas de travail et nulle part où aller. On disait que la peste avait également tué les autres filles d'Akhenaton et de Néfertiti car elles avaient disparu de toute vie publique. Aujourd'hui, si l'on exceptait la présence d'un petit noyau d'employés, la ville avait la réputation d'être en grande partie abandonnée, battue par les vents, et de tomber en ruine. Mais je fus surpris et très intéressé d'apprendre par Simut que le roi désirait ardemment visiter la ville.

Et c'est ce qui fut fait, très tôt le lendemain matin, au moment où les premiers oiseaux se mettaient à chanter, où la brume du fleuve dérivait, immatérielle et froide, au-dessus des courants sinueux des eaux noires ; et alors que les ombres de la nuit s'allongeaient démesurément sur le sol que nous foulions, nous partîmes du bateau amarré, accompagnés d'une troupe de soldats, pour pénétrer sur le territoire desséché de l'histoire.

Le roi, vêtu de robes blanches et portant la Couronne bleue, tenait une canne de marche en or terminée par un pommeau de verre ; il était encadré par une troupe de gardes, à l'avant et à l'arrière, portant l'armure et des armes luisantes pour écarter les paysans curieux, éblouis par cette apparition inattendue surgie d'un autre monde ; nous nous dirigeâmes vers le centre de la ville par des sentiers désertés qui avaient été, seulement quelques années auparavant, des avenues animées. Quand nous franchîmes les limites de la ville, je pus voir immédiatement les effets de son abandon : les murs autrefois fraîchement peints étaient maintenant décolorés, réduits à un mélange de gris et de brun poussiéreux. Les jardins élégants, à l'époque si bien entretenus, étaient envahis d'une végétation sauvage, et les piscines des riches étaient vides et craquelées. Quelques rares fonctionnaires et des serviteurs se rendaient encore au travail par ces chemins abandonnés, mais ils se déplaçaient comme s'ils ne croyaient plus à leur tâche ; ils se figèrent en voyant notre groupe et tombèrent à genoux au passage du roi.

Nous parvînmes enfin à la Voie royale. Le soleil venait d'apparaître à l'horizon et aussitôt il se mit à faire chaud. Cela avait été une voie de cérémonie balayée à la perfection avant chaque arrivée d'Akhenaton et de la famille royale dans leurs chars en or ; aujourd'hui cette route n'était plus qu'un chemin pour les fantômes et les vents chargés de poussière. Nous parvînmes au premier pylône du Grand Temple d'Aton. Les hauts murs verticaux de brique s'éboulaient. Les longs étendards colorés qui flottaient autrefois, éclatants dans la brise du nord, n'étaient plus que des loques déteintes sous l'effet décolorant du soleil. Les grands vantaux de bois pendaient de guingois sur leurs gonds rouillés. Un des soldats les força : ils cédèrent comme à contrecœur avec un craquement de bois desséché. Nous entrâmes dans la vaste cour. Autrefois elle aurait été emplie de centaines d'autels entourés de milliers de fidèles vêtus de leurs robes blanches éclatantes, les mains levées vers le soleil conformément au niveau rituel, tendant à bout de bras des fruits, des fleurs et même des bébés pour qu'ils soient bénits par les rayons du soir. De nombreuses statues de pierre d'Akhenaton et de Néfertiti fixaient toujours le vide de ce vaste espace, car tout ce qui restait à voir était un spectacle de déréliction : la ruine de leur grand projet. Quelques statues étaient tombées : certaines, face contre terre, d'autres contemplaient le ciel de leur regard aveugle.

Le roi partit en avant, nous faisant clairement comprendre qu'il avait envie d'être seul un moment. Tandis que nous le suivions de loin en nous efforçant de le garder à l'œil, Simut me murmura :

— Toute la ville retombe en poussière.

— Je suppose que c'est ce qu'elle a toujours été.

— Oui, mais avec de l'eau en plus, plaisanta-t-il d'un air sombre.

Je souris à ce trait d'esprit inattendu. Il avait raison. Il suffisait d'ajouter de l'eau et de faire de la boue, puis de faire sécher les briques au soleil, d'ajouter ensuite enduits et peintures, du bois et du cuivre en provenance de l'île d'Alashiya, et de l'or des mines de Nubie, et encore des années de travail, de sang, de sueur et de mort venues d'un peu partout, et l'on obtenait cette vision des cieux sur la terre. Mais il n'y avait pas eu assez de temps ni assez d'argent pour bâtir cette vision en pierre éternelle, c'est pourquoi elle retournait aujourd'hui à la poussière dont elle était faite.

Le roi se tenait face à une grande statue de pierre de son père. Les traits anguleux de la statue étaient soulignés par les ombres. Tous les signes du pouvoir étaient incarnés dans cet étrange visage. C'était là autrefois le symbole suprême de la royauté. Mais aujourd'hui, même ce style, cette façon curieuse et ambiguë d'allonger les formes, était devenu un élément du passé. Le visage du jeune roi était énigmatique tandis qu'il se tenait, petit, humain et frêle face à la puissance de son père de pierre au milieu des ruines désolées du grand rêve paternel. Il fit alors une chose étrange, il tomba à genoux et vénéra la statue. Nous l'observions en nous demandant si nous devions nous joindre à lui. Mais personne dans son entourage ne semblait désireux de le faire. Je m'avançai jusqu'à lui et déployai une ombrelle au-dessus de sa tête. Quand il se releva, je vis qu'il avait les yeux emplis de larmes.

Nous fîmes le tour des palais de la ville, marchant parfois sur l'étrange preuve d'une présence humaine antérieure : une sandale dépareillée et poussiéreuse, des habits déteints, des cruches cassées et des jarres de vin vides dont le contenu s'était évaporé depuis longtemps, de petits ustensiles domestiques, des coupes et des plats parfois intacts mais emplis de petits dépôts de sable et de poussière. Nous parcourûmes d'immenses salles décorées qui avaient accueilli des foules prestigieuses et des concerts de musique exquise mais qui à présent servaient de nids aux oiseaux et de repaires aux serpents, aux rats et aux vers. Sous nos pieds, de magnifiques sols peints de scènes représentant des jardins aquatiques pleins de poissons luisants et d'oiseaux étaient décolorés et craquelés par l'usure du temps.

— Je m'aperçois que je me rappelle tout à coup des choses que j'avais oubliées. J'ai passé mon enfance ici. J'ai grandi dans le Palais Nord au Bord de l'Eau. Mais à présent je me souviens d'avoir été amené dans cette pièce.

Le roi parlait doucement tandis que nous étions dans la salle principale du grand palais près du fleuve. Les longs rayons du soleil du matin y pénétraient en biais, crus et emplis de poussières. Une multitude d'élégantes colonnes soutenaient le plafond élevé dont le décor encore bien conservé représentait le ciel nocturne indigo et le scintillement doré des étoiles.

— Mon père était aussi distant à mon égard qu'une statue. Il parlait peu. J'éprouvais pour lui une crainte respectueuse. Nous faisions parfois nos dévotions ensemble. De temps en temps on me mettait en sa présence. C'était toujours pour une occasion exceptionnelle. On m'habillait avec un soin particulier et on me menait à travers quantité de longs couloirs écrasés de silence où des vieillards repoussants, sinistres et effrayants s'inclinaient devant moi sans jamais m'adresser la parole. Puis on m'introduisait en sa présence. Souvent il me laissait là debout à attendre un certain temps avant de se décider à me remarquer. Je n'osais pas bouger. J'étais effrayé.

Je ne savais pas très bien que faire de cette confidence inattendue. Aussi décidai-je de lui rendre la pareille.

— Mon père à moi était aussi un homme calme. Il m'a appris à pêcher. Quand j'étais enfant, nous passions des heures à dériver lentement le long de la berge au crépuscule dans une barque de roseau, nos lignes plongées dans l'eau ; nous ne parlions ni l'un ni l'autre, goûtant simplement le silence.

— C'est un beau souvenir, dit-il.

— C'étaient des temps simples.

— « Des temps simples… »

Il répéta les mots avec une étrange nostalgie, et je compris avec certitude qu'il n'avait jamais connu de temps simples dans sa vie. Peut-être était-ce là ce qu'il désirait le plus ; les pauvres rêvent de grandes richesses, de même les riches, dans leur effroyable ignorance, croient aspirer à la simplicité du dénuement.

Le roi contemplait le balcon des Apparitions, où se tenait son père autrefois, dominant de très haut son peuple, et d'où il distribuait bijoux et colliers d'Honneur. Au-dessus du balcon on voyait une sculpture du disque d'Aton avec ses nombreux rayons de soleil comme des bras minces dont certains se terminaient par une main délicate qui offrait le Ankh de Vie. Mais le balcon était vide à présent, et il n'y avait plus personne pour donner ou recevoir de telles offrandes.

— Je me souviens de cette salle, je me souviens d'une foule immense et d'un long silence. Je me souviens que tout le monde me regardait. Je me souviens…

Il s'interrompit, saisi d'un doute.

— Mais mon père n'était pas là. Je me souviens que je le cherchais. C'est Ay qui était à sa place. Et il a fallu que je traverse cette foule pour entrer dans cette pièce avec lui.

Il la montra du doigt.

— Et alors que s'est-il passé ?

Il se déplaça lentement sur le décor aquatique fané qui recouvrait le sol, en direction d'une porte dont les moulures sculptées avaient fourni un fabuleux festin aux termites. Il l'ouvrit d'une poussée. Je le suivis dans une pièce tout en longueur. Les meubles et le reste de son contenu avaient disparu. Elle avait cette sonorité étrangement vide des endroits longtemps inoccupés. Il frissonna.

— Après cela, plus rien ne fut jamais pareil. Je ne revis mon père qu'une seule fois. Et quand il m'aperçut il se mit à hurler comme un fou. Il attrapa une chaise et essaya de me la briser sur la tête. Puis il s'assit par terre et se mit à pleurer et à geindre. Et ce fut la dernière fois que je le vis. Tu vois, il était pratiquement fou. C'était un terrible secret mais je le connaissais. Je fus emmené à Memphis, j'y fus éduqué, je vivais avec ma nourrice, et Horemheb devint mon tuteur. Il s'est efforcé d'être un bon père pour moi. Personne ne prononçait plus le nom de mon père. C'était comme s'il n'avait jamais existé. Mon père était devenu un fantôme. Et un beau jour on m'a préparé pour le couronnement. J'avais neuf ans. Je fus marié à Ankhesenpaaton. On nous donna de nouveaux noms. Moi, qui toute ma vie m'étais appelé Toutankhaton, je fus renommé Toutankhamon. Elle devint Ankhesenamon. Les noms ont de grands pouvoirs, Rahotep. Nous avions perdu ce que nous étions pour devenir quelque chose d'autre. Nous étions comme de petits orphelins égarés, perdus et misérables. Et on m'avait marié à la fille de la femme qui, disait-on, avait provoqué la chute de ma mère. Et pourtant il y eut une surprise, il se trouva que je l'aimais bien. Et d'une certaine manière nous sommes parvenus à ne pas nous haïr à cause du passé. Nous avons compris que nous n'y sommes pour rien. Et en vérité, elle est pratiquement la seule personne au monde en qui j'aie confiance.

Ses yeux brillaient tandis que l'émotion le submergeait. Je décidai que je ne pouvais pas garder le silence.

— Qui était ta mère ?

— Son nom, tout comme celui de mon père, a été réduit en poussière et emporté par le vent.

— Kiya, dis-je.

Il hocha lentement la tête.

— Je suis content que tu le connaisses. Au moins son nom survit quelque part.

— Je connais son nom. Je ne sais rien de son destin.

— Elle a disparu. Un après-midi elle était là et le soir elle avait disparu. Je me souviens que j'avais couru jusqu'aux coffres où elle rangeait ses habits et que je m'étais caché dans l'un d'entre eux, refusant d'en sortir parce que tout ce qu'il me restait d'elle c'était l'odeur de ses vêtements. Je les conserve toujours, même si tout le monde a essayé de me convaincre de m'en débarrasser. Je ne le ferai pas. Certains jours j'y retrouve encore une trace fugace de son parfum. C'est parfois très réconfortant.

— Et tu n'as jamais découvert ce qui lui est arrivé ?

— Qui aurait pu me dire la vérité ? À présent, tous ceux qui détenaient de tels secrets sont morts. Excepté Ay… Et il ne parlera jamais. Je suis donc condamné à l'ignorance. Parfois je m'éveille en pleine nuit parce que dans mes rêves elle m'a appelé, mais je ne peux jamais comprendre ce qu'elle dit. Alors je m'éveille, et je la perds à nouveau.

Un oiseau de nuit chanta quelque part dans l'obscurité.

— Les morts survivent dans nos rêves, ne crois-tu pas, Rahotep ? C'est là que réside leur éternité.

— Aussi longtemps que nous vivons.

Et il se tapota doucement le crâne en me fixant de ses yeux d'or.

27

Deux jours plus tard, les puissants courants du Grand Fleuve nous amenèrent à proximité des parties sud de la ville de Memphis. Les anciennes nécropoles, construites aux marges du désert au-dessus des terres cultivées, les temples sans âge et la pyramide de Saqqara qui furent les premiers grands monuments des Deux Terres, étaient cachés à mi-hauteur sur le plateau. Simut nous décrivit les autres monuments qui se trouvaient plus loin au nord et que nous ne pouvions pas voir depuis le fleuve : les pyramides d'un blanc étincelant de Khufu et de ses reines, le temple le plus récemment construit, celui d'Horus de l'Horizon ; et le grand Sphinx sur lequel Thutmose IV avait placé sa stèle du Rêve, ce rêve dans lequel il avait fait le vœu de dégager le Sphinx du sable qui l'envahissait, en échange de quoi il deviendrait roi – et c'est en effet ce qui arriva, bien qu'il n'ait eu à l'époque aucune légitimité pour monter sur le trône.

Thèbes me parut soudain une petite ville en comparaison de cette vaste métropole qui se déployait lentement sous nos yeux ; il nous fallut naviguer très longtemps, observant au passage les nombreuses enceintes de temples isolés, les immenses cimetières qui bordaient le désert à l'ouest, les faubourgs habités par la classe moyenne et les quartiers pauvres, ces zones misérables qui proliféraient en amas chaotiques de taudis, jusqu'à la limite de la bande verte des cultures qui s'étendait à l'infini ; et un peu partout, surplombant les maisons basses, on voyait les murs blancs de l'enceinte des temples.

Entourés par diverses embarcations, des bateaux d'apparat venus à notre rencontre et des barques plus petites ou des voiliers appartenant à des particuliers, nous fîmes notre entrée dans le port principal. De nombreuses jetées partaient du quai, c'est là qu'accostaient des navires de transport et de commerce en provenance de nombreux pays d'où on déchargeait de grands tas de bois précieux, des petites montagnes de minerai, de la pierre et des céréales. Des milliers de gens se massaient sur les longues routes pavées qui bordaient le Grand Fleuve. Des pêcheurs interrompirent leur tâche pour admirer la splendeur du navire royal, et ils tenaient leurs filets tout dégoulinants entre leurs bras tandis que leurs prises sautaient et frétillaient, éclairs d'or et d'argent, au fond de leurs petits bateaux. Des travailleurs couverts de poussière s'arrêtaient à bord des bateaux de ravitaillement où ils étaient plongés jusqu'aux genoux dans d'énormes quantités de grain ou perchés sur des blocs de pierre grossièrement taillés. Des enfants portés par leurs parents faisaient de grands signes depuis les navires bondés de passagers. Des curieux attirés par les clameurs sortaient de leurs ateliers, de leurs entrepôts et de leurs boutiques.

Puis Toutankhamon en personne apparut, écartant le rideau de sa cabine. Il me fit signe de venir le rejoindre. Il ajustait fébrilement sa tenue. Il était vêtu de ses robes royales blanches et portait la Double Couronne.

— Est-ce que je suis bien ? demanda-t-il presque timidement. Je dois avoir fière allure. Il y a des années que je ne suis pas venu à Memphis. Et bien du temps a passé depuis la dernière fois que j'ai vu Horemheb. Il faut qu'il voie à quel point j'ai changé. Je ne suis plus le gamin sous sa tutelle. Je suis le roi.

— Seigneur, tu as absolument l'apparence d'un roi.

Il hocha la tête, satisfait, puis, comme un grand acteur, il parut se concentrer avant de sortir à la lumière du soleil ; sous ses couronnes, son visage démontrait la conviction absolue qui lui faisait défaut quelques instants auparavant. Quelque chose dans l'intensité du moment, et ses exigences, l'avait amené à tirer le meilleur de lui-même. Il rayonnait en public. Mais la foule était la plus grande qu'il ait jamais rencontrée. Un serviteur passa au roi son jeune lion en laisse, et celui-ci s'avança sous le soleil de Râ, soulevant une tempête d'acclamations. J'observai qu'il adoptait les postures rituelles du pouvoir et de la victoire. Comme pour donner la réplique, le lion rugit. La foule qui n'avait pas pu voir que la bête avait été incitée à pousser ce rugissement par la pointe aiguisée d'une lance appliquée par son gardien diligent répondit par un tumulte d'enthousiasme encore plus grand, comme si tous les individus s'étaient fondus en une seule énorme bête.

Le spectacle destiné à nous souhaiter la bienvenue sur le quai était un déploiement savamment orchestré et délibérément impressionnant de la puissance militaire de cette capitale. Aussi loin que portait le regard, on voyait, alignés en d'innombrables rangs parfaits, des bataillons de soldats, chacun portant le nom du dieu protecteur du district dont conscrits et officiers étaient originaires, à la parade sur le vaste espace vibrant de chaleur. Au milieu se tenaient des milliers de prisonniers de guerre, menottés et encordés ensemble par le cou, avec femmes et enfants : des Libyens vêtus de capes, portant barbiche et longues mèches sur le côté, des Nubiens en pagnes, des Syriens avec leur longue barbe en pointe, tous contraints à une posture de soumission. Des centaines de superbes chevaux, butin des guerres syriennes, caracolaient sur leurs jambes élégantes. Des émissaires de chaque pays soumis tombèrent à genoux, implorant la clémence et la vie sauve pour leur peuple.

Et là, dans l'espace vide au centre de tout, se tenait un personnage absolument seul, debout au soleil auprès d'un trône vide, comme si tout ce déploiement lui appartenait. Horemheb, général en chef des armées des Deux Terres. Je reconnus tout de suite à sa raideur celui qui attendait immobile comme une sombre statue.

Toutankhamon prit son temps, tel un dieu, faisant attendre tout le monde, continuant à savourer les acclamations de la foule, tandis que les vieux ambassadeurs et les dignitaires de la ville chancelaient sous la chaleur, que le public rêvait de s'acheter des fruits et de l'eau, et que les officiels transpiraient sous leur parure. Finalement, accompagné de Simut et d'une troupe de gardes royaux, il daigna descendre la passerelle. La foule poussa de plus belle ses cris de louange et de loyauté, et les dignitaires exécutèrent les gestes rituels de respect et d'hommage. Pour sa part, il fit semblant de ne s'apercevoir de rien et n'accorda pas le moindre signe en réponse, comme si tout ce spectacle était à peine réel et n'avait aucune importance à ses yeux.

Sur un signe discret de Simut, les gardes se déployèrent tout autour du roi, dans un mouvement chorégraphié, brandissant leurs armes et leurs arcs tandis qu'il posait le pied sur les pierres chaudes de la ville. Simut et moi scrutions la foule et les toits pour y détecter le moindre indice de troubles. Horemheb attendit le moment opportun, puis offrit respectueusement le trône au roi. Mais son geste particulièrement arrogant donnait l'impression que le roi était le moins puissant des deux. Il y avait quelque chose de si froid dans l'expression d'Horemheb que même les mouches semblaient s'écarter de lui. Il se tourna vers l'assemblée. Un silence respectueux était tombé. Il cria à chacun des milliers d'hommes présents :

« Je m'adresse à Sa Majesté Toutankhamon, seigneur des Deux Terres. J'amène ici les chefs de tous les territoires étrangers pour qu'ils implorent sa grâce. Ces vils étrangers qui ne connaissent pas les Deux Terres, je les dépose à ses pieds à jamais et pour l'éternité. Des contrées les plus lointaines de Nubie jusqu'aux régions les plus éloignées d'Asie, ils sont tous au pouvoir de sa main toute-puissante. »

Puis Horemheb posa prudemment un genou à terre, courba la tête avec une arrogante humilité et attendit que le roi réponde à ses formules stéréotypées. Les instants s'écoulaient comme l'eau dans une clepsydre, et Toutankhamon le laissa aussi longtemps que possible abaissé dans son attitude de déférence publique. J'en fus impressionné. Le roi reprenait le contrôle de la situation. La foule retenait son souffle, suivant cette joute formidable qui se jouait dans le langage des apparences et du protocole. Finalement, choisissant le moment exact, le roi déposa cinq magnifiques colliers d'or autour du cou du général. Mais il fit en sorte qu'ils ressemblent à un fardeau de responsabilités plutôt qu'à une marque de respect. Il releva alors le général et le serra dans ses bras.

Puis le roi s'avança pour recevoir comme il se devait les vœux et les témoignages de respect des autres officiels. Enfin il alla s'asseoir sur le trône dressé sur l'estrade sous une toile qui diminuait quelque peu l'ardeur du soleil tapant sur les pierres. Sur un signe d'Horemheb, chaque division de chaque groupe de prisonniers vint défiler devant lui, au son des trompettes et des tambours. Cela dura des heures. Mais le roi garda sa posture bien droite et son regard distant, même si la sueur ruisselait de sous ses couronnes et trempait sa tunique.

Nous partîmes en char vers le centre de la ville. Simut et moi avancions en tête devant Toutankhamon qui était flanqué de gardes courant à ses côtés, leurs armes étincelant sous le soleil à son zénith. Nous roulâmes à grand bruit sur les durs pavés de la route. Je remarquai que les bâtiments et les administrations ressemblaient à ceux de Thèbes : ils étaient simplement bien plus nombreux ; les maisons en ville étaient bâties en hauteur par manque de place. Et le long de rues latérales se trouvaient les habitations plus modestes de ceux qui travaillaient au service de l'armée, l'institution centrale de cette ville, et aussi des pièces uniques qui servaient à la fois d'ateliers, d'étables et de logis, ouvrant directement sur le désordre de la rue. Les voies royales et les surfaces pavées des voies sacrées, bordées de sphinx, d'obélisques et de chapelles, avaient été interdites aux badauds, et nous avancions donc vite en direction du palais de Memphis. Par-dessus le tintamarre des roues sur les pavés usés, Simut me montrait les monuments les plus fameux : au nord la vaste enceinte de briques de la Vieille Citadelle, les Murs blancs qui donnaient leur nom à un quartier et le Grand Temple de Ptah au sud, avec son énorme mur d'enclos. Tandis que nous approchions de ce bâtiment, il m'expliqua que c'était le sanctuaire du Taureau Apis. Un canal partait du temple vers le sud pour rejoindre à l'extérieur de la ville le quartier du temple de la déesse Hathor. On voyait au passage scintiller d'autres canaux qui reliaient le fleuve et le port au centre-ville.

— Il existe au moins quarante-cinq cultes différents dans la ville et chacun a son propre temple, hurla-t-il fièrement. Et vers l'ouest il y a le temple d'Anubis.

J'imaginai les embaumeurs, les fabricants de cercueils, de masques et d'amulettes, et les scribes du *Livre des morts*, toutes ces spécialités regroupées dans ce quartier pour gérer les affaires complexes de ce dieu très puissant, gardien de la Nécropole et des Tombes contre les gens malfaisants. Mais nous n'aurions pas le temps de faire du tourisme.

Simut voulait absolument que nous arrivions avant le roi ; une foule énorme s'était déjà rassemblée dans les espaces étroits des passages et des rues pour apercevoir son arrivée au grand palais de Memphis, mais les badauds n'étaient pas autorisés à proximité de l'espace ouvert qui s'étendait devant les portes fortifiées du palais. Pourtant, en matière de sécurité, c'était un véritable cauchemar. Car l'endroit était bondé d'étrangers, de dignitaires locaux et de membres de l'élite. Les gardes avancés de Simut se mirent rapidement en place et prirent position en silence, et avec efficacité ils repoussèrent autoritairement les gens du passage de façon à créer un périmètre de sécurité pour le roi. Ils savaient exactement ce qu'ils avaient à faire et semblaient exécuter des figures qu'ils avaient dû répéter un certain nombre de fois. Leur comportement efficace et impeccable ne permettait à personne, pas même aux gardes du palais de Memphis, de douter de leur autorité. Les archers royaux suivaient, les arcs brandis et pointés vers le sommet des toits.

Alors les trompettes du temple résonnèrent du haut des murailles tandis que le roi arrivait, entouré de gardes encore plus nombreux. Leur hommage, les clameurs de la foule et les ordres hurlés par les officiers formaient un ensemble assourdissant. Mais soudain la chevauchée royale passa de la chaleur, la lumière poussiéreuse et la cacophonie des rues à un silence rafraîchissant en pénétrant dans la première cour de réception. Nous étions d'un coup rassemblés dans une sécurité relative. Ici des officiels de haut rang, encore plus nombreux, attendaient l'arrivée du roi. C'était la première fois que je le voyais d'aussi près dans des circonstances officielles. Si au palais il lui arrivait parfois d'avoir l'air d'un gamin perdu, à présent il se comportait vraiment en roi : son attitude était ferme et digne, son visage calme et élégant, et son expression ne recherchait aucune approbation par des sourires inquiets, sans pour autant afficher son pouvoir avec une arrogance hautaine. Il avait un véritable charisme qui provenait de son allure singulière, de sa jeunesse et de cette autre qualité que j'avais déjà vue en lui quand il était petit garçon : il était une vieille âme dans le corps d'un jeune homme. Même sa canne en or dont il ne se séparait jamais soulignait la force de sa personnalité.

Au lieu de suggérer la faiblesse, elle signifiait à présent qu'un défaut peut être héroïquement surmonté.

Simut m'avait appris que les services du général Horemheb avaient exercé de fortes pressions politiques pour que le roi passe la nuit au palais au cours de sa visite. Mais les services d'Ay avaient insisté pour que le roi accomplisse tous les devoirs nécessaires puis revienne à bord du bateau pour un départ tardif. C'était la bonne décision. Memphis était dangereuse. La ville était le cœur de l'administration des Deux Terres, mais c'était aussi la base du quartier général de l'armée et de ses casernes ; et malheureusement, on ne pouvait absolument pas compter sur la loyauté de l'armée en cette période délicate, surtout sous le commandement d'Horemheb.

La vaste salle résonnait du bruit des centaines de personnalités – diplomates, dignitaires étrangers, hommes d'affaires prospères, officiers gradés – qui péroraient, braillaient et jacassaient entre eux d'un air suffisant tout en se frayant un chemin à travers la foule, s'efforçant de rester à proximité immédiate de leurs supérieurs pour leur parler et leur faire bonne impression, ou pour dénigrer leurs collègues ou leurs inférieurs. Je me faufilais dans cette foule assourdissante en restant toujours à côté du roi. Je le voyais saluer d'un signe de tête tous ceux qui lui étaient présentés l'un après l'autre par deux officiers, ensuite il s'occupait de chaque solliciteur ou de chaque dignitaire en gérant à la perfection le bref entretien, en répondant avec élégance aux louanges et aux cadeaux et en donnant à chacun d'eux le sentiment qu'il était important et qu'on se souviendrait de lui.

Je remarquai soudain Horemheb qui se tenait dans l'ombre projetée par une grande colonne. Il était accaparé et manifestement ennuyé par un importun quelconque, mais en même temps son regard restait fixé sur le roi avec une attention digne d'un léopard. L'espace d'un instant, il eut l'air d'un chasseur guettant sa proie. Mais à ce moment-là le roi perçut son regard et Horemheb s'empressa de sourire. Alors il se dirigea vers le roi et en chemin, son visage brusquement éclairé par un cruel rayon de soleil parut tout à coup blanc comme de l'albâtre. Accompagné du jeune officier qui avait lu la lettre du général à Thèbes, il fendit la foule d'un air décidé pour rejoindre le roi. Je me rapprochai de lui moi aussi.

— C'est un honneur de recevoir à nouveau Sa Majesté à Memphis, dit le général d'un ton formel.

Toutankhamon sourit, d'un air affectueux mais légèrement méfiant.

— Je garde beaucoup de bons souvenirs de cette ville. Tu es pour moi un ami précieux ici.

Le roi paraissait mince et délicat auprès du général, plus âgé, solidement bâti, et sûr de lui. Ceux qui assistaient à la conversation, et parmi eux le jeune secrétaire, attendaient en silence qu'Horemheb poursuive.

— Je suis heureux que tu penses ainsi. J'avais à l'époque le privilège de porter les titres de suppléant et de tuteur militaire. Je me souviens très bien que c'était moi que tu consultais sur diverses affaires d'État et problèmes politiques, et c'était moi que tu écoutais. On disait que je pouvais *pacifier le palais*… quand personne d'autre n'en était capable.

Il sourit d'un air pincé. Le roi lui sourit en retour d'un air encore plus méfiant. Il avait senti le fond d'hostilité dans le ton d'Horemheb.

— Le temps passe, hélas ! Tout cela paraît bien loin…

— À l'époque tu étais un enfant. Aujourd'hui je salue le roi des Deux Terres. Tout ce que nous sommes et tout ce que nous possédons est en ton pouvoir royal.

Et il s'inclina brusquement.

— Nous attachons une grande importance à ton affection. Nous la chérissons. Nous tenons à honorer tous tes travaux et tes hauts faits.

Le roi laissa sa phrase flotter un moment dans l'air.

— Ici, à Memphis, tu as dû remarquer de nombreux changements, reprit Horemheb en changeant de tactique.

— J'ai entendu parler de tes nombreux projets. On m'a dit que tu te faisais construire une grande tombe dans la nécropole de Saqqara, répondit le roi.

— Ce n'est qu'une petite tombe privée. Sa construction et sa décoration occupent mes rares moments de loisir. Ce serait un honneur pour moi de te la montrer. Les sculptures murales sont très belles…

Il eut un petit sourire ironique, comme s'il s'agissait d'une plaisanterie qu'il était le seul à pouvoir apprécier, mais son regard demeura distant.

— Que représentent ces sculptures ? Les nombreux triomphes militaires du général Horemheb ?

— Les campagnes glorieuses de Nubie triomphalement menées par Ta Grandeur y sont décrites, répondit le général.

— Je me souviens de la manière dont tu as mené triomphalement ces campagnes en mon nom.

— Sa Majesté oublie peut-être sa propre contribution *distinguée* à cette gloire.

— Je n'oublie rien, répondit le roi d'un ton ferme.

Il y eut un instant de silence pendant lequel Horemheb réfléchit à sa réponse. Il y avait en lui quelque chose du crocodile ; les yeux attentifs au ras de l'eau, tout le reste caché plus bas dans les ténèbres.

— Le roi doit avoir faim et soif après ce voyage. Il doit faire un bon repas avant d'entreprendre sa royale expédition de chasse, dit-il presque sur le ton qu'on emploierait pour s'adresser à un enfant.

Il claqua des mains et des serviteurs apparurent aussitôt, apportant des mets délicieux dans de magnifiques plats en terre cuite. Ils furent respectueusement offerts au roi sur des plateaux, mais celui-ci les ignora, et je m'aperçus qu'il n'avait rien mangé ni bu depuis son arrivée ici.

Horemheb lança un ordre péremptoire au jeune officier. Il sortit et nous attendîmes. Ni Horemheb ni le roi ne semblaient disposés à sortir de cette impasse en brisant le silence. Je me demandai ce que Toutankhamon pensait à présent de cet homme qu'il appelait autrefois son parrain.

L'officier revint, amenant avec lui un prisonnier syrien de haut rang, les mains fermement liées derrière le dos, ce qui l'obligeait à se courber dans la posture habituelle de l'ennemi captif. L'homme, dans un triste état, avait la tête complètement rasée, de cruelles blessures au visage, les membres minces comme des baguettes. Il fixait le sol d'un regard brûlant de rage et d'humiliation. L'officier prit un des plats et le tendit à Horemheb qui ouvrit de force les mâchoires du prisonnier comme s'il s'agissait d'un animal. L'homme était effrayé mais il savait bien qu'il n'avait pas le choix et, de toute façon, il mourait de faim. Il mâcha avec précaution puis avala d'un air terrifié. Nous attendions tous de voir s'il allait se plier en deux et s'écrouler sous l'effet d'un poison ou simplement de la mauvaise cuisine. Bien sûr, rien de tel ne se produisit, mais Horemheb lui fit goûter tous les plats. Ensuite on l'emmena plus loin, le visage tourné contre le mur pour que le roi puisse constater qu'il ne souffrait pas des effets d'un poison à retardement. Mais le résultat de cette étrange pantomime fut étonnant, car Horemheb avait réussi à donner l'impression que le roi lui-même pourrait être ce prisonnier qu'on nourrissait de force.

— Nous savons tous les périls et les terribles menaces auxquels le roi a été exposé jusque dans son propre palais. À présent tu peux, si tu le souhaites, prendre part en toute confiance à ce banquet, dit fermement le général.

Et tout le monde regarda le roi prendre précautionneusement une minuscule portion de viande de canard, la manger lentement, sourire puis déclarer :

— Notre faim est satisfaite.

Ce petit épisode étrange n'était, comme la suite allait le montrer, qu'un incident mineur annonciateur des discours qui allaient suivre. Au moment où Horemheb monta sur l'estrade, le silence envahit rapidement la salle entière. Des bouchées de nourriture furent rapidement avalées, des doigts gras rincés dans des coupes, et les serviteurs s'éclipsèrent. Le général observa l'assemblée. Son beau visage qui semblait ne jamais s'être autorisé le luxe de refléter le moindre sentiment personnel incarnait l'autorité ; le menton pointé en avant et le regard froid, imperturbable et dominateur. Nous attendîmes dans un silence absolu. Puis il prit la parole, sans éloquence mais avec force et conviction, soulignant ses paroles de gestes qui paraissaient soigneusement appris et un peu bizarres, et, de temps en temps, avec une sorte d'ironie dont je sentais qu'elle pouvait se transformer en un clin d'œil en pure méchanceté. Il accueillit en termes formels le roi et sa suite et promit que toutes les ressources de la ville (qu'il énuméra longuement, histoire de nous rappeler tout le pouvoir et les richesses dont il disposait) seraient mises au service du bien-être et de la sécurité du roi au cours de ce qu'il appela sa « brève visite » sur la route de sa chasse royale. Il fit en sorte que sa remarque ressemble à une doléance plutôt qu'à un compliment. J'épiai le visage du roi pour voir sa réaction. Mais il continuait de regarder droit devant lui.

Horemheb poursuivit :

— En ces temps où l'insécurité progresse dans les Deux Terres, l'armée demeure la force d'ordre et de justice, c'est elle qui défend les grandes valeurs éternelles et les traditions de notre royaume. Nous poursuivons avec succès la défense de nos intérêts territoriaux sur les terres d'Amurru. La guerre est nécessaire pour défendre notre prééminence et notre autorité sur le monde et pour étendre nos frontières. Gagner ces guerres relève de ma responsabilité. La perfection de l'ordre et de la justice qu'incarne notre pays doit être maintenue et étendue, c'est pourquoi nous demandons au roi et à ses conseillers d'augmenter le montant des fonds accordés à la grande armée pour qu'elle puisse multiplier le nombre de ses divisions et assurer notre glorieux succès, ce qui à coup sûr remboursera richement cet investissement dont nous formulons officiellement ici la demande.

Il se tut. Je regardai autour de moi la vaste salle. Tout le monde prêtait la plus extrême attention, guettant la réponse du roi. Le public gardait le silence le plus absolu pour être sûr d'entendre le moindre mot.

— La guerre est l'état naturel de l'humanité, finit-il par déclarer. C'est une grande et noble cause. Nous soutenons et nous aidons l'armée des Deux Terres. Nous acclamons son général. Son but est le nôtre : le triomphe de notre ordre par l'exercice juste du pouvoir. Nous avons sans cesse offert notre soutien pendant toutes ces longues années de guerre avec une pleine confiance dans notre général qui continue à nous assurer de l'heureuse issue de ces guerres. Mais naturellement, notre trésor doit faire face à de nombreuses demandes. Il est de la responsabilité du roi et de ses conseillers de maintenir l'équilibre entre ces requêtes nombreuses et parfois contradictoires. *Maat* est l'ordre divin de l'Univers. Mais, dans nos villes et sur nos terres, cet ordre divin doit être assuré par un juste financement en fonction des contributions demandées à chacun. C'est pourquoi nous demandons au général des Deux Terres d'expliquer et de justifier, en présence de l'assemblée ici présente, la raison pour laquelle l'armée a besoin de crédits supplémentaires en dépit du budget très généreux qui lui est déjà accordé.

Horemheb fit un pas en avant comme s'il s'était préparé à ce geste.

— Notre requête n'est pas seulement destinée à assurer le succès de nos guerres étrangères. Elle est destinée à renforcer la présence et la force de notre armée à l'intérieur de nos frontières. Car il est devenu évident que des forces hostiles sont à l'œuvre au sein de notre propre société. D'après tous les rapports, ces forces ont même réussi à s'insinuer au cœur même non seulement de nos temples, mais des bureaux de notre gouvernement et jusque dans le palais royal. Nous ne comprenons pas qu'on ait pu laisser commettre de tels actes de trahison.

Le public retint son souffle car les implications de ce que venait de déclarer Horemheb mettaient directement en cause l'autorité du roi.

Toutankhamon ne se laissa pas démonter.

— C'est ainsi que va le monde, les hommes sont portés à la félonie et à la tromperie. Il y a toujours eu des hommes qui recherchent le pouvoir par ambition personnelle, des hommes au cœur déloyal et à l'esprit séditieux. Mais sois assuré que nous triompherons toujours de ces hommes-là, car leurs trahisons mesquines n'ont aucun pouvoir contre notre grande puissance royale. Les dieux se vengeront d'eux.

Il était d'un calme impressionnant. Il fixait Horemheb d'un regard sans équivoque. Le général s'avança de nouveau.

— Les mots ont de grands pouvoirs. Mais les actions sont plus efficaces encore. Nous prions pour la sécurité de notre roi et lui rappelons qu'une grande armée attend, à sa disposition, prête à défendre les Deux Terres contre les ennemis de l'intérieur aussi bien que contre ceux qui sont à l'extérieur de nos frontières.

Toutankhamon inclina lentement son beau visage.

— En reconnaissance de ta loyauté, nous accordons de nouveaux crédits pour la guerre, pour soutenir les divisions et en prévision de la grande victoire. Et nous demandons au général de retourner mener ces guerres, car où un général pourrait-il être si ce n'est aux côtés de ses troupes quand elles combattent ?

Le public comprit que ce moment de son discours requérait leur bruyante approbation et il poussa de grands cris de joie, de sorte que le roi sembla triompher. Mais les officiers de l'armée se tenaient à la périphérie, observant ce drame tels des chacals s'apprêtant à tuer, comme si le public en délire n'était que des singes en train d'applaudir.

28

Nous partîmes dans l'après-midi. La chaleur rendait le ciel laiteux, la foule était calme et plus clairsemée. Les courants nous emmenèrent rapidement au-delà des limites de la grande cité. Nous avions survécu aux dangers latents de cette visite officielle. Ici, à bord du grand navire, je me sentais plus à même de surveiller l'entourage. Plus loin vers le nord, dans les immenses marais du delta, le Grand Fleuve allait se métamorphoser : il se diviserait en branches innombrables qui se subdiviseraient elles-mêmes sans cesse jusqu'à former un réseau complexe, une sorte d'éventail impropre à la navigation qui finirait par déboucher sur l'océan au nord. Le soir, nous accostâmes à un endroit qui avait été choisi parce qu'il était éloigné de toute ville ; même les villages de la région se trouvaient à quelque distance. Nous nous y établîmes de bonne heure afin d'y passer la nuit.

La caravane qui se mit en route le lendemain matin avant l'aube n'avait rien de négligeable. Elle comprenait une délégation de diplomates, de députés et de fonctionnaires qui avaient pour tâche de se tenir à la disposition du roi, au cas où il aurait besoin d'eux, mais surtout d'assister à ses exploits et de les relater, car, sans tarder, le compte rendu écrit de ses prises magnifiques et de ses prouesses serait célébré sur les Scarabées de la Chasse, ces stèles sculptées qui seraient distribuées partout dans les Deux Terres. La troupe comprenait aussi naturellement des gardes royaux en grande tenue, des éclaireurs pour protéger la caravane et des conducteurs de chars ; des armuriers qui transportaient les armes royales, les épieux du roi, les flèches, les filets et les boucliers ; le maître de la Chasse et ses assistants, le gardien des chiens et des guépards, puis les assistants batteurs et les pisteurs dont la connaissance des habitudes et des gîtes des animaux serait capitale pour la réussite de la chasse. Dans la caravane royale, il fallait aussi inclure Simut et moi, et Pentu, le médecin.

L'air du matin était froid et pur, la lune était bas dans le ciel, et les étoiles commençaient à pâlir. Le brouillard s'effilochait au-dessus des eaux sombres, et les premiers oiseaux commençaient à chanter dans leurs cachettes, comme pour conjurer Râ lui-même par leur musique. En dépit de l'heure matinale, chacun semblait parfaitement éveillé et touché par la beauté de la scène, aussi parfaite qu'une fresque murale, et chacun était animé par la perspective de l'aventure de la chasse. Les chevaux tapaient du sabot dès qu'on les détachait, et l'haleine des hommes et des animaux formait des nuages de buée dans l'air froid et obscur.

Les champs verts et noirs étaient calmes et silencieux tandis que notre étrange cavalcade passait par les chemins raboteux ; seuls quelques paysans matinaux et des enfants pieds nus aux yeux écarquillés, venus sur leur lopin avant le lever du soleil pour profiter de leur droit d'irrigation, assistaient à notre spectacle. Ils nous regardaient avec stupeur en nous montrant du doigt comme s'ils voyaient passer un rêve.

Parvenus à la limite des terres cultivées, nous fîmes halte. Devant nous s'étendaient les Terres rouges. Je fus frappé, comme d'habitude, par le silence imposant de leur vide apparent, plus sacré de mon point de vue que celui de n'importe quel temple. Le soleil était apparu au-dessus de l'horizon et je me retournai pour sentir sur mon visage la première chaleur bienvenue de ses rayons.

Le roi se tenait droit sur son char et tendait les mains vers Râ, son dieu. Il était torse nu, portait un pagne et une étole sur ses épaules. L'espace d'un instant son visage et son corps parurent briller. Il tenait son jeune lion au bout d'une courte laisse de cuir et s'efforçait de donner de lui une image royale malgré sa petite taille et sa canne en or. Puis un rugissement et un long hululement s'éleva de la troupe des chasseurs et des soldats : c'était une façon de célébrer le départ de la chasse et un cri d'avertissement contre les esprits maléfiques du désert. Ce rituel accompli, le roi avança sur son char, et à son signal nous franchîmes la frontière éternelle entre les Terres noires et les Terres rouges.

Nous partîmes résolument vers l'ouest, et le soleil levant projetait les ombres obliques de nos silhouettes en marche juste devant nous. Les pisteurs et la moitié des gardes allaient de l'avant, décidant ensemble de l'itinéraire. Tandis que nous montions lentement vers le plateau désertique, l'air vibrait de chaleur. Le craquement des axes de bois, parfois le faux pas d'un cheval sur le sol de graviers instable, les halètements des porteurs et des mules, tous ces bruits me parvenaient, nets et proches dans l'air sec.

On considère le désert comme un endroit vide mais ce n'est pas le cas. Il est parcouru à la manière d'une carte par des pistes anciennes ou récentes et des chemins tracés dans le sol broussailleux par le passage répété des hommes ou des animaux. Tandis que nous progressions dans la chaleur du matin, il nous arriva de rencontrer des gardiens de troupeaux et des bergers, ces nomades longilignes et décharnés dont les tribus se déplacent sans cesse ; leurs barbes, leurs cheveux coupés ras sur le crâne, leur pagne remonté entre leurs jambes, portant dans un petit baluchon sur le dos leurs maigres provisions et quelques ustensiles, tenant ce long bâton de marche dans leur main osseuse et voyageant sans cesse de ce même pas allongé et languide. Leurs troupeaux maigres et résistants broutaient tout ce qu'ils pouvaient trouver et avançaient du même pas lent vers un éventuel point d'eau caché quelque part dans ces lointains vibrant de lumière et de chaleur.

De temps en temps, au cours de notre progression matinale, les pisteurs poussaient un cri étrange et haut perché comme celui d'un animal ou d'un oiseau pour attirer notre attention sur un spectacle remarquable : une petite troupe de gazelles du désert ou d'antilopes, ou d'autruches ou de caracals qui se tenait totalement immobile, nous observant prudemment de loin, puis qui flairait le vent et détalait brusquement en soulevant un nuage de poussière.

Le soleil approchait du zénith quand nous nous arrêtâmes pour dresser le camp. Les pisteurs trouvèrent un emplacement protégé au nord par une longue falaise basse, car par ici le vent qui soufflait la nuit dans cette direction serait froid plutôt que frais, et chacun s'empressa d'effectuer avec une discipline bien rodée les tâches qui lui revenaient. Un camp de tentes fut rapidement dressé comme s'il surgissait de nulle part. On fit fonctionner d'une main experte les allume-feu, et les étincelles se transformèrent rapidement en flammes dès que l'amadou s'embrasa. On tua des animaux et une bonne odeur de viande grillée flotta bientôt dans l'air du désert. J'avais faim. Le roi était assis sur son trône de voyage, profitant de l'ombre d'un dais blanc déployé au-dessus de lui ; il s'éventait lui-même pour lutter contre la forte chaleur du jour et les mouches, et il regardait le camp se dresser. À côté de ses coffres et de ses meubles de voyage dorés dans ce monde sans murs, il avait l'air d'un dieu venu rendre une brève visite au monde. Tout semblait aller bien.

Je montai jusqu'au sommet de l'escarpement le plus proche pour observer les alentours. Je me protégeai les yeux contre la violente réverbération. De tous côtés il n'y avait rien à voir excepté les étendues stériles blanches, grises et rouges du désert. Parsemées çà et là de quelques buissons particulièrement vivaces. Je contemplai d'en haut le camp dressé en cercle. Les chevaux, les mules de bât, les moutons aux longues cornes et les chèvres à poil ras étaient attachés à de gros piquets de bois ; ils mangeaient le fourrage qu'on avait apporté à leur intention. Les canards, libérés de leurs cages, se dandinaient et becquetaient avec fureur le sol bien décevant du désert. Les chiens de chasse et les guépards, pantelants dans la chaleur et aboyant, étaient installés séparément et surveillés par leurs maîtres. Les tentes étaient déjà presque toutes montées, et celle du roi avait été placée tout au milieu du camp pour être la mieux protégée. Son mât central couronné d'une boule d'or scintillait au soleil. Les chars de chasse étaient alignés, reposant sur l'arrière de leur socle. Tout cela semblait l'image même de la civilisation. Mais quand je reportai mon regard vers le lointain dans toutes les directions, je me sentis envahi par l'immensité inhumaine et vide du désert. Nous étions venus ici par loisir et pour nous distraire, mais nos petites tentes colorées et nos véhicules ressemblaient tout au plus à des jouets d'enfant déposés au milieu d'un désert sans limites.

J'aperçus, très loin, comme une rangée de bâtonnets, des silhouettes aussi minuscules que des insectes qui suivaient une route qui, je m'en aperçus, devait les mener finalement jusqu'à notre camp. Tout couvert de sueur sous le soleil de l'après-midi, je m'empressai de retourner au camp et d'alerter les gardes. Simut vint à ma rencontre au pas de course.

— Que se passe-t-il ?

— Des étrangers viennent par ici, ce ne sont peut-être que des bergers mais ils n'ont pas d'animaux.

Les gardes partirent à leur rencontre et ramenèrent bientôt les hommes à notre campement en les poussant de la pointe brillante de leur lance. On aurait dit la rencontre de deux mondes : le nôtre avec ses robes blanches bien propres et ses armes polies, le leur, nomade et misérable, avec leurs pauvres habits recouverts de motifs aux couleurs vives, leurs têtes rasées et leurs grands sourires édentés. C'étaient des ramasseurs de miel qui vivaient aux marges du désert. Leur chef fit un pas en avant, s'inclina avec respect et nous tendit un pot de miel.

— Un cadeau pour le roi car il est le maître des Abeilles.

C'était un homme du delta pour qui l'abeille n'était pas seulement sa ressource mais aussi le symbole de sa terre. Le miel sauvage est très prisé, bien plus que la variété que l'on obtient dans les ruches d'argile de nos jardins des villes. On dit qu'il a le goût aussi intense que les larmes de Râ parce que les abeilles butinent les rares fleurs du désert qui s'ouvrent très tôt, et ainsi ces hommes passent leur vie à suivre la floraison éphémère des saisons aux marges du désert. J'étais enclin à penser qu'ils ne présentaient aucun danger. Ils étaient aussi maigres que leurs bâtons de marche, noircis par le temps et l'usage, et qui ne leur auraient pas été d'un grand secours contre la puissance de nos armes. J'ordonnai qu'on leur donne à boire et à manger. Puis je leur fis comprendre qu'ils pouvaient reprendre leur route. Ils s'éloignèrent à reculons en s'inclinant avec respect.

Je soupesai le pot de miel entre mes mains. Le récipient grossier était scellé à la cire d'abeilles. Je m'apprêtai à l'ouvrir mais j'eus une meilleure idée.

— Qu'est-ce qu'on va en faire ? demandai-je à Simut.

Il haussa les épaules.

— Tu pourrais peut-être le donner au roi, décida-t-il, il aime bien les douceurs…

Arrivé à la tente du roi, je fus annoncé et j'entrai. La vive lumière du désert ne pénétrait ici que filtrée en rayons qui éclairaient les motifs des étoffes accrochées aux parois de la tente. L'attirail royal avait été disposé pour établir un palais provisoire, des lits, des sièges, des objets de grande valeur, des tapis, etc. Il faisait chaud à l'intérieur. Un porteur d'éventail se tenait discrètement derrière le roi, le regard vide, brassant lentement l'air chaud. Le roi déjeunait. Je m'inclinai et lui offris le pot de miel ; j'aperçus ma propre ombre projetée sur la toile de tente : on aurait dit le personnage sculpté d'une stèle sacrée dans un temple faisant une offrande au dieu.

— Qu'est-ce que c'est ? demanda-t-il joyeusement en se rinçant les doigts dans une coupe puis en les tendant pour qu'un serviteur les sèche.

— C'est du miel sauvage des fleurs du désert. Un cadeau que te font des récolteurs.

Il le prit dans ses mains élégantes et l'examina.

— Un présent des dieux, dit-il en souriant.

— Je suggère que tu le mettes de côté. De retour à Thèbes cela te fera un souvenir de l'expédition de chasse.

— Oui, bonne idée.

Il claqua des mains et un serviteur vint prendre le pot.

Je m'inclinai et reculai vers la sortie, mais il insista pour que je reste auprès de lui. Il me désigna une place sur le lit en face de lui. Il semblait beaucoup plus détendu. Je commençais à penser que nous avions au fond bien fait de venir ici. Loin du palais des ombres, de ses dangers, il semblait retrouver une bonne partie de sa joie de vivre.

Nous bûmes un peu de vin, et d'autres plats de viande furent apportés.

— Nous allons donc chasser ce soir ? demanda-t-il.

— Les pisteurs espèrent bien trouver du gibier. Il y a un point d'eau pas loin d'ici. Si nous nous approchons contre le vent et sans bruit, nous y trouverons certainement toutes sortes d'animaux au coucher du soleil. Mais les pisteurs disent aussi que les lions sont devenus très rares de nos jours.

Il hocha la tête d'un air déçu.

— On les a chassés au point de faire presque disparaître l'espèce. Dans leur sagesse, ils se sont retirés plus loin au fond de leurs territoires. Mais l'un d'entre eux répondra peut-être à mon appel.

Nous mangeâmes en silence pendant un moment.

— Je m'aperçois que j'aime le désert. Pourquoi médisons-nous d'un endroit aussi pur et aussi simple, pour le traiter de lieu barbare et effrayant ? dit-il brusquement.

— Les hommes redoutent l'inconnu. Peut-être éprouvent-ils le besoin de lui donner un nom car ainsi ils peuvent le ranger sous leur pouvoir. Mais les mots ne sont pas ce qu'ils semblent être, répondis-je.

— Que veux-tu dire ?

— Je veux dire qu'ils sont trompeurs. Les mots peuvent changer de sens en un instant.

— Ce n'est pas ce que les prêtres nous enseignent. Ils disent que les mots sacrés sont les pouvoirs les plus puissants du monde. Ils sont le langage secret de la création. Le dieu parle et le monde se met à exister. N'en est-il pas ainsi ?

Il me regardait fixement comme pour me mettre au défi de le contredire.

— Et si les mots étaient l'œuvre des hommes et non des dieux ?

Pendant un instant il parut décontenancé, puis il sourit.

— Tu es un homme étrange, et plutôt singulier pour un officier Medjay. On pourrait croire que tu soupçonnes les dieux eux-mêmes d'être une invention humaine.

J'hésitai à répondre et il s'en aperçut.

— Fais attention, Rahotep, de telles pensées sont des blasphèmes.

Je m'inclinai. Il me fixa longuement, mais sans animosité.

— Je vais me reposer à présent.

Et ainsi fus-je congédié de la présence royale.

Je sortis de la tente. Le soleil avait dépassé son zénith et le campement était silencieux ; tout le monde, sauf les gardes sous leurs ombrelles à la limite du camp, s'était retiré à l'abri de la chaleur envahissante de l'après-midi. Je n'avais plus envie de méditer sur les dieux, les hommes et les mots. Tout à coup je me sentais lassé de tout cela. J'écoutai le grand silence du désert et cela me parut le son le plus beau que j'avais entendu depuis longtemps.

29

Le maître de la Chasse accompagné de son chef pisteur me fit signe d'avancer. Je rampai aussi discrètement que possible sur le sol broussailleux, et mon ombre ressemblait à celle d'un singe savant ; j'avançai jusqu'au bord de la petite crête d'où ils surveillaient le point d'eau. Je jetai prudemment un coup d'œil par-dessus le rebord accidenté de l'escarpement et découvris plus bas un spectacle remarquable. Aux dernières lueurs du jour, des troupeaux de gazelles, d'antilopes et quelques bêtes à cornes se poussaient doucement au bord de la mare, venant boire chacun à leur tour avant d'observer soigneusement les lointains de la savane dont les couleurs viraient à l'or. Ou de courber leurs cous élégants pour brouter. Plus tôt dans la journée, les pisteurs étaient venus recreuser le point d'eau pour attirer le plus grand nombre possible d'animaux ; certains flairaient le sol sombre d'un air inquiet, ils sentaient la présence de l'homme mais ne pouvaient résister à leur besoin de boire.

Le maître de la Chasse murmura :

— Le coup du point d'eau a bien fonctionné. Le gibier est abondant à présent.

— Mais pas un lion en vue.

— Ils peuvent vivre longtemps sans boire. Et ils se font rares de nos jours. Autrefois il y en avait des quantités, de même que des léopards, animal que je n'ai même jamais vu.

— Est-ce qu'on chasse les animaux qui sont là ou est-ce qu'on attend encore ?

Il réfléchit à la question.

— On pourrait tuer une antilope et la laisser en évidence pour voir si le lion viendra la manger.

— Un appât ?

Il hocha la tête.

— Mais à supposer que nous ayons la chance d'en trouver un, il faut beaucoup d'adresse, un grand courage et des années de pratique pour chasser et tuer un lion sauvage.

— C'est donc une bonne chose que nous ayons des chasseurs expérimentés dans la troupe pour aider le roi dans ce moment de triomphe.

Il me renvoya pour toute réponse un regard gentiment sceptique.

Le pisteur silencieux dont le regard attentif n'avait pas quitté un seul instant le spectacle du point d'eau et de tous les animaux qui venaient de s'y rassembler déclara tout à coup :

— Aucun lion ne viendra ici ce soir, ni un autre soir, je pense.

Le maître de la Chasse semblait d'accord avec lui.

— La lumière de la lune pourra nous être d'un grand secours mais nous pourrions attendre encore des heures sans que rien ne se passe. Il vaut mieux occuper le roi et ses chasseurs avec ce que nous avons sous la main. Tout est prêt, commençons la chasse. Cela sera un bon entraînement. Et demain est un autre jour.

Nous pourrons poursuivre nos recherches plus avant dans le désert.

Ainsi, un peu plus tard nous avançâmes, venant du sud et de l'est sous le vent de la brise froide du nord qui commençait à se lever. Le crépuscule peignait le firmament de lueurs dorées, orange et bleues. Les invités de la chasse, des membres de l'élite revêtus de leurs tenues à la mode, aussi bien que les chasseurs professionnels se tenaient immobiles sur leurs chars, chassant à coups d'éventail les inévitables mouches et calmant doucement leurs chevaux impatients. Les archers vérifiaient leurs arcs et leurs flèches. L'atmosphère était tendue dans l'attente. Je traversai la petite troupe pour me placer à côté du roi. Il était monté sur un char tout simple, souple et pratique. Doté de solides roues en bois, et son cadre léger et ouvert, il était parfaitement adapté à ce terrain accidenté. Deux beaux chevaux richement ornés portant des coiffes à plumets, des œillères dorées et de magnifiques couvertures y étaient attelés. Le roi était debout sur une peau de léopard qui recouvrait les sangles de cuir constituant le fond du char. Il portait une tunique de lin blanc arrangée sur les épaules et un pagne long noué en hauteur pour des raisons de sécurité et pour assurer sa liberté de mouvement. Il avait enfilé des gantelets pour que ses mains délicates puissent supporter les tiraillements et les tensions des rênes de cuir s'il souhaitait à un moment donné les prendre au conducteur de char qui se tenait respectueusement à ses côtés. Un éventail en or muni d'un manche en ivoire et de superbes plumes d'autruche ainsi que sa canne d'or étaient posés à côté de lui. Tout près, un arc magnifique et de nombreuses flèches placées dans un carquois étaient là, prêts pour la chasse.

Il semblait à la fois impatient et inquiet.

— Aucun signe ?

Je secouai la tête. Je n'aurais su dire s'il était déçu ou bien soulagé.

— Mais il y a de grands troupeaux de gazelles et d'antilopes, et aussi des autruches. Tout n'est pas perdu. Et ce n'est que la première partie de chasse. Il faut être patient.

Les chevaux hennirent et tentèrent un pas brusque en avant, mais il tira sur les rênes avec une adresse consommée.

Puis il leva la main pour exiger l'attention de la troupe, la garda en l'air sans bouger un bon moment puis l'abaissa. La chasse venait de commencer.

Ceux qui étaient à pied se déployèrent rapidement et sans un bruit vers l'est, arcs et flèches prêts à tirer. Les chars attendirent un peu avant de se diriger vers le sud. Je pris place sur mon propre char dont j'admirai la légèreté et la tension harmonieuses. Les chevaux impatients soufflaient des naseaux dans l'air qui fraîchissait rapidement. Dans le ciel, la pleine lune s'était levée au-dessus de l'horizon. Baignés dans sa pâle lumière, nous avions tous l'air de faire partie d'un dessin sur papyrus illustrant une fable intitulée « La chasse de nuit ». Je regardai le visage du roi sous sa couronne avec le cobra dressé sur le front – il avait l'air tellement jeune. Mais il semblait en même temps fier et déterminé. Il sentit mon regard posé sur lui et se tourna vers moi pour me sourire. Je lui adressai un signe de tête avant de m'incliner.

Enfin nous partîmes. Nos roues accrochaient sur le sol graveleux et inégal, et nos chars de chasse finirent par se déployer sur un espace vide aussi vaste qu'une arène. Quand nous fûmes en position, le maître de la Chasse poussa un cri convenu à l'intention des archers déployés à l'est.

Devant nous, dans les lointains brumeux, je pouvais à peine distinguer autour du point d'eau les animaux qui ne se méfiaient pas encore, à peine quelques silhouettes soulignées par la lumière du soir. Quelques-uns pourtant levèrent la tête, inquiets, en entendant le cri étrange. Puis sur un signal du maître de la Chasse, les batteurs se mirent brusquement à actionner tous ensemble leurs claquoirs de bois, provoquant un tintamarre effroyable, et en un instant les troupeaux affolés se mirent à charger et se lancèrent au galop, conformément à la stratégie des chasseurs, droit vers les chars. J'entendais au loin le tonnerre de leurs sabots se précipitant vers nous. Chaque homme s'empara immédiatement de ses rênes et, sous la conduite du roi qui prenait ses instructions auprès du maître de Chasse, les chars s'élancèrent en avant au milieu d'une clameur terrifiante. Soudain on se serait cru sur un champ de bataille.

Les chiens de chasse et les guépards filaient en avant, droit sur la horde qui s'approchait. Les hommes sur les chars tenaient leur épieu brandi à l'épaule ou, s'ils avaient un conducteur, leur arc armé et pointé... Le troupeau de bêtes terrifiées sentit tout à coup le danger qui se dressait devant elles et virèrent toutes à la fois en direction de l'ouest. Nos chars les poursuivirent sous la gloire de la lune dont la lumière permettait de tout voir en détail. En regardant de côté je vis le roi captivé par la chasse, pressant ses chevaux. Il menait son char avec une dextérité surprenante. Je m'efforçai de le suivre du plus près possible, et je vis Simut en faire autant de sorte que nous formions une sorte de garde à cheval. Je redoutais une flèche prétendument perdue ou un coup d'épieu le frappant au beau milieu de la chasse tandis que je les entendais siffler dans l'air au-dessus de nos têtes pour s'abattre plus loin devant nous.

La horde prise de panique soulevait un rideau de poussière particulièrement éprouvant aussi bien pour la gorge que pour les yeux, aussi nous obliquâmes légèrement vers le nord pour avoir une vue plus dégagée sans cesser de galoper à toute vitesse. Les animaux les plus lents commençaient déjà à faiblir, particulièrement les autruches, et je vis le roi pointer son arc et en abattre adroitement une très grosse. Un chien de chasse agrippa l'oiseau par le cou et entreprit de le tirer en arrière en grognant et peinant à cause du poids de l'oiseau. Le roi me sourit, tout excité. Mais loin devant, les proies les plus grosses filaient encore à toute allure. Nous poussions nos chevaux toujours plus vite. Les chars roulaient à grand bruit sur le sol rugueux. Je regardai les essieux et priai pour que les miens tiennent le coup. Mes dents s'entrechoquaient dans ma bouche et mes os sous ma chair. Mes oreilles ne cessaient de bourdonner. Je me demandais si ma peau n'allait pas se détacher, et pourtant j'avais envie de crier d'excitation comme un enfant.

Le roi réussit à placer une nouvelle flèche sur son arc et le leva pour viser. Je me dis qu'il était temps que j'agisse et que j'en fasse autant. Je repérai devant nous une antilope qui s'enfuyait à grands bonds et décidai de la prendre pour cible. Je tirai sur les rênes, obliquai sur la droite et poussai encore le cheval jusqu'à ce que j'aie soudain l'animal dans mon champ de vision. Apercevant brusquement un espace entre les flancs des autres bêtes, je vis ma chance et décochai ma flèche. Pendant un instant il ne se produisit rien, puis je vis l'animal manquer un pas, s'emmêler les pattes et s'effondrer. La horde continua de courir en contournant l'animal tombé à terre, et la plupart des autres chars continuèrent la chasse.

À présent tout était brusquement devenu très calme. La flèche avait transpercé le flanc de l'animal et un épais sang noir jaillissait et coulait sur son poitrail écumant. Les yeux étaient grands ouverts mais aveugles. Les mouches, ces éternelles compagnes de la mort, bourdonnaient déjà en cercle autour de l'étroite blessure avec un empressement répugnant. J'éprouvais à la fois fierté et pitié. Un instant auparavant, ce tas inerte de viande et d'os avait été une chose vivante remplie d'énergie et d'une magnifique fierté. J'ai l'habitude du corps des morts, des cadavres mutilés, éviscérés, éventrés, et de la puanteur douceâtre de la chair humaine pourrissante. Mais cet animal, tué dans la gloire de la chasse, semblait incarner une autre forme de mort. En signe de gratitude et de respect, je récitai la prière d'offrande pour honorer l'esprit de l'animal.

Le roi s'approcha sur son char, suivi de Simut sur le sien. Ils vinrent me rejoindre et nous restâmes à attendre là, à la lueur de la lune ; le souffle de nos chevaux retentissait comme des coups de trompette dans l'air froid de la nuit. Le roi me complimenta. Simut observa l'animal et en loua la qualité. Le maître de la Chasse arriva à son tour, m'adressa lui aussi ses compliments et ordonna à ses assistants d'emporter l'animal avec les autres qui avaient été tués au cours de la chasse. Nous ne risquions pas de manquer de viande.

Quand nous revînmes au campement, des torches flamboyaient, disposées en cercle autour du grand feu central. Le boucher était au travail à la limite du camp ; ses hachettes et ses couteaux taillaient adroitement dans la chair tendre et vulnérable du ventre des carcasses suspendues. Il tranchait nonchalamment les sabots et les jetait sur une pile avant de lancer les meilleurs morceaux dans un chaudron. Plusieurs archers montaient la garde dans la pénombre à la lisière du campement pour le protéger, lui et la viande, des hyènes et des renards du désert, et des esprits meurtriers et assoiffés de sang du sombre désert dont on voyait les yeux dorés briller dans le noir tandis qu'ils évaluaient leurs chances d'attraper quelques-uns des cuissots juteux qui rôtissaient sur les feux en plein air.

On présenta au roi sa prise, l'autruche qu'il avait tuée. Il passa ses doigts dans les superbes plumes blanches et brunes.

— J'ai déjà de nombreux éventails, dit-il tranquillement. Je voudrais donc qu'avec celles-ci on en fabrique un spécialement pour toi, Rahotep, un cadeau pour te rappeler cette belle partie de chasse.

Je m'inclinai.

— J'en serais très honoré.

Nous bûmes de l'eau, avidement, puis du vin provenant d'une grande jarre nous fut servi dans des gobelets. On nous présenta le gibier fraîchement préparé sur des plats en métal d'une facture délicate et posés sur des nattes de jonc. Je pris un couteau dans un assortiment d'instruments en bronze. Le roi mangeait avec délicatesse : il observait tout ce qui était placé devant lui sur des assiettes d'or, puis en goûtait un petit morceau avec précaution. En dépit de l'effort physique fourni à la chasse, il manquait d'appétit.

Tandis que moi je mourais de faim et je savourais chaque bouchée de cette viande particulièrement délicieuse, bien meilleure et plus tendre que tout ce qu'on pouvait acheter chez les bouchers en ville.

— Tu n'aimes pas l'antilope ? demandai-je.

— Je trouve étrange d'avoir vu cet animal vivant courir pour tenter de sauver sa vie et de me retrouver avec ce morceau de viande… morte à la main.

Je faillis rire de sa sincérité enfantine.

— Tout le monde mange tout le monde. Plus ou moins…

— Je sais. Les chiens se dévorent entre eux. Et dans le monde des hommes, il en va de même. Et pourtant cette idée me semble en quelque sorte… barbare.

— Quand mes enfants étaient plus petits et qu'on tuait un canard ou un lapin à la maison, ils commençaient par implorer la pitié pour que l'animal ait la vie sauve, mais une fois que celui-ci avait été dépouillé de ses plumes ou de sa fourrure et de sa peau comme d'une robe, et qu'ils avaient séché leurs larmes, ils réclamaient qu'on leur montre le cœur ou qu'on leur offre une patte porte-bonheur. Et ensuite ils mangeaient leur ragoût sans éprouver le moindre désagrément et en réclamaient davantage.

— Les enfants ne sont pas sentimentaux. Ou alors c'est qu'on leur apprend à ne pas l'être parce qu'on ne supporte pas leur franchise. Ou leur cruauté.

— Est-ce qu'on t'a appris à être sentimental ?

— J'ai été élevé dans un palais, pas dans une maison. Ma mère m'a été enlevée. Mon père était aussi distant qu'une statue. J'avais pour toute compagnie une nourrice et un singe. Qu'y a-t-il de surprenant à ce que j'aie accordé mon amour aux animaux ? Au moins, je savais qu'ils m'aimaient, et je pouvais compter sur leur amour.

Et il donna gentiment un morceau de viande à son singe avant de se rincer délicatement les doigts dans une coupe.

Mais à ce moment-là nous fûmes interrompus par une ombre qui se profila sur la toile à l'entrée de la tente. Je glissai doucement la main à mon côté pour saisir le manche de mon poignard dissimulé sous ma robe. Le feu à l'extérieur donnait à l'ombre des proportions gigantesques à mesure qu'elle approchait. Le roi donna à haute voix l'autorisation d'entrer. C'était son serviteur personnel. Il portait un plateau de gâteaux au miel sortant du four, accompagné d'un rayon de miel. Les yeux du roi brillèrent de plaisir. Le serviteur s'inclina et déposa le plateau devant nous. Le cuisinier avait dû décider de préparer un menu spécial pour le souper du roi après la partie de chasse.

Il avança vivement sa main délicate vers les gâteaux, mais brusquement, sous le coup de l'instinct, je lui agrippai le poignet.

— Comment oses-tu me toucher ? s'écria-t-il.

— Pardonne-moi, Seigneur, mais je ne suis pas sûr…

— De quoi ? cria-t-il avec humeur en se levant d'un bond.

— Que ce miel soit bon. Nous n'en connaissons pas la provenance. Il vaudrait mieux ne pas prendre le risque…

C'est alors que son petit singe, au regard pétillant de malice, sauta de son épaule, attrapa dans le plat un morceau du rayon de miel et fila se réfugier dans un coin.

— Tu vois à présent ce qui se passe ? s'écria le roi contrarié.

Il s'approcha du singe en faisant des petits bruits affectueux, mais celui-ci se méfiait et courut le long d'un côté de la tente pour aller se cacher dans le coin le plus éloigné où il entreprit de grignoter son trésor en clignant des yeux sans arrêt sous le coup de l'inquiétude. Le roi le poursuivit une fois de plus, et moi je m'approchai de l'autre côté pour le prendre en tenailles. Mais l'animal était bien trop vif pour nous : il me fonça entre les jambes en me mordant la main au passage de ses petites dents pointues puis retourna à toute allure à l'autre bout de la tente où il s'assit sur son derrière et se remit à mastiquer en faisant des petits bruits de satisfaction jusqu'à ce qu'il ait englouti le rayon de miel. Le roi s'approcha de nouveau, et, maintenant qu'il n'avait plus rien à perdre, le singe trottina de bon cœur à sa rencontre, dans l'espoir aussi peut-être d'obtenir une ration supplémentaire. Mais tout à coup, bizarrement, il trébucha comme s'il ne savait plus marcher, puis il se recroquevilla sur lui-même comme une balle et se mit à tourner, à se tordre et à gesticuler en poussant de petits cris de douleur. Le cri de détresse que poussa le roi fit aussitôt surgir Simut et les gardes. Personne ne pouvait rien faire. Heureusement l'agonie du singe fut brève. J'étais bien content que ce ne soit pas le roi qui ait été victime du poison.

Il prit délicatement la bête morte et la serra gentiment contre lui. Il se retourna vers nous.

— Qu'est-ce que vous regardez tous ! hurla-t-il.

Personne n'osait parler. Je crus un instant qu'il allait me lancer le cadavre à la figure. Mais il se détourna en l'emportant dans l'intimité de sa chambre à coucher.

Dehors la lune était basse sur l'horizon noir. Il faisait très froid. Les soldats du roi tapaient du pied et faisaient les cent pas en montant la garde pour se réchauffer et rester éveillés tandis qu'ils scrutaient l'obscurité. Simut et moi nous nous tenions auprès du feu qui avait l'air d'un petit soleil dans une cage noire ; nous nous taisions. Il rajoutait de temps en temps quelques morceaux de bois dans le feu comme s'il nourrissait un animal en cage. Un bouquet d'étincelles rouges éclatait un instant dans la nuit puis disparaissait. Par souci de discrétion, nous allâmes jusqu'à la limite du campement. Loin de la lumière du feu, les vastes étendues argentées du désert s'étendaient à l'infini, plus belles sous la grande noirceur du ciel nocturne que sous la lumière crue et la chaleur du jour. Je levai les yeux : on aurait dit que cette nuit les cieux étaient plus brillants que jamais avec ces millions d'étoiles qui scintillaient éternellement dans l'air parfait. Mais nous étions sur terre et confrontés une fois encore à des problèmes.

— On dirait qu'il n'est en sécurité nulle part, finit-il par dire, que rien de ce que nous faisons ne garantit sa sécurité.

Nous avions interrogé le cuisinier et son aide qui s'étaient empressés d'expliquer que c'était Toutankhamon lui-même qui avait demandé que le miel serve à préparer des gâteaux. Ils étaient tous les deux terrifiés par les conséquences possibles de ce qui venait de se passer et par l'idée qu'on puisse les considérer comme des complices.

— Le roi aime les douceurs. Il réclame toujours quelque chose de sucré pour finir son repas, dit le cuisinier en tordant ses grosses mains en sueur.

Ce que j'avais vu de mes propres yeux confirmait leur témoignage, et celui qui avait fait envoyer ce miel savait sans aucun doute que le roi avait un faible pour les douceurs.

— Si nous pouvons attraper ces ramasseurs de miel, nous pourrions les interroger directement. Ils avoueront rapidement qui leur a demandé de venir offrir ce miel, dis-je, mais Simut secoua la tête.

— J'en ai déjà parlé au maître de la Chasse. Il est persuadé que c'est peine perdue que d'essayer de les retrouver, surtout la nuit. Ils connaissent le désert à la perfection et il m'affirme que s'ils n'ont pas envie qu'on les retrouve ils auront disparu avant l'aube sans laisser de trace.

Nous réfléchîmes aux possibilités qui nous restaient.

— Le roi est toujours en vie et c'est ce qui est le plus important.

— Absolument. Mais qui peut bien avoir le bras assez long pour que même ici (il fit un geste pour désigner l'énorme vide des innombrables étoiles et de la nuit sur le désert) il puisse essayer de l'empoisonner ?

— Je ne vois que deux personnes, répondis-je.

Il me regarda en hochant la tête. Nous nous comprenions.

— Et je sais bien lequel je choisirais comme suspect le plus plausible, dit-il tranquillement.

— Horemheb ?

Il hocha la tête.

— Nous sommes sur son territoire et il n'aurait pas été trop difficile pour lui de nous faire suivre à la trace. La mort du roi loin de sa propre cour lui conviendrait bien, et le chaos qui s'ensuivrait lui fournirait un champ de bataille idéal dans sa lutte contre Ay pour le pouvoir.

— Tout cela est vrai, pourtant on pourrait dire qu'il serait dans ce cas-là le premier suspect auquel tout le monde penserait, et qu'il n'a peut-être pas envie que cela soit aussi évident.

Simut grogna.

— Alors qu'Ay est assez malin pour monter une machination à distance qui aurait l'avantage de faire porter les soupçons sur Horemheb, poursuivis-je.

— Dans un cas comme dans l'autre, ils bénéficieraient tous deux de la mort du roi.

— Et dans les deux cas on a affaire à des hommes extrêmement puissants et influents. Ay ne peut pas contrôler l'armée mais il a besoin d'elle. Horemheb ne peut pas contrôler l'administration et pourtant il en a besoin. Et tous les deux, ils veulent contrôler le domaine royal. Je commence à croire que le roi se dresse entre eux comme un obstacle dans leur grande lutte, dis-je.

Il acquiesça.

— À ton avis que devrait-on faire ?

— Je pense qu'on devrait rester ici. La priorité est de tuer un lion. Cela ferait plaisir au roi et l'aiderait à reprendre confiance en lui.

— Je suis d'accord. Rentrer bredouilles serait un aveu d'échec. Il a placé la barre très haut. Nous ne devons pas échouer.

Nous retournâmes près du feu pour nous réchauffer.

— Je vais monter la garde toute la nuit avec les soldats, proposa Simut.

— Et moi je vais voir si le roi a besoin de quelque chose et je dormirai dans sa tente s'il le demande.

Nous nous séparâmes.

30

Toutankhamon se tenait sur son trône de voyage, regardant dans le vide, le singe mort posé sur ses genoux comme un bébé. Je m'inclinai et attendis qu'il parle.

— Tu m'as sauvé la vie, finit-il par dire d'un ton neutre.

Je ne répondis rien.

— Tu seras récompensé, continua-t-il, lève la tête.

J'obéis et il me sembla, à mon grand soulagement, qu'un changement important s'était produit en lui.

— J'avoue que tout ce qui est arrivé ces dernières semaines a fait naître une grande frayeur au fond de mon cœur. Il m'arrivait même parfois d'avoir peur d'être en vie. Et c'est la peur qui est devenue mon maître. Mais le roi des Deux Terres ne doit pas avoir peur. Le temps est venu de dominer ma peur, de ne lui laisser aucune prise. Sans quoi, que serais-je sinon la proie des ombres ?

— Il est humain d'avoir peur, Sire, dis-je prudemment, mais il est sage d'en connaître les tromperies et les pouvoirs de manière à les contrôler et à les vaincre.

— Tu as raison. Et en agissant ainsi j'apprends également les tromperies de ceux qui veulent se servir de la peur contre moi, ceux qui recourent aux images de la mort pour me terrifier. Mais si je n'accorde pas d'importance à la mort, la peur n'aura aucune emprise sur moi. N'est-ce pas vrai, Rahotep ?

— C'est vrai, Sire, mais tout le monde a peur de la mort. C'est une peur raisonnable.

— Et pourtant je ne peux plus me permettre de vivre dans cette crainte.

Il regarda le singe mort et en caressa gentiment la fourrure.

— La mort n'est qu'un rêve dont nous nous éveillons à un monde plus glorieux.

Je ne pouvais pas lui dire que j'étais d'accord et préférai me taire.

— Je te connais assez à présent, Rahotep, pour savoir quand tu ne dis pas le fond de ta pensée.

— La mort est un sujet dont je répugne à discuter.

— Et pourtant ton travail quotidien est une affaire de mort.

— Peut-être, Sire, mais je n'éprouve aucun amour pour elle.

— J'imagine que, l'ayant si souvent rencontrée, tu dois la trouver d'une certaine manière décevante, fit-il remarquer avec justesse.

— Elle est à la fois décevante et remarquable. Je vois des cadavres qui un jour plus tôt vivaient, parlaient, riaient, commettaient des actes délictueux et vivaient leurs histoires d'amour, et à présent que reste-t-il d'eux, un sac inerte de sang et de viscères ? Que s'est-il donc passé ? Mon esprit refuse toujours de comprendre ce que c'est d'être mort.

— Nous sommes semblables, tous les deux, nous réfléchissons trop, dit-il en souriant.

— Le pire ce sont les premières heures du matin. Je pense que la mort s'est encore rapprochée d'une journée. Je redoute la mort de ceux que j'aime. Je redoute ma propre mort. Je pense au bien que je n'ai pas fait, à l'amour que je n'ai pas su chérir et au temps que j'ai gâché. Et quand j'en ai fini avec ces remords inutiles, je pense au vide de la mort. Ne plus être ici. N'être nulle part…

Il se tut un moment. Je craignais d'être allé trop loin. Mais soudain il claqua dans ses mains et se mit à rire.

— Quel merveilleux compagnon tu fais, Rahotep, un tel optimisme, une telle bonne humeur…

— Tu as raison, Sire, je broie du noir. Mes filles me disent toujours d'être plus joyeux.

— Elles ont raison. Mais une chose m'inquiète : je ne t'ai pas entendu prononcer un seul mot exprimant ta foi dans les dieux.

Je marquai une pause avant de répondre, car tout à coup je sentais que notre conversation arrivait sur un terrain aussi fin qu'une feuille de papyrus.

— Je me bats avec ma foi. Et je me bats pour croire. C'est peut-être ma façon à moi d'avoir peur. La foi nous enseigne que l'esprit ne meurt jamais. Mais je m'aperçois que malgré tous mes efforts je ne parviens pas à y croire.

— La vie elle-même est sacrée, Rahotep. Tout le reste est mystère.

— C'est vrai, Sire. Et parfois, tandis que je suis encore couché, occupé à remâcher mes pensées futiles, la lumière du jour se glisse jusqu'à moi, l'aube se lève et les enfants s'éveillent, dehors les rues s'emplissent de gens et d'activités, comme toutes les rues de toute la ville, ici comme ailleurs, dans toutes les villes du pays. Et je pense à tout le travail qui m'attend. Alors je me lève.

Il garda le silence un moment puis se leva.

— Tu as raison. Le devoir, c'est là l'essentiel. Et il y a de grandes tâches à accomplir. Tout ce qui s'est produit récemment me conforte dans ma volonté absolue d'accomplir mes devoirs de roi, dans la lignée de mes grands ancêtres. Quand nous rentrerons à Thèbes, j'établirai un ordre nouveau. Le règne des ténèbres sera aboli. Il est temps d'apporter espoir et lumière aux Deux Terres au nom des rois glorieux de ma dynastie.

Je courbai la tête à nouveau en entendant ces paroles courageuses. Et je me plus à imaginer à quoi le monde pourrait ressembler si, après tout, peut-être, la lumière l'emportait sur les ombres.

Il servit deux gobelets de vin, m'en tendit un et m'offrit un tabouret pour que je vienne m'asseoir auprès de lui.

— Je sais qui a des raisons de vouloir ma mort. Horemheb rêve du pouvoir. Il me considère comme un obstacle à l'instauration de sa propre dynastie. Et Ay s'opposera à l'ordre nouveau parce qu'il perdrait son autorité. Mais Ankhesenamon et moi-même le traiterons en conséquence.

— La reine est un grand atout, dis-je.

— Elle est douée pour la stratégie et moi pour la représentation. C'est une bonne combinaison. Et nous nous faisons mutuellement confiance. Nous dépendons l'un de l'autre depuis que nous sommes enfants, au début c'était une nécessité mais qui s'est rapidement transformée en admiration réciproque.

Il se tut un moment.

— Parle-moi de ta famille, Rahotep.

— J'ai trois filles merveilleuses et un jeune fils, grâces en soient rendues à ma femme.

Il hocha la tête.

— Tu as bien de la chance, en effet. Ankhesenamon et moi n'avons pas encore eu ce bonheur, et il est impératif que nous ayons des enfants pour nous succéder. Nous avons échoué deux fois, car les enfants étaient mort-nés. Des filles, m'a-t-on dit. Leur mort nous a profondément bouleversés. Mon épouse s'en est sentie… flétrie.

— Mais vous êtes jeunes tous les deux. Vous avez le temps.

— Tu as raison, nous avons le temps. Le temps est notre allié.

Pendant un moment, aucun de nous ne prononça un mot. La faible lueur du feu transparaissait à travers la toile de la tente. J'éprouvai une soudaine fatigue.

— Je dormirai devant ta tente, cette nuit, dis-je.

Il secoua la tête.

— Ce n'est pas nécessaire. Je n'aurai plus peur de l'obscurité. Et demain nous reprendrons la chasse et la chance m'apportera peut-être ce que je désire : un lion.

Je me levai, m'inclinai, et j'étais sur le point de me retirer et de sortir de la tente quand il se remit à parler au moment où je ne m'y attendais pas.

— Rahotep, quand nous serons de retour à Thèbes, je veux que tu deviennes mon garde du corps personnel.

La surprise me coupa la parole.

— Je suis très honoré, Sire. Mais Simut remplit déjà ce rôle.

— Je veux une nouvelle fonction qui consiste à veiller sur ma sécurité à l'exclusion de tout le reste. J'ai confiance en toi, Rahotep, sans hésitation. Tu es un homme d'honneur et de dignité. Mon épouse et moi-même avons besoin de toi.

Je dus avoir l'air décontenancé car il poursuivit :

— Cette tâche sera généreusement récompensée. Je suis sûr que ta famille s'en trouvera bien. Et tu n'auras plus à te soucier de tes perspectives de carrière chez les Medjay.

— Tu me fais un très grand honneur. Pouvons-nous reparler de cela quand nous serons rentrés à Thèbes ?

— Oui, mais ne refuse pas mon offre.

— Vie, prospérité et santé, Sire.

Il hocha la tête, je m'inclinai et me retirai. Mais avant que j'aie quitté la tente il me lança :

— J'ai beaucoup de plaisir à discuter avec toi, Rahotep, plus que je n'en ai jamais eu avec aucun autre homme.

Dehors je contemplai la lune en songeant à l'étrangeté du destin, à ce concours de circonstances disparates qui m'avait conduit à cet endroit, dans ce désert, à cet instant. Et je m'aperçus que, malgré tout, je souriais. Pas seulement à cause de mes conversations bizarres avec l'homme le plus puissant du monde qui était encore, à bien des égards, un enfant, mais à cause du caractère imprévisible de la destinée ou de la chance qui m'offrait tout à coup ce que je n'aurais jamais cru pouvoir obtenir. La faveur. Et je me laissai aller à un sentiment rare et délicieux ; la pensée de triompher sur ce lourdaud tyrannique de Nebamon. Je jouissais d'avance du spectacle de sa fureur quand je viendrais lui dire que je n'avais plus rien à attendre de lui.

31

Un pisteur revint le soir, porteur de nouvelles informations. Il avait repéré la trace d'un lion. Mais beaucoup plus loin dans les Terres rouges. Nous tînmes conseil dans la tente de Simut.

— C'est un nomade, dit le pisteur.

— Qu'est-ce que cela signifie ? demanda Simut.

— Il ne fait partie d'aucune troupe. Les jeunes mâles vivent seuls dans le désert avant de retrouver une troupe à laquelle ils peuvent s'intégrer pour avoir des petits. Les femelles au contraire chassent toujours ensemble et demeurent toujours dans leur troupe d'origine. Nous allons donc devoir le suivre sur son propre terrain.

On décida de démonter le camp et de tout transporter à l'endroit où les traces avaient été découvertes. À partir du nouveau campement nous pourrions prendre tout notre temps, repérer le lion et choisir le moment de la chasse. Nous avions encore des réserves d'eau et de nourriture pour au moins une semaine. Et à supposer que le lion s'enfonce encore plus loin dans le désert, nous pouvions toujours avancer et même aller jusqu'aux oasis éloignées en cas de besoin pour nous ravitailler en eau et en nourriture.

J'assistai au démontage de notre habitation provisoire. Tous les meubles en or, les ustensiles de cuisine et les animaux en cage furent chargés sur des chariots. Les chèvres furent rattachées ensemble. Les crochets du boucher, ses couteaux et ses grands chaudrons furent chargés sur les mules. Et pour finir on démonta la tente du roi. Le mât central et sa boule d'or furent déposés à terre, et les longues pièces de toile furent pliées et rangées. Et tout à coup ce fut comme si nous n'avions jamais été là tant la trace que nous avions laissée dans l'immensité du désert était éphémère. Il ne restait plus que le fouillis de nos pas et à la place du feu, un cercle de cendres noires qui se dispersaient déjà dans la légère brise du nord. Je posai le pied sur ces cendres en repensant au cercle noir sur le couvercle de la boîte déposée au palais des Ombres. De tous les signes menaçants, c'était celui qui m'avait le plus impressionné. Je n'en avais toujours pas compris la signification.

Le soleil avait déjà largement dépassé son zénith lorsque nous commençâmes à nous enfoncer plus loin dans les Terres rouges. L'air vibrait sur le paysage désolé, gris et stérile. Nous progressions lentement sur le lit de schiste et de sable d'un cours d'eau asséché entouré de falaises basses et qui avait dû être un grand fleuve dans un lointain passé. Car on sait que les ossements d'étranges créatures marines sont de temps en temps découverts par le vent au gré du déplacement des dunes. Mais pour l'instant, comme sous l'effet d'une catastrophe provoquée par le temps et les dieux, tout dans ce monde avait été transformé en roches grises et rouges et en poussière sous la fournaise du soleil. Les mers de sable, lentes et vastes, dont j'avais entendu parler dans les récits des voyageurs, devaient se trouver beaucoup plus à l'ouest.

Je chevauchai aux côtés de Simut.

— La chance va peut-être enfin nous sourire, dit-il à voix basse, car le moindre son résonnait très nettement dans cet air sec.

— Nous n'avons plus qu'à suivre le lion à la trace.

— Et nous devrons faire tout notre possible pour aider le roi à triompher, répondit-il.

— Il est bien décidé à tuer le lion lui-même. Mais c'est une chose de tuer une autruche au milieu d'un troupeau d'animaux terrifiés et c'en est une autre d'affronter un lion du désert et de le tuer, dis-je.

— Je suis bien d'accord. Nous devrons le faire encadrer par les meilleurs chasseurs de la troupe. S'ils parviennent à terrasser le lion, il se contentera de porter le coup final. Ainsi c'est tout de même lui qui l'aura tué.

— J'espère.

Nous chevauchâmes un moment en silence.

— Il semble s'être bien remis après la mort de son singe.

— Finalement cela a renforcé ses résolutions.

— Je n'ai jamais aimé cette créature pathétique. Je lui aurais volontiers tordu le cou depuis longtemps…

Nous rîmes doucement.

— Je regrette, mais au moins il aura fini par servir à quelque chose.

— En tant que goûteur, et victime de sa gourmandise, comme le personnage d'une fable morale, il a connu une fin tragique, répondit-il en souriant, pour une fois, d'un air ironique.

Après avoir lentement traversé cet océan abandonné de gravier et de poussière grise des heures durant, nous découvrîmes enfin un paysage différent, étrange et sauvage, où le vent, tel un artiste, avait sculpté des piliers de roche pâle en leur donnant des formes fantastiques que le soleil couchant dans toute sa splendeur baignait de lueurs jaunes et orangées. Le feu de camp fut rapidement allumé, les tentes remontées, et bientôt les bonnes odeurs de cuisine se répandirent dans l'air pur.

Le roi apparut à l'entrée de sa tente.

— Viens, Rahotep, allons marcher un peu avant la nuit.

Nous nous promenâmes donc parmi les rochers aux formes étranges, jouissant de l'air plus frais.

— C'est un tout autre monde, dit-il, et combien d'autres, peut-être encore plus étranges, peuvent bien se trouver plus loin dans la Terre rouge ?

— Le monde est peut-être beaucoup plus vaste que ce que nous en connaissons, Sire. La Terre rouge n'est peut-être pas le seul territoire en dehors de la terre des vivants. On raconte des histoires au sujet de terres de neige et de terres éternellement vertes, répondis-je.

— Je voudrais être le roi qui découvre d'étranges pays et de nouveaux peuples et en dresse la carte. Je rêve de la gloire de notre grand empire se répandant dans des mondes inconnus et dans le lointain avenir. Qui peut savoir ? Ce que nous accomplissons dans ce monde pourrait bien survivre au temps lui-même ! Pourquoi pas ? Nous sommes un grand peuple pourvu d'or et de puissance. Les meilleurs d'entre nous sont beaux et sincères. Je suis heureux d'être venu, Rahotep. J'ai bien fait d'ordonner cette expédition. Loin du palais, loin de ces murs et de ces ombres, je me sens revivre. Je ne me suis pas senti si bien depuis longtemps. C'est bon. Et à présent la chance va me sourire. Je sens la bonté de l'avenir, tout près de moi, me faisant signe pour que je la fasse advenir.

— C'est un excellent présage, Sire.

— Oui. Je le sens au fond de mon cœur. C'est mon destin de roi. Les dieux attendent de moi que je l'accomplisse.

Pendant que nous parlions, les brillantes étoiles, dans toute leur gloire et leur mystère, étaient apparues dans le grand océan de la nuit. Et nous étions là tous les deux, sous elles, le visage levé.

32

Nous partîmes le lendemain sur nos chars, bien équipés et bien armés, au coucher du soleil. Les pisteurs avaient reconnu le terrain et découvert de nouvelles traces. Le territoire du lion semblait situé sur les falaises basses et ombragées qui se trouvaient à quelque distance de notre campement. Elles devaient certainement servir de refuge à toutes les formes de vie qui parvenaient à subsister dans ce rude milieu. Nous avions apporté la carcasse d'une chèvre fraîchement abattue pour l'attirer. Nous attendions, nos chars disposés en un large éventail, regardant prudemment de loin un pisteur qui traversait l'étendue grise en emportant le cadavre de la chèvre qu'il déposa à terre avant de battre en retraite.

Le pisteur vint se placer à côté de moi.

— Il doit être affamé car les proies sont rares par ici et nous lui offrons là un festin de choix. J'espère qu'il viendra chercher l'appât avant la nuit.

— Et sinon ?

— Alors nous ferons une nouvelle tentative demain. Il serait imprudent de l'approcher dans l'obscurité.

Nous attendions ainsi en silence tandis que le soleil continuait à décliner. Devant nous l'ombre des falaises s'allongeait imperceptiblement comme une marée qui monte lentement, et finit par atteindre la carcasse et par l'engloutir. Le pisteur secoua la tête.

— C'est trop tard, chuchota-t-il, il faudra revenir demain.

Mais juste à cet instant il se raidit comme un chat.

— Regarde. Le voilà…

Je scrutai intensément l'obscurité, mais je ne vis rien ; pourtant au bout d'un moment je remarquai un très léger mouvement, une ombre sur le fond noir. Tout le monde avait noté l'attitude du pisteur, et une certaine agitation se répandit dans les rangs des hommes et des chevaux. Le pisteur leva la main pour exiger le silence le plus absolu. Nous attendions tous, sur le qui-vive. La forme s'avança alors en ondulant furtivement en direction de la carcasse. Il leva la tête pour inspecter les alentours comme s'il se demandait d'où pouvait bien venir ce festin tout prêt, puis, satisfait, il entreprit de la dévorer.

— Que faisons-nous ? murmurai-je au pisteur.

Il réfléchit bien.

— Il fait trop sombre à présent pour essayer de le chasser car nous perdrions facilement sa trace dans l'obscurité. Le terrain est difficile. Mais maintenant que nous savons qu'il accepte nos offrandes, nous pouvons revenir demain, un peu plus tôt, et l'attirer à l'aide d'un nouveau morceau de viande fraîche. Un jeune adulte comme lui a grand appétit. Il n'a pas dû manger à sa faim depuis longtemps. Et demain nous serons bien préparés et en meilleure position pour l'encercler.

Simut acquiesça d'un hochement de tête. Mais soudain, sans prévenir et sans être accompagné, le char du roi s'élança en avant et se mit rapidement à prendre de la vitesse sur le sol inégal. Tout le monde fut complètement pris de court. Je vis le lion relever la tête, dérangé par ce bruit lointain. Simut et moi éperonnâmes nos chevaux et nous lançâmes à la poursuite du roi. Au loin je vis que le lion tirait la carcasse vers les falaises où nous n'avions plus aucune chance de le retrouver. Je rattrapai le char du roi et lui criai de s'arrêter. Il se tourna vers moi et fit un geste comme s'il ne pouvait pas ou ne voulait pas m'entendre. Son visage rayonnait d'excitation. Je secouai vigoureusement la tête, mais il se contenta de sourire comme un écolier et se détourna. Les roues du char faisaient un bruit inquiétant, les essieux tapaient et gémissaient, et toute la structure de bois peinait à supporter l'état du sol cahoteux. Je levai les yeux et l'espace d'un très court instant je vis le lion immobile qui nous fixait. Mais le roi avait encore une bonne distance à parcourir et le lion ne paraissait pas particulièrement inquiet.

Le roi filait toujours à toute vitesse et je le vis lutter pour contrôler la direction du char et en même temps armer une flèche sur son arc. Mais à présent le lion fit demi-tour à grandes foulées qui devinrent rapidement une fuite où il semblait voler, toutes pattes étendues vers la sécurité des falaises ténébreuses. Je poussai toujours mon cheval et gagnai du terrain sur le roi. Je me disais qu'il allait sûrement comprendre qu'il n'était plus possible de chasser le lion dans ces conditions, mais soudain son char sauta en l'air comme s'il avait heurté un rocher et retomba lourdement au sol. Sous le choc, la roue gauche se brisa, les rayons et le cerclage éclatèrent en morceaux et se détachèrent, et le char s'effondra sur le côté gauche. Il fut violemment traîné sur le sol raboteux par les chevaux pris de panique. Je vis le roi terrorisé se cramponner au rebord du char. Mais l'instant d'après son corps décolla comme une poupée de chiffon, heurta violemment le sol et roula longtemps sur lui-même avant de s'immobiliser dans le noir.

J'arrêtai mon cheval et le char s'immobilisa en dérapant ; je courus jusqu'à lui. Il ne bougeait plus. Je tombai à genoux auprès de lui. Toutankhamon, Vivante Image d'Amon, émettait de faibles sons qui auraient voulu être des mots mais n'y parvenaient pas. Il n'eut pas l'air de me reconnaître. Une flaque de sang, noir et brillant, se répandait dans la poussière du désert.

Sa jambe gauche au-dessus du genou formait un angle effrayant à voir. J'écartai délicatement de la peau le lin de sa robe, poisseux de sang. Des fragments d'os brisés dépassaient de la chair déchirée et de la peau. Il y avait du sable et de la poussière dans la plaie horrible et très profonde. Il poussa un terrible gémissement sous le coup d'une douleur atroce. Je versai de l'eau de ma fiasque et nettoyai le sang, épais et noir. J'avais peur qu'il ne meure ici, dans le désert, sous la lune et les étoiles, la tête reposant sur mes mains comme une coupe de cauchemars.

Simut arriva et jeta un coup d'œil à l'épouvantable blessure.

— Je vais chercher Pentu, ne le déplace pas, cria-t-il en repartant au galop.

Je demeurai avec le pisteur aux côtés du roi. Il s'était mis à frissonner violemment sous l'effet du choc. J'arrachai la peau de panthère qui recouvrait le fond de son char et je l'en recouvris le plus doucement possible.

Il essayait de parler. Je penchai la tête pour saisir ses mots.

— Je suis désolé, ne cessait-il de répéter.

— La blessure est superficielle, dis-je pour tenter de le rassurer, le médecin arrive. Cela va aller.

Il m'adressa cet étrange regard distant que provoque la douleur, et je compris qu'il savait que je mentais.

Pentu arriva et se mit à examiner le roi. Il commença par la tête, mais à part quelques égratignures enflées et de longues écorchures sur un côté de son visage, il n'y avait aucune trace de saignement du nez ou des oreilles, et il en conclut qu'il n'y avait pas de fracture du crâne. Au moins c'était déjà quelque chose. Il examina ensuite la blessure et l'os cassé à la lumière de nos torches. Il nous lança un regard à Simut et à moi, et secoua la tête. Ce n'était pas bon. Nous nous éloignâmes un peu pour que le roi ne puisse pas nous entendre.

— Nous avons de la chance que l'artère fémorale n'ait pas été touchée. Mais il perd beaucoup de sang. Nous devons immédiatement réduire la fracture, dit-il.

— Ici ? demandai-je.

Il fit signe que oui.

— Il ne faut absolument pas le déplacer avant que cela ait été fait. Je vais avoir besoin de votre aide. C'est un os difficile à remettre en place parce que la fracture est grave et que les muscles de la jambe et de la cuisse sont très puissants. Et des fragments d'os vont se chevaucher aux deux extrémités de la cassure. Mais nous ne pouvons pas le déplacer tant que cela n'est pas fait.

Il ajusta la position des os fracturés. Les membres du roi ressemblaient aux morceaux d'une poupée démantibulée. Pentu lui plaça un linge enroulé entre ses dents qui claquaient. Puis je lui maintins fermement le torse et le haut de la cuisse dans la bonne position, et Simut s'occupa de l'autre partie de son corps. Pentu repoussa vivement le fémur et d'un mouvement expérimenté replaça ensemble les deux extrémités de l'os cassé. Le roi hurla comme une bête. Le bruit énervant de la manœuvre me rappela celui que je fais dans la cuisine quand je détache la patte d'une gazelle en tordant l'os de la jambe pour qu'il cède au niveau de l'attache de la cuisse. C'était du travail de boucher. Le roi vomit et perdit connaissance.

Pentu se mit au travail à la lumière vacillante des torches ; il recousit l'horrible blessure à l'aide d'une aiguille en cuivre recourbée qu'il sortit d'un étui en os d'oiseau. Puis il la badigeonna d'huile et de miel et l'enroula dans des bandages de lin très serrés. Enfin il immobilisa la jambe à l'aide d'une éclisse capitonnée de lin et tenue par des nœuds, en prévision du trajet de retour jusqu'au camp.

Le roi fut porté dans sa tente. Il avait la peau moite et pâle. Nous nous réunîmes pour tenir conseil de toute urgence, à voix basse.

— La fracture est de la pire espèce parce que l'os a éclaté au lieu d'être brisé net et parce que la peau a été perforée, ce qui rend le corps vulnérable aux risques d'infection. Et puis il y a la perte de sang. Mais au moins, tout a été remis en place. Prions Râ pour que la fièvre tombe et que la blessure guérisse bien, dit gravement Pentu.

Une impression d'épouvante s'était abattue sur nous tous.

— À présent il dort, ce qui est une bonne chose. Son esprit va prier les dieux de l'Autre Monde de lui accorder plus de temps, plus de vie. Prions, nous aussi, pour qu'ils accèdent à sa demande.

— Que faire maintenant ? demandai-je.

— Le plus raisonnable, d'un point de vue médical, serait de le transporter sans délai à Memphis, dit Pentu. Là-bas au moins je pourrais le soigner correctement.

Simut intervint :

— Mais à Memphis il sera entouré de ses ennemis. Horemheb s'y trouve encore probablement. Je dis que nous devons le ramener à Thèbes discrètement, le plus vite possible. Et que l'accident doit être tenu secret jusqu'à ce qu'une version officielle des événements ait été agréée par Ay. Si le roi, vie, prospérité et santé pour lui, devait mourir, ce doit être à Thèbes au milieu de son peuple et à proximité de sa tombe. Et nous devons contrôler la manière dont sa mort sera ressentie. Naturellement, s'il vit, c'est chez lui qu'il pourra être le mieux traité.

Nous levâmes le camp la nuit même et entreprîmes notre triste voyage sous les étoiles, à travers le désert, pour rejoindre au loin le bateau et le Grand Fleuve qui nous ramèneraient tous chez nous dans la ville. Je m'efforçais de ne pas trop penser aux conséquences qu'aurait sa mort pour chacun d'entre nous et pour l'avenir des Deux Terres.

33

Je veillai au chevet de Toutankhamon qui ne cessait de se retourner et de se tordre dans son lit en proie à la fièvre et à l'angoisse, pendant toutes les nuits que dura notre voyage de retour vers Thèbes sur le fleuve. Son cœur semblait battre la chamade dans sa poitrine, prisonnier et faible comme un oiseau en cage. Pentu lui administrait des purgatifs pour éviter l'apparition dans l'intestin d'une putréfaction qui pourrait étendre son influence malsaine et gagner le cœur. Et il s'occupait de la jambe fracturée, ne cessant de détacher et de rattacher les éclisses de bois, changeant régulièrement le rembourrage de lin pour que les os cassés puissent avoir quelque chance de se ressouder.

Il s'était donné beaucoup de mal pour que la blessure reste propre ; il avait commencé par y appliquer des compresses de viande crue puis des cataplasmes de miel, de graisse et d'huile. Mais chaque fois qu'il changeait le pansement et rajoutait de la résine de cèdre, je voyais bien que les lèvres de la plaie ne parvenaient pas à se refermer et qu'une ombre très noire commençait à se répandre à travers la chair sous la peau, dans toutes les directions. On commençait à sentir une odeur infecte de chair putréfiée. Pentu essaya tous les remèdes, une décoction d'écorce de saule, de la farine d'orge, la cendre d'une plante dont il ne voulut pas révéler le nom mélangée à de l'oignon et du vinaigre, et un onguent blanc fabriqué à partir d'un minerai provenant des mines du désert de la région des oasis. Rien n'eut d'effet.

Un matin, au deuxième jour du voyage, avec l'autorisation de Pentu, je parlai au roi. La fraîche lumière du jour qui entrait dans sa chambre semblait le calmer et lui faire plaisir après une longue nuit pénible. On l'avait lavé et revêtu de lin propre. Mais il était déjà trempé de sueur et il avait le regard terne.

— Vie, prospérité et santé, dis-je doucement, conscient de l'ironie macabre de la formule.

— Aucun degré de prospérité, aucun or, aucun trésor ne peut ramener la vie et la santé, murmura-t-il.

— Le médecin est confiant et prédit une guérison totale, dis-je en essayant d'afficher une expression encourageante.

Il me fixa d'un regard d'animal blessé. Il savait parfaitement à quoi s'en tenir.

— La nuit dernière, j'ai fait un rêve étrange, dit-il en haletant.

J'attendis qu'il reprenne assez de force pour continuer.

— J'étais Horus, fils d'Osiris. J'étais le faucon planant haut dans le ciel à proximité des dieux.

J'essuyai la sueur qui perlait à son front.

— Je volais parmi les dieux.

Il chercha mon regard d'un air grave.

— Et que s'est-il passé ?

— Quelque chose de mauvais. Je suis retombé doucement à terre, de plus en plus bas. Puis j'ai ouvert les yeux. Je regardai au-dessus de moi toutes les étoiles dans l'obscurité. Mais je savais bien que je ne pourrais jamais les atteindre. Et tout doucement, elles ont commencé à s'éteindre, une par une, et de plus en plus vite.

Il me saisit la main.

— Et tout à coup j'ai eu très peur. Toutes les étoiles étaient mortes. L'obscurité était totale. C'est alors que je me suis réveillé… et depuis j'ai peur de me rendormir…

Il frissonna. Ses yeux brillaient, sincères et grands ouverts.

— Ce n'était qu'un rêve engendré par la douleur. Tu ne dois pas le prendre trop à cœur.

— Tu as peut-être raison. Peut-être n'y a-t-il pas d'Autre Monde. Peut-être n'y a-t-il rien.

Il avait l'air à nouveau effrayé.

— J'avais tort. L'Autre Monde est bien réel. N'en doute pas.

Nous ne parlâmes ni l'un ni l'autre pendant un bon moment. Je savais bien qu'il ne me croyait pas.

— S'il te plaît, ramène-moi à la maison. Je veux rentrer chez moi.

— Le navire va à bonne allure et les vents du nord nous sont favorables. Nous serons bientôt rentrés.

Il hocha la tête d'un air misérable. Je gardai encore un peu sa main chaude et moite dans la mienne, puis il se retourna du côté de la cloison.

Pentu et moi montâmes ensemble sur le pont. Le monde des champs verdoyants et des paysans défilait sous nos yeux comme si rien de grave ne s'était produit.

— Quelles sont ses chances à ton avis ?

Il secoua la tête.

— Il est très inhabituel de survivre à une fracture aussi catastrophique ; la plaie est gravement infectée et il ne cesse de s'affaiblir. Je suis très inquiet.

— On dirait qu'il souffre beaucoup.

— J'essaie de lui donner tout ce dont je dispose pour atténuer la douleur.

— De l'opium ?

— Je lui en prescrirai certainement si la douleur empire encore. Mais j'hésite à le faire tant que ce n'est pas indispensable…

— Pourquoi ?

— C'est la drogue la plus puissante dont nous disposions. Mais sa puissance même la rend dangereuse. Il a le cœur faible et je ne veux pas prendre le risque de l'affaiblir encore davantage.

Nous contemplâmes tous les deux le paysage pendant un moment, sans rien dire.

— Puis-je te poser une question ? finis-je par lui demander.

Il hocha la tête, l'air méfiant.

— J'ai entendu dire qu'il existait des livres secrets, les Livres de Thoth.

— Tu y as déjà fait allusion.

— Et je pense qu'ils contiennent des notions de médecine.

— Et si c'était le cas ? répondit-il.

— Je suis curieux de savoir s'ils parlent de substances secrètes qui pourraient donner des visions…

Pentu me regarda très attentivement.

— Si de telles substances existaient, elles ne seraient révélées qu'aux hommes qui, en raison de leurs connaissances exceptionnelles et de leur statut, ont le droit d'acquérir un tel savoir. D'ailleurs pourquoi tiens-tu tellement à le savoir ?

— Parce que j'ai une intuition.

— Ce n'est pas le genre d'argument qui peut inciter à révéler des secrets aussi bien gardés, répondit-il.

— Et pourtant, tout ce que tu pourrais me dire me serait de la plus grande utilité.

Il hésita.

— On dit qu'il existe un champignon magique. On ne le trouve que dans les régions boréales. Il est supposé procurer des visions des dieux… Mais en vérité nous ignorons tout de ce champignon, et personne dans les Deux Terres n'a jamais eu l'occasion de le voir et encore moins de tester ses pouvoirs réels ou supposés. Pourquoi me demandes-tu cela ?

— J'ai une intuition.

Cela ne semblait pas l'amuser le moins du monde.

— Peut-être te faudrait-il plus qu'une intuition, Rahotep. Il est peut-être temps pour toi d'avoir une véritable vision personnelle.

Au cours de la dernière nuit du voyage, la fièvre du roi s'aggrava ; il semblait souffrir terriblement. L'ombre noire de l'infection continuait à dévorer la chair de sa jambe. Son visage mince était devenu moite et jaunâtre ; ses yeux, quand il parvenait à les ouvrir, avaient la couleur terne de l'ivoire. Il avait la bouche sèche, les lèvres craquelées, la langue jaune et blanche. Son cœur semblait s'être ralenti, et il avait à peine la force d'ouvrir la bouche pour avaler un peu d'eau. Pentu finit par le traiter au jus de pavot. L'effet calmant fut spectaculaire et je compris tout à coup à quel point cette drogue était puissante et attirante.

À un moment, aux petites heures du matin, il ouvrit les yeux. Je rompis tout protocole et lui pris la main. Il pouvait à peine parler dans un souffle et devait lutter pour prononcer chaque mot malgré la transe amollissante due à l'opium. Il regarda l'œil de Râ protecteur sur la bague qu'il m'avait offerte. Puis, au prix d'un énorme effort, rassemblant ses dernières forces, il parla :

— C'est mon destin de mourir, et de passer dans l'Autre Monde. Je te demande une chose : accompagne mon corps aussi loin que tu peux, accompagne-le jusqu'à ma tombe.

Ses yeux en amande me fixaient d'un air grave dans son visage décharné. À la dureté de ses traits et à l'intensité de son regard, je reconnus l'approche de la mort.

— Tu as ma parole.

— Les dieux m'attendent. Ma mère est là. Je la vois. Elle m'appelle…

Et il leva les yeux dans le vide comme s'il voyait quelque chose que je ne voyais pas.

Sa main était petite, légère et chaude ; je la tenais entre les miennes le plus délicatement possible. Je regardai la bague à l'œil de Râ qu'il m'avait offerte. Elle ne l'avait pas protégé, pas plus que je ne l'avais fait moi-même. Je sentis la lenteur délicate de son pouls qui s'affaiblissait et je le contrôlais attentivement jusqu'à ce que, juste avant l'aube, il pousse un dernier soupir long et bas qui ne semblait exprimer ni déception ni satisfaction. Et l'oiseau de son esprit quitta Toutankhamon, Vivante Image d'Amon, et s'envola à jamais vers l'Autre Monde. Et sa main glissa doucement de la mienne.

Troisième partie

« Ton visage a été révélé dans la Maison des Ténèbres. »

Le Livre des morts, verset 169.

34

Le Bien-Aimé d'Amon entra silencieusement dans le port de Malkata, le lendemain, juste après le coucher du soleil. Le ciel menaçant de plus en plus sombre s'accordait bien aux circonstances. Personne ne parlait. Le monde entier semblait abîmé dans le silence ; le seul bruit qu'on entendait était le claquement sombre et régulier des avirons frappant et fendant l'eau, cette eau plate qui avait un étrange reflet soyeux et gris comme avant une tempête de sable. Sur le long quai de pierre, devant le palais, seules quelques silhouettes nous attendaient. Je remarquai qu'il n'y avait qu'une seule lampe allumée sur le débarcadère. Nous avions envoyé à l'avance un messager porter la nouvelle, la terrible nouvelle. Nous aurions dû revenir avec le roi triomphant et nous le ramenions chez lui pour l'enterrer.

Je restai auprès de la dépouille du roi. Il paraissait si petit et si frêle. On l'avait enveloppé dans une pièce de lin blanc immaculé. Seul son visage était découvert, calme, immobile et vide. Son esprit était parti. Tout ce qui restait était cette enveloppe raide et vide. Il n'y a rien de plus vide au monde que le corps d'un mort.

Simut descendit à terre tandis que je restai près du roi attendant l'arrivée des gardes. J'entendis leurs pas sur la passerelle puis le silence qui suivit. Ay entra dans la cabine royale. Il se pencha sur le corps de Toutankhamon, contemplant l'évidence de la catastrophe. Puis il se pencha encore plus, laborieusement, jusqu'à l'oreille gauche du roi, celle par laquelle pénètre le souffle de la mort. Et je l'entendis murmurer : « Tu as été un enfant inutile au cours de ta vie. La mort doit être pour toi le moment de te réaliser. »

Puis il se redressa avec raideur.

Le roi, insensible à tout cela, gisait immobile sur son lit de mort doré. Ay me scruta un instant de ses petits yeux durs comme des pierres ; son visage cruel demeurait parfaitement impassible. Puis, sans prononcer le moindre mot, il fit signe aux gardes de placer le corps du roi dans son cercueil, et ils l'emportèrent.

Simut et moi, nous les suivîmes au long des interminables couloirs et des salles du palais de Malkata totalement déserts. J'eus tout à coup l'impression que nous étions des voleurs venant remettre dans une tombe un objet dérobé. Je me dis que, pour l'instant au moins, on ne nous avait pas encore mis aux fers, mais que ce n'était peut-être qu'une question de temps. Quelles qu'aient été les circonstances réelles de l'accident, on pourrait toujours nous reprocher la mort du roi. Il était placé sous notre responsabilité et nous avions failli à la tâche. J'eus tout à coup terriblement envie de rentrer chez moi. J'aurais voulu sortir de cette pièce et de ces couloirs indifférents du pouvoir, traverser les eaux noires du Grand Fleuve, remonter tranquillement ma rue jusqu'à chez moi, refermer la porte derrière moi, me coucher blotti contre Tanefert et dormir pour me réveiller quelques heures plus tard et constater que tout cela n'était qu'un rêve. La réalité était à présent mon pire tourment.

Nous fûmes escortés jusqu'aux appartements du roi et on nous fit attendre à la porte. Le temps passait lentement, obscurément. Des sons de voix étouffées, parfois quelques éclats, filtraient à travers les lourds panneaux de bois. Simut et moi nous regardions, mais il ne laissait transparaître ni ses pensées ni ses sentiments. Puis la porte fut brusquement ouverte et on nous fit entrer.

Toutankhamon, seigneur des Deux Terres, gisait sur son lit, les mains croisées sur sa poitrine mince. Il était encore entouré des jouets et coffrets de jeux de son enfance perdue. Ils avaient l'air à présent d'objets funéraires qu'il aurait certainement aimé emporter dans l'Autre Monde, à la place de l'attirail doré de la royauté. Ankhesenamon avait les yeux fixés sur le visage mort de son époux. Quand elle me regarda, elle avait le visage dévoré de chagrin. Comment pourrait-elle me pardonner ? J'avais manqué à ma parole envers elle aussi bien qu'envers le roi. Elle était seule à présent dans ce palais des ombres. Elle était devenue la dernière survivante de la dynastie des Thoutmosides. Et il n'est personne de plus vulnérable qu'une reine veuve sans héritier.

Ay racla soudain sa canne sur les pierres du sol.

— Nous ne devons pas nous abandonner à notre chagrin. Nous n'avons pas le temps de faire notre deuil. Il y a bien trop à faire. Il doit apparaître aux yeux du monde que cet événement ne s'est jamais produit. Personne ne doit parler de ce qu'il a vu. Le mot *mort* ne doit pas être prononcé. On doit continuer à apporter des repas et du linge propre dans l'antichambre. Sa nourrice continuera à s'occuper de lui. Mais son corps sera purifié et embaumé ici, en secret, et comme sa tombe est loin d'être achevée, il sera inhumé dans la mienne à l'intérieur de la nécropole royale. Elle conviendra parfaitement et il ne faudra pas longtemps pour l'adapter. On prépare déjà les cercueils d'or ; je choisirai moi-même et je réunirai son trésor funéraire et tous les objets qui doivent l'accompagner. Tout ceci doit être exécuté rapidement et surtout dans le plus grand secret. Quand ses obsèques auront eu lieu, en secret également, alors, et seulement alors, nous annoncerons sa mort.

Ankhesenamon secoua son chagrin en entendant cette étonnante proposition et brisa le silence qui suivit.

— C'est absolument inacceptable. Les obsèques et la cérémonie funèbre doivent avoir lieu dignement et en grande pompe. Pourquoi devrions-nous prétendre qu'il n'est pas mort ?

Ay s'approcha d'elle, furieux.

— Comment peux-tu être aussi naïve ? Ne comprends-tu pas que c'est la stabilité des Deux Terres qui est en jeu ? La mort d'un roi est potentiellement le moment le plus dangereux et le plus désastreux dans la vie d'une dynastie. Il n'y a pas d'héritier. Et cela parce que tes entrailles n'ont rien pu produire d'autre que des enfants mort-nés ou des avortons, fit-il d'un air moqueur.

Je lançai un regard à Ankhesenamon.

— Ce fut la volonté des dieux, répondit-elle en le regardant avec une colère froide.

— Nous devons garder le contrôle sur cette situation avant que le chaos nous submerge tous. À présent, nos ennemis vont tenter de nous abattre. Je suis le Père de Dieu, Celui qui fait le Bien, et ce que je décide sera appliqué. Nous devons maintenir l'ordre de *maat* par tous les moyens nécessaires. Les troupes Medjay ont déjà reçu l'ordre d'interdire toute réunion publique ou privée et de réprimer par tous les moyens d'éventuelles manifestations d'agitation dans la rue. Ils prendront position dans toute la ville et le long des temples.

Cela sonnait comme l'instauration d'un état d'urgence. Quelle était cette opposition si alarmante ? Et quel ennemi désignait-il ? Horemheb, lui seul. C'était pour Ay la plus grande menace du moment, Horemheb, général des Deux Terres, pouvait à présent facilement déclencher une opération militaire pour prendre le pouvoir. Il était jeune, il commandait la majorité des divisions de l'armée, et il était rusé et impitoyable. Ay était vieux. Je regardai cet homme perclus de douleurs articulaires et de maux de dents, et son obsession rageuse de l'ordre, son pouvoir terrestre qui avait longtemps paru si absolu était tout à coup devenu faible et vulnérable, mais il ne fallait pas le sous-estimer pour autant.

Ankhesenamon avait parfaitement compris tout cela.

— Il existe une autre voie. Tout peut être résolu par une succession ferme et immédiate. Je suis la dernière de cette grande lignée, et au nom de mon père et de mon grand-père, je veux régner, déclara-t-elle fièrement.

Il lui jeta un regard de mépris qui aurait pulvérisé une pierre.

— Tu n'es rien d'autre qu'une femme. Ne rêve pas. Tu as déjà essayé une fois de t'opposer à moi et tu as échoué. Il est nécessaire que je sois couronné roi dans les plus brefs délais car je suis le seul capable de gouverner.

Elle réagit vivement à cette provocation.

— Personne ne peut être proclamé roi avant la fin des jours de Purification. Ce serait un sacrilège.

— N'essaie pas de discuter avec moi. Il en sera ainsi. C'est nécessaire, et la nécessité est la plus puissante de toutes les raisons, s'écria-t-il tandis que sa canne tremblait dans sa main.

— Et moi ? dit-elle fermement, opposant un calme parfait à la fureur d'Ay.

— Si tu as de la chance, je t'épouserai peut-être. Mais uniquement si cet arrangement peut s'avérer utile, ce dont je ne suis absolument pas convaincu.

Elle secoua la tête d'un air moqueur.

— Et qu'est-ce que cela peut faire que tu sois convaincu ou non ? Je suis la reine.

— En titre seulement. Tu n'as aucun pouvoir. Ton époux est mort. Tu es complètement seule. Réfléchis à deux fois avant de reprendre la parole.

— Je ne tolérerai pas que tu me parles sur ce ton. Je vais faire une proclamation publique.

— Et moi j'empêcherai cela par tous les moyens.

Ils s'affrontèrent du regard.

— Rahotep est affecté à ma protection personnelle. Ne l'oublie pas.

Il se contenta de rire. Mais dans ce domaine, on voyait bien qu'il manquait sérieusement d'entraînement.

— Rahotep ? L'homme chargé de veiller sur le roi et qui nous rapporte son cadavre ? Ses résultats parlent pour lui.

— Il n'est pas responsable de la mort du roi. Il est loyal, et c'est ce qui compte plus que tout, répondit-elle.

— Un chien aussi est loyal. Il n'est pas nécessairement plus utile pour autant. Simut te fournira un garde. À partir de maintenant, tu porteras ton deuil en privé.

Et je vais réfléchir à ton avenir. Quant à Rahotep, on lui avait confié une responsabilité très claire, et cependant le pire s'est produit. Je déciderai de son sort, dit-il comme s'il n'y attachait aucune importance.

Je m'attendais à ces paroles. Je pensai à ma femme et à mes enfants.

— Et le lion ? demanda Simut. On ne peut imaginer que le roi soit revenu sans son trophée.

— Tu n'as qu'à tuer le lion apprivoisé et l'exposer, répondit Ay dédaigneusement, personne ne verra la différence.

Sur ces mots, il partit en exigeant qu'elle l'accompagne. Simut et moi restâmes là debout auprès du corps mince du roi, ce jeune homme dont la vie nous avait été confiée. Il était l'image même de notre échec. Quelque chose s'achevait ici, dans cet amas de peau et d'os. Et quelque chose d'autre venait de commencer : la lutte pour le pouvoir.

— Je ne crois pas qu'Ay puisse garder tout cela secret, dit Simut. Le peuple sait lire les signes, et l'absence du roi de toute vie publique sera très rapidement remarquée. Et, venant juste après tout le bruit que l'on a fait au sujet de la chasse royale et l'attente de son retour glorieux, les spéculations vont aller bon train de manière incontrôlable.

— C'est pour cela qu'Ay doit enterrer Toutankhamon le plus vite possible et se proclamer roi lui-même, répondis-je, et il doit tenir Horemheb à distance le plus longtemps possible.

— Mais le général est rusé comme un chacal, je suis sûr qu'il va flairer cette mort et saisir l'occasion de se mesurer à Ay, dit Simut. Ce n'est pas une perspective très réjouissante.

Nous étions là tous les deux à contempler le visage délicat du roi mort. Ce spectacle impliquait tant de choses : la possibilité d'une catastrophe pour les Deux Terres si cette guerre pour le pouvoir n'était pas rapidement réglée.

— Ce qui m'inquiète le plus, c'est qu'Ankhesenamon est à leur merci à tous les deux, dis-je.

— C'est très préoccupant, admit-il.

— Ce serait un désastre si Horemheb revenait à Thèbes maintenant.

— Et ce serait un désastre s'il pénétrait dans ce palais, dit Simut, mais comment l'en empêcher puisque son épouse y habite ? Il faudrait peut-être l'en éloigner.

La nouvelle était inédite pour moi.

— Mutnodjmet ? Elle vit dans ce palais ?

Il hocha la tête.

— Mais son nom n'a jamais été prononcé ces derniers temps !

Il tourna la tête pour se rapprocher de moi.

— Personne ne parle d'elle en public. En privé on dit qu'elle est folle. Elle vit dans ses appartements d'où elle ne sort jamais. On dit qu'elle a deux nains pour toute compagnie. Est-ce que cette réclusion est un choix personnel ou bien lui est imposée par son époux, je n'en sais rien.

— Tu veux dire qu'elle est emprisonnée ici ?

— Appelle cela comme tu veux. Mais elle ne jouit d'aucune liberté. Elle est un secret de famille.

Mon esprit s'emballait comme un chien sur la piste d'une proie cachée et qui est sur le point de la découvrir.

— Il y a d'autres problèmes dont je dois m'occuper, mais on peut en reparler dans un autre lieu. Qu'est-ce que tu vas faire à présent ?

— Je n'ai guère d'avenir apparemment, répondis-je avec une légèreté que j'étais loin d'éprouver.

— Pour l'instant tu n'es pas encore aux arrêts.

— Je suppose que si j'essayais de quitter ce palais il m'arriverait un étrange accident.

— Eh bien, alors ne le quitte pas. Tu as un rôle à jouer ici. Protéger la reine. Je peux de mon côté t'offrir la protection de mes gardes et la relative sécurité que confère l'autorité de mon nom.

Je hochai la tête avec reconnaissance.

— Mais il y a quelque chose que je dois faire d'abord. Je dois parler à Mutmodjmet. Sais-tu où sont ses appartements ?

Il secoua la tête.

— C'est un secret bien gardé, même moi je l'ignore. Mais tu connais quelqu'un qui pourra probablement t'y conduire.

— Khay ?

Il fit signe que oui.

— Demande-le-lui. Et rappelle-toi, ce qui est arrivé n'était pas notre faute. Ce n'était pas la mienne non plus.

— Et tu crois que le monde va croire à cette version ?

Il secoua la tête.

— Pourtant c'est la vérité, et cela c'est déjà quelque chose, même en ces temps de tromperies, répondit-il, et sur ce il s'en alla, me laissant seul dans la chambre du roi, avec le cadavre du jeune homme.

35

Pourquoi personne n'avait-il jamais parlé de Mutnodjmet ? Pas même Ankhesenamon, sa propre nièce ? Et pourtant, pendant tout ce temps, la sœur de Néfertiti, l'épouse d'Horemheb, le général des Deux Terres, avait vécu emprisonnée ici dans le palais de Malkata. C'était peut-être simplement une pauvre folle, la honte vivante de la famille, et c'était pour cela qu'on la tenait loin des regards. Et pourtant, elle était un lien entre la dynastie royale et Horemheb. Il l'avait épousée par ambition, et maintenant semblait s'accommoder du fait que son épouse soit emprisonnée.

Je réfléchissais à ces diverses possibilités lorsque la porte de la chambre s'ouvrit doucement et sans un bruit. J'attendis de voir qui entrait. Un personnage vêtu de robes noires se glissa silencieusement sur le sol de pierre en direction du lit.

— Arrête-toi.

Le personnage se figea sur place.

— Retourne-toi.

La silhouette se tourna lentement vers moi. C'était Maia, la nourrice. Elle ne cherchait même pas à cacher son mépris à mon égard. Son visage était ravagé par le chagrin. Puis, posément et carrément, elle me cracha au visage. Elle n'avait plus rien à perdre. J'essuyai le crachat. Elle s'avança doucement jusqu'au cadavre. Elle se pencha tendrement sur le roi et déposa avec révérence un baiser sur son front glacé.

— C'était mon enfant. Je l'ai nourri et je me suis occupée de lui depuis le jour de sa naissance. Il avait confiance en toi. *Et vois ce que tu nous rapportes*. Je te maudis. Je maudis ta famille. Puissiez-vous être tous anéantis comme tu m'as anéantie.

Son visage à présent était blanc de rage.

Sans attendre une réponse que manifestement elle ne souhaitait pas, elle entreprit de laver le corps avec de l'eau additionnée de natron. Je m'assis sur un tabouret et la regardai faire. Elle travaillait avec amour et avec un soin infini, sachant que c'était la dernière fois qu'elle pouvait le toucher. Elle lava ses bras inertes et ses mains ballantes, s'occupant de chaque doigt l'un après l'autre et l'essuyant comme si elle s'occupait d'un pauvre enfant sans défense. Elle passa son linge tout doucement sur la poitrine étroite et immobile, essuyant chaque côte sur toute sa longueur puis les épaules étroites et le creux des aisselles. Puis elle passa le linge sur toute la longueur de la jambe saine puis plus doucement autour de la vilaine blessure de la jambe cassée, comme s'il pouvait encore avoir mal. Enfin, elle s'agenouilla auprès de ses pieds. J'écoutais le petit bruit que faisait le linge quand elle le trempait dans la coupe d'eau parfumée, la petite cascade lorsqu'elle le tordait ; le doux frottement régulier du linge entre ses orteils, autour de ses chevilles délicates et sur ses pieds qu'elle embrassa quand elle eut fini sa tâche.

Elle pleurait en silence et les larmes coulaient de son menton. Puis elle lui replia les bras selon la posture traditionnelle, prêts à recevoir la crosse d'or et le fouet, symboles royaux de Haute et Basse-Égypte, et d'Osiris, le premier roi, seigneur de l'Autre Monde. Symboles que d'autres lui placeraient entre les mains en temps voulu. Pour finir, elle alla prendre dans un des coffres à habits un beau collier d'or qu'elle plaça sur sa poitrine, et un pectoral d'or au centre duquel était incrusté un scarabée, poussant par-dessous un beau disque solaire en calcédoine pour l'amener vers la lumière d'un jour nouveau.

— Il est prêt maintenant pour le contrôleur des Mystères, murmura-t-elle.

Puis elle s'assit sur un tabouret dans un coin de la pièce, aussi loin de moi que possible, et se mit à murmurer des prières.

— Maia.

Elle fit comme si elle ne m'avait pas entendu. Je recommençai.

— Où se trouvent les appartements de Mutnodjmet ?

Elle ouvrit les yeux.

— Oh ! Maintenant qu'il est trop tard, il pose enfin la bonne question.

— Dis-moi pourquoi cette question est la bonne.

— Pourquoi devrais-je te dire quoi que ce soit ? Il est trop tard pour moi. Et trop tard pour toi. Tu aurais dû m'écouter plus tôt. Je ne parlerai plus. Je garderai le silence à jamais.

Je m'apprêtai à insister mais la porte s'ouvrit et le contrôleur des Mystères entra dans la pièce, portant le masque à tête de chacal d'Anubis et accompagné de ses assistants. Normalement le corps aurait dû être emporté dans une salle d'embaumement à l'écart des lieux habités où il aurait été lavé, éviscéré, séché à l'aide de sel, recouvert d'onguent puis entouré de bandelettes.

Mais je supposai qu'Ay, ayant insisté sur la nécessité de garder le secret, avait dû ordonner que le corps ne quitte pas cette chambre. Un prêtre lecteur se mit à réciter les premières instructions et les formules magiques tandis que des fonctionnaires de moindre rang installaient dans la pièce tout le matériel nécessaire, les outils, les crochets, les lames d'obsidienne, les résines, l'eau, le sel, le vin de palme, les épices et les nombreuses bandelettes, tout ce qui allait servir à cette longue opération. Ils disposèrent le plateau d'embaumement incliné sur quatre blocs de bois, et soulevèrent respectueusement le corps du roi et l'y posèrent. Plus tard au cours de ce long rituel le corps serait enroulé dans un suaire, entouré de bandelettes, puis, dès l'instant qu'il s'agissait d'un roi, des bijoux de grande valeur, des bagues, des bracelets, des colliers et des amulettes magiques contenant pour la plupart des formules protectrices particulières seraient introduits dans les plis et sous les couches d'étoffes précieuses, chaque geste étant accompagné des formules et des prières rituelles, car le moindre geste devait se conformer strictement à la tradition pour avoir toute son efficacité dans l'Autre Vie. Pour finir, on poserait le masque mortuaire pour que ce dernier visage d'or permette d'identifier le mort et que ses esprits *ka* et *ba* puissent rejoindre son corps dans la tombe.

Le contrôleur des Mystères se plaça au bout de la table d'embaumement et regarda le corps du roi. Tout était prêt pour que commence l'œuvre de purification. Puis il se retourna et me regarda fixement. J'aperçus à travers les trous élégamment dessinés le blanc de ses yeux qui se détachait sur le noir du masque. Dans un silence pesant, tous ses assistants se tournèrent également vers moi. Il était temps que je parte.

36

Je frappai à la porte du bureau de Khay. Au bout d'un moment son assistant vint ouvrir. Il me regarda d'un air inquiet.

— Mon maître est occupé, s'empressa-t-il de dire en essayant de me cacher la vue de l'intérieur du bureau.

— Oh ! Je suis certain qu'il m'accordera quelques instants de son précieux temps.

Je traversai l'antichambre et entrai dans le bureau de Khay. Son visage osseux était tout rouge. Il était décontenancé mais avait trop bu pour pouvoir le cacher.

— Et voici le grand chasseur de mystères qui fait une entrée remarquée…

Je vis qu'il avait une coupe pleine de vin posée sur sa table basse. Et à côté une petite amphore posée sur son support.

— Je suis désolé de te déranger à cette heure tardive. Je pensais que tu devais être chez toi, en famille. As-tu un foyer et une famille ?

Il me regarda en plissant les yeux.

— Qu'est-ce que tu veux, Rahotep. Je suis occupé…

— C'est ce que je vois.

— Il faut bien qu'il y en ait qui fassent preuve d'une certaine compétence dans leur travail.

J'ignorai sa remarque.

— Je viens de faire une découverte très étrange.

— Voilà qui est bon à entendre, notre chasseur de mystères a découvert *quelque chose*…

Ses paroles semblaient légèrement en avance sur son esprit.

— Mutnodjmet vit à l'intérieur du palais.

Il avait le menton levé à présent, et le regard méfiant.

— Quel rapport cela peut-il avoir avec l'affaire qui t'amène ici ?

— Elle est l'épouse d'Horemheb et la tante d'Ankhesenamon.

Il applaudit en affichant une expression qui frisait la caricature.

— Quelle enquête merveilleuse sur les liens familiaux !

Mais il cachait une certaine inquiétude sous son ironie.

— Peux-tu me confirmer qu'elle est retenue entre les murs de ce palais ?

— Je te l'ai déjà dit. Le sujet n'a rien à voir avec la question qui nous concerne.

Je me rapprochai de lui. De petites veines éclatées battaient doucement sous la peau boursouflée et ridée autour de ses yeux. Il accusait les premiers signes d'une vieillesse précoce. La pression qu'il subissait en raison de ses responsabilités élevées devait y contribuer, et il n'était pas le premier à chercher dans le vin quelque consolation.

— Je ne suis pas ici pour que tu m'interroges.

Il était à présent dressé sur ses ergots.

— Comme tu le sais j'ai tout pouvoir du roi et de la reine pour mener l'enquête, quel que soit l'endroit où elle me conduit, et je ne vois pas où serait le problème à répondre à une question aussi simple.

Il me regarda en clignant des yeux et trembla légèrement. Puis il finit par répondre :

— Elle n'est pas retenue comme tu l'as dit. Elle vit dans sa propre suite où elle bénéficie de toute la sécurité et du confort des appartements royaux.

— Ce n'est pas ce que j'ai entendu dire.

— Eh bien, les gens colportent tellement d'idioties.

— Si tout est aussi beau et net, pourquoi personne ne m'en a jamais parlé ?

— Ah ! Tu recherches désespérément une piste dans ta stupide enquête. Mais elle est devenue sans objet et je te conseille de ne pas poursuivre dans cette direction.

— Pourquoi ?

— Parce que c'est une impasse.

— Comment peux-tu en être si sûr ?

— C'est une pauvre folle qui n'est pas sortie de ses appartements depuis de nombreuses années. Comment pourrait-elle être mêlée à tout ce… désordre… ?

Il se détourna. Ses mains tremblaient légèrement quand il leva sa coupe de vin et en but une grande gorgée.

— Conduis-moi jusqu'à elle. Tout de suite.

Il reposa sa coupe trop brutalement et un peu de vin éclaboussa sa main ; il le lécha au lieu de l'essuyer.

— Tu n'as aucune raison d'aller l'interroger.

— Faut-il que je dérange Ay ou la reine pour leur en faire la demande ?

Il chancela.

— Il se passe en ce moment tant de choses d'une importance capitale que cela est vraiment d'un ridicule achevé, mais si tu insistes…

— Allons-y maintenant.

— Il se fait tard. La princesse a dû se retirer. Demain.

— Non. Immédiatement. Comment savoir quels sont les horaires des fous ?

Nous parcourûmes les couloirs. Je m'efforçais de garder une vue d'ensemble de notre itinéraire, comme un plan inscrit sur le papyrus de ma mémoire, parce que je voulais être capable de localiser précisément ses appartements et de les retrouver moi-même le cas échéant. Mais ce n'était pas facile car les couloirs se réduisaient à de simples passages qui devenaient de plus en plus étroits et sinueux. Les splendides peintures murales représentant des marais de papyrus et les dallages décorés de rivières peuplées de poissons parfaits sous nos pieds cédèrent la place à des murs ordinaires simplement crépis et à un sol en terre battue. Les lampes à huile magnifiquement ouvragées alignées le long des couloirs principaux furent remplacées par d'autres plus ordinaires, du genre de celles qu'on peut trouver dans une maison dotée d'un confort courant.

Nous parvînmes enfin devant une porte toute simple. Aucun symbole n'en décorait le linteau. Aucun soldat n'y montait la garde. Elle aurait pu être la porte d'un entrepôt. Le pêne était maintenu fermé par des liens et scellé. Khay transpirait, de petites gouttes de sueur perlaient à son noble front. Il frappa, pas très sûr de lui. Nous tendîmes l'oreille sans percevoir le moindre bruit de pas.

— Elle a dû se retirer pour la nuit.

Il se détendit visiblement et s'apprêta à repartir.

— Frappe plus fort, lui suggérai-je.

Il hésita. Je le fis donc moi-même, frappant du poing.

Toujours le silence. C'était peut-être une quête inutile, après tout.

Puis j'entendis des bruits de pas, très légers, sur le sol. La faible lueur d'une lampe passa sous la porte. Il y avait donc bien quelqu'un ici. Une minuscule étoile de lumière apparut dans la porte.

Quelqu'un devait nous observer à travers un judas.

La porte fut secouée dans un vacarme effroyable.

Khay fit un bond en arrière.

Je brisai le sceau moi-même, dénouai la corde qui bloquait le pêne et ouvris la porte en grand.

37

La pièce était lugubre ; elle n'était éclairée que par la lampe à huile qu'elle tenait à la main et par des niches murales où des chandelles de mauvaise qualité se consumaient en dégageant une lumière enfumée et graisseuse qui donnait à l'ensemble un éclairage sinistre. Mutnodjmet, sœur de Néfertiti, épouse d'Horemheb, général des armées des Deux Terres, était très maigre ; sa peau privée de soleil semblait adhérer à ses os gracieux, et il était pénible de les voir saillir sous les plis de sa robe toute simple. Elle avait le crâne rasé et ne portait pas de perruque. Elle avait les épaules voûtées. Son visage qui avait les mêmes pommettes hautes que celui de sa sœur sans rien avoir de sa prestance semblait inerte, et son regard aurait exprimé le chagrin s'il n'avait pas été aussi vide. Elle n'était qu'une chose creuse. Il émanait d'elle une impression triste et désespérée d'irrémédiable indigence. Mais je savais aussi que je ne pouvais lui faire confiance en aucune façon. Car malgré sa lassitude elle avait un grand manque, lové en elle comme un cobra dressé.

Elle était encadrée par deux nains, portant des habits assortis de belle qualité et des bijoux, des poignards également semblables, signes du haut rang qu'ils occupaient.

Cela n'avait rien d'exceptionnel : dans le passé, des hommes dotés de cette stature et de cet aspect avaient fait leur chemin jusqu'à occuper des positions importantes au sein des cours royales. Ce qui était inhabituel en revanche, c'était leur parfaite ressemblance. Ils n'avaient pas l'air ravis d'être dérangés.

Mutnodjmet ne cessait de me regarder fixement, l'air perplexe, la tête penchée et la bouche molle. Elle semblait totalement incapable de comprendre qui j'étais et ce que je pouvais bien venir faire là.

— Pourquoi ne m'as-tu rien apporté ? miaula-t-elle sur un ton qui dénotait bien plus qu'une simple déception.

— Qu'est-ce que j'aurais dû t'apporter ?

Elle m'observa de ses yeux ternes et tout à coup se mit à me hurler au visage un flot assez remarquable d'insultes, puis elle partit en traînant les pieds dans une autre pièce. Les nains ne cessaient de nous dévisager d'un air patibulaire. J'imaginais qu'ils étaient experts dans le maniement de leur poignard. Leur petite taille leur donnait peut-être même un avantage, me dis-je désabusé, car après tout on peut faire pas mal de dégâts en attaquant en dessous de la ceinture.

— Comment vous appelez-vous ?

Ils échangèrent un bref regard, l'air de dire « Qui est cet idiot ? ».

Khay intervint.

— Nous sommes venus simplement pour rendre une brève visite à la princesse.

— Elle ne reçoit aucun visiteur, répondit l'un des nains d'une voix étonnamment sonore.

— Aucun ? demandai-je.

— Pourquoi voulez-vous la voir ? demanda l'autre d'une voix identique.

On avait l'impression de parler aux deux visages d'un même esprit. Il y avait quelque chose de comique dans tout cela.

Je souris.

Eux n'avaient pas du tout l'air de plaisanter. Ils posèrent la main sur le manche de leur poignard.

Khay commença à tergiverser, mais il fut brusquement interrompu :

— Oh ! laissez-les entrer ! cria-t-elle depuis l'autre pièce. J'ai besoin de compagnie. N'importe qui pour me changer de vous deux !

Nous suivîmes le couloir d'où j'aperçus des pièces plus ou moins vides où l'on rangeait des marchandises et un coin réservé à la cuisine, équipé d'étagères et de jarres et de pots afin de conserver les aliments, pour arriver enfin à un grand salon. Nous nous assîmes sur des tabourets tandis qu'elle s'installait sur un lit. La pièce était toute simple et sommairement meublée, comme si elle avait hérité quelques rebuts usagés d'une maison familiale. Elle nous observait de ses yeux de jade entourés de traits de khôl, appliqués en quantité excessive et n'importe comment. Elle regardait Khay comme un poisson crevé.

— Je t'ai amené Rahotep, chasseur de mystères. Il a insisté pour te rencontrer.

Elle le jaugea et éclata d'un rire stupide.

— Quel plat froid que *ce type-là*. Je n'en voudrais même pas pour nourrir le chat… Celui-ci par contre…

Elle me fixa droit dans les yeux.

J'ignorais ses avances flagrantes. Elle se mit soudain à ricaner en rejetant la tête en arrière comme une actrice de mélodrame.

Je continuai à soutenir son regard.

— Oh ! je vois. Le genre costaud et taciturne. *Parfait.*

Elle essaya de me renvoyer mon regard à la manière d'une courtisane expérimentée. Mais elle baissa les yeux, ricana avant d'être prise d'une véritable crise d'hystérie.

On l'avait sans doute récemment approvisionnée. Elle était encore dans la phase euphorique. Elle allait bientôt redescendre et se retrouver prise dans les griffes de son sinistre besoin. Je sentis l'excitation monter en moi comme une sorte de panique délicieuse car je venais de découvrir la pièce manquante. Mais était-elle capable d'accomplir les actes dont je la croyais responsable ? Pouvait-elle avoir déposé la stèle sculptée, la boîte renfermant le masque fait de restes d'animaux et la poupée ? Elle résidait à l'intérieur des appartements royaux, mais sa liberté de mouvement ne semblait guère plus grande que celle d'un animal en cage. Ses appartements étaient scellés de l'extérieur. Quelqu'un exerçait son contrôle sur elle, mais qui ? Pas son époux, en tous les cas, pas de façon directe puisqu'il était trop loin. Il fallait que ce fût quelqu'un qui avait régulièrement accès au palais et en particulier à ces appartements. Il fallait aussi que ce fût quelqu'un en mesure de lui fournir sa drogue. Le rapprochement était terriblement tentant. Était-ce donc la même personne qui avait tué les jeunes gens et qui exerçait son contrôle sur la princesse ? Une seule question à la fois et je devrais arriver à prouver le rapport, lentement, avec précaution et précisément.

— Qui te fournit ? demandai-je.

— En quoi ? dit-elle, les yeux brillants.

— En opium.

Khay se leva d'un bond.

— Cela est une entorse épouvantable au protocole et une accusation répugnante.

— Assieds-toi et boucle-la.

Il était terriblement offensé.

— Vous avez tous les deux votre propre addiction, ajoutai-je par pure méchanceté pour me venger. S'adonner au vin ne diffère en rien de sa dépendance à elle. Tu ne peux pas t'en passer et elle non plus. Où est la différence ?

Il parut offusqué mais ne trouva rien à répondre.

— C'est vrai, dit-elle doucement, c'est tout ce que j'ai. J'essaie de m'en passer mais la vie sans cela est tellement décevante, tellement lassante, tellement… insignifiante.

— Et te voilà donc, ne vivant que pour cela. Et tu as l'air d'être déjà morte.

Elle hocha tristement la tête.

— Mais quand tu l'as en toi, c'est la *béatitude*.

Elle semblait aussi éloignée d'un état de béatitude que si elle était prise entre les mâchoires d'un crocodile.

— Qui te l'apporte ? demandai-je.

Elle eut un sourire énigmatique et s'approcha de moi.

— Tu aimerais bien le savoir, n'est-ce pas ? Je peux lire en toi. Tu es aussi désespéré que moi. Tu as besoin de réponses comme moi j'ai besoin de drogue. Tu sais ce que l'on ressent…

Elle glissa une main froide sous ma tunique. Cela ne me fit aucun effet. Je l'enlevai et la rendis à sa propriétaire.

Elle se frotta tendrement le poignet.

— Je ne te dirai plus rien, fit-elle comme une enfant en colère.

— Alors je m'en vais, dis-je en me levant.

— Non, reste, cria-t-elle. Ne sois pas cruel. N'abandonne pas une pauvre fille.

Elle miaula comme un chat.

Je me retournai vers elle.

— Je vais rester un moment avec toi, mais seulement si tu acceptes de me parler.

Elle tordit ses lèvres d'un coin à l'autre comme une gamine qui veut séduire, mais chez une femme de son âge la grimace devenait pathétique. Puis elle tapota le banc et je vins me rasseoir.

— Demande-moi ce que tu veux.

— Dis-moi juste qui te fournit la drogue.

— Personne.

Elle se remit à glousser bêtement.

— Cela devient fatigant, dis-je.

— C'est juste une petite plaisanterie entre lui et moi. Il me dit qu'il n'est personne. Mais ce qu'il ne sait pas c'est que je ris parce qu'il a effectivement un visage vide.

— Qu'est-ce que tu veux dire ?

— Tu vois ce que je veux dire. On a l'impression qu'il n'a pas d'âme, que c'est un homme creux.

— Quel âge a-t-il ? Quelle taille fait-il ?

— Il est d'âge moyen. Il est de la même taille que toi.

Je la regardai. Je sentais le fil de mes recherches s'embrouiller dans mon esprit.

— Comment s'appelle-t-il ?

— Il n'a pas de nom. Je l'appelle « le Médecin ».

Le Médecin.

— Parle-moi de sa voix.

— Elle n'est pas basse mais pas trop douce. Ni jeune ni vieille. Ni gentille ni méchante. C'est une voix calme.

Il y a parfois en elle une sorte de tendresse. Une sorte de gentillesse.

— Et ses cheveux ?

— Gris, tout gris, chantonna-t-elle.

— Et ses yeux ?

— Oh ! ses yeux, ils sont gris eux aussi, ou bleus par moments, ou parfois les deux. C'est la seule chose qu'il ait de beau, dit-elle.

— En quoi sont-ils beaux ?

— Ils voient des choses que les autres ne voient pas.

Je réfléchis à tout cela.

— Parle-moi des messages.

— Non, je ne peux pas. Il se fâcherait contre moi. Il ne viendrait plus me voir si je trahis les messages.

Je lançai un regard à Khay qui écoutait avec stupéfaction.

— Et quand vient-il ?

— Je ne le sais jamais à l'avance. Je dois attendre. C'est terrible quand je ne l'ai pas vu depuis des jours et des jours.

— Tu tombes malade ?

Elle hocha la tête d'un air pathétique et baissa le menton.

— Et puis, il arrive et me donne ses cadeaux et de nouveau tout va bien.

— Ces messages qu'il te laisse te demandent de faire un certain nombre de choses pour lui, c'est bien cela ?

Elle fit signe à contrecœur que oui.

— D'emporter des objets et de les déposer à certains endroits ?

Elle demeura un instant sans réagir avant de hocher la tête à nouveau puis, se penchant vers moi, elle chuchota très fort :

— Il m'autorise à me promener dans les couloirs et même parfois dans les jardins quand il n'y a personne. Généralement de nuit. Je reste enfermée ici des jours et des jours. Je deviens folle d'ennui. J'aspire désespérément à voir la lumière, à voir *la vie*. Mais il est très sévère et je dois rentrer rapidement ou alors il ne me donnera plus ce dont j'ai besoin et il me rappelle chaque fois que je dois bien faire attention à ne pas être vue, car alors tout le monde serait tellement *furieux* et il n'y aurait plus de cadeaux…

Elle me regarda en ouvrant de grands yeux innocents.

— Qui se mettrait en colère ?

— *Eux*.

— Ta famille ? Ton époux ?

Elle hocha la tête, l'air misérable.

— Ils me traitent comme une bête, siffla-t-elle.

— Personne ne s'occupe jamais de toi pour te donner un peu de liberté ?

Elle hésita un instant, me lança un regard par-dessous ses cils, avant de faire non de la tête. Donc il y avait bien quelqu'un qui avait pitié d'elle et je croyais savoir qui cela pouvait être.

Je la regardais agiter fébrilement les doigts comme si elle essayait sans cesse de débrouiller un écheveau de fil invisible.

— Et que se passe-t-il dans le vaste monde ? demanda-t-elle comme si elle venait de se rappeler qu'il existait encore.

— Rien n'a changé, dit Khay, tout est comme avant.

Elle me regarda.

— Je sais bien qu'il ment, dit-elle doucement.

— Je ne peux pas tout te dire, répondis-je.

— J'ai tout un monde ici, fit-elle en se tapotant légèrement le côté du crâne comme si c'était un jouet.

J'y vis depuis très longtemps à présent. Mon monde est magnifique ; les enfants y sont heureux et les gens dansent dans la rue. La vie est une fête. Tout le monde est heureux. Personne ne vieillit et les larmes y sont inconnues. Il y a des fleurs partout et des couleurs et de belles choses. Et l'amour mûrit comme un fruit sur la treille.

— Donc je suppose que ton époux n'en fait pas partie.

Elle leva immédiatement les yeux, le regard tout à coup concentré.

— Tu as des nouvelles de mon époux ? Où l'as-tu rencontré ?

— Il y a quelques semaines, à Memphis.

— Memphis ? Qu'est-ce qu'il fait là-bas ? Il n'est pas venu me voir depuis si longtemps. Cela fait des années qu'il est retenu au loin par la guerre. C'est ce que le Médecin m'a dit…

Elle eut le sentiment qu'elle venait de se trahir.

— Comment le Médecin peut-il savoir ce que fait ton époux ? demandai-je.

— Je ne sais pas. Il me donne de ses nouvelles. Il m'a dit que mon époux était un grand homme et que je devais être fière de lui. Il m'a dit qu'il allait revenir bientôt et que tout serait différent.

Je jetai à Khay un regard lourd de sens en entendant ces paroles de mauvais augure.

— Mais je crains que mon époux ne m'ait jamais aimée comme moi je l'aime, et je pense qu'il ne m'aimera jamais. Tu vois, il n'a pas de cœur. Peut-être même souhaite-t-il ma mort maintenant que je lui ai servi à réaliser un de ses projets et échoué dans l'autre. Les êtres humains ne comptent pas pour lui.

— Dans quel projet as-tu donc échoué ?

Elle me regarda droit dans les yeux.

— Je suis stérile. Je ne lui ai pas donné d'héritier. C'est la malédiction de notre lignée. Et pour me punir, tu vois ce qu'il a fait.

Elle leva les mains jusqu'à son crâne pitoyable.

— Il m'a rendue folle. Il a enfermé les démons dans ma tête. Un de ces jours je me fracasserai le crâne contre les murs et c'en sera fini.

Je pris les mains de Mutnodjmet entre les miennes. Les manches de sa robe se relevèrent légèrement et j'aperçus des traces de coupures cicatrisées à ses poignets. Elle fit en sorte que je les voie.

— Je vais prendre congé à présent. Si le Médecin revient, peut-être vaut-il mieux que tu ne lui parles pas de ma visite. Je ne voudrais pas qu'il te prive de tes cadeaux.

Elle hocha la tête. Elle était sincère, mais je ne pouvais absolument pas lui faire confiance.

— S'il te plaît, je t'en prie, de grâce, reviens me voir. Je pourrais bien me rappeler d'autres choses que je te raconterai si tu reviens.

— Je te promets d'essayer.

Elle parut s'en satisfaire.

Elle insista pour me raccompagner jusqu'à la porte. Les nains réapparurent, s'occupant d'elle comme des animaux de compagnie malveillants. Elle ne cessa de répéter « Au revoir, au revoir » tandis que je refermai la porte. Je savais qu'elle était restée derrière la porte et qu'elle écoutait le bruit des cordes que je rattachai sur le cercueil où elle était enfermée vivante.

Nous repartîmes en silence. Khay semblait parfaitement dégrisé à présent.

— Je pense que je te dois des excuses, finit-il par dire.

— Acceptées, répondis-je.

Nous nous inclinâmes l'un vers l'autre.

— Tu dois connaître le nom du Médecin, dis-je.

Il eut une grimace de déception.

— J'aimerais bien. Je savais, naturellement, qu'elle était ici, et pour quelle raison. On m'a confié la responsabilité des aspects pratiques de sa vie ici. Mais l'ordre vient d'Ay et peut-être conjointement d'Horemheb. Ce Médecin se sera tout simplement fait accorder un laissez-passer pour avoir accès aux appartements royaux, et cela a dû se faire en secret. Il y a si longtemps que tout cela s'est passé et elle représentait un tel problème, je suppose que nous l'avons tous tout simplement oubliée pour nous consacrer à des questions qui nous paraissaient bien plus importantes. Elle n'était que l'affreux secret de famille dont nous étions tous ravis de nous débarrasser.

— Mais es-tu certain que c'est Ay qui s'est chargé de cet arrangement ?

— Oui, ou du moins au début.

Je méditai cette information.

— A-t-elle raison à propos d'Horemheb ?

Il hocha la tête.

— Horemheb l'a épousée par ambition. Il l'a en effet séduite, mais tout ce qu'il voulait c'était entrer dans la famille royale. Il savait bien que personne ne l'épouserait pour elle-même, cela a été un genre d'arrangement.

— Qu'est-ce que tu veux dire ?

— Elle était une sorte de marchandise avariée, si j'ose dire. Elle a toujours été un peu bizarre. Même dans son enfance elle était perturbée, hystérique. De ce fait, elle avait perdu toute sa valeur. La famille était ravie de la voir servir à quelque chose, et une alliance avec un militaire prometteur avait paru à l'époque une bonne opération. Il avait manifestement un grand avenir. Pourquoi ne pas garder l'armée au sein de la famille ? Manifestement il en a tiré de grands avantages. La contrepartie de cette transaction c'était qu'en tant que membre de la famille, à la suite de cet accord, il accepterait de se comporter comme un homme marié, ou du moins de lui en donner publiquement l'illusion et de soumettre l'armée aux intérêts stratégiques de la famille au-delà des frontières. Après tout, selon les termes du contrat, cela servait aussi les propres intérêts d'Horemheb.

— Est-ce aussi pour cette raison que Mutnodjmet demeure prisonnière dans le palais de Malkata ? Pourquoi ne la renvoient-ils pas auprès de son époux ?

— Ils doivent être parvenus à un arrangement profitable pour tous. Elle a perdu l'esprit. Elle a fini par devenir un problème pour les deux parties. Pour Horemheb elle est devenue terriblement embarrassante, elle est le prix qu'il a dû payer pour satisfaire son ambition. Elle l'aime mais lui ne peut pas la supporter. Il veut se débarrasser d'elle. Pour Ay aussi elle constitue un problème, car elle appartient à la dynastie mais ne peut jouer aucun rôle public. Les deux parties avaient donc intérêt à ce qu'elle disparaisse, à ce qu'elle devienne une sorte de zombie sans mourir pour autant. On la garde en vie pour l'instant. Et comme tu as pu le voir, elle est complètement folle, la pauvre.

— Et Horemheb ?

— Ce jeune crocodile impitoyable est rapidement devenu trop grand pour sa mare. Il n'a cessé de grandir. Et bientôt tous les mets délicats et les bijoux précieux dont on l'a gavé ne lui ont plus suffi. Il se débarrassera d'elle dès que cela lui conviendra. Il nous épie depuis longtemps, Ay, Toutankhamon, Ankhesenamon et nous tous. À présent, avec la mort catastrophique du roi, je crains que son heure ne soit venue.

Ses propos l'avaient totalement dégrisé. Il contempla autour de lui ce palais au luxe froid et apprêté, et sembla un instant y voir ce qu'il était en réalité : un tombeau.

— Une chose est claire au moins à présent, dis-je.

— Quoi donc ?

— Ay et Horemheb sont tous les deux complices du Médecin. Ay a pris les dispositions pour l'installation de la princesse. Horemheb sait parfaitement que son épouse est emprisonnée. La question est de savoir : qui a demandé au Médecin de faire ce qu'il a fait ? Est-ce Horemheb qui lui a ordonné de rendre son épouse dépendante de l'opium ? Ou a-t-il agi de sa propre initiative ? Et pour terroriser le roi, le Médecin a-t-il appliqué son propre plan ou a-t-il obéi aux ordres de quelqu'un d'autre ? Horemheb, peut-être ?

— Ou bien Ay, dit Khay.

— C'est possible. Il ne voulait sûrement pas que le roi revendique son propre pouvoir comme il l'a fait. Et cependant sa réaction aux événements montre qu'il ignorait par quel moyen les objets avaient été introduits dans les appartements. Dans tous les cas cela ne ressemble pas au comportement qu'on pourrait attendre de lui.

Khay soupira.

— Aucune des deux hypothèses n'incline à l'optimisme. De toute façon, maintenant que le roi est mort, tu peux être sûr qu'Horemheb ne va pas tarder à arriver. Il a des affaires importantes à régler ici. Il a l'avenir devant lui. Il n'a plus qu'à neutraliser Ay et la reine, et les Deux Terres lui appartiendront. Pour ma part, je redoute ce jour de tout mon cœur.

Il se faisait tard. Nous étions arrivés devant les doubles portes des appartements de la reine. Des gardes y avaient été postés pour la nuit. Je demandai à Ay de me laisser là car je voulais parler à la reine en tête à tête. Il acquiesça puis marqua un temps d'hésitation. Il se retourna comme s'il voulait me demander quelque chose de confidentiel.

— Ne t'inquiète pas, dis-je, je ne trahirai pas ton secret.

Il parut soulagé. Mais on aurait dit qu'il avait encore quelque chose à me confier.

— Qu'y a-t-il ?

Il hésita.

— Tu n'es plus en sécurité ici.

— Tu es la deuxième personne à me le dire ce soir, répondis-je.

— Alors, tu sais que tu dois être très prudent. C'est une mare de crocodiles. Fais bien attention où tu mets les pieds.

Il me tapota le bras et s'éloigna lentement dans le long couloir silencieux et rempli de ténèbres pour retrouver sa petite amphore de bon vin déjà bien entamée. Je savais qu'il me restait peu de temps. J'avais une piste. Et avec un peu de chance, Nakht aurait réussi à soigner le garçon. Et il serait suffisamment rétabli pour pouvoir témoigner. Dans ce cas, je pourrais peut-être rassembler tous les éléments. Identifier le Médecin. L'empêcher de commettre de nouvelles atrocités et de nouveaux crimes. Et je pourrais peut-être enfin lui poser la question qui me brûlait les lèvres : pourquoi ?

38

Je frappai à la porte. La servante de la Main droite l'entrouvrit d'un air inquiet. Je la repoussai malgré ses protestations et traversai l'antichambre pour gagner la pièce où j'avais été introduit la première fois. Dans une autre vie, pensai-je, avant d'avoir pénétré dans ce labyrinthe d'ombres. Rien n'avait changé. Les portes donnant sur le jardin de la cour étaient toujours ouvertes, les coupes martelées étaient allumées, les meubles étaient toujours immaculés. Je me souvins d'avoir eu l'impression qu'elle se produisait sur une scène de théâtre. Elle arriva, bouleversée, sortant de sa chambre. Elle parut soulagée de voir que ce n'était que moi.

— Que viens-tu faire ? Il est très tard. S'est-il passé quelque chose ?

— Sortons.

Elle hocha la tête, l'air perplexe, déploya un léger châle sur ses épaules et franchit le seuil qui menait au jardin. La servante alluma rapidement deux lampes puis se retira aussi vite sur un signe de sa maîtresse. Nous marchâmes en silence jusqu'au bassin, nos lampes à la main, et nous nous assîmes tous les deux sur le même banc dans le noir avec la seule lueur des lampes pour tenir à l'écart l'obscurité de la nuit.

— Pourquoi ne m'as-tu jamais parlé de Mutnodjmet ?

Elle essaya un court instant de prendre un air innocent puis soupira.

— Je savais que si tu étais efficace tu finirais bien par la découvrir.

— Mais cela ne répond pas à ma question.

— Pourquoi ne t'ai-je rien dit ? N'est-ce pas évident ? Elle est notre terrible secret de famille. Mais pourquoi me parles-tu d'elle ? Elle ne peut pas avoir le moindre rapport avec tout ce qui s'est passé.

— Penses-tu être la mieux placée pour en juger ?

Elle parut offensée.

— Pourquoi dis-tu cela à présent ?

— Parce que c'est elle la personne qui a déposé la stèle, la boîte et la figurine.

Elle eut un rire bref.

— Ce n'est pas possible.

— Elle est opiomane. Et tu le sais bien. Elle a un praticien qui s'occupe d'elle. Elle l'appelle le Médecin. Il se sert de sa dépendance pour servir ses propres desseins. En échange des petites tâches qu'il lui demande, comme de déposer ses cadeaux çà et là dans les appartements royaux, il lui fournit de la drogue. Il la maintient ainsi en état de manque et elle fait tout ce qu'il lui demande. Mais il y a plus : c'est le même homme qui a tué et mutilé les jeunes gens en ville, en utilisant la même drogue pour les maîtriser.

Elle eut du mal à assimiler rapidement toutes ces révélations.

— Eh bien, tu as donc résolu le mystère. Tu n'as plus qu'à l'arrêter et tu auras rempli ta mission et tu pourras reprendre ta vie normale.

— Elle ne peut pas me dire son nom. Je suis sûr qu'Ay ou Horemheb le peuvent. Mais ce n'est pas pour cela que je suis venu.

— Non ? fit-elle avec une appréhension manifeste.

— Tu as rendu visite à Mutnodjmet et tu l'as fait sortir de ses appartements.

— Bien sûr que non.

— Je sais que tu l'as fait.

Elle se leva, offensée, mais ne chercha plus à nier. Puis elle se rassit, affichant délibérément un air plus conciliant.

— J'ai eu pitié d'elle. Elle est devenue une créature désespérée, mais elle n'a pas toujours été si pitoyable. Et elle est toujours ma tante. Elle et moi sommes les seules survivantes de notre grande dynastie. Elle est le dernier lien qui me rattache à mon histoire. Ce n'est pas une pensée très réconfortante, n'est-ce pas ?

— Tu devais savoir qu'elle se droguait ?

— Oui, j'imagine que je le savais. Mais je l'avais toujours trouvée bizarre même quand j'étais petite. Aussi évitais-je d'y penser, et personne d'ailleurs n'y faisait jamais la moindre allusion. Je pensais que c'était Pentu qui la suivait.

— Et puis quand tu as compris ce qui se passait et sa dépendance à la drogue, tu as estimé que tu n'étais plus capable de lui venir en aide.

— Je n'osais pas me mêler des rapports entre son époux et Ay. Les enjeux étaient bien trop importants.

Elle parut honteuse.

— Je ne pouvais pas risquer un scandale public. C'était peut-être de la lâcheté. Oui, à présent je pense que c'était de la lâcheté.

— Crois-tu que Mutnodjmet ait jamais dit que tu lui rendais visite et que tu l'emmenais faire un tour de temps en temps ?

— Elle savait bien que si elle en parlait, je ne pourrais plus venir la voir.

— C'était donc un secret et tu lui faisais confiance pour le garder ?

— Pour autant que je pouvais lui faire confiance.

Elle semblait mal à l'aise.

— Permets-moi d'être direct. Tu as peut-être vu le Médecin. Peut-être n'était-il pas au courant de tes visites. Il se peut que tu l'aies croisé une fois par hasard.

— Je ne l'ai jamais vu, dit-elle, le regard intense de sincérité.

Je détournai les yeux, déçu une fois de plus. Cet homme était une ombre, je ne parvenais à l'apercevoir que du coin de l'œil, toujours fuyant, s'échappant dans les ténèbres.

— Cependant il y a toujours quelque chose qui te fait peur.

— J'ai peur de beaucoup de choses, et comme tu l'as compris, je ne sais pas dissimuler mes craintes. J'ai peur de la solitude, peur de dormir. Mes nuits me semblent plus longues et plus sombres que jamais. Aucune chandelle n'est assez puissante dans ce palais sinistre pour repousser les ombres.

Elle se rassit sur le banc. Elle eut tout à coup l'air complètement égarée.

— Je veux que tu m'emmènes loin d'ici. Je ne peux plus rester. J'ai trop peur.

— Où pourrais-je bien t'emmener ?

— Tu pourrais m'emmener chez toi.

Cette idée me parut surprenante.

— C'est évidemment impossible.

— Pourquoi ? Nous pourrions partir ensemble. Nous pourrions y aller tout de suite.

— En ce moment ? Au moment où le roi va être enterré et où l'avenir est si incertain, tu disparaîtrais ?

— Je peux revenir pour les funérailles. Emmène-moi sous un déguisement. Il fait nuit. Personne ne le saura.

— Tu ne penses qu'à toi. J'ai tout risqué pour toi depuis l'instant où tu as fait appel à moi. Et maintenant tu penses que je pourrais mettre ma famille en danger ? La réponse est non. Tu dois rester ici, au palais, et assister à l'enterrement du roi. Tu dois affirmer ton pouvoir. Et je me tiendrai tout le temps à tes côtés.

Elle se retourna vers moi, le visage soudain déformé par la colère.

— Je croyais que tu avais de la noblesse, je croyais que tu avais de l'honneur.

— Pour moi la sécurité de ma famille passe avant tout. Cette idée te semble peut-être étrange, répondis-je imprudemment, et je m'éloignai, incapable dans ma colère de rester assis.

— Je suis désolée, finit-elle par dire en baissant les yeux.

— Il y a de quoi.

— Tu ne peux pas me parler comme tu l'as fait, dit-elle.

— Je suis le seul qui te dise la vérité.

— Tu m'amènes à me détester.

— Ce n'est pas mon intention.

— Je le sais.

— Je te le promets. Je ne laisserai personne te faire du mal.

Elle scruta mon visage comme pour y chercher une confirmation.

— Tu as raison. Je ne peux pas fuir tout ce que je redoute. Il faut choisir le combat plutôt que la fuite…

Nous suivîmes dans l'obscurité le petit sentier pour regagner la pièce éclairée.

— Qu'as-tu l'intention de faire à présent ? demandai-je. Ay veut absolument procéder le plus vite possible à l'embaumement, aux funérailles et à son propre couronnement.

— Oui, mais Ay lui-même n'est pas maître du temps. Le corps doit être préparé pour l'enterrement, la tombe doit être apprêtée, les rituels doivent être méticuleusement observés ; tout cela prend nécessairement un nombre de jours bien déterminé…

— Même dans ce cas-là, Ay est le mieux à même d'économiser sur tout.

— Peut-être. Mais après tout, comment peut-il prétendre que le roi reste enfermé aussi longtemps ? La rumeur suinte du silence comme l'eau d'un vase fendu.

Elle se tut brusquement, les yeux brillants, comme pénétrée par l'importance de sa réflexion.

— J'ai très peu de choix si je veux survivre. Je conclus une alliance avec Ay ou avec Horemheb. Le choix est brutal et aucune de ces possibilités ne m'inspire autre chose que de la répugnance. Mais je sais bien que si je tente d'affirmer ma propre autorité indépendante en tant que reine et dernière fille de ma famille, je ne pourrai disposer des soutiens dont j'ai besoin ni dans l'administration, ni, en dépit du soutien de Simut, auprès de l'armée. Je ne pourrai contrer les attaques et les ambitions de ces deux-là.

— Mais il y a sûrement une troisième voie. Tu peux jouer Ay contre Horemheb, suggérai-je.

Elle se tourna vers moi, le visage radieux.

— Exactement. Ils aimeraient mieux tous les deux que je sois morte, mais ils savent que vivante je constitue un atout précieux pour l'un comme pour l'autre. Si j'arrive à persuader chacun d'eux que c'est l'autre qui me veut, alors, comme tous les hommes, ils se battront jusqu'au bout pour me posséder.

Soudain, en la voyant s'exprimer avec tant de passion et de conviction, je crus voir apparaître les traits de sa mère sous les siens.

— Qu'as-tu à me regarder ainsi ?

— Tu ressembles à quelqu'un que j'ai connu.

Elle comprit immédiatement à qui je faisais allusion.

— Je suis désolée, Rahotep. Ta famille et ta vie habituelle doivent te manquer. Je sais que tu n'es ici que parce que j'ai fait appel à toi. Pour m'aider. C'est ma faute. Mais à partir de maintenant je te protégerai de tout le pouvoir dont je dispose.

— Et je ferai tout ce que je peux pour toi. Peut-être pouvons-nous nous protéger mutuellement.

Nous nous inclinâmes l'un vers l'autre.

— Mais je dois te demander de faire quelque chose pour moi, dis-je.

Elle me fournit rapidement ce dont j'avais besoin : un papyrus, une plume de roseau, une écritoire contenant deux pains d'encre, de la cire à cacheter et un petit pot rempli d'eau. J'écrivis très vite, les signes s'écoulaient de ma plume dans un flot impétueux, portés par un sentiment d'amour et de nostalgie.

« À ma très chère femme et à mes enfants

« J'écris cette lettre faute de pouvoir venir moi-même. J'ai été retenu par ma tâche plus longtemps que je le voulais. Sachez que je suis rentré sain et sauf de mon voyage. Mais je ne peux pas revenir pour l'instant parmi vous. Et je ne peux pas dire quand je franchirai à nouveau le seuil de notre maison. J'aimerais qu'il en soit autrement. Puissent les dieux vous aider à pardonner mon absence. Je joins une lettre adressée à Khety. Merci de la lui remettre le plus vite possible. Je déborde d'amour pour vous tous.

« Rahotep. »

Puis j'écrivis à Khety en lui racontant exactement ce qui m'était arrivé et ce que je voulais qu'il fasse. J'enroulai les deux lettres l'une dans l'autre, les cachetai et les tendis à Ankhesenamon.

— Donne ces lettres à Simut et demande-lui de les remettre à mon épouse.

Elle hocha la tête et les cacha dans son secrétaire.

— Tu me fais confiance ?

Je hochai la tête.

— Il pourra remettre ces lettres sans se faire remarquer. Ce que tu ne pourrais pas faire toi-même, dis-je.

En pensant à ma famille je sentis mon cœur broyé comme si ma poitrine était emplie d'éclats de verre. Soudain nous entendîmes tous les deux du bruit derrière la porte à deux battants, qui s'ouvrit d'un coup.

39

Ay pénétra dans la pièce, suivi de Simut qui referma la porte derrière lui.

Il me regarda de ses yeux durs comme des pierres. Je sentais à nouveau l'odeur de la pastille au clou de girofle qu'il suçait en permanence pour tenter de soulager la douleur de ses dents cariées. Son apparition à cette heure de la nuit ne pouvait signifier que de mauvaises nouvelles. Il s'assit sur un divan, lissa méticuleusement ses habits et fit signe à Ankhesenamon de s'asseoir en face de lui.

— Le navire d'apparat d'Horemheb a été signalé au nord de la ville, dit-il tranquillement. Il va arriver ici bientôt. Quand il sera là, je suis certain qu'il va demander audience à la reine. Je le soupçonne d'être au courant de la mort du roi, même s'il n'y a pas eu d'annonce officielle, et il n'y en aura pas. Comment il se fait qu'il soit au courant, cela fera l'objet d'une enquête. Mais nous avons d'autres priorités. Nous devons d'abord nous accorder sur une stratégie pour faire face à cette fâcheuse éventualité.

Avant qu'Ankhesenamon ait pu répondre, il poursuivit :

— Il aura évidemment envisagé, comme je l'ai fait, les avantages d'une alliance éventuelle avec toi. Comme moi, il aura reconnu l'importance de ton ascendance et la contribution que ton image peut apporter au maintien de la stabilité des Deux Terres. Je suis sûr qu'il va te proposer de l'épouser. Il va te présenter cela en termes favorables, te disant qu'il aura des fils, qu'il te donnera un grand rôle en tant que reine et qu'il garantira la sécurité des Deux Terres grâce à l'armée, de manière à défendre vos intérêts communs.

— Ce sont là des termes intéressants et apparemment favorables, répondit-elle.

Il la foudroya du regard et poursuivit :

— Tu es toujours aussi sotte. Il va se débarrasser de Mutnodjmet et t'épouser pour établir sa propre légitimité au sein de la dynastie. Il engendrera des fils pour la même raison. Et quand tu les lui auras donnés, il te renverra, si ce n'est pire. Regarde ce qu'il a fait à sa propre femme. Accepte son offre et il finira par te détruire.

— Crois-tu que j'ignore tout cela ? répondit-elle. Horemheb méprise ma lignée et tout ce qu'elle représente. Son ambition est de créer la sienne. La question pour moi est de savoir si ma survie et celle de ma dynastie à travers mes futurs enfants sont mieux assurées avec lui qu'elles le seraient sans lui. Quel autre choix puis-je avoir ?

— Ce serait d'une naïveté qui friserait l'idiotie d'imaginer un instant qu'il puisse défendre tes intérêts.

Elle se leva et se mit à arpenter la pièce.

— Mais ma vie et l'avenir de ma lignée ne sont pas plus garantis avec toi, répondit-elle.

Il se livra à une imitation de sourire qui le faisait plutôt ressembler à un crocodile.

— Rien n'est certain dans la vie. Tout n'est que stratégie et survie. Par conséquent, tu devrais considérer les avantages que tu pourrais retirer d'une alliance avec moi.

Elle le toisa d'un air impérieux.

— Je ne suis pas stupide. J'ai plutôt envisagé les avantages que toi tu retirerais d'une alliance avec moi. En m'épousant tu obtiendrais la pleine légitimité de ma dynastie. Je serais le creuset de tes ambitions maintenant que le roi est mort. Tu pourrais affermir ton pouvoir et l'étendre encore en tant que roi en titre et en actes, dit-elle en tournant autour de lui.

— Mes propres ancêtres sont intimement liés à la famille royale depuis des générations. Mes parents ont servi les tiens. Mais en tant que roi, en échange du mariage, je pourrais t'offrir le soutien du clergé, de l'administration et du trésor pour te protéger contre Horemheb et l'armée. Car ne te fais pas d'illusions, il prépare un coup d'État.

— Je vois. Cette proposition aussi est intéressante. Mais l'avenir ? Tu es très vieux. Quand je te regarde, je vois un triste vieillard. Un homme rongé de douleurs qui a mal aux dents et aux os, qui s'épuise à lutter contre tout cela. Fatigué de vivre. Tu n'es plus qu'un fagot de bois mort. Ta virilité n'est plus qu'un souvenir lointain. Comment pourrais-tu me fournir des héritiers ?

Ses yeux étincelaient de haine, mais il refusa de mordre à l'hameçon et répondit avec colère :

— Des héritiers, on peut en obtenir de différentes façons. On peut facilement, avec mon aide, te trouver un géniteur approprié pour tes enfants. Mais nous parlons de manière trop personnelle. Ce qui est le plus important c'est l'exercice du pouvoir pour assurer le *maat*. Tout ce que je fais ne vise qu'à la stabilité et à la gloire des Deux Terres.

Elle se tourna vers lui.

— Ta descendance n'est qu'une ombre. Sans moi ta paternité ne donnera rien d'autre que de la poussière. Après ta mort, qui ne saurait tarder, car tous les pouvoirs du royaume ne peuvent t'épargner de mourir, Horemheb effacera ton nom aux murs de chaque temple du pays. Il abattra tes statues et détruira tes autels. Tu seras réduit au néant. Ce sera comme si tu n'avais jamais vécu. Sauf si je décide que tu peux m'être utile. Car ce n'est qu'à travers moi que ton nom peut survivre.

Il l'écoutait, impavide.

— Tu commets l'erreur de céder à la haine. L'émotion te trahira en fin de compte, c'est ce qui arrive à toutes les femmes. Retiens bien ceci : ce n'est que grâce à moi que tu pourras survivre et prendre cette revanche. Tu devrais savoir à présent que je ne crains pas la mort. Je la tiens pour ce qu'elle est. Lui me comprend.

Et il pointa sa canne d'or dans ma direction.

— Il sait qu'il n'y a rien après la mort. Que l'Autre Monde n'existe pas, que les dieux n'existent pas. Tout cela n'est qu'une fable pour les enfants. Tout ce qui existe, c'est le pouvoir dans les rudes mains des hommes. C'est pour cela qu'ils se battent si âprement pour le conquérir. Sinon quel autre refuge auraient les hommes pour se protéger contre la certitude de leur propre ruine inévitable ?

Tout le monde se tut pendant un long moment.

— Je vais réfléchir à tout ce que tu m'as dit. Et je vais recevoir Horemheb. Et au moment que j'aurai choisi, je prendrai ma décision. Ce sera la bonne décision pour moi, pour ma famille et pour la stabilité des Deux Terres.

Il se leva du divan et sortit en traînant les pieds. Mais avant de franchir la porte, il se retourna avec raideur.

— Réfléchis bien pour savoir quel monde est le moins mauvais, l'armée d'Horemheb ou le mien. Et puis fais ton choix.

Et il sortit.

La reine se mit immédiatement à arpenter la pièce de long en large.

— Horemheb est déjà arrivé. C'est trop tôt. Mais pourquoi attend-il ? demanda-t-elle.

— Parce qu'il sait qu'il peut créer ainsi un climat de tension et de peur. C'est de la stratégie. Il veut donner l'impression qu'il contrôle tout ce qui se passe. Ne le laisse pas prendre ce pouvoir sur toi, répondis-je.

Elle me regarda fixement pendant un instant.

— Tu as raison. Nous avons nos propres plans. Je dois les appliquer et ne pas me laisser égarer par la peur.

Je hochai la tête et m'inclinai.

— Où vas-tu ? me demanda-t-elle, inquiète.

— Je dois encore discuter de quelque chose avec Ay. Il y a une question que je dois lui poser. Simut va rester auprès de toi jusqu'à mon retour.

Je refermai la porte et rejoignis rapidement la silhouette qui avançait péniblement dans le couloir sombre. Dès qu'il entendit un bruit de pas il se retourna, soupçonneux. Je m'inclinai.

— Qu'est-ce que tu veux encore ? fit-il sèchement.

— Je voudrais connaître la réponse à une question.

— Ne me fais pas perdre mon temps avec tes questions stupides. Il est trop tard. Tu as échoué dans ta mission. Disparais.

Et il me renvoya d'un geste de sa main décharnée.

— Mutnodjmet est emprisonnée ici dans le palais de Malkata. La décision à l'origine a été prise il y a des années sur ton ordre et probablement avec l'accord d'Horemheb. Et je suppose qu'elle a été plus ou moins oubliée.

Il parut surpris de m'entendre mentionner ce nom.

— Et alors ?

— Elle est opiomane. Qui lui fournit sa drogue ? La réponse est : quelqu'un qui s'occupe d'elle en secret. Elle a suivi ses instructions en échange de la drogue qu'il lui offre et dont elle a évidemment un besoin désespéré. C'est elle qui a déposé le masque mortuaire, la stèle et la poupée dans les appartements royaux. Veux-tu savoir comment elle appelle cet homme mystérieux ? Elle l'appelle le « Médecin ».

Ay m'écoutait attentivement à présent.

— Si seulement tu avais découvert cela quelques semaines plus tôt.

— Si seulement quelqu'un m'avait parlé d'elle quelques semaines plus tôt, répondis-je.

Il savait que j'avais raison.

— Je pense que tu connais son nom. Car tu es le seul qui ait pu, au départ, lui confier la charge de s'occuper d'elle, repris-je.

Il soupesa soigneusement la question pendant un bon moment. Il n'avait manifestement aucune envie de parler.

— Il y a quelques années j'ai nommé un médecin. Il avait occupé le poste de chef des médecins. Mais il n'a pas été à la hauteur de sa tâche. Il perdait ses dons, et tout son savoir n'a pas réussi à me guérir des maladies qui m'accablent. J'ai donc nommé Pentu médecin chef et j'ai confié à cet homme le soin de s'occuper de Mutnodjmet. C'était un arrangement privé pour lequel il serait payé très généreusement à la fois pour son travail et pour son absolue discrétion. Il devait la maintenir en vie. Des sanctions très sévères étaient prévues si le secret était trahi.

— Et comment s'appelait-il ?

— Son nom était Sobek.

Mon esprit repassa à toute vitesse tout ce qui s'était produit le jour de la fête, et le jour du sang et le garçon aux os brisés gisant dans une pièce obscure et la fête sur la terrasse de la maison de Nakht en ville. Je me souvins de l'homme tranquille d'un certain âge, aux cheveux courts et gris qui n'avaient jamais été teints et au physique sommaire et décharné de quelqu'un qui ne mange pas par plaisir. Je revis son visage presque simple, sans rien de remarquable, vide, comme avait dit Mutnodjmet. Mais aussi de ses yeux gris-bleu, étincelant d'intelligence et de quelque chose d'autre qui ressemblait à de la rage. Je l'entendais encore dire : « C'est peut-être l'imagination humaine le véritable monstre. Je pense qu'aucun autre animal n'est torturé par les tourments de l'imagination. Il n'y a que l'homme… »

Et je me souviens que Nakht, mon vieil ami, et qui tout à coup me semblait aussi être un collègue ou une connaissance de ce maître de la mutilation et du mystère, avait répondu : « Voilà pourquoi la vie civilisée, la moralité et la sagesse sont si importantes. Nous sommes à moitié raisonnables et à moitié monstrueux. Nous devons fonder notre urbanité sur la raison et l'intérêt commun. »

Je revis aussi l'homme gris levant sa coupe et répondant : « Je salue ton point de vue et te souhaite bien du succès. »

Sobek. Le Médecin.

— On dirait que tu as vu un fantôme, me dit Ay.

40

La garde d'élite de Simut prit position dans les rues obscures les plus proches et sur les toits avoisinants. La ville était silencieuse, plongée dans le couvre-feu ; on entendait seulement des chiens se disputer à grand renfort d'aboiements dans le noir sous la lune et les étoiles.

Khety m'avait ramené Thoth, et l'animal semblait danser et bavarder à mes côtés, tout au plaisir de m'avoir retrouvé. Mais le temps était compté. Nous avions, Khety et moi, des informations urgentes à échanger. Tout en nous dirigeant vers l'endroit convenu, il m'avait rapidement raconté, en murmures pressés, que ma famille allait bien et que, grâce aux bons soins de Nakht, le garçon se portait de mieux en mieux. Il avait survécu. Ensuite il voulut savoir comment j'étais parvenu à identifier Sobek. Je lui expliquai toute l'affaire.

— Nous avons donc réussi, dit-il ravi.

— Non, malheureusement, répondis-je.

Et après lui avoir fait jurer de garder le secret, je lui racontai la mort du roi. Pour une fois, cela lui cloua le bec.

— Dis quelque chose, Khety. Tu as toujours quelque chose de résolument optimiste à dire.

Il secoua la tête.

— Je ne sais pas quoi dire. C'est un désastre absolu. Une catastrophe.

— Merci bien.

— Je ne veux pas dire que c'est ta faute. Tu as fait tout ce qu'on t'a demandé. Tu as exécuté les ordres que le roi lui-même t'a donnés. Qu'allons-nous tous devenir à présent ? La ville commence déjà à s'agiter. Personne ne sait ce qui se passe. C'était comme si les Deux Terres étaient au bord d'un abîme et que le moindre mouvement pouvait tous nous y précipiter.

— C'est une période noire, Khety. Mais ne sois donc pas si mélodramatique. Cela n'avance à rien. Est-ce qu'il y a eu d'autres meurtres en ville, comme ceux du garçon et de Neferet ?

Il secoua la tête.

— Aucun. Pour autant que je sache. Rien n'a été signalé. La rumeur au sujet des meurtres s'est répandue dans la ville. Elle a fait le tour des établissements de plaisir. Les gens sont effrayés. Peut-être font-ils simplement plus attention.

J'étais stupéfait.

— Mais un tueur comme lui est toujours à la recherche d'une nouvelle victime. Le désir de tuer ne fait en général que croître à chaque meurtre. Cela devient un besoin insatiable. Nous savons qu'il est obsédé. Où son obsession a-t-elle pu le conduire cette fois-ci ? Pourquoi s'arrêterait-il de tuer ?

Il haussa les épaules.

— Il se cache peut-être…

Il désigna la maison d'un geste.

— Peut-être est-il chez lui en ce moment. Peut-être l'as-tu coincé.

— Ne parle pas trop vite. Cela me rend superstitieux, répondis-je.

La maison de Sobek se trouvait dans une rue bordée de résidences discrètes au cœur d'un bon quartier de la ville. Rien ne la distinguait des autres. J'adressai un signe de tête à Simut. Il donna le signal aux gardes rassemblés sur les toits qui se glissèrent sans bruit d'une maison à l'autre comme des assassins. Puis, répondant à un autre geste bref, les gardes qui nous accompagnaient attaquèrent à coups de hache la solide porte de bois. Elle fut rapidement abattue. Quelques voisins alarmés par ce brusque vacarme vinrent en tenue de nuit jeter un coup d'œil dans la ruelle, mais ils furent fermement renvoyés à leurs foyers. Je pénétrai dans le vestibule, suivi par les gardes qui se dispersèrent sans bruit, brandissant leurs armes, et qui inspectèrent chaque pièce, l'une après l'autre, en échangeant des ordres entre eux par gestes. D'autres soldats s'introduisirent par le toit pour sécuriser les pièces du haut. Aucune ne présentait le moindre intérêt. C'était apparemment la demeure d'un homme solitaire : le mobilier était fonctionnel, la décoration réduite à sa plus simple expression, et il n'y avait pas trace des rebuts habituels de la vie quotidienne. L'endroit paraissait sans vie. À l'étage, il y avait des coffres en bois contenant des habits pratiques et dépourvus de toute fantaisie, et quelques bijoux ordinaires sans intérêt particulier. La maison était déserte. Il m'avait encore échappé. Un détail avait dû nous manquer. On aurait dit qu'il s'attendait à être découvert. Il n'avait pas laissé le moindre indice. Mais comment avait-il pu savoir ? Amèrement déçu, je parcourus toutes les pièces l'une après l'autre, cherchant tout ce qui aurait pu indiquer le début d'une piste.

Mais soudain on entendit un cri à l'arrière de la maison, au-delà de la cour intérieure. Simut et ses gardes se tenaient devant une petite porte qui semblait donner sur une réserve. Elle était fermée par des cordes attachées par le même nœud magique que celui qui avait servi à sceller la boîte contenant le masque mortuaire pourrissant. Sur le sceau je distinguai un seul signe : un cercle noir. Le Soleil détruit. Je fus saisi d'une exaltation soudaine. Je m'efforçai de rester calme tandis que je glissai mon couteau sous les cordes en prenant soin de ne pas abîmer le nœud et le sceau, puis j'ouvris la porte d'une poussée.

Je perçus immédiatement l'odeur froide de renfermé et de vide que l'on sent en ouvrant une tombe scellée depuis des années, comme si l'obscurité avait fini par étouffer l'air lui-même. Khety me tendit une lampe et je m'avançai prudemment. L'idée que ce pouvait être un piège me traversa rapidement l'esprit. Je tins la lampe levée haut devant moi et m'efforçai de voir au-delà de sa lueur tremblotante.

La pièce semblait de petite taille. Un banc courait sur toute la longueur d'un mur, recouvert de récipients d'argile de tailles diverses, et d'un assortiment étonnant d'instruments chirurgicaux : couteaux d'obsidienne, crochets acérés, sondes allongées, vases destinés à recueillir des liquides, et pinces redoutables, le tout aligné dans un ordre rigoureux et précis. Plus loin on voyait une série de petites fioles de verre fermées par des bouchons et portant chacune une étiquette. J'en débouchai une. Elle semblait vide. Je la gardai pour l'examiner à la lumière du jour. Plus loin encore sur des étagères, on voyait de nombreux autres pots. J'en ouvris quelques-uns au hasard : ils contenaient apparemment toutes sortes d'herbes et d'épices. Mais le dernier renfermait une substance que je reconnus : de la poudre d'opium. Plus loin sur la même étagère, il y avait encore de nombreux autres pots contenant tous le même produit ; cela représentait une réserve considérable. Tout était parfaitement rangé d'une manière très rationnelle.

Mais alors que je m'avançais, je sentis quelque chose craquer et s'émietter sous mes sandales. Je m'accroupis en tenant la lampe et je vis que le sol était couvert d'ossements, des petits crânes et des ailes d'oiseaux, des minuscules squelettes de souris, de musaraignes et de rats, des mâchoires et des pattes de chiens, de babouins, de hyènes ou de chacals, mais aussi d'autres os de plus grande taille qui, je le crains, devaient être d'origine humaine, écrasés en morceaux. J'étais entré par effraction dans une sorte de nécropole universelle. Je me redressai et levai ma lampe pour voir plus loin dans les ténèbres. Je vis alors un spectacle encore plus étrange : accrochés au plafond par une ficelle pendaient de nombreux ossements entiers ou brisés assemblés pour former le squelette de créatures étranges et impossibles, en partie oiseaux, chiens ou humains.

J'avançai lentement en essayant de ne pas marcher sur les débris qui traînaient à mes pieds et en évitant le contact horrible de ces os suspendus sur mes cheveux ou dans mon dos. Je finis par apercevoir dans l'ombre un grand objet bas et long au fond de la pièce. En m'approchant davantage, je vis que c'était une table d'embaumeur. On y avait déposé un petit coffret en bois. Derrière la table je vis qu'on avait peint un grand cercle noir sur le mur du fond. Le Soleil détruit.

J'approchai la lampe et découvris tout autour de la circonférence ces signes étranges et inquiétants que j'avais déjà vus sur la boîte : des courbes, des faucilles, des points et des traits. Éclaboussées tout autour du cercle noir, s'étalaient de longues coulées de sang noir et séché. J'observai la table d'embaumement, auprès de ce mur maculé par le carnage, elle avait l'air d'une propreté méticuleuse, tout comme les instruments chirurgicaux rangés le long du mur. Des instruments qui n'étaient pas destinés à soigner mais à torturer. Combien de victimes avaient dû ici subir ses expériences, hurlant pour qu'on les épargne ou peut-être pour qu'on les achève ?

Le coffret de bois portait une étiquette. On y avait tracé bien nettement un seul mot : « Rahotep ». C'était un cadeau que me destinait Sobek. Je ne pouvais faire autrement que de l'ouvrir. À l'intérieur je vis une chose qui me poursuivra à jamais chaque fois que je fermerai les yeux : des yeux. Des yeux humains. Disposés deux par deux comme des bijoux sur un plateau. Je pensai à Neferet et aux deux garçons. Il leur avait enlevé les yeux. Et à présent je découvrais cette boîte remplie d'yeux étonnés et interrogateurs qui me fixaient comme un maigre public avec une extrême attention.

41

Je refermai la boîte et replongeai les yeux dans leur obscurité. Ce cadeau était un pied de nez. Il s'était joué de moi. Il savait que je le poursuivrais jusque chez lui. Il savait que je n'avais toujours pas compris ce qu'il faisait. Les yeux étaient un avertissement : il m'observait. Et s'il me voyait agir, que savait-il d'autre ? Soudain la peur me prit à la gorge ; peut-être savait-il tout de ma famille, après tout il les avait vus à la fête de Nakht sur la terrasse de sa maison. Il fallait que je les protège. J'enverrai Khety pour qu'il organise un système de garde. Mais une autre pensée vint percuter la première : comment avait-il compris que j'avais découvert son lien avec Mutnodjmet ? Et une autre encore, bien plus inquiétante ; nous avions laissé Mutnodjmet sans protection.

À l'instant même où le bateau accosta au quai du palais de Malkata, nous partîmes en courant, Simut et moi, le long de la voie processionnelle, franchîmes les portes d'entrée bien gardées et nous élançâmes dans les longs couloirs. Je me torturai les méninges pour me rappeler le chemin qui menait aux appartements de

Mutnodjmet, mais je me perdais dans le labyrinthe ténébreux du palais.

— Emmène-moi au bureau de Khay !

Simut hocha la tête et nous courûmes de plus belle. Je ne pris même pas la peine de frapper à la porte, j'entrai en trombe. Il dormait profondément, ronflant sur son divan, la tête renversée en arrière, toujours vêtu de ses robes, sa coupe de vin vide à côté de lui. Je le secouai violemment et il se réveilla en sursaut, comme un homme qui vient d'avoir un accident, et nous jeta à tous deux des regards effarés.

— Ramène-nous chez Mutnodjmet, immédiatement.

Il paraissait abasourdi, mais je le mis debout d'une poussée et le traînai dans le couloir.

— Lâche-moi, cria-t-il de sa voix plaintive, je suis parfaitement capable de marcher sans qu'on m'aide.

Il se débattit et tenta de rajuster sa tenue pour se donner un semblant de dignité.

La porte des appartements de Mutnodjmet était fermée et les cordes attachées et scellées. En approchant je sentis quelque chose craquer légèrement sous mes pieds. Surpris je m'accroupis et découvris à la lumière de ma lampe quelque chose de brillant. J'y passai un doigt et goûtai du bout des lèvres. C'était du natron. Il était vraisemblablement tombé d'un sac que quelqu'un avait dû porter ou traîner dans ces appartements. Mais pourquoi faire une chose pareille ?

Je brisai le sceau et nous entrâmes prudemment. Tout n'était que silence et ténèbres. Aucune trace des nains jumeaux. Tenant ma lampe devant moi, je pris le couloir qui menait au salon. Mais en passant devant les pièces où l'on rangeait les provisions je remarquai un détail anormal. On avait déversé au sol le contenu de deux grandes jarres de conserve, farine et grain, formant des tas bien nets. Simut me lança un regard. Je soulevai prudemment le couvercle d'une des jarres. Recroquevillé à l'intérieur il y avait un petit personnage bien vêtu, baignant jusqu'à la poitrine dans son propre sang. J'observai plus attentivement et remarquai le manche de son poignard serti de pierres enfoncé dans son cœur. L'arrière de son petit crâne était fracassé. J'ouvris l'autre jarre. Même spectacle.

Nous pénétrâmes dans le salon. Il y avait eu une lutte. Des meubles avaient été renversés. Des gobelets étaient tombés à terre. Et là, sur le divan bas et doré, reposait une sorte de tas gris et sombre. J'écartai délicatement de pleines poignées de sel. Les orbites de Mutnodjmet me fixaient, blanches et vides, son visage creux, brillant de cristaux de sel éparpillés, était desséché et ridé, comme si le temps en avait sucé toute la substance. Ses lèvres étaient blanches et toutes ratatinées, et sa bouche ouverte était aussi sèche qu'un linge abandonné sous le soleil de midi.

— Que lui est-il arrivé ? chuchota Simut.

— Le natron a absorbé tous les fluides de son corps. À l'heure qu'il est, tous ses organes internes ont déjà commencé à se transformer en une bouillie brun foncé.

— Donc elle était vivante quand il lui a fait cela ?

Le soldat secouait la tête devant un tel raffinement de barbarie.

— Elle a dû mettre longtemps à mourir de cette façon. Elle a dû devenir folle de soif. Et c'est *cela* qui le fascine. Regarder les gens souffrir et mourir, en détail. Mais je ne suis pas sûr qu'il agisse uniquement pour jouir de leurs douleurs. La douleur fait partie du processus mais n'en est pas le but ultime. Il cherche quelque chose d'autre. Quelque chose de plus original.

— Mais quoi ? demanda Simut.

Je regardai cette pauvre femme sans yeux. C'était bien la seule question importante. Je n'en connaissais toujours pas la réponse.

Tandis que nous repartions lentement le long du couloir, je me souvins de la petite fiole de verre que j'avais trouvée dans le laboratoire de Sobek. Je l'ouvris, mais on aurait dit qu'elle ne contenait rien malgré le bouchon et la date qu'on y avait soigneusement notée. Je remarquai sur le fond de la fiole une petite trace de poussière blanche, brillante. J'y posai le doigt et goûtai prudemment. Encore du sel, mais pas du natron. Une autre sorte de sel. Le goût me rappelait quelque chose mais je n'arrivais pas à savoir quoi.

42

Le superbe navire d'apparat d'Horemheb, *La Gloire de Memphis*, était à présent à l'ancre sur les eaux calmes du lac. Dressé au-dessus de son propre reflet, il avait l'air d'une arme menaçante. L'œil d'Horus était peint en une longue frise tout au long de la coque en guise de protection particulière. Parmi les yeux étaient représentés la tête de bélier d'Amon, des faucons aux ailes déployées et des images du roi piétinant ses ennemis. Sur les sabords, le personnage de Montu, dieu de la Guerre, s'avançait avec un air de défi, et les cabines étaient décorées de cercles multicolores. Même le plat des avirons portait l'image de l'œil d'Horus. Son aspect menaçant était renforcé par les cadavres de sept soldats hittites, pendus la tête en bas, qui se balançaient lentement en pourrissant sous le soleil matinal.

— Je me demande s'il s'est déjà montré au palais ? dis-je à Simut tandis que, côte à côte, nous admirions l'impressionnant navire.

— Non. Il voudra plutôt tirer parti d'une entrée en grande pompe au palais.

— Est-ce que tu le connais bien ?

Simut contempla le bateau.

— J'étais cadet à Memphis quand il était déjà commandant en chef de l'armée du Nord. Je me souviens qu'il avait participé à un banquet privé organisé pour les officiers prometteurs de la division de Ptah. Il était déjà entré dans la famille royale par son mariage. Tout le monde savait qu'il serait bientôt général. Et on le traitait pratiquement comme s'il était le roi en personne. Il avait prononcé un discours intéressant. Il affirmait que les prêtres d'Amon avaient un grave défaut : toute leur entreprise était fondée sur le bien-être, et, selon lui, l'aspiration au bien-être ne pouvait jamais être satisfaite chez les êtres humains, elle ne pouvait que renchérir sur elle-même pour sombrer dans la décadence et la corruption. Il soutenait que cela devait nécessairement et de façon inévitable provoquer un cycle d'instabilité dans les Deux Terres. Et par là même nous rendre vulnérables face à nos ennemis. Il disait que l'armée avait le devoir sacré de briser ce cercle en faisant strictement régner l'ordre. Mais elle ne pouvait prétendre au droit d'agir ainsi qu'en étant elle-même d'une pureté morale absolue.

— Quand les hommes parlent de pureté morale, cela veut dire qu'ils cherchent à camoufler leurs impuretés sous l'illusion de la vertu, dis-je.

Simut me lança un regard surpris.

— Tu parles bien pour un officier Medjay.

— Je sais de quoi je parle. Les hommes ne peuvent prétendre à une pureté morale absolue. Et c'est mieux ainsi, à mon avis, sinon ils ne seraient plus des hommes.

Simut grommela et continua d'admirer le grand bateau dans le port.

— Il a aussi dit au sujet de la famille royale une chose que je n'ai jamais oubliée. Il a dit que leur principal souci était de perpétuer leur dynastie en tant que représentants des dieux sur la terre. Et naturellement, lorsque cette priorité coïncidait avec les intérêts des Deux Terres, tout allait bien. Mais lorsqu'il y avait des divergences ou des dissensions, ou quand la famille royale manquait à ses devoirs divins, les Deux Terres devaient faire passer leurs propres besoins et leurs valeurs avant tout, et non pas ceux de la famille royale. Et que dans ce cas, seule l'armée, qui ne vise ni le pouvoir ni la richesse en eux-mêmes mais seulement le règne de l'ordre dans le monde, aurait le devoir sacré de renforcer son propre rôle pour assurer la survie des Deux Terres.

— Et que voulait-il dire, selon toi, par « des divergences ou des dissensions » ? demandai-je.

— Il faisait clairement allusion aux dangers que représentait le fait qu'un roi trop jeune pour gouverner de manière convenable hérite des couronnes, sous la férule d'un régent dont les intérêts n'étaient pas clairs. Mais je pense qu'il sous-entendait encore autre chose.

Il baissa la voix.

— Je pense qu'il voulait parler de la survivance du culte d'Aton en privé dans la famille royale. Le Dieu du père désormais banni. Cette religion dangereuse qui avait déjà causé un terrible chaos dont tout le monde se souvenait. Et dont on ne pouvait permettre le retour.

— Je pense que tu as raison. Et ceci demeure aussi une des faiblesses d'Ankhesenamon. Tout comme son époux elle a du mal à se dissocier, non seulement des erreurs de son père, mais de la racine même du problème, la religion interdite.

Ankhesenamon était en compagnie de ses femmes de chambre qui la préparaient pour la réception officielle. Les riches senteurs des parfums et des huiles flottaient dans l'air calme. Des petits pots en or et des récipients de verre jaune et bleu étaient ouverts devant elle. Elle tenait à la main un flacon en forme de poisson et en versait une essence très parfumée par son goulot en forme de bouche.

— Horemheb a sollicité une audience. À midi aujourd'hui, dit-elle.

— Comme on pouvait s'y attendre.

Elle me regarda puis se replongea dans l'observation méticuleuse de son apparence dans son miroir de cuivre poli. Elle portait une magnifique perruque aux mèches courtes et bouclées. Et une robe plissée du plus beau lin, frangée d'or et nouée sous sa poitrine haute pour souligner sa silhouette. Ses bras étaient cerclés de bracelets et de bijoux d'or en forme de cobras enroulés. À son cou, pendus à un fil d'or si fin qu'il en était presque invisible, elle avait de nombreux pendentifs et un pectoral d'or très élaboré qui représentait Nekhbet, le Faucon Déesse, tenant les symboles d'éternité et étendant ses ailes bleues dans un geste de protection. Ses femmes d'atour lui posèrent alors une très belle parure sur les épaules, un châle fait d'innombrables petits disques d'or. Elle se retourna et resplendit d'une manière éblouissante à la lumière des chandelles. Puis ses servantes lui enfilèrent ses sandales faites de délicates lanières d'or et de sangles décorées de petites fleurs d'or. Pour finir, la grande couronne fut posée sur sa tête et tenue par une bande d'or décorée de cobras protecteurs. La dernière fois que je l'avais vue revêtue de sa tenue royale elle était inquiète, aujourd'hui elle paraissait d'une majesté suprême.

Elle se tourna pour me faire face.

— De quoi ai-je l'air ?

— Tu as l'air de la reine des Deux Terres.

Elle sourit, satisfaite. Elle regarda son pectoral.

— Il appartenait à ma mère. J'espère qu'un peu de la force de son esprit va me protéger.

Puis, prenant conscience de mon humeur maussade, elle me regarda avec plus d'insistance.

— Il est arrivé quelque chose, n'est-ce pas ? demanda-t-elle brusquement.

Je fis signe que oui. Elle comprit et renvoya ses servantes. Quand nous fûmes seuls, je lui appris la mort de Mutnodjmet. Elle s'assit et se tint immobile ; des larmes coulaient sur ses joues, brouillant son maquillage de khôl et de malachite qu'elle venait d'appliquer si soigneusement. Elle ne cessait de secouer la tête.

— Je l'ai abandonnée. Comment une telle chose a-t-elle pu se produire dans ce palais pendant que je dormais ici ?

— Sobek est très habile.

— Mais Ay et Horemheb sont tout autant responsables de sa mort que cet homme vil et répugnant. Ils l'ont piégée et poussée dans la folie. Et elle était le dernier membre de ma famille. Je suis seule à présent. Regarde-moi.

Elle regarda sa parure royale.

— Je ne suis qu'un mannequin destiné à porter ces ornements.

— Non, tu es bien davantage. Tu es l'espoir des Deux Terres. Tu es notre seul espoir. Sans toi l'avenir est sombre. Ne l'oublie pas.

Quand la reine entra, un millier de gens s'inclinèrent et se turent. La salle de réception du palais avait été luxueusement apprêtée pour la visite d'Horemheb. De l'encens brûlait dans des vasques de cuivre. D'énormes bouquets de fleurs savamment élaborés étaient disposés dans des vases. Les gardes du palais formaient une haie tout au long du chemin qui menait au trône. Je remarquai l'absence d'Ay. La reine monta sur l'estrade, se tourna vers les dignitaires et s'assit. Puis nous attendîmes tous en silence, mais notre attente s'avéra plus longue que prévu. Le général était en retard. L'écoulement d'une clepsydre mesurait le temps qui passait et l'humiliation grandissante qu'infligeait son absence. Je regardai la reine. Elle connaissait bien son rôle et conservait parfaitement son maintien. Enfin nous entendîmes sa fanfare militaire, et brusquement il pénétra à grands pas dans la salle, suivi par ses lieutenants. Il s'arrêta devant le trône, lança un regard arrogant à la reine puis courba la tête. L'estrade donnait tout de même à la reine l'avantage de se trouver plus haut placée que le général.

— Relève la tête, dit-elle tranquillement.

Il s'exécuta. Elle attendit qu'il parle le premier.

— Vie, prospérité et santé. Ma loyauté est bien connue dans toutes les Deux Terres. Je la dépose ainsi que ma vie à tes pieds royaux.

Ses mots résonnèrent dans l'espace de la salle. Un millier de paires d'oreilles écoutaient attentivement pour saisir la moindre nuance.

— Nous faisons depuis longtemps confiance à ta loyauté. Elle nous est plus chère que l'or.

— C'est la loyauté qui m'amène aujourd'hui, répondit-il d'une voix qui ne présageait rien de bon.

— Alors parle franchement, général.

Il lui jeta un regard, se retourna vers la salle et déclara, en s'adressant à tout le public réuni :

— Ce que j'ai à dire ne s'adresse qu'à la reine en particulier et conviendrait mieux à une rencontre plus privée.

Elle pencha la tête.

— Nos ministres ne forment qu'un avec nous. De quelle affaire pourrait-il être question qu'ils ne puissent entendre eux aussi ?

Il sourit.

— De telles questions ne relèvent pas des affaires d'État mais de la vie privée.

Elle l'observa attentivement. Puis elle se leva et l'invita à la suivre dans une antichambre. Il la suivit et j'en fis autant. Il se tourna vers moi d'un air furieux, mais elle déclara fermement :

— Rahotep est mon garde du corps personnel. Il me suit partout. Je peux me porter garante de son intégrité et de son absolue discrétion.

Il ne pouvait qu'accepter.

Je restai en faction à la porte comme une sentinelle. Ils s'assirent l'un en face de l'autre sur des divans. Il avait l'air curieusement déplacé dans ce cadre domestique, comme si murs et coussins étaient pour lui des choses étrangères. Des serviteurs versèrent du vin puis s'en allèrent. Elle jouait le jeu du silence et attendait qu'il fît le premier pas.

— Je sais que le roi est mort. Je te présente mes sincères condoléances.

Il observait attentivement sa réaction.

— Nous acceptons tes condoléances. Comme nous acceptons ta loyauté. Et nous t'offrons nos propres condoléances pour la mort horrible et prématurée de ta femme, ma tante.

Au lieu de marquer de la surprise ou du chagrin en entendant cette nouvelle, il se contenta de hocher la tête.

— Cette nouvelle me fait de la peine. Mais que son nom vive à jamais, dit-il en employant la formule rituelle, quoique chargée d'une touche d'ironie plus qu'appuyée.

Ankhesenamon détourna la tête, dégoûtée de tant de vanité et de méchanceté.

— Y a-t-il autre chose que le général souhaite dire ?

Il eut un léger sourire.

— J'ai une proposition très simple à faire et, compte tenu des sensibilités en cause, je pense qu'il valait mieux que je m'exprime en privé. J'ai pensé que c'était plus sympathique. Tu es, après tout, la veuve éplorée d'un grand roi.

— Sa mort nous prive tous d'un grand homme, répondit-elle.

Il l'observa attentivement.

— Néanmoins, ton chagrin privé doit nécessairement trouver sa juste place parmi des préoccupations plus urgentes.

— Crois-tu ?

— L'enjeu est bien trop important à présent, ma dame. Et je suis bien sûr que tu en es parfaitement consciente.

Ses yeux brillaient et je vis qu'il jouissait de la situation comme un chasseur qui s'avance à la dérobée, l'arc bandé, vers une proie sans méfiance.

— Je suis parfaitement consciente des multiples dangers de cette étape délicate dans la vie des Deux Terres.

Il sourit et étendit les mains dans un geste d'ouverture.

— Alors parlons librement. Je suis certain que nous prenons très à cœur tous les deux les intérêts des Deux Terres. C'est pourquoi je suis ici pour te faire une offre. Ou plutôt une suggestion que je soumets à ton appréciation.

— C'est-à-dire ?

— Une alliance. Un mariage.

Elle joua la stupéfaction.

— Un mariage ? Mon deuil vient à peine de commencer, ta propre femme vient tout juste de mourir et tu parles déjà de mariage ? Comment peux-tu être aussi insensible aux usages et aux lois du chagrin ?

— Mon chagrin ne concerne que moi. Il vaut mieux aborder ces questions dès maintenant, ainsi nous aurons tout le temps d'y réfléchir et de prendre la bonne décision le moment venu.

— Tu parles comme s'il n'y avait qu'une seule réponse possible.

— Je parle avec toute la passion que je ressens, mais je crois, du fond du cœur, qu'il en est ainsi, dit-il, sans sourire cette fois.

Elle le regarda.

— Je voudrais te demander à ton tour d'examiner la proposition que j'ai à te faire.

Il parut méfiant.

— De quoi s'agit-il ?

— Dans des moments difficiles comme celui-ci, il est très tentant de conclure des alliances pour des raisons politiques. Certaines d'entre elles sont très séduisantes. Mais je suis la fille de rois qui ont fait de ce royaume la plus grande puissance qui ait jamais existé au monde. Mon grand-père avait conçu ce palais et bâti de nombreux monuments de cette grande cité. Mon fameux ancêtre Thutmose III a fait de l'armée des Deux Terres la meilleure armée qui ait jamais existé. Une armée que tu mènes actuellement vers de magnifiques triomphes. Comment donc pourrais-je assumer au mieux la responsabilité de ce pouvoir que j'ai hérité, dans mon sang et dans mon cœur ? Comment si ce n'est en gouvernant en mon propre nom, et en pensant que je peux compter sur le soutien de mes fidèles officiers ?

Il l'écouta, impavide, puis se leva.

— Un nom c'est très bien. Une dynastie, c'est très bien. Mais le royaume n'est pas un jouet. Ce n'est pas seulement de l'apparat et des palais. C'est une bête sauvage, sale et puissante, qui doit être matée par la force de la volonté et soumise au fouet d'une autorité qui ne craint pas de s'exercer avec force et violence, quel qu'en soit le coût. Et cela c'est un travail d'homme.

— Je suis une femme mais mon cœur renferme autant de colère et d'autorité que celui de n'importe quel homme. Tu peux m'en croire.

— Peut-être, tu es en effet la fille de ta mère. Peut-être as-tu assez de volonté et de cran pour frapper vaillamment tes ennemis.

Elle l'observait.

— Ne te méprends pas sur mon compte. Je suis une femme, mais j'ai été éduquée dans un monde d'hommes. Tu peux être certain que j'étudierai ta proposition judicieusement et avec le plus grand soin.

— Nous devrons reparler plus en détail de tes réflexions et des possibilités que je propose. Tu pourras me trouver à tout moment. Je n'ai pas l'intention de quitter la ville avant que le problème soit résolu, à notre satisfaction mutuelle. Je suis ici en privé mais également en tant que général des armées des Deux Terres. J'ai des devoirs et je les accomplirai avec toute la rigueur qu'exige ma fonction.

Sur ce, il s'inclina, fit demi-tour et se retira.

43

Je me dirigeai le plus vite possible vers la maison de Nakht à travers le chaos bruyant des rues encombrées de la ville. La lumière était aveuglante. Les cris et les appels des muletiers ou des enfants surexcités s'égaillant à la volée me mettaient les nerfs en pelote. Chacun se dressait tel un obstacle en travers de mon chemin. J'avais le sentiment de me battre contre des mouches à coups de couteau. J'eus un bref étourdissement, comme si tout ce qui s'était produit depuis la dernière fois que j'étais venu dans cette maison n'avait été qu'un songe dont je ne m'étais pas encore éveillé. Sobek était bien quelque part et pourtant j'étais incapable de retrouver sa trace. Comment pourrais-je le faire ? Il fallait que je retourne à l'endroit où je l'avais rencontré pour la première fois chez celui qui me l'avait présenté.

Je frappai à la porte. Minmose, le serviteur de Nakht, l'ouvrit prudemment. Je fus content de voir que deux gardes Medjay se tenaient derrière lui, les armes à la main.

— Ah ! c'est toi, c'est ce que j'espérais.

À l'intérieur, je m'empressai de montrer aux gardes mon laissez-passer et Minmose me dit que son maître était sur la terrasse. Je montai le grand escalier de bois et débouchai une fois de plus sur ce bel espace à ciel ouvert. Mon vieil ami était allongé sous l'auvent brodé, profitant de la légère brise du nord ; il méditait sur un rouleau de papyrus dans un état de décontraction heureuse dont j'avais oublié jusqu'à l'existence dans mon univers de manœuvres politiques, de luttes pour le pouvoir et de mutilations.

Il se leva, ravi de me voir.

— Te voilà de retour ! Les jours passent vite et je pensais bien que tu devais être rentré à présent, mais je n'avais aucune nouvelle de toi.

Il remarqua l'expression de mon visage et ses paroles de bienvenue tarirent sur ses lèvres.

— Qu'est-ce qui a bien pu arriver ? s'écria-t-il, très inquiet.

Nous nous assîmes à l'ombre tachetée de lumière et je lui racontai tout ce qui s'était passé. Il ne put tenir en place et se mit à marcher de long en large, les mains derrière le dos. Quand je lui fis le récit de l'accident du roi et de sa mort, il s'arrêta et se figea comme une statue.

— Avec cette mort c'est l'ordre tout entier et la grande dynastie qui sont mis en péril. Nous avons connu des siècles de prospérité et de stabilité et à présent tout est brusquement remis en cause. Cela ouvre la voie à d'autres prétendants au pouvoir, Horemheb bien sûr…

Je lui parlai de l'arrivée du général au palais.

Il se rassit, secoua la tête ; il paraissait en proie à des doutes et à une inquiétude que je ne lui avais jamais connus.

— Si une sorte d'accord n'est pas conclu, la guerre civile va éclater dans les Deux Terres, murmura-t-il.

— La situation est catastrophique en effet, mais Ankhesenamon pourrait peut-être, grâce à son statut et à son prestige, conclure justement ce genre d'accord.

— C'est vrai. Aussi bien Ay qu'Horemheb ont intérêt à une nouvelle alliance avec elle, dit-il.

— Mais, mon ami, aussi grave que soit le problème, ce n'est pas la principale raison qui m'amène, dis-je.

— Oh ! mon cher, que peut-il y avoir de pire ? demanda-t-il d'un air inquiet.

— D'abord, comment va le garçon ?

— Sa guérison est en bonne voie.

— Est-il capable de parler ?

— Il faut dire, mon ami, qu'il n'est encore qu'au début de sa guérison, mais il commence à réagir et il est capable de prononcer quelques mots. Il a demandé des nouvelles de sa famille, s'est inquiété de ses yeux. Il veut savoir ce qui leur est arrivé. Il a aussi déclaré qu'un esprit bienveillant lui avait parlé dans les ténèbres de ses souffrances. Un homme qui avait une voix amicale.

Je hochai la tête en m'efforçant de ne pas laisser voir à quel point cette dernière remarque me faisait plaisir.

— Eh bien, ce sont là de bonnes nouvelles.

— Mais tu ne m'as toujours pas dit pourquoi tu étais venu. Et cela m'angoisse, dit-il.

— Je crois avoir découvert le nom de l'homme qui a déposé les objets dans le palais de Malkata. L'homme qui est derrière toutes ces menaces contre la vie et l'âme du roi.

Il se redressa, l'air ravi.

— J'étais sûr que tu en étais capable.

— Je pense aussi que c'est le même homme qui a commis ces atrocités sur le garçon, la jeune fille morte et l'autre garçon assassiné.

Nakht, à présent, semblait déconcerté.

— Le même homme ?

Je fis signe que oui.

— Et qui est ce monstre pervers ?

— Avant de te le dire, je voudrais parler au garçon.

Quand le garçon entendit le bruit de deux paires de sandales, il se mit à crier, pris de panique.

— N'aie pas peur, je suis avec un gentilhomme, un de mes plus vieux amis qui est venu te voir, dit doucement Nakht.

Le garçon se détendit. Je m'assis auprès de lui. Il était allongé sur un lit bas, dans une pièce fraîche et confortable. Une grande partie de son corps était encore recouverte de bandages, et un linge était enroulé sur son visage pour masquer ses orbites creuses. Aux endroits où le visage de la jeune fille avait été cousu au sien, les points de suture avaient guéri, se transformant en une série de minuscules cicatrices blanches, comme des étoiles. Son état pitoyable donnait envie de pleurer.

— Je m'appelle Rahotep. Est-ce que tu te souviens de moi ?

Il tourna la tête dans ma direction, attentif au timbre de ma voix comme un oiseau intelligent qui aurait de vagues notions du langage humain. Tout doucement un petit sourire réconfortant éclaira son visage.

Je lançai un regard à Nakht qui hocha la tête d'un air encourageant.

— Je suis content que tu ailles bien. J'aimerais te poser quelques questions. J'ai besoin de te demander ce qui s'est passé. Est-ce que ça ira ?

Le sourire s'effaça. Mais au bout d'un moment il acquiesça d'un petit signe de tête. Cela me donna une idée.

— Je vais te poser une question. Tu pourras me répondre oui en hochant la tête ou bien non en la bougeant de droite à gauche. Peux-tu faire cela pour moi ?

Lentement il fit signe que oui.

— L'homme qui t'a fait du mal, avait-il des cheveux courts et gris ?

Il hocha la tête.

— Était-ce un homme d'un certain âge ?

Il hocha de nouveau la tête.

— T'a-t-il fait boire quelque chose ?

Le garçon hésita avant de hocher encore une fois la tête.

Puis, le cœur battant, je lui demandai :

— Ses yeux étaient-ils gris-bleu, comme des pierres dans un torrent ?

Il fut parcouru d'un léger frisson puis il fit un nouveau signe affirmatif, puis un deuxième, puis se mit à hocher la tête sans pouvoir s'arrêter au point d'en perdre le souffle, comme si tout à coup le souvenir de ces yeux le rendait fou de terreur.

Nakht se précipita vers lui et tenta de le calmer en lui posant une compresse froide et humide sur le front. Au bout d'un moment, sa panique se calma. J'étais désolé d'avoir ravivé en lui une telle détresse.

— Je m'excuse, mon ami, de t'avoir demandé de repenser à ces choses-là. Mais tu m'as grandement aidé. Je ne t'oublierai pas. Je sais bien que tu ne peux pas me voir mais je suis ton ami. Et je te fais une promesse. Plus personne ne te fera de mal. Est-ce que tu me crois ?

J'attendis un moment avant qu'il fasse, sans avoir l'air très convaincu, un très léger signe d'acquiescement.

Quand nous fûmes sortis, Nakht m'entreprit aussitôt.

— Qu'est-ce que tout cela signifie ?

— À présent je peux te dire le nom de l'homme qui a commis toutes ces horreurs. Mais prépare-toi à un choc parce que tu le connais.

— Moi ? s'écria Nakht avec stupeur et une pointe d'irritation.

— Il s'appelle Sobek.

Mon vieil ami se figea comme une statue, la bouche ouverte et l'air idiot.

— Sobek, répéta-t-il, incrédule, Sobek…

— Il était le médecin d'Ay mais celui-ci l'a renvoyé et remplacé. Il lui a confié une tâche subalterne : s'occuper de Mutnodjmet la folle. Mais il s'est occupé d'elle d'une manière bien particulière. Il en a fait une opiomane, de sorte qu'à la fin elle faisait tout ce qu'il lui demandait de faire. À présent elle est morte elle aussi.

Il s'assit doucement sur le banc élégant le plus proche, comme si toutes ces informations l'avaient épuisé.

— Tu l'as donc arrêté ?

— Non. Je n'ai aucune idée de l'endroit où il se trouve ni de l'endroit où il va frapper la prochaine fois. Et j'ai besoin de ton aide.

Mais Nakht avait toujours son air horrifié.

— Qu'y a-t-il ? demandai-je sèchement.

— Eh bien, c'est un ami. C'est un choc terrible.

— Certainement. Et c'est toi qui me l'as présenté ici même. Cela ne fait pas de toi un coupable ou un complice pour autant, mais cela veut dire que tu peux m'aider à l'arrêter.

Il détourna le regard.

— Mon ami, pourquoi donc ai-je l'impression que tu me caches une fois de plus quelque chose. Est-ce là un autre de tes secrets ?

Il ne dit rien.

— J'ai besoin que tu répondes à mes questions clairement et sans restriction. Si tu refuses je prendrai les mesures nécessaires. Cette affaire est trop grave et le temps est trop précieux pour jouer à des petits jeux.

Il fut surpris par le ton de ma voix. Nous nous affrontâmes du regard. Il vit que je ne plaisantais pas.

— Nous faisons partie tous les deux d'une société secrète.

— Quel genre de société ?

Avec les plus grandes réticences il poursuivit :

— Nous sommes voués à la poursuite de la connaissance en elle-même. Je veux dire la recherche, l'exploration et l'étude du savoir secret. À notre époque, de telles connaissances ésotériques sont devenues clandestines, inacceptables. Peut-être que ce genre de choses n'a pu de tout temps être apprécié que par une élite d'initiés qui placent le savoir au-dessus de tout. Nous préservons et perpétuons les traditions anciennes, la sagesse antique.

— Comment ?

— Nous sommes initiés. Nous conservons les rites secrets, les livres secrets… bégaya-t-il.

— Voici enfin quelque chose d'intéressant. Et ces livres, de quoi parlent-ils ?

— De tout, de médecine, d'astronomie, de nombres. Mais ils ont tous un point commun.

Il hésita.

— Lequel ?

— Osiris. C'est notre dieu.

Osiris. Le roi qui, selon l'histoire ancienne, régnait autrefois sur les Deux Terres mais avait été trahi et assassiné avant d'être ressuscité et de revenir de l'Autre Monde grâce à son épouse Isis, dont l'amour et la loyauté permirent ce miracle. Osiris que l'on représentait comme un homme à la peau noire ou verte pour indiquer sa fertilité et son pouvoir de résurrection et de vie éternelle, entouré des bandelettes blanches de la mort, tenant la crosse et le fléau et portant une couronne blanche. Osiris que l'on appelle aussi « l'être perpétuellement bon ». Osiris qui permet d'espérer la vie éternelle pourvu que ses adeptes accomplissent correctement les rites funéraires. Osiris, dont on dit qu'il nous attend tous après notre mort dans la salle du Jugement, lui, le juge suprême, prêt à entendre notre confession.

Je me rassis et observai Nakht pendant un moment. J'avais l'impression que cet homme que je considérais comme un ami proche m'était brusquement devenu étranger. Il me regardait avec l'air d'éprouver le même sentiment à mon égard.

— Je suis désolé de t'avoir parlé de la sorte. Notre amitié compte beaucoup pour moi et je ne voudrais pas la compromettre. Mais je ne pouvais pas faire autrement. Il fallait que je te fasse dire cela. Tu es le seul lien que j'ai avec cet homme.

Il hocha lentement la tête, et peu à peu nos rapports commencèrent à se réchauffer.

— Tu m'as dit que je pourrais t'aider. De quelle façon ? demanda-t-il au bout d'un moment.

— Je vais t'expliquer. Mais dis-moi d'abord une chose. Cette société secrète a-t-elle un symbole ?

Une fois de plus il hésita.

— Notre symbole est un cercle noir. C'est le symbole de ce que nous appelons le soleil nocturne.

J'avais donc enfin trouvé la réponse à cette énigme. Je lui citai ses propres paroles : « Le Soleil se repose en Osiris, Osiris se repose dans le Soleil. »

Il paraissait inquiet.

— Mon ami, je dois te demander encore une chose. Quand j'ai décrit la stèle portant le disque solaire détruit, que je t'ai interrogé au sujet des éclipses et que nous sommes allés dans le secteur d'astronomie des archives, tu as bien dû faire le rapport. N'est-ce pas le cas ?

Il hocha la tête d'un air penaud.

Je le laissai mariner un moment dans le jus amer de sa culpabilité.

— Quelle en est la signification ? finis-je par demander.

— L'interprétation la plus simple est que, à l'heure la plus sombre de la nuit, l'âme de Râ s'unit au corps et à l'âme d'Osiris. C'est ce qui permet à Osiris, et en fait à tous les morts des Deux Terres, de renaître. C'est le moment le plus sacré et le plus profond de toute création. Mais aucun mortel n'en a jamais été témoin. C'est le plus grand de tous les mystères.

Il se tut un long moment en évitant de croiser mon regard.

— Je t'avais déjà posé cette question. Et tu ne m'avais pas parlé de ce détail d'une importance cruciale. J'aurais pu démasquer Sobek beaucoup plus tôt. Cela aurait épargné des vies.

Il semblait de nouveau accablé.

— Nous sommes une société secrète ! Le mot important en l'occurrence est « secret », et à l'époque je ne voyais pas de raison absolument impérative de briser le serment sacré que j'avais fait.

— Et comme la suite l'a démontré, tu avais tort.

Je dois dire à sa décharge qu'il acquiesça d'un air consterné.

— Les conséquences des moindres de nos actes semblent échapper à notre contrôle. Je m'efforce d'agir de manière conséquente, mais je vois bien à présent que c'est la vie qui décide de tout, et en ce moment j'ai l'impression d'avoir sur la conscience le sang de personnes innocentes.

— Non, ce n'est pas le cas, mais si tu éprouves le besoin de te racheter moralement, aide-moi à présent, je t'en prie.

Il hocha la tête.

— Je suppose logiquement que Sobek travaille soit pour Ay, soit pour Horemheb, vraisemblablement pour ce dernier qui tire de grands avantages de la mort du roi.

— Et si c'est le cas, il est impératif de l'arrêter avant qu'il ait pu provoquer de nouveaux désordres. Le navire d'apparat d'Horemheb est mouillé devant le palais de Malkata. Il a fait une offre à Ankhesenamon qui est en train d'y réfléchir.

— Puissent les dieux nous préserver d'un tel destin. Dis-moi quel est ton plan, déclara-t-il d'un ton décidé.

— Je pense que Sobek est obsédé par des visions. Je crois aussi qu'il est obsédé par les substances hallucinogènes et leurs mystères. Il me paraît aussi particulièrement fasciné par ce qui survient au moment où l'on passe de la vie à la mort. Je pense que c'est pour cela qu'il drogue ses victimes de façon à les étudier attentivement au moment de leur mort. Il cherche quelque chose qui intervient à ce moment précis. Cela pourrait bien avoir un rapport avec les buts de votre société secrète, l'instant de ténèbres et de renaissance.

Il hocha la tête.

— Pentu, le médecin du roi, m'a dit qu'il existerait un champignon extrêmement rare capable de donner la vision de l'immortalité. Tout ce qu'on en sait, d'après lui, c'est qu'il ne pousserait que dans les lointaines régions boréales de notre monde. Sais-tu quelque chose à ce sujet ?

Nakht fit signe que oui :

— Tout à fait. Il est mentionné dans les livres secrets. Je peux te donner plus de détails à ce propos. On dit qu'il s'agit d'un champignon à tête rouge qui ne prospère que dans des forêts lointaines d'arbres d'argent aux feuilles d'or. Son existence même est très controversée. Personne n'a jamais *tenu* une telle chose entre ses mains. Quoi qu'il en soit, on prétend que c'est grâce à ce champignon que les prêtres de ce pays inconnu meurent au monde, font l'expérience personnelle de la vision des dieux puis reviennent à la vie. On dit aussi que s'il est mal utilisé c'est un poison très puissant qui peut rendre fou. J'ai toujours pensé que c'était là une sorte de fable ésotérique plutôt qu'une réalité concrète.

— Ce qui compte maintenant, c'est qu'une telle chose pourrait exister et que la possession d'une telle merveille devrait obséder et fasciner un homme comme lui. Il arrive qu'une vision soit bien plus efficace que la réalité elle-même.

Nakht hocha la tête d'un air perplexe.

— Tu prends un risque énorme en te fondant sur quelque chose qui n'existe pas.

— C'est exactement le procédé qu'il a employé contre nous. Il y aurait une sorte de justice poétique à lui rendre la pareille, tu ne trouves pas ?

— Quel monde étrange où les détectives Medjay parlent de leur travail en termes de poésie et de justice.

J'ignorai sa pique.

— En tous les cas, celui qui prétendra s'être procuré ce mystérieux champignon magique, ce sera toi, répondis-je vivement.

Il parut horrifié.

— Moi ?

— Qui d'autre ? Je ne peux guère débarquer en personne dans votre société secrète, n'est-ce pas ?

Il haussa les épaules, voyant bien qu'il était piégé.

— Nous devons imaginer une explication plausible sur la manière dont tu l'as obtenu, poursuivis-je. Où te procures-tu tes semences, celles de tes plantes rares ?

— Elles me sont envoyées par des négociants de tout le royaume. Laisse-moi réfléchir. Il y en a un dans la ville de Carchemish sur la frontière de Mittani, il me fournit en graines et en bulbes rares et intéressants en provenance du nord.

— Excellent. Cet argument sera très convaincant même s'il fait une enquête. Tu peux prétendre avoir obtenu ce champignon hallucinogène par l'intermédiaire d'un fournisseur qui aurait des contacts avec une nouvelle route commerciale, suggérai-je.

— C'est tout à fait plausible, à l'est de la grande mer intérieure, au-delà des frontières nord du royaume Hatti, il existerait une chaîne de montagnes légendaires infranchissables recouvertes de neige éternelle et où aucun voyageur ne pourrait survivre. Mais on prétend également qu'il existe un passage secret pour franchir ces montagnes et qu'il mène à un autre royaume de forêts immenses et de plaines désolées, pris en permanence dans une glace aussi blanche que le calcaire le plus pur. Là-bas, des peuples primitifs à la peau blanche, aux cheveux de paille et aux yeux bleus, vêtus de fourrures et de plumes d'oiseaux d'or, vivraient dans des palais de glace.

— Cela paraît horrible, dis-je.

J'avais placé Nakht dans une situation dangereuse. Mais il savait bien que je ne pouvais pas faire autrement. Si, comme je le pensais, notre homme était obsédé par les rêves et les visions, et du moment que je connaissais son appartenance à la société secrète, c'était le meilleur piège.

— Tout ce que tu dois faire c'est donc envoyer un message discret dans le langage secret que vous possédez sans doute pour annoncer à tes partenaires initiés que tu apporteras le champignon hallucinogène à une assemblée réunie demain soir, ainsi ils pourront s'attendre à découvrir et à observer la mystérieuse merveille qui procure des visions. Tu peux peut-être même aller jusqu'à faire miroiter une expérience concrète.

— Et sur qui, si je puis me permettre ? demanda-t-il, mal à l'aise.

— Je suis sûr que Khety acceptera de jouer les cobayes étant donné l'importance de l'enjeu.

— Bien, il n'est pas nécessaire d'envoyer un message. Demain soir nous fêtons la dernière nuit des mystères d'Osiris. Tu ignores, je suppose, que le dernier mois de la Crue est l'époque de sa fête. Quand l'inondation décroît, nous célébrons les rites de la résurrection. Après les jours et les nuits de lamentation, nous fêtons le triomphe du dieu. Et cela, en fait, a lieu demain soir.

44

Je décidai de rentrer chez moi pour m'assurer que tout allait bien et que les gardes que j'avais ordonné à Khety de mettre en place étaient bien là. Je ne voulais faire courir aucun risque à ma famille. Mais au moment où je tournai le coin d'une ruelle dans le labyrinthe de la partie la plus ancienne de la ville, je perçus vaguement un objet qui s'abattait sur moi en vrombissant ; je sentis un choc et une douleur irradiante qui s'étendait sur le côté de mon crâne, puis tout devint obscur.

Quand je repris conscience, j'étais étendu sur le sol de la ruelle crasseuse. Thoth me donnait des petits coups de son museau humide sur le visage. L'ombre de quatre hommes se dressait au-dessus de moi. Ils portaient le pagne de l'armée. L'un d'entre eux voulut frapper Thoth mais celui-ci se rebiffa, prêt à mordre.

— Rappelle ton animal, dit l'un d'eux.

Je ravalai ma bile et me remis lentement debout.

— Thoth !

Il vint immédiatement, obéissant, se ranger à mes côtés, sur le qui-vive, observant les soldats. Je me laissai menotter et, avec les soldats formant autour de moi une garde de déshonneur, je fus rapidement emmené jusqu'aux quais. Là on me flanqua à bord d'un bateau ; avec Thoth, inquiet, à côté de moi, nous traversâmes le Grand Fleuve. Nous accostâmes sur la rive opposée, plus au nord. Je fus poussé dans un char qui nous attendait ; Thoth bondit pour s'asseoir à mes pieds, et nous fûmes conduits à toute vitesse sur les routes empierrées qui menaient directement vers les collines du désert et les temples funéraires avant de tourner vers le nord-est en direction des vallées cachées. Puis on me fit descendre sans ménagement du char pour escalader les pentes torrides des collines aux rochers orange et gris. On entendait très fort le bruit de nos respirations dans cet air silencieux et sec comme de l'acajou. Je me demandai tout à coup si on ne m'emmenait pas vers une tombe dans le désert, mais cela semblait une manière absurde de se débarrasser de moi. Ils auraient pu tout simplement me fracasser le crâne et me jeter aux crocodiles s'ils avaient eu l'intention de me tuer. Non, on m'emmenait rencontrer quelqu'un.

Quand nous parvînmes au sommet de la colline, je vis derrière moi la vaste plaine verdoyante qui entoure la ville de Thèbes, noyée dans la brume de chaleur de la fin de l'après-midi, et devant moi je ne fus pas surpris de distinguer dans la lumière vibrante une silhouette qui m'attendait sous une ombrelle à côté d'un char attelé d'un cheval. Je connaissais ce profil. Horemheb semblait aussi peu incommodé par la chaleur qu'un lézard. Il me regardait avec mépris, moi qui étais en sueur et essoufflé. Il me laissa debout en plein soleil, tandis que lui-même restait bien à l'ombre. J'attendis qu'il parle le premier.

— Je ne comprends pas, dit-il sans préambule, qui es-tu et pourquoi la reine te fait-elle confiance ?

— Si c'est une conversation que tu voulais, pourquoi m'avoir amené ici ?

— Réponds à ma question.

— Je suis le garde du corps personnel de la reine. C'est à elle que tu aurais dû demander pourquoi elle a confiance en moi.

Il se rapprocha.

— Comprends-moi bien. Si je n'obtiens pas de réponses satisfaisantes à mes questions, je n'hésiterai pas à trancher la tête de ton babouin. Je vois que tu as l'air de tenir à cette créature. Je n'étais pas très content que tu aies écouté ma conversation avec la reine et cela m'incline fortement à user de violence.

J'envisageai le peu de choix qui s'offraient à moi.

— Je suis détective dans le corps des Medjay de la ville. La reine a fait appel à moi pour résoudre une énigme.

— De quoi s'agissait-il ?

J'hésitai. Il adressa un signe de tête à un de ses hommes qui sortit son poignard.

— Des objets suspects ont été découverts à l'intérieur des appartements royaux.

— On gagnerait du temps si tu répondais à mes questions le plus précisément possible.

— Ces objets constituaient des menaces de mort adressées au roi.

— Voilà enfin quelque chose. Et quel a été le résultat de ton enquête ?

— Aucun coupable n'a pu être formellement identifié.

Il me regarda, l'air peu convaincu.

— C'est que tu ne dois pas être très bon.

Il me fit signe de regarder dans l'autre direction, vers la vallée cachée qui s'étendait loin au-dessous de nous, encerclée par les collines à l'ouest. Sur le sol gris et poussiéreux de la vallée, je vis des tranchées et de minuscules silhouettes qui s'affairaient autour d'elles, des ouvriers.

— Tu sais ce que c'est ?

Je fis signe que oui.

— C'est la tombe du roi qu'on est en train de préparer, dit-il, ou plutôt la tombe d'Ay qu'on adapte pour accueillir le roi.

Il me parut plus sage de ne rien dire.

— Tu dois te demander ce que j'attends de toi.

— Il doit bien y avoir quelque chose, je suppose, bien que je ne voie pas ce qu'un simple détective Medjay peut faire pour toi.

— Tu as de l'influence sur la reine. Je veux que tu fasses deux choses. Premièrement, que tu encourages la reine à répondre favorablement à ma demande en mariage. Deuxièmement, que tu me rapportes ses conversations avec Ay. Est-ce clair ? Et naturellement cela te vaudra de grands avantages à l'avenir. Tu es un homme ambitieux et ton ambition sera respectée et satisfaite.

— Je suppose que si je ne fais pas ce que tu me demandes, tu tueras mon babouin.

— Non, Rahotep, si tu ne fais pas ce que je veux et si tu ne parviens pas à convaincre la reine qu'elle a intérêt à m'épouser, c'est ta famille que j'exécuterai. J'en sais plus sur ton compte que tu penses. Tes trois filles, ton jeune fils, ta ravissante épouse et ton vieux père. Pense un peu à ce que je peux leur faire si je le décide. Et naturellement je te laisserai la vie sauve pour que tu puisses assister à chaque instant de leur supplice. Après quoi je te condamnerai aux mines d'or de Nubie où tu auras tout le loisir de te lamenter sur leur mort.

Je m'efforçai de continuer à respirer et de ne pas me trahir. J'eus la tentation de lui révéler tout ce que je savais de Sobek et de ses relations avec sa propre épouse. J'eus envie de lui poser des questions sur les vessies de sang qui avaient été lancées sur le roi et la reine pendant la fête. Mais en cet instant où il semblait avoir le contrôle sur tout, je gardai cette information. C'était tout ce que je possédais, mieux valait la conserver.

Je m'apprêtais à m'en aller lorsque bizarrement, alors que cela semblait impossible puisque la nuit ne devait tomber que dans plusieurs heures, l'éclat du soleil diminua sensiblement. On aurait dit que l'air et la lumière se raréfiaient en même temps. Tout le monde s'en aperçut. Pendant un moment, Horemheb et ses gardes parurent troublés. Thoth se mit à courir en rond en poussant des grognements inquiets, les oreilles couchées contre son crâne. Des cris bizarres et des hurlements d'animaux s'élevaient de chaque recoin de la vallée et des fermes les plus lointaines. Nous avions tous la tête levée vers le soleil et nous nous protégions les yeux pour essayer de comprendre ce qui se passait. Une grande catastrophe semblait se produire au royaume du ciel. Soudain, de vastes pans d'ombre se formèrent et s'étendirent au long des pentes, des creux et des vallées cachées au flanc de la montagne ; on aurait dit qu'elle sortait de la roche rouge elle-même, comme si les fantômes du monde souterrain et les esprits s'étaient réveillés pour partir à la conquête de la lumière de la vie.

Au loin j'entendis une musique criarde lancer dans l'air un appel pressant : c'étaient sans doute les trompettes de cérémonie qui sonnaient l'alarme du haut des murs du temple. On devait fermer soigneusement les grands pylônes pour empêcher le peuple d'entrer. À l'intérieur, les prêtres, revêtus de leurs robes blanches, devaient s'empresser d'offrir des sacrifices pour défendre Râ contre cette attaque sans précédent des ténèbres qui, tout à coup, envahissaient tout.

On aurait dit la fin du monde. J'eus une pensée pour mes enfants et pour Tanefert. J'espérai qu'ils étaient tous ensemble à la maison où au moins ils seraient à l'abri derrière la solide porte de bois. Les vastes ombres devenaient de plus en plus épaisses et s'assemblaient pour former un étrange crépuscule, et tout à coup ce fut le calme complet. Même le vent du nord qui se lève toujours dans l'après-midi commença par faiblir puis disparut complètement. On aurait dit que le monde était abandonné. Plus bas dans les champs au loin, j'apercevais quelques mules qui restaient là, égarées, sans que personne s'occupe d'elles, et de rares paysans qui s'enfuyaient éperdument à travers les rangées de culture bien alignées. J'entendis faiblement les pleurs d'un enfant abandonné mais je ne le voyais pas, de toute façon il était noyé quelque part au fond de la noirceur envahissante.

À présent le soleil avait tellement faibli que je pouvais, à travers l'écran de mes doigts entrelacés, contempler le spectacle grandiose et ineffable qui se déroulait dans le ciel. Une lame d'épée courbe et noire avait pris possession du grand disque solaire. Puis, des rides d'ombre comme celles qu'on peut voir au fond d'un bassin éclairé par le soleil se répandirent largement et très vite sur la terre au-dessous, elles passèrent sur nous puis se dirigèrent vers les Terres rouges. Je tendis les mains pour les saisir au passage mais elles ne laissèrent aucune impression sur ma peau. La lumière baissa encore davantage et se transforma en une étrange chose grise, comme un linge décoloré à force d'avoir été trop souvent lavé.

Tout s'accéléra et le grand oiseau noir de la nuit cacha totalement le visage du jour ; aussitôt les constellations immortelles des cieux se mirent à briller d'un vif éclat tandis que le jour se transformait en nuit en un instant qu'aucune clepsydre n'aurait pu mesurer. Râ, seigneur de l'Éternité, disparut aussi sûrement que s'il s'était abîmé au crépuscule derrière l'horizon. Tout ce qui restait à présent c'était une mince couronne de lumière tout autour du grand disque noir et conquérant des ténèbres. On aurait dit que le dieu du Soleil avait été contraint de renoncer à sa gloire et de rendre les armes. Autour de moi c'était la nuit, et pourtant, fait incroyable, au fond de l'horizon, dans toutes les directions, j'apercevais les lueurs jaunes et orangées d'un coucher de soleil. Il se mit soudain à faire froid, comme en hiver, et tout se figea.

Et je vis alors de mes propres yeux un spectacle que je n'oublierai jamais jusqu'à ma mort : le Grand Œil de la Création qui me regardait de là-haut, la pupille d'ébène, la couronne blanche et brillante de l'iris, et l'espace d'un instant une bande pourpre comme du sang qui palpitait au bord de l'obscurité. J'en perdis le souffle et le monde s'arrêta, plongé dans le silence, et cela me parut le mystère le plus magnifique auquel j'eusse jamais assisté.

Mais aussi vite que l'obscurité avait eu raison de la lumière, l'équilibre des forces s'inversa et un arc mince et frémissant, brillant comme la lame d'un couteau d'or affûté réfléchissant le soleil, émergea de l'autre côté pour éblouir les ténèbres de son triomphe. Au début le monde redevint d'un gris opalescent et l'étrange bataillon des rides d'ombre repassa rapidement au-dessus de nous pour aller se perdre plus loin, mais cette fois dans la direction opposée, et bien vite le bleu familier du ciel reprit ses droits. Les étoiles s'éteignirent rapidement et le monde s'emplit à nouveau de couleur, de vie et de temps.

Horemheb était fasciné. Jamais encore je ne l'avais vu aussi captivé. Il se tourna vers moi avec un sourire éclatant sur son beau visage dur.

— As-tu vu ? L'Aton a été dévoré par les ténèbres. C'est un signe qu'envoient les dieux pour dire qu'ils ne soutiendront pas le pouvoir corrompu de cette pathétique dynastie. Un nouvel ordre va s'instaurer ! C'est un nouveau Soleil qui brille sur des temps nouveaux ! cria-t-il d'un air résolu.

Et il se frappa la poitrine du poing dans un geste triomphal. Ses officiers, bien disciplinés, l'acclamèrent.

Sur ce, il redescendit de la colline dénudée, accompagné de la suite de ses officiers, nous laissant Thoth et moi rentrer au palais par nos propres moyens. Tandis que je cheminais sur le sentier poussiéreux, l'image de l'œil céleste hantait mon imagination. C'était le symbole du cercle noir qui se concrétisait. Mon instinct ne m'avait pas trompé. Ce n'était pas seulement le symbole mystérieux d'une société secrète, c'était la prophétie d'un événement bien réel à venir. Je repensai soudain à ce qu'avait dit Nakht du cercle noir : « Cela signifie qu'à l'heure la plus sombre de la nuit l'âme de Râ s'unit au corps et à l'âme d'Osiris. C'est ce qui permet à Osiris, et en fait à tous les morts des Deux Terres, de renaître. C'est le moment le plus sacré et le plus profond de toute création. »

Mais plus j'y pensais et plus le symbole me semblait ambigu. Cet événement céleste annonçait-il le retour à la vie ou bien une catastrophe imminente ?

45

Les dignitaires du palais couraient d'un bout à l'autre des couloirs dans la plus grande confusion ; on aurait dit des fourmis dont la colonie aurait été dérangée par les coups de bâton d'un enfant. J'entrai dans les appartements de la reine et la trouvai en grande conversation avec Ay, Khay et Simut.

Ay me lança un bref regard. Il avait le visage ravagé par l'épuisement. Pour une fois, il paraissait décomposé.

Simut faisait le compte rendu des troubles provoqués par l'éclipse.

— Il y a eu de grands désordres dans la ville. Des foules se sont rassemblées aux portes des temples, refusant de se disperser. Il y a eu des pillages, des bâtiments ont été incendiés… et je dois dire que les Medjay n'ont fait qu'aggraver la situation par leurs tentatives pour contrôler la foule. Dans certains quartiers, de véritables batailles rangées ont eu lieu contre certains opposants.

Khay lui coupa la parole.

— Le peuple réclame le roi. Il refuse de se disperser tant que le roi ne se sera pas montré et ne leur aura pas parlé.

Ay se tenait assis, complètement immobile, il se creusait l'esprit pour trouver une solution. Son refus d'annoncer la mort du roi le plaçait à présent dans une impasse. Il était piégé par son propre mensonge.

— Ce n'est qu'un de nos nombreux problèmes. Horemheb va profiter de l'occasion pour faire entrer ses divisions dans la ville et ramener le calme, dit Simut.

— Et ces divisions, où sont-elles pour l'instant ? demanda Ay d'un ton sec.

— Autant que je sache, elles sont à Memphis. Mais les rapports de nos espions ne sont pas très clairs, dut-il admettre.

— Même le messager le plus rapide ne peut pas faire parvenir un ordre d'ici jusqu'à Memphis en moins de trois jours, ensuite ils devront mobiliser et naviguer vers le sud. À moins qu'Horemheb ait tout prévu et ait préparé ses troupes à marcher sur Thèbes plus rapidement.

Il y eut un moment de silence pendant que chacun réfléchissait au meilleur usage que l'on pouvait faire du temps précieux qui nous restait.

— Je vais m'adresser au peuple, dit soudain Ankhesenamon.

— Et que pourrais-tu bien lui dire ? répondit Ay dont l'œil gauche palpitait, avec à présent une lueur de curiosité.

— Je vais leur dire la vérité. Je dirai que ces événements dans le ciel sont le signe de la naissance d'un ordre nouveau sur la terre. Je dirai que le roi a rejoint le Dieu pendant la phase d'obscurité et qu'à présent il est ressuscité dans l'Autre Monde. Que je reste ici, pour lui succéder, avec sa bénédiction. Ainsi, je réduirai à néant les aspirations au pouvoir d'Horemheb.

Ils se regardèrent mutuellement, en adversaires réunis par un intérêt commun.

— Tu es une enfant intelligente. C'est une bonne histoire. Mais beaucoup n'y croiront pas.

— L'arrivée des ténèbres est un événement rare et formidable. C'est un spectacle sans équivalent. Et les gens ont besoin de le comprendre. Mes paroles devront convaincre le peuple.

Il envisagea rapidement toutes les implications et les ramifications de cette proposition.

— Je t'apporterai mon soutien, mais les mots ont de grands pouvoirs et doivent être soigneusement choisis. En parlant de ton rôle j'aimerais mieux que tu dises « représenter » plutôt que « succéder ».

Elle réfléchit à cette remarque.

— Nous voilà revenus à notre désaccord de départ. Il reste peu de temps et je ne vois pas d'autre solution. Pourquoi ne dirais-je pas de moi que je succède au roi, puisque c'est bien le cas ?

— Tu es par le sang l'héritière de ta famille. Mais souviens-toi d'une chose. Tu ne peux pas exercer ton pouvoir sans détenir l'autorité sur les bureaux du gouvernement, et c'est moi seul qui exerce cette autorité.

— En mon nom, répliqua-t-elle vivement.

— Bien sûr. Et c'est pour cela que nous devons mettre au point une stratégie avantageuse pour nous deux.

Elle réfléchit à la situation. Elle devait se décider très vite.

— Très bien.

— Et le contenu de ton discours fera l'objet d'un accord entre nous ? dit-il.

Elle lança un regard à Khay qui hocha la tête.

— Naturellement.

— Alors prépare-toi bien car cette apparition publique est le moment le plus important de ta vie.

Aussitôt après le départ d'Ay, elle bondit sur ses pieds.

— Où étais-tu ? demanda-t-elle d'un ton chagriné avec une pointe de colère, je me suis fait du souci pour toi.

— Je suis allé rendre visite à mon ami Nakht en ville. Et sur le chemin du retour on m'a offert une invitation à rencontrer Horemheb que je ne pouvais guère refuser.

Elle parut surprise.

— Et tu y es allé ?

— Je n'avais pas le choix. On m'y a emmené de force.

— Et que t'a-t-il dit ?

Nous nous assîmes et je lui racontai ce que j'avais découvert au sujet de Sobek, et que j'avais désormais la preuve, grâce au témoignage du garçon, qu'il était également l'auteur des meurtres commis en ville. Je lui racontai pour finir tout ce que m'avait dit Horemheb. Elle parut étonnée.

— Nous devons protéger ta famille de ses manœuvres.

— Oui, mais nous devons aussi réfléchir. Pour l'instant il a seulement proféré des menaces contre eux et il ne les mettra à exécution que quand tu l'auras informé de ta décision. Aussi devons-nous le maintenir dans l'incertitude le plus longtemps possible. Entre-temps, j'ai un plan pour capturer Sobek. On pourra alors l'interroger afin de savoir si Horemheb et Ay étaient impliqués ou non dans ses actes, et de quelle manière. Ces informations te donneront un grand avantage.

Elle hocha la tête, les yeux étincelant de l'exaltation de l'instant. Elle entrevoyait tout à coup un avenir possible pour elle et pour sa dynastie.

— Ces ténèbres m'ont choquée. Je sentais l'œil des dieux posé sur moi. J'ai l'impression qu'ils lisent en moi. Tout se joue en ce moment, pas seulement l'avenir de ma dynastie mais le destin des Deux Terres. Et pourtant, curieusement, et pour la première fois depuis des mois, je me sens en pleine possession de mes moyens.

De la fumée flottait sur tout le grand espace dégagé devant le temple. La foule était massée le long de l'avenue des Sphinx. Certains psalmodiaient, d'autres criaient, la plupart priaient. Je surveillais tout depuis le magnifique poste d'observation que m'offrait le toit du pylône d'entrée. Nous étions venus très vite et en cachette, en bateau puis en char, jusqu'au temple lui-même, sous la protection des gardes de Simut. Un signal fut donné, et les trompettes brandirent leurs longs instruments d'argent vers l'horizon et firent entendre une sonnerie retentissante. L'attitude de la foule passa soudain d'une mauvaise humeur chaotique à une extrême attention. Le spectacle qu'ils réclamaient allait commencer.

La reine apparut au grand portail, revêtue de ses robes d'apparat en or et portant ses couronnes ; le silence fit place à des cris et des hurlements quand il devint évident qu'elle était seule. Mais sous les rayons longs et rasants de la lumière de fin de journée, elle resplendissait. Elle continua d'avancer, monta sur l'estrade en ignorant les cris et les lamentations. Puis elle se tint très droite, prête à affronter la bête sauvage de la multitude. Elle attendit de pouvoir être entendue.

Ce serait un combat entre des volontés opposées. Le silence tomba enfin. Je vis des milliers de visages, captivés, inquiets, voués à l'adoration de sa glorieuse présence.

— Ce jour a été marqué par de merveilleux présages, déclara-t-elle solennellement. Les dieux se sont révélés à nous. Adorons-les.

Elle leva les bras d'un air serein et, lentement, une grande partie de la foule l'imita. Ceux qui s'abstinrent gardèrent au moins le silence.

— Râ, le roi des Dieux, a triomphé, comme il est écrit dans les grands livres, des forces des ténèbres et du chaos. La vie a pu renaître. La gloire et le pouvoir des Deux Terres sont restaurés. Mais il a pris à cette occasion quelque chose qu'il désirait ardemment. Ce qu'il a pris est d'une grande valeur pour nous. Plus grande que l'or, plus grande que la vie. Je suis aujourd'hui devant vous, moi fille de rois et fille de la déesse Maat qui apporte ordre et justice, pour vous informer de notre grand sacrifice et du grand profit qu'en tire le dieu. Au moment des ténèbres dont tous les êtres vivants ont été témoins, le roi Toutankhamon a été réuni avec Râ, comme c'est le destin royal et ainsi qu'il est écrit dans les grands livres ; il ne fait plus qu'un à présent avec le roi des Dieux. Et le monde est ressuscité. Le monde est né une nouvelle fois. Le roi est au ciel du roi des Dieux.

Ses paroles résonnaient fortement dans le vaste espace. Une immense vague de lamentations s'éleva et se répandit à travers la foule et la ville tout entière. Je vis les gens se tourner les uns vers les autres ; beaucoup semblaient convaincus, certains haussaient les épaules d'un air perplexe. Ils connaissaient tous cette histoire du sacrifice du roi qui assure le renouveau de la vie car c'est une des plus anciennes histoires destinées à nous faire comprendre le cours des choses et la marche du monde. Et elle s'en servait avec beaucoup d'à-propos. Cela pourrait suffire à convaincre les masses. Les élites réclameraient certainement une explication plus élaborée mais ne pouvaient se permettre de douter publiquement de cette version.

Elle reprit :

— Je me tiens devant vous aujourd'hui. Je suis la fille préférée de Râ. Je suis *maat*. Je suis l'ordre qui domine le chaos. Je suis l'œil de Râ à la proue du Navire des Dieux. Sous ma volonté nos ennemis périront dans les ténèbres et notre monde resplendira à la lumière des dieux.

Ces paroles furent ponctuées d'une nouvelle sonnerie de trompettes persuasive, et à présent la plus grande partie de la foule hurlait son approbation joyeuse. Son intelligence et sa beauté les avaient tous conquis. Mais j'en vis quelques-uns qui se détournaient mécontents et secouaient la tête. La bataille pour les Deux Terres après la mort de Toutankhamon n'était pas encore gagnée. Si j'arrivais à prouver qu'il existait un lien entre Sobek et Horemheb, les prétentions de ce dernier seraient anéanties. Sinon, je ne voyais rien pour le moment qui puisse l'empêcher de s'emparer du royaume au nom de l'armée.

46

Ce soir-là je retournai en ville chez Nakht, accompagné de Thoth. Minmose proposa de me raser la tête, car j'allais devoir franchir les portes du temple et je devais prendre une fois de plus l'apparence d'un prêtre. J'étais assis sous son rasoir, un linge autour du cou, lorsque Khety entra. Heureusement pour lui il n'aurait pas besoin de se soumettre à ces préparations rituelles car il allait simplement servir de cobaye à Nakht, un rôle tout à fait secondaire.

— As-tu bien placé un garde pour surveiller la maison ? commençai-je par lui demander.

Il hocha la tête.

— Tanefert n'était pas ravie qu'on lui impose cela, mais j'ai fait de mon mieux pour la convaincre que c'était nécessaire sans pour autant l'effrayer.

Je poussai un soupir de soulagement.

— Et as-tu insisté auprès d'elle pour qu'elle s'assure que les enfants ne sortent pas ? En aucun cas ?

— Bien sûr, ne t'inquiète pas, ils sont en sécurité. Ils seront gardés nuit et jour.

Puis il se permit un petit ricanement.

— Tu n'es pas très convaincant en prêtre.

— Fais attention, Khety, tu vas te retrouver sans tarder dans une situation encore plus délicate.

Il hocha la tête.

— C'est ce que j'aime dans ce métier. Chaque nuit est différente. Un soir, on patrouille dans les rues, le lendemain on absorbe de dangereux hallucinogènes.

— Nakht a concocté quelque chose qui pourra facilement passer pour le fameux champignon mais qui n'aura pas le moindre effet.

— Il va donc falloir que je joue la comédie ?

— Oui, dit Nakht qui venait d'entrer en grande tenue, j'ai préparé une imitation du champignon desséché à l'aide de haricots écrasés.

— Je déteste les haricots, dit Khety, ma femme en fait souvent mais ils ont sur moi un effet désastreux…

— Tu n'auras pas besoin d'en avaler plus d'une bouchée et l'effet néfaste sera donc réduit au minimum, répondit Nakht avant d'ajouter : ce qui sera certainement une bonne chose pour nous tous.

— Mais quel genre de choses vais-je devoir dire quand j'aurai avalé cette poudre ? demanda Khety.

— Au début rien. Et peu à peu imagine que la lumière du ciel t'est révélée. Laisse ton esprit accepter l'illumination des dieux.

— Et cela ressemble à quoi ? demanda Khety innocemment.

Nakht me lança un regard perplexe.

— Pense à la lumière. Décris la beauté de la lumière et comment tu vois les dieux se déplacer dans la lumière, comme si la lumière était pensée et la pensée lumière.

— Je vais essayer, dit Khety.

Nakht avait réservé des chars pour nous conduire de chez lui jusqu'au Grand Temple de Karnak en remontant la longue avenue des Sphinx. Les rues étaient obscures. Je remarquai certaines boutiques obturées par des planches et quelques intérieurs noircis, conséquence des dégradations commises pendant l'émeute, mais la ville semblait avoir retrouvé son calme. Nous arrivâmes aux portes du temple et Nakht parlementa avec les gardes qui nous examinèrent, Khety et moi, à la lumière de leurs lampes. Nakht jouissait ici d'une grande réputation et je priai pour qu'on ne nous pose pas trop de questions. Il bavarda joyeusement avec eux pendant un moment puis, sur un dernier regard d'inspection, on nous fit rapidement entrer. Nous franchîmes les portes pour nous retrouver une fois de plus dans le vaste espace sombre à l'intérieur des murailles du temple. Au-delà des grandes vasques martelées emplies d'huile qui étaient allumées dans cette enceinte comme une constellation de petits soleils, tout était noyé dans une obscurité épaisse.

Nakht alluma sa lampe à huile et nous quittâmes rapidement l'espace ouvert en direction de la Maison de la Vie. Mais au lieu d'y pénétrer, il nous conduisit plus loin à droite du bâtiment. Nous empruntâmes de nombreux passages obscurs coincés entre des bâtiments séparés ; ateliers et bureaux, déserts à cette heure de la nuit. Ces passages devinrent de plus en plus étroits, et les temples cédèrent la place à des entrepôts et des magasins jusqu'à ce que nous arrivions au haut mur du fond de la Grande Enceinte. À cet endroit se dressait une construction ancienne et minuscule. En nous rapprochant je distinguai l'image d'Osiris, dieu de la Mort, sculptée partout sur les murs, portant sa couronne blanche ornée de deux plumets et entourée sur chaque colonne de nombreuses inscriptions.

— Cette chapelle est dédiée à Osiris, murmura Khety.

— Oui. Le dieu de l'Autre Monde, de la nuit, des ténèbres, de la mort avant la vie… mais naturellement il est en vérité le dieu de la Lumière au-delà de la lumière, comme on dit. De l'illumination et du savoir secret, répondit Nakht.

Khety opina comme s'il comprenait mais se tourna vers moi en haussant les sourcils.

Nous franchîmes l'enceinte extérieure et pénétrâmes dans la petite pièce intérieure du temple obscur. Nakht s'empressa d'allumer des lampes à huile dans les niches murales. De puissants relents d'encens flottaient dans la pénombre. Il me posta derrière un des piliers, près de l'entrée d'où je pouvais observer à la fois ce qui allait se produire et tous les gens qui pourraient entrer. Puis nous attendîmes. Et peu à peu douze hommes en robes blanches arrivèrent l'un après l'autre. Je reconnus quelques-uns des invités de la fête chez Nakht. Entre autres le poète aux yeux bleus et l'architecte. Chaque homme portait un pendentif en or accroché à une chaîne d'or autour de son cou. Sur chacun d'eux on voyait un cercle d'obsidienne : le disque noir. Ils saluèrent Nakht avec beaucoup d'enthousiasme puis examinèrent Khety comme un serviteur à vendre. Pour finir, Sobek fut le seul absent. J'avais l'impression que mon plan tombait en miettes entre mes doigts. Finalement il n'avait pas mordu à l'hameçon.

Nakht s'efforçait de gagner du temps.

— Un de nos membres est absent, finit-il par dire assez fort pour que je puisse l'entendre, nous devrions attendre Sobek.

— Je ne suis pas d'accord, le temps passe, nous devrions commencer la cérémonie sans lui.

— Pourquoi le dieu devrait-il attendre Sobek ? dit un autre des hommes présents, recueillant un chœur d'approbations.

Nakht ne pouvait faire autrement que de commencer. De mon poste d'observation derrière mon pilier, je vis qu'on avait bandé les yeux de Khety au moyen d'une étoffe noire pour qu'il ne puisse rien voir. Puis on apporta un petit coffre d'où fut extrait un coffret en or. On l'ouvrit : il contenait un moule en terre cuite de forme humaine renfermant quelque chose qui ressemblait à un pain d'avoine ou à un gâteau qui avait plus ou moins la forme d'un corps humain.

Nakht entonna un hymne devant ce gâteau : « Hommage à toi, Osiris, le seigneur de l'éternité, le roi des Dieux, toi qui as plusieurs noms, dont les apparences sont sacrées, dont les attributs sont cachés… », et il poursuivit de la sorte. L'incantation prit fin, le gâteau fut brandi puis divisé en quatorze parts, et chacun des présents mangea, selon le rite, un des morceaux. Je suppose que cela représentait le corps d'Osiris découpé en quatorze morceaux par Seth, son frère jaloux qui venait de l'assassiner. À présent, selon le rite, le dieu venait de renaître en chacun des participants. Une part du gâteau fut laissée de côté pour Sobek.

Le mystère accompli, et je dois dire que je fus déçu de voir qu'il ne s'agissait que d'un repas symbolique, les douze hommes firent cercle autour de Nakht pour l'expérience de la soirée. Il sortit de sa robe une bourse de cuir et se mit à faire un long exposé, en partie pour gagner du temps, expliquant tout ce qu'il savait des pouvoirs et de la nature de cet aliment des dieux et de son espoir de pouvoir obtenir grâce à lui des visions divines. Il n'y avait toujours aucun signe de Sobek.

Finalement, comprenant qu'il ne pouvait plus retarder l'expérience, Nakht ouvrit la bourse et, à l'aide d'une cuillère minuscule, il y puisa un échantillon de la poudre. Les initiés l'observèrent, passablement fascinés par sa puissance légendaire. Khety, les yeux bandés, devait vraiment commencer à se faire du souci. Car le moment de l'expérience approchait. Mais Nakht déclara soudain :

— Ne gaspillons pas une telle merveille sur un simple serviteur. Je vais prendre moi-même cette ambroisie divine.

Tous les présents l'approuvèrent avec enthousiasme. J'imaginais le soulagement de Khety. Nakht avait dû penser que les talents d'acteur de Khety ne seraient pas à la hauteur, et peut-être se disait-il qu'il pourrait encore gagner un peu de temps en exécutant le numéro lui-même pour le cas où Sobek finirait par se montrer.

— Tu seras bien plus à même de nous décrire tes visions avec une précision intellectuelle dont ton serviteur ne serait pas capable, fit d'un air condescendant le poète aux yeux bleus.

— Et nous serons là pour noter tout ce que tu diras quand tu seras sous l'emprise de la vision.

— Peut-être vas-tu devenir un véritable oracle vivant, dit un autre, tout excité.

Avec un grand luxe de gestes rituels, Nakht délaya une cuillérée de poudre dans une coupe d'eau fraîche puis la but lentement en petites gorgées prudentes. La pièce était plongée dans un silence total ; chacun observait avec fascination le visage grave de Nakht dans l'attente de ce qui allait se produire. Au début il ne se passa rien. Il sourit et haussa même légèrement les épaules comme s'il était déçu. Mais bientôt une sorte de gravité envahit ses traits et se transforma en une concentration intense. Si je n'avais pas su qu'il jouait un numéro d'acteur, j'aurais presque pu être moi-même convaincu de l'authenticité de la vision. Il leva lentement les mains, les paumes en l'air, et son regard se tourna vers le ciel. Il semblait être saisi d'une transe et gardait les yeux grands ouverts sans ciller, comme s'il contemplait l'étrange mirage d'une vision absente.

Tout à coup ce qui n'était qu'un jeu devint brusquement réalité. Entre les petites lumières fixes des lampes à huile et la grande pénombre environnante, une ombre venait de se glisser. Le personnage qui projetait cette ombre n'était lui-même que ténèbres ; il était petit, on aurait presque dit un animal, sa forme et ses traits étaient dissimulés sous les plis d'un manteau noir qui le recouvrait des pieds à la tête. Je sentis une chape de glace tomber sur moi. Je sortis mon poignard de son fourreau, attrapai le personnage par-derrière et lui posai la pointe de mon arme sur la gorge.

— Avance de trois pas.

Tel un animal sur le champ de foire, le personnage avança en traînant les pieds jusque sous la lumière des lampes.

Les initiés nous regardaient incrédules, stupéfaits de cette intrusion inattendue et intolérable.

— Tourne-toi, ordonnai-je.

Il le fit.

— Enlève ta capuche.

Il s'exécuta et écarta lentement l'étoffe de son visage.

La jeune fille n'était guère plus âgée que ma propre fille Sekhmet. Je ne la connaissais pas. Elle avait l'air d'une fille qu'on pourrait croiser dans la rue sans la remarquer. Elle s'assit sur un banc, les mains crispées sur une coupe d'eau, frissonnante et pantelante comme un petit animal blessé pris au piège. Nakht déposa délicatement un châle de lin sur ses épaules et s'éloigna pour nous laisser parler en privé et aussi pour essayer d'apaiser le tumulte de protestations qui s'élevait à présent de la communauté de ses collègues initiés de la société secrète.

Je lui pris le menton et tentai gentiment de l'obliger à me regarder.

— Que s'est-il passé ? Qui es-tu ?

Des larmes jaillissaient de ses yeux.

— Rahotep, parvint-elle finalement à dire avant de se remettre à claquer des dents.

— Je suis Rahotep. Pourquoi es-tu ici ? Qui t'a envoyée ?

— Je ne connais pas son nom. Il m'a dit de dire : « Je suis le démon qui envoie des messages pour attirer les vivants au royaume des morts. »

Elle nous regardait fixement. Khety et moi échangeâmes un regard.

— Comment t'a-t-il trouvée ?

— Il m'a enlevée dans la rue. Il m'a dit qu'il tuerait ma famille si je ne portais pas un message à Rahotep.

Ses yeux s'emplirent de larmes et ses traits se décomposèrent à nouveau.

— Et quel est ce message ?

C'est à peine si elle pouvait prononcer les mots.

— Tu dois venir aux catacombes. Seul…

— Pourquoi ?

— Tu détiens quelque chose qu'il désire et il détient quelque chose que tu désires.

— Que peut-il bien avoir que je désire ? demandai-je lentement.

Elle n'était plus capable de me regarder et avait le corps secoué de convulsions.

— Ton fils, murmura-t-elle.

47

Je m'élançai en courant dans la nuit obscure. Thoth filait à mes côtés à la même allure et peut-être Khety nous suivait-il, mais je ne me retournai pas pour vérifier. J'avais l'impression d'entendre de loin le bruit mat de mes sandales sur le sol poussiéreux, le bourdonnement sourd du sang dans la caverne obscure de mon crâne et les coups assourdis de mon cœur battant la chamade dans ma poitrine.

On avait posté un garde pour surveiller la maison. Khety avait ordonné à Tanefert de ne pas laisser les enfants sortir, sous aucun prétexte, et de n'ouvrir à personne. La maison devait avoir l'air d'être barricadée. Comment dans ces conditions Sobek avait-il pu s'emparer de lui ? J'imaginai le désespoir de Tanefert et la terreur des enfants. *Et je n'étais pas là pour les défendre.* Et si ce n'était qu'un leurre ? Et si ça ne l'était pas ? J'accélérai encore l'allure.

Il voulait me voir dans les catacombes. Je devais y aller seul. Si je ne venais pas seul, le garçon mourrait. Je devais lui apporter le champignon hallucinogène. Sinon le garçon mourrait. Si je parlais de tout cela à quelqu'un le garçon mourrait. *Il fallait que je vienne seul.*

J'arrivai au port, arrachai les amarres d'une barque en roseau et entrepris la traversée du Grand Fleuve en pagayant comme un fou. Je ne pensai même pas cette fois-ci aux crocodiles. La lune avait l'air d'une pierre blanche, l'eau d'un marbre noir. Je filais à la surface des ombres comme si j'étais une figurine de moi-même à bord d'une maquette de bateau, accompagné de Thoth, franchissant les eaux de la mort pour aller à la rencontre d'Osiris, dieu des Ombres.

Arrivé sur la rive occidentale, je me remis de plus belle à courir, et l'air fraîchit tandis que je franchissais la limite ouest des terres cultivées. J'étais devenu un animal, tous les sens en alerte et assoiffé de vengeance. J'avais une nouvelle peau de la couleur de la rage. Mes dents étaient aiguisées comme des diamants dans ma bouche. Mais le temps passait trop vite et la distance était trop grande, et j'avais peur d'arriver trop tard.

Je ne m'arrêtai de courir qu'en arrivant devant l'entrée basse des catacombes. Je regardai Thoth qui m'avait suivi à la même allure tout au long de ma course effrénée. Il leva la tête vers moi, hors d'haleine. Il avait les yeux vifs et brillants. Je passai la laisse autour de son museau pour l'empêcher d'aboyer. Il comprit. Je n'étais pas venu seul mais il ne ferait aucun bruit. Puis je respirai une dernière bouffée d'air nocturne et nous passâmes sous l'ancien linteau sculpté, avant de descendre les marches qui s'enfonçaient dans les ténèbres au-delà des ténèbres.

Nous arrivâmes dans une longue galerie au plafond bas étayé de rondins. Je prêtai l'oreille au silence monumental. Dans un silence aussi sacré, on s'attendait presque à entendre le souffle des morts en train de tomber en poussière ou les soupirs qu'ils poussaient pour nous attirer avec eux dans les délices de l'Autre Monde. On avait laissé une lampe allumée à mon intention dans une niche murale. Sa flamme brûlait sans bouger et sans le moindre bruit, hors des mouvements de l'air et du temps. Je la pris et m'avançai ; des galeries insondables s'ouvraient dans toutes les directions, et sur les côtés de chacune d'elles il y avait de petites pièces au plafond bas où s'entassaient en piles énormes des pots d'argile de toutes les tailles et de toutes les formes. Il devait y en avoir des millions et des millions, renfermant les restes embaumés d'ibis, de faucons et de babouins. Thoth, encerclé par les vestiges de sa propre race, flairait l'air de ce cimetière, les oreilles en alerte, tâchant de percevoir le moindre son révélateur comme le glissement d'une sandale dans la poussière ou le léger frottement d'un habit de lin sur la peau, des sons que je n'étais pas capable d'entendre moi-même mais qui auraient pu trahir la présence de Sobek et de mon fils pour ses sens tellement aiguisés.

Puis nous l'entendîmes tous les deux : un cri d'enfant, perdu et effrayé, qui lançait un appel pitoyable du fond des catacombes. *La voix de mon fils…* Mais d'où ce cri pouvait-il provenir ? Thoth tira brusquement sur sa laisse et nous nous engouffrâmes dans le passage à notre gauche, suivis par nos ombres qui se détachaient sur la paroi dans le faible cercle de lumière projeté par la lampe. La galerie s'enfonçait dans la terre. Des passages toujours plus nombreux s'ouvraient dans toutes les directions, se ramifiant à l'infini dans les ténèbres. *Où était-il ? Comment parviendrais-je à le sauver ?*

Puis nous entendîmes un autre cri perçant résonner cette fois dans une autre direction. Thoth bifurqua en tirant furieusement sur sa laisse, me pressant de le suivre. Je le laissai me guider dans une galerie latérale. Nous aboutîmes à un embranchement. Nous tendîmes l'oreille, vigilants, les nerfs à vif, les muscles tendus. Un autre cri retentit, à droite cette fois. Nous courûmes de plus belle, passant devant de nouvelles pièces basses encombrées de pots, cassés pour la plupart, et dont dépassaient de petits os et des fragments de crâne qui formaient des angles bizarres. Ils semblaient être là depuis très longtemps.

Chaque fois le cri résonnait et nous entraînait toujours plus profondément dans les catacombes. Je compris qu'il me serait pratiquement impossible, même si je parvenais à sauver mon fils, de retrouver le chemin de la sortie. Et il me vint immédiatement après une autre idée, *c'était un jeu*. Il s'amusait à me piéger. Je m'arrêtai net. Quand le prochain cri résonna, je hurlai :

— Je n'irai pas plus loin. Viens ici. Montre-toi.

L'écho de ma voix se répercuta dans les galeries, résonnant et rebondissant dans l'immense labyrinthe avant de s'affaiblir et de disparaître. Nous attendîmes, Thoth et moi, au milieu des vastes ténèbres, réfugiés dans notre petite sphère bien faible de lumière propitiatoire. Au début il ne se passa rien. Puis une très faible lueur apparut dans le noir. Impossible d'évaluer à quelle distance se trouvait ce minuscule point de lumière. Mais nous le vîmes croître et s'épanouir et commencer à éclairer les parois de la galerie. Et je pus y distinguer *une ombre qui marchait*.

48

Il portait le masque noir d'Anubis, le chacal, gardien de la Nécropole. Ses dents peintes ressortaient en blanc sur le fond noir. Je vis un collier de cérémonie en or pendu à son cou.

— Tu as amené ton babouin, dit-il de sa voix basse et grise.

— Il a insisté pour te rencontrer.

— Il est Thoth, avocat des Morts. Peut-être en effet a-t-il sa place dans cette rencontre ?

— Enlève ce masque, Sobek, et regarde-moi dans les yeux.

Les grandes catacombes et leur labyrinthe de ténèbres et de silence, cette vaste chambre d'échos, semblaient être l'oreille des dieux. Écoutaient-ils chacune de nos paroles ? Il retira lentement son masque. Nous nous dévisageâmes. Je fixai ses yeux gris comme les pierres, le foudroyant de toute ma haine.

— Tu as mon fils et je veux le récupérer. Où est-il ?

— Il est ici, caché. Je te le rendrai. Mais d'abord tu as quelque chose à me donner.

— Je l'ai apporté mais je ne te le donnerai que lorsque mon fils sera en sécurité auprès de moi.

— Montre-le-moi.

J'élevai le sac de cuir pour qu'il puisse le voir à la lueur de la lampe. Il le contempla avidement.

— Nous sommes dans une impasse. Je ne te dirai pas où se trouve le garçon tant que je n'aurai pas le sac et tu ne me laisseras pas prendre le sac tant que tu n'auras pas l'enfant. Alors soyons intelligents et envisageons une autre solution.

— Laquelle ?

— En échange de la vie de ton fils je ne te demande rien de plus qu'une petite conversation. Je te considère depuis longtemps comme un collègue distingué. Après tout, nous nous ressemblons tous les deux.

— Nous n'avons rien à discuter ensemble. Je n'ai rien de commun avec toi. Tout ce que je veux c'est mon fils, vivant, et tout de suite. Si tu lui as fait du mal, si tu as touché à un seul de ses cheveux…

— Alors pour le retrouver il faut que tu te montres patient, sinon je ne te dirai rien, répondit-il froidement. J'attends depuis longtemps ce moment. Réfléchis bien, chasseur de mystères. Toi aussi tu as des questions, il se pourrait que j'aie les réponses.

J'hésitai. Comme tous les criminels de son espèce, il était solitaire. Il souhaitait être compris.

— De quoi veux-tu parler ?

— De la mort, par exemple. Car elle nous fascine tous les deux. La mort est le plus précieux de tous les cadeaux, elle seule nous offre la transcendance et la perfection qui nous permettent d'échapper à ce monde banal et sans espoir, ce monde de sang et de poussière.

— La mort n'est pas un cadeau, c'est une perte, répliquai-je.

— Non, Rahotep. On se sent plus vivant quand on côtoie la mort de près. Je sais que c'est ce que tu ressens en dépit de ta charmante petite famille. Tous ces enfants chéris et ta femme si aimante… Mais les mortels ne sont que des sacs de sang et d'os et de viles matières. Le cœur, le fameux cœur dont nous parlent les poètes et les amoureux, n'est qu'un morceau de viande, voué à pourrir.

— C'est ce qu'on appelle la condition humaine. Et on en tire le meilleur parti. Ce que tu fais est aussi très banal. Tu assassines des garçons et des filles sans défense, drogués, et de petits animaux. Tu les écorches, tu leur brises les os et tu leur arraches les yeux. Et alors ? Il n'y a là rien de spécial. C'est tout simplement pathétique. Tu ne vaux guère mieux qu'un écolier qui torture les insectes et les chats. J'ai vu bien pire. Je me moque de savoir pourquoi tu les tues de cette façon. Cela n'a pas d'importance. Ce n'est qu'une mise en scène horrible de la mort que tu organises pour ton propre plaisir. Tu parles de transcendance et tu es là, caché au fond des catacombes, petit homme frustré et solitaire, amer, raté, mourant d'envie de posséder le contenu de ce petit sac de cuir.

Il respirait de plus en plus vite. Il fallait que je continue à le harceler.

— Sais-tu qu'un des garçons n'est pas mort ? Il vit toujours. Il a fait ta description. Il est capable de t'identifier, poursuivis-je.

Il secoua la tête.

— Un témoin sans yeux ? Non, Rahotep. C'est toi qui es désespéré. C'est toi le raté. Le roi est mort. Ta carrière est terminée. Ton fils est entre mes mains.

Je me retins avec peine pour ne pas le plaquer contre la paroi des catacombes et lui écraser la tête avec ma lampe. Mais je ne devais pas le faire car sinon comment retrouver Amenmose ? Et j'attendais encore d'autres réponses.

— Quant à ces objets absurdes que tu as déposés à l'intention du roi, ces étranges petits cadeaux. Croyais-tu vraiment qu'ils allaient lui faire peur ?

— Je sais qu'ils l'ont plongé dans la terreur. Ils lui ont montré, à lui et à cette fille, tout ce qu'ils redoutaient. Je n'ai eu qu'à leur tendre un miroir pour que s'y reflètent leurs imperfections, leur faiblesse, leur fragilité et leur peur de la mort. Il n'est rien de plus puissant que la peur. La peur du noir, la peur du déclin, de la destruction, de la fatalité et, par-dessus tout, la peur de la mort : la peur qui gouverne tous les hommes ; la peur qui sous-tend tout ce que nous avons fait et tout ce que nous faisons. La peur est une puissance pleine de gloire et j'en ai fait bon usage.

La voix de Sobek était maintenant plus tendue.

Je me rapprochai de lui.

— Tu n'es qu'un pathétique vieillard triste et tordu. Tu t'es fait renvoyer par Ay, et pour te venger tu as imaginé un plan qui te permette de te sentir de nouveau important.

— Ay s'est conduit comme un imbécile. Il n'a pas vu ce qu'il avait devant lui. Il m'a renvoyé. Il m'a trahi ! Mais il le regrette à présent. Tout ce qui s'est produit, tout ce chaos et cette terreur, c'est moi qui les ai provoqués ! Même toi, le fameux Rahotep, le chasseur de mystères, tu n'as pas pu m'arrêter. Tu ne comprends toujours pas ? C'est moi qui t'ai appelé. J'ai tracé une piste à ton intention, depuis le début jusqu'à maintenant. Et tu l'as suivie comme un chien, fasciné par l'odeur de corruption et de mort.

J'avais compris cela mais n'avais pas voulu en convenir. Il le vit bien.

— Oui, tu comprends à présent. À présent toi aussi tu as peur. La peur de l'échec.

Je poursuivis mes attaques pour écarter cette peur.

— Mais pourquoi haïssais-tu Toutankhamon ? Pourquoi as-tu entrepris de t'attaquer à lui ?

— Il était la semence d'une dynastie déclinante en voie de décomposition. Il n'était pas fait pour ce rôle. Il n'était pas viril. Son esprit était faible et son corps imparfait. Sa fertilité était défaillante et il n'a produit qu'une progéniture mal formée et inutile. Il n'avait aucun talent. Je ne pouvais pas le laisser devenir roi. Il fallait empêcher cela. Autrefois, au temps de la sagesse, bien avant notre époque stupide, il existait une coutume sacrée qui voulait que l'on tue le roi lorsque ses échecs compromettaient la bonne marche et la puissance du pays. J'ai restauré ce noble rituel. J'ai suivi les rites anciens. Ses os ont été brisés, son visage enlevé, ses yeux arrachés, son masque mortuaire a été façonné à l'aide de choses pourrissantes pour que les dieux ne puissent jamais le reconnaître dans l'Autre Monde. J'ai ressuscité le pouvoir royal. Horemheb sera le roi. Il a la puissance et la virilité. Il sera Horus, le roi de la Vie. Quant à l'enfant roi, il disparaîtra dans l'obscurité de l'oubli. Son nom ne sera plus jamais prononcé.

Enfin il faisait allusion au général. Je saisis l'occasion.

— Pourquoi Horemheb ?

— Cette terre est plongée dans la désolation. Nos frontières sont attaquées. Notre trésor et nos greniers sont vides. Des prostituées, des voleurs et des incapables gouvernent nos temples et nos palais. Notre roi n'aura été qu'un faible enfant. Seul Horemheb a l'autorité nécessaire pour rendre la gloire aux Deux Terres. Je suis celui qui a le pouvoir sur la vie. Je suis celui qui voit les dieux. Je suis le Soleil noir. Je suis Anubis. Je suis l'ombre ! hurla-t-il.

— Et ainsi tout ce que tu as fait c'était sur l'ordre d'Horemheb ? Les objets, la sculpture dans la salle de la Colonnade, le meurtre de Mutnodjmet ? Et en échange il t'a promis gloire et pouvoir ?

— Je ne reçois d'ordres de personne ! Horemheb a reconnu mes dons et m'a demandé d'agir ainsi. Mais c'est un soldat. Les plus hautes vérités lui échappent. Il ne connaît pas toute l'étendue de mon œuvre car elle va bien au-delà du pouvoir et de la politique de ce bas monde. À quoi donc sert-il ce monde si l'Autre Monde échappe à notre emprise ?

Je marchais autour de lui avec ma lampe. Je m'attendais à d'autres révélations.

— Merci pour la boîte d'yeux dont tu m'as fait cadeau. Ils provenaient, je suppose, des victimes que j'ai découvertes.

Il hocha la tête d'un air satisfait.

— Je les ai rassemblés à ton intention. Comme un tribut. Et un symbole.

— Les yeux sont tout, n'est-ce pas ? Sans eux le monde disparaît. Nous sommes plongés dans les ténèbres. Mais, comme lors d'une éclipse, les ténèbres sont en elles-mêmes une révélation. Le Soleil se repose en Osiris, Osiris se repose en Soleil !

Il hocha la tête.

— Oui, Rahotep, tu commences enfin à voir, à voir la vérité…

— Dans ton laboratoire, j'ai trouvé des fioles de verre. Que contenaient-elles ?

— Tu n'as pas résolu cette énigme-là non plus ?

Et il se mit brusquement à brailler de mépris. Thoth grogna et s'agita à mon côté.

— Cela avait le goût de sel… dis-je.

— Tu n'y as pas assez réfléchi. Je recueillais les dernières larmes des morts à l'instant même où leurs yeux voyaient leur fin. Les livres secrets nous disent que les larmes sont un élixir qui contient la quintessence de ce que voit le mort dans l'ultime moment où il passe de vie à trépas.

— Pourtant, quand tu buvais ces larmes, rien. Ce n'était après tout que du sel et de l'eau. Et voilà bien les grands mystères des livres secrets.

Il soupira.

— Mais l'acte procurait certains plaisirs en guise de compensation.

— Je suppose que tu droguais tes victimes pour pouvoir accomplir plus commodément tes atrocités ? Je suppose qu'ils ne se défendaient pas. Je suppose que tu pouvais les faire assister à tous les détails de l'agonie de leur pauvre chair, dis-je.

— Tu passes comme toujours à côté des significations profondes : je les laissais comme des avertissements à l'intention du roi. Mais je recherchais quelque chose d'autre, quelque chose de plus profond.

— Tu voulais te repaître du spectacle.

Satisfait, il hocha la tête.

— La mort est le moment le plus glorieux de la vie. Assister à ce passage, au moment où la créature mortelle rend l'esprit, entre l'obscurité la plus noire et la lumière de l'Autre Monde, est le cadeau le plus exaltant que la vie puisse offrir.

— Pourtant tes expériences ont raté, n'est-ce pas ? Tous ces os brisés, ces masques d'or et ces visages morts se sont avérés finalement de simples accessoires ridicules. Il n'y avait là aucune transcendance. La drogue procure des illusions, pas des visions. Les morts se sont contentés de mourir, et tout ce que tu as vu dans leurs yeux, c'étaient de la douleur et du chagrin. C'est pour cette raison que tu as besoin de ceci.

Je balançai la bourse de cuir devant ses yeux fascinés. Il essaya de l'attraper mais Thoth bondit soudain sur lui et le tint à l'écart.

— Avant que je te le donne et que tu me rendes mon fils, dis-moi encore une chose. Comment te procurais-tu l'opium ?

Je fus récompensé par l'éclair de surprise qui traversa ses yeux de pierre.

— Il est facile d'en obtenir, répondit-il prudemment.

— Bien sûr, pour l'usage médical, et en petites quantités pour un médecin comme toi. Mais il y a autre chose, il existe un trafic clandestin. Je pense que tu en sais long sur la question.

— J'ignore tout de cela, marmonna-t-il.

— Absurde. La demande pour ces plaisirs luxueux est si forte qu'elle ne peut être satisfaite en se servant de garçons et de filles désespérés comme passeurs, même en grand nombre. Cette pratique demeure certes un moyen très utile pour détourner l'attention des Medjay d'un plus vaste trafic. Je vais t'en parler, moi, de ce trafic. Le pavot est cultivé sur les terres des Hittites puis son jus est transporté en fraude par bateau jusqu'à Thèbes et débarqué au port. La drogue est entreposée et distribuée par les bordels. Tous les fonctionnaires, à chaque niveau, depuis les gardes-frontières jusqu'aux responsables du port et aux bureaucrates qui gèrent ces établissements, sont achetés. Tout le monde a besoin de survivre par ces temps difficiles. Mais un point me fascine : comment de telles cargaisons peuvent-elles venir de la terre de nos ennemis, les Hittites, en temps de guerre, et franchir les contrôles de sécurité de l'armée ? Je ne vois qu'une seule réponse. C'est que l'armée elle-même est complice du trafic.

— Quelle imagination fantastique ! Et pourquoi l'armée se rendrait-elle complice d'un tel trafic ? fit-il d'un air moqueur.

— Les bénéfices retirés d'un tel trafic permettent à Horemheb d'être indépendant des finances royales. C'est cela le monde moderne. Les temps primitifs des pillages, du butin et des razzias sont depuis longtemps révolus. Et une armée moderne, parfaitement équipée, bien entraînée et indépendante financièrement est un monstre dangereux.

Pendant un long moment il ne répondit rien.

— Même si cette histoire abracadabrante était vraie, je n'ai rien à voir avec cela.

— Au contraire. Tu n'ignores rien de tout cela. Tu es médecin. Ta connaissance des produits hallucinogènes te rend très utile. Horemheb t'employait non seulement pour veiller sur sa femme démente mais aussi pour superviser le trafic ici à Thèbes. Tu surveilles l'arrivée des chargements au port, tu t'assures qu'ils sont bien acheminés vers les bordels. Mais je ne pense pas qu'Horemheb connaisse en détail toute l'ampleur de tes sales petites activités privées. N'est-ce pas ?

Il me fixa de ses yeux vides.

— Très bien, chasseur de mystères. Mes œuvres d'art étaient en effet mon tribut à Horemheb. Ils constituaient ma contribution à sa lutte pour le pouvoir, je me chargeais de susciter le chaos et la terreur. Mais à quoi cela va-t-il te servir de savoir cela ? Cela signe au contraire ton arrêt de mort car je ne peux pas te laisser repartir. Tu es prisonnier dans ce monde souterrain des ténèbres. Tu ne retrouveras jamais la sortie vers la lumière. Aussi à présent vais-je te dire la vérité. Et je vais te regarder souffrir, et ta détresse me consolera de la perte de l'autre vision. Je ne suis pas stupide. Qui me dit que ce que tu apportes là est vrai ou faux ?

Il poussa alors un cri, en imitant mon fils à la perfection. Le couteau d'obsidienne de la peur se glissa entre mes côtes et me transperça le cœur. Amenmose, mon fils, était-il mort ? Je sentis qu'il était trop tard. Il avait gagné.

— Qu'as-tu fait de mon fils ?

Ma voix se brisait.

Je fis un pas vers lui, il recula d'un pas et leva sa lampe pour m'éblouir et cacher son visage.

— Sais-tu ce qu'Osiris a crié au grand dieu quand il est arrivé dans l'Autre Monde ? « Oh ! Quel est cet endroit désolé ? Il n'y a pas d'eau, il n'y a pas d'air. Ses profondeurs sont insondables et ses ténèbres noires comme la nuit. Dois-je errer sans espoir là où on ne peut ni connaître la paix du cœur ni satisfaire les attentes de l'amour ? » Oui, mon ami, j'ai fait un petit sacrifice à Osiris, le dieu des Morts, en lui offrant ton fils. Je l'ai caché loin, très loin, dans les profondeurs de ces catacombes. Il est toujours vivant mais tu ne le retrouveras jamais même si tu avais l'éternité devant toi. Vous allez tous deux mourir de faim ici, perdus dans votre Autre Monde personnel. À présent, Rahotep, tu viens d'être vraiment admis dans la Maison des Ténèbres.

Je m'élançai sur lui. Thoth bondit sur ses pattes arrière en grognant et en montrant les dents, mais Sobek me lança soudain sa lampe allumée à la tête et disparut dans l'obscurité.

49

Je détachai la muselière de Thoth qui s'élança aussitôt dans l'obscurité. L'huile enflammée qui s'était renversée de la lampe de Sobek dégageait une lumière rouge qui éclairait la paroi, derrière moi. J'entendis un aboiement et, à ma grande satisfaction, un cri de douleur. Il me fallait Sobek vivant pour avoir une preuve mais surtout pour récupérer mon fils. Je hurlai un ordre impérieux au babouin et fonçai dans la galerie obscure en direction d'une forme recroquevillée au sol. Je levai ma lampe. Thoth avait saisi Sobek à la gorge, lui infligeant une morsure profonde ; il lui avait aussi déchiré tout un côté du visage, un œil était sorti de son orbite et la peau pendait en lambeaux sur sa joue, laissant voir les os et les vaisseaux. Du sang noir jaillissait de sa blessure à la gorge. Je m'agenouillai et approchai son visage ravagé du mien.

— Où est mon fils ?

Le sang lui gargouilla dans la bouche tandis qu'il essayait de rire.

J'appuyai mes pouces sur ses yeux.

— Qu'est-ce que tu vois à présent ? lui murmurai-je à l'oreille. Rien. Il n'y a rien. Tu n'es rien. Il n'y a pas d'Autre Monde. L'obscurité que tu vois est l'éternité qui t'attend.

J'appuyai de plus en plus fort, renfonçant ses yeux dans leurs orbites, et il battait des jambes dans la poussière comme un nageur qui se noierait sur la terre ferme ; il se mit à couiner comme un rat et je sentis son sang couler sous mes doigts ; je maintins la pression jusqu'à ce que son cœur méchant pompe hors de lui sa dernière goutte de sang noir et enfin il mourut.

Je frappai son cadavre inutile à coups de pied et piétinai les restes de son visage jusqu'à être épuisé. Alors je me laissai tomber à terre et, vaincu, éclatai en sanglots. Car sa mort n'avait rien résolu. J'avais agi de travers. La lumière de la lampe à huile faiblissait rapidement. Tout cela n'avait plus aucune importance. Quand soudain je perçus quelque chose. Loin, très loin, le bruit que fait un enfant quand il s'éveille d'un cauchemar pour se retrouver seul dans le noir et qu'il se met à pleurer et à crier…

— J'arrive !

Les cris d'Amenmose me revinrent plus précis.

Thoth s'élança sans attendre et s'enfonça dans les profondeurs encore plus épaisses des ténèbres, mais il était parfaitement sûr de lui, tournant tantôt à droite, tantôt à gauche, choisissant la direction pour moi. Et pendant tout ce temps nous échangions nos appels, le père et le fils criant pour se sauver la vie.

Thoth le découvrit au bout d'une des galeries les plus profondes. Sa petite tête dépassait tout juste du bord d'un pot assez grand pour contenir un babouin de taille adulte. Il avait le visage poisseux de larmes et de poussière, et ses pleurs étaient inconsolables. Je tâtonnai autour de moi à la recherche d'une pierre avec laquelle je puisse casser le pot sans blesser mon fils. Et j'embrassai l'enfant qui hurlait, m'efforçant de le calmer un peu en lui répétant sans cesse : « Amenmose, mon fils. » Le premier coup ne fit pas éclater le pot. Le gamin hurla de plus belle. Un second fut mieux appliqué. J'écartai les morceaux coupants, de la poussière s'en déversa, et enfin je pris dans mes bras le corps froid, sale et tremblant de mon fils.

La lampe vacillait à présent, il fallait retrouver la sortie avant d'être tout à fait privés de lumière. Je criai un ordre à Thoth : il aboya comme s'il m'avait compris et bondit en avant. Je me mis à courir derrière lui en tenant mon fils sous mon bras, mais incapable de protéger la flamme en même temps.

Et bien vite, elle vacilla et s'éteignit.

L'obscurité totale. Le gamin pleurnichait et se remit à crier. Je le fis taire et tâchai de le rassurer.

— Thoth !

Le babouin accourut à mes côtés et, à tâtons et par la force de l'habitude, je parvins à rattacher la laisse à son collier. Il repartit dans l'obscurité et je n'avais plus qu'à le suivre en protégeant le gamin pour qu'il ne se fasse pas mal lorsque je me cognais aux parois ou trébuchais sur le sol inégal. L'espoir, ce sentiment si délicat, se mit à palpiter en moi, aussi faible que l'était tout à l'heure la lueur de la lampe. Je déposai un baiser sur les yeux de mon fils. Il était calme à présent, comme si ma présence dans le noir l'avait réconforté et qu'il était prêt désormais à accepter son sort, quel qu'il soit.

Puis j'aperçus une brève lueur dans l'obscurité. Peut-être était-ce un effet de mon imagination, une illusion de mon esprit désespéré. Mais Thoth se remit à aboyer, et à présent la lumière se dédoubla et j'entendis des appels qui semblaient me parvenir du monde perdu du soleil et de la vie. Je criai à mon tour. Les lumières changèrent de direction, se rassemblèrent et s'avancèrent vers moi comme une délivrance sacrée du monde des ombres. Tandis qu'elles se rapprochaient, je contemplai le visage menu de mon fils. Il avait les yeux grands ouverts et regardait les lumières dans les ténèbres comme s'il vivait une histoire légendaire et qu'elles représentaient la fin heureuse d'une épreuve épouvantable.

À la lueur tremblante de la première lampe, je reconnus un visage familier qui semblait à la fois effrayé et soulagé, celui de Khety.

50

J'avais remonté ma rue en portant Amenmose dans mes bras et j'étais rentré à la maison. Tanefert était alors tombée à genoux, la bouche ouverte sur un hurlement silencieux de douleur et de soulagement. Elle l'avait enveloppé dans ses bras et ne voulait plus le lâcher. Quand finalement, à force de lui parler gentiment, j'avais réussi à le lui reprendre pour le coucher dans son lit, elle s'était retournée vers moi et s'était mise à me bourrer de coups de poing et à me gifler comme si elle voulait me mettre en pièces, et, en vérité, je dois dire que j'étais heureux de la laisser faire.

Plus tard elle lava le garçon à l'eau fraîche à l'aide d'un linge qu'elle passait sur lui avec une infinie tendresse en lui parlant doucement. Il était épuisé et ne cessait de pleurnicher. Puis elle le regarda dormir comme si elle ne devait plus jamais le laisser seul. Elle avait encore le visage baigné de larmes. Elle évitait de croiser mon regard. Je ne pouvais pas parler. Je tentai de lui caresser gentiment la joue mais elle ne réagit pas. J'allais retirer ma main quand soudain elle s'y agrippa, y déposa un baiser et la retint contre elle. Je la pris dans mes bras et la serrai aussi fort que j'avais serré mon propre fils contre moi.

— Ne me le pardonne jamais comme je ne me le pardonnerai jamais à moi-même, finis-je par dire.

Elle me regarda de ses yeux noirs enfin calmés.

— Tu avais promis que tu ne laisserais jamais ton métier faire du mal à ta famille, dit-elle simplement.

Elle avait raison. Je me pris la tête entre les mains. Elle me caressa le crâne comme si j'étais un enfant.

— Comment a-t-il pu l'enlever ?

— Il fallait que j'aille nous acheter des provisions. Les enfants n'en pouvaient plus de manger toujours la même chose. Ils étaient fâchés et ils s'ennuyaient. Et moi-même je ne pouvais pas rester tout le temps enfermée à la maison. Ce n'était pas possible. J'ai donc décidé d'aller au marché. J'ai laissé les enfants sous la surveillance de la jeune servante. Le soldat montait la garde à la porte. Elle m'a dit que les enfants jouaient dans la cour pendant qu'elle faisait la lessive. Et soudain elle a entendu crier, elle s'est précipitée dehors et Amenmose avait disparu. La porte de la rue était ouverte et le garde gisait au sol, la tête ensanglantée. Sekhmet avait essayé de l'empêcher d'enlever Amenmose. Il l'avait frappée. Ce monstre a frappé ma fille. Et c'est ma faute.

Elle se recroquevilla sur elle-même et sanglota. Des larmes inutiles me montèrent aux yeux. C'était mon tour à présent de la réconforter en la prenant dans mes bras.

— Ce monstre est mort. Je l'ai tué.

Tanefert leva son visage baigné de larmes, déconcertée, et elle constata que je lui disais la vérité.

— S'il te plaît, ne m'en demande pas davantage aujourd'hui. Je t'en parlerai quand j'en serai capable. Mais il est mort. Il ne peut plus nous faire de mal, promis-je.

— Il nous en a déjà bien trop fait, répondit-elle avec une sincérité qui me brisa le cœur.

Les filles passèrent la tête au coin du rideau. Tanefert leva les yeux et s'efforça de sourire.

— Il va bien ? demanda Thuyu en mâchonnant une de ses mèches.

— Il dort. Rassure-toi, dis-je.

Nedjmet le contempla. Mais le visage de Sekhmet quand elle le vit se décomposa. Je vis le bleu qui entourait son œil, des éraflures sur ses bras et de longues égratignures sur ses jambes. Elle avala sa salive avec difficulté et de grosses larmes lui montèrent aux yeux.

— Comment as-tu laissé se produire une chose pareille ? cria-t-elle d'une voix cassée, à peine capable de respirer.

Je me sentis couvert de honte comme par un manteau de boue ; je lui posai délicatement un baiser sur le front, essuyai ses larmes et, m'adressant à eux tous, je leur déclarai : « Je suis désolé », et je quittai la pièce.

J'allai m'asseoir sur le banc bas dans la cour. Au-delà des murs les bruits de la rue me parvenaient confusément. Je repensai à tous les événements qui s'étaient produits depuis la nuit où Khety était venu frapper au mur près de la fenêtre. À présent c'était mon cœur qui frappait dans ma poitrine. J'avais fait beaucoup de mal à ma famille en la quittant. Je n'y avais pas pensé sur le moment et je n'avais peut-être pas le choix. Mais Tanefert a raison, on a toujours le choix. J'avais choisi le mystère et j'en avais payé le prix.

Et je ne savais que faire pour réparer ce mal. J'avais l'impression d'être une ombre.

Ce fut Sekhmet qui vint me retrouver. Elle reniflait encore et se tamponnait le visage du coin de sa robe. Mais elle s'assit près de moi, croisa ses jambes sous elle en un geste élégant et s'appuya contre moi. Je passai mon bras autour d'elle.

— Excuse-moi. C'était horrible ce que j'ai dit, affirma-t-elle doucement.

— C'était la vérité. Je te fais confiance pour me dire toujours la vérité.

Elle acquiesça d'un air grave comme si sa tête était devenue ces jours-ci un peu trop lourde à force de réfléchir.

— Pourquoi cet homme a-t-il enlevé Amenmose ?

— Pour me faire du mal et pour me prouver qu'il pouvait m'enlever une des choses qui comptent le plus au monde pour moi.

— Comment peut-on faire une chose pareille ?

— Je crois bien que je ne connais pas la réponse. Et que je ne la connaîtrai jamais.

— Que lui est-il arrivé ?

— Il est mort.

Elle hocha la tête et réfléchit mais n'ajouta rien, et nous restâmes assis tous les deux, écoutant le chaos bruyant de la vie qui venait de la rue, regardant le soleil qui montait dans le ciel et repoussait les ombres, et écoutant les filles qui se mettaient à préparer le repas dans la cuisine et qui recommençaient à rire et à discuter.

51

Dès que je fus assuré que ma famille était en sécurité, je retournai au palais pour faire mon rapport final. J'étais malade rien qu'à l'idée de pénétrer à nouveau dans ce domaine des ombres. Mais Ankhesenamon avait absolument besoin de savoir ce que j'avais découvert au sujet d'Horemheb, de la manière dont il finançait sa nouvelle armée et des tâches qu'il avait confiées à Sobek. Ces informations seraient des armes cruciales au cours de ses négociations. Elle allait pouvoir s'en servir contre le général, soit en lui disant qu'elle avait tout découvert et en menaçant de le révéler, soit en le dénonçant publiquement et en le remplaçant. Dans les deux cas, elle serait en position de négocier un accord entre Ay, Horemheb et elle-même. Khay, Simut et elle me regardaient avec stupéfaction tandis que je leur exposais toute l'affaire. Et après qu'ils m'eurent questionné pour satisfaire leur curiosité, je m'excusai en disant que j'avais besoin de rester seul auprès de ma famille pour me remettre de tous ces événements. Je m'inclinai, reculai et, sans attendre une permission, fis demi-tour. J'espérais sincèrement ne plus jamais avoir à remettre les pieds dans ces appartements confinés.

Les jours qui suivirent, une terrible canicule s'abattit sur le pays. Le soleil brillait impitoyablement, poussant même les ombres à se cacher, et la ville se mit à bruire de prophéties, de mirages et de rumeurs. Les navires d'Horemheb transportant plusieurs de ses divisions venues de Memphis étaient arrivés en soulevant des clameurs inquiètes ; ils restaient à l'ancre près du port sur la rive est, et à tout moment on craignait un raid ou une invasion, mais les jours passaient et rien ne se produisit. La chaleur permanente et les incertitudes de l'avenir rendaient la vie ennuyeuse et difficile, et pourtant les gens continuaient à vaquer à leurs occupations ordinaires : ils travaillaient, mangeaient, dormaient. La nuit, le couvre-feu était imposé avec plus de rigueur que jamais, et tandis que je restais assis sur mon toit en compagnie de Thoth, incapable de dormir, contemplant les étoiles, buvant trop de vin, écoutant les chiens de garde et les chiens errants aboyer furieusement les uns contre les autres, pensant à tout et à rien, j'avais l'impression d'être le dernier homme vivant sous la lumière de la lune.

Parfois je regardais, par-delà l'assemblage chaotique des toits, en direction du palais de Malkata, vers l'autre extrémité de la ville et la rive la plus lointaine du Grand Fleuve, à l'ouest. J'imaginais toutes les tensions et les luttes de pouvoir qui devaient s'y dérouler. Pendant que le corps de Toutankhamon subissait les derniers jours de Purification, dans l'attente de ses obsèques. Je pensais à Horemheb à bord de son navire d'apparat toujours à l'ancre dans le port, à Khay buvant du vin dans son bureau, à Ay se tenant la mâchoire à cause de son éternelle rage de dents. Et je pensais aussi à Ankhesenamon qui devait arpenter ses appartements éclairés par des lampes en réfléchissant au moyen de porter un coup victorieux sur l'échiquier de la politique et d'assurer l'avenir de ses enfants pas encore nés. Et je me vis moi-même ruminant et buvant dans le noir et parlant à Thoth plus volontiers qu'à quiconque, peut-être parce qu'il avait partagé toutes ces épreuves avec moi. Lui seul me comprenait. Et il ne parlerait jamais.

Et puis un soir, juste après le coucher du soleil, j'entendis frapper à la porte. Quand j'allai ouvrir, je vis un char et une escorte de gardes du palais qui paraissaient irréels dans ma rue chaotique. Tout au long de la rue, les gens restaient bouche bée d'admiration devant une telle apparition. Je m'attendais à voir la figure sinistre et osseuse de Khay venir à ma rencontre. Mais le visage qui se montra prudemment était celui d'Ankhesenamon. Elle s'était soigneusement drapée dans une robe de lin qui lui tenait lieu de déguisement.

— Je vois que je t'étonne beaucoup. Puis-je entrer ? demanda-t-elle, mal à l'aise.

Je m'étais imaginé que je refuserais d'avoir désormais la moindre relation avec tous ces gens et leurs intrigues de palais. Mais je vis bien que je ne pouvais pas lui refermer la porte au nez. Je hochai la tête et elle descendit doucement du char chaussée de ses belles sandales en or d'excellente qualité, bien trop belles pour cette rue, et dissimulée par une ombrelle elle entra vivement dans ma modeste demeure.

Tanefert se trouvait dans la cuisine. Quand nous traversâmes la pièce de devant, celle où on ne s'installe pratiquement jamais, elle vit de qui il s'agissait et parut subitement prise d'une transe, puis elle se ressaisit et s'inclina très bas.

— Vie, prospérité et santé à Sa Majesté, dit-elle tranquillement.

— J'espère que tu me pardonneras cette visite inattendue. Il est grossier de ma part de venir sans être invitée, dit la reine.

Tanefert hocha la tête au milieu de son ahurissement. Les deux femmes se jaugèrent prudemment du regard.

— Va donc, s'il te plaît, dans la pièce de devant, je vais apporter des rafraîchissements, dit Tanefert.

Nous nous installâmes sur les bancs dans un silence gêné. Elle regarda autour d'elle la pièce très ordinaire.

— Je ne t'ai jamais remercié pour tout ce que tu as fait pour moi. Je sais que ta loyauté t'a coûté très cher. Bien trop cher, à la fin. Peut-être accepteras-tu ceci en guise de compensation, même si c'est peu de chose.

Elle me tendit un sac de cuir : je l'ouvris et en sortis un collier d'Honneur en or. C'était un objet superbe et de grand prix d'une facture exceptionnelle et qui m'aurait permis de faire vivre ma famille pendant des années. Je hochai la tête et rangeai le collier dans le sac sans éprouver aucun des sentiments qui auraient dû peut-être me toucher en recevant un tel trésor.

— Merci.

Le silence s'installa. J'entendais Tanefert préparant un plateau à la cuisine.

— Ce cadeau n'est qu'un prétexte. La vérité c'est que j'ai tous les jours envie de te voir et que je me suis retenue de te faire appeler. Je ne pouvais pas m'y résoudre, déclara-t-elle, je m'aperçois à quel point j'en suis venue à dépendre de toi.

— Et pourtant tu es là, répondis-je, peut-être un peu trop sèchement.

— Oui, je suis là. J'ai souvent essayé de t'imaginer chez toi, en famille. J'aimerais rencontrer tes enfants. Penses-tu que ce soit possible ?

Les filles en tout cas étaient toujours en alerte quand on recevait de la visite, et prêtes à rencontrer les gens ; elles s'étaient rassemblées dans la cuisine où je les entendais harceler leur mère de questions sur l'identité de l'étrangère survenue à l'improviste. Je les fis entrer. Je dois dire à leur avantage qu'elles s'avancèrent les yeux écarquillés et qu'elles tombèrent à genoux, inclinant la tête dans un style parfait.

Ankhesenamon les remercia et leur demanda de se relever et de se présenter elles-mêmes. Puis mon père arriva. Il se mit à genoux maladroitement à cause de ses articulations douloureuses, tel un vieil éléphant émerveillé par la présence de cette visiteuse extraordinaire. Tanefert revint, portant Amenmose dans ses bras.

Il était encore à moitié endormi et se frottait les yeux.

— Puis-je le prendre ? demanda Ankhesenamon.

Mon épouse lui tendit l'enfant, et la reine des Deux Terres le prit doucement avec précaution en contemplant son petit visage qui se levait vers elle d'un air incrédule. Elle rit en voyant son expression craintive.

— Il ne me fait pas vraiment confiance, dit-elle.

À ce moment le gamin l'honora en affichant son plus beau sourire et répondit à son rire, et le visage de la reine s'illumina, radieux du bonheur de l'instant.

— C'est une grande chance d'avoir des enfants, dit-elle doucement, et elle le garda encore un long moment avant de le rendre, comme à contrecœur, à sa mère.

Je convainquis mes filles de nous laisser et elles obéirent, prenant un grand plaisir à multiplier les courbettes en se retirant de la pièce à reculons, se cognant les unes contre les autres dans leurs débordements enthousiastes. Nous nous retrouvâmes donc seuls.

— Je suppose que tu n'es pas venue seulement pour me payer ou pour rencontrer mes enfants ?

— Non, j'ai une sorte d'invitation pour toi. Il s'agit plutôt d'une supplique.

— De quel ordre ?

Elle prit une grande respiration et soupira.

— Les jours de Purification ont été accomplis. Le temps est venu d'enterrer le roi. Mais nous avons un problème.

— Horemheb ?

Elle fit signe que oui.

— Je dois absolument décider de la conduite que je vais adopter. Je l'ai prudemment soutenu et je pense qu'il est pratiquement convaincu que je vais accepter sa proposition. Ay lui aussi pense que je suis convaincue de la sagesse de sa propre proposition.

— Donc le moment où tu vas annoncer ta décision sera particulièrement dangereux.

— Oui. Dès que le roi sera enterré je devrai agir. Aussi ai-je décidé que pour le moment j'avais besoin d'eux, tous les deux, si je veux prétendre aux couronnes et perpétuer ma dynastie. En ce qui concerne Ay, il a proposé de me soutenir en tant que reine, du moment qu'il continue à contrôler l'administration et la politique des Deux Terres. Je vais devoir accepter qu'il soit nommé roi.

Elle remarqua ma stupéfaction mais poursuivit :

— En échange, je conserve ma position et mon indépendance et j'entretiens mes contacts, mes relations et mes soutiens au sein des bureaux du gouvernement. Je légitimerai son autorité. Ay est âgé et n'a pas d'enfant, son règne ne sera l'affaire que de quelques années, ensuite il me confiera son autorité et son influence avant de mourir, toutes affaires réglées. C'est convenu entre nous. C'est le mieux que je puisse faire.

— Et Horemheb ?

— C'est plus difficile. Malgré l'horreur qu'il m'inspire, j'ai dû envisager tous les choix, toutes les possibilités. Il dispose de forces importantes, il commande au total plus de trente mille soldats. Il appartient à une génération d'hommes nouveaux, et cette nouvelle armée a été une voie d'accès au pouvoir et au succès pour tous ceux qui, sans elle, n'auraient pu y parvenir. Imagine de quoi ils seraient capables ! De toute façon, s'il accède au pouvoir il entrera directement en conflit avec Ay et les fonctionnaires, et je crois que cela provoquerait dans les Deux Terres une situation aussi instable qu'une guerre civile. Ils le savent très bien tous les deux, ils savent aussi que ce n'est pas nécessairement un atout. Une guerre civile ne profiterait à personne en ce moment. Et il faut aussi prendre en considération le fait que la plus grande partie de ses régiments sont encore au loin, engagés dans les guerres hittites ; et même si on parvenait à un accord sur ce terrain, il leur faudrait plusieurs mois pour revenir, et cela serait interprété comme une défaite majeure pour le général. Il demeure néanmoins très dangereux.

« Grâce à toi, j'ai toutes les informations dont j'ai besoin sur le trafic de drogue et je peux m'en servir pour compromettre sa réputation d'honnêteté et de loyauté. Mais cela sera très difficile à prouver, et par-dessus tout je crois qu'il sera presque impossible de le désigner comme le responsable à part entière de ce trafic. J'ai aussi estimé qu'une telle controverse serait trop dommageable au moment précis où tout doit être fait pour bâtir une unité nouvelle. Aussi dois-je continuer à le neutraliser comme un lion dans un enclos. Et, d'une certaine façon, cela garantit que l'armée demeure plus ou moins volontairement une alliée placée sous notre autorité. Pour obtenir cela dans le monde réel des hommes et de l'ambition, je dois le tenter en lui offrant quelque chose qu'il désire. Je lui ferai donc miroiter la perspective d'un mariage, mais à la condition qu'il attende la mort d'Ay. Et peut-être, si la chance me sourit, une possibilité plus avantageuse apparaîtra avant cela parce que, en vérité, je ne pourrai jamais partager ma couche avec cet homme. Il a un cœur de rat.

— Et pour ce qui est du trafic de drogue ?

— Je garde ces informations pour le moment opportun.

— Et tu le fais toujours attendre ? Il doit détester cela.

Elle sourit.

— Je sais.

Nous restâmes assis sans rien dire.

— Tu m'as parlé d'une requête, lui rappelai-je.

— J'ai dit que c'était une « supplique » et une invitation, en fait, répondit-elle.

— De quoi s'agit-il ?

Elle marqua une pause, mal à l'aise.

— M'accompagneras-tu aux obsèques du roi ? Elles auront lieu demain soir.

52

Et c'est ainsi que je pris part aux funérailles de Toutankhamon, autrefois Vivante Image d'Amon et seigneur des Deux Terres, l'accompagnant vers son éternité, comme il me l'avait lui-même demandé au cours de ses derniers instants. Le corps reposait dans sa chambre au palais, enveloppé dans son suaire de lin blanc dans le cercueil intérieur. Il paraissait net et soigné comme une grande poupée, joliment fabriquée, cousue de fils d'or et décorée d'amulettes.

Ankhesenamon lui déposa cérémonieusement un collier bleu, blanc et vert de fleurs fraîches autour du cou. Un pectoral représentant un vautour en or sur un scarabée fut également placé autour de son cou et un faucon d'or fut déposé sur sa poitrine. Il avait les bras croisés, et ses mains dorées tenaient la crosse et le fléau, emblèmes de la royauté. Je me souvins que j'avais été la dernière personne à tenir la main du roi à l'instant où la vie le quittait. En haut du suaire il y avait un objet étonnant et d'une splendeur incroyable, un masque mortuaire en or pur, chef-d'œuvre d'orfèvrerie représentant le visage altier du dieu Osiris. Mais les artistes avaient aussi réussi à reproduire fidèlement les yeux de Toutankhamon, espiègles, attentifs et brillants sous les traits sombres des sourcils en lapis-lazuli. Faits de quartz et d'obsidienne, ils fixaient sur l'éternité un regard plein de confiance. Le vautour et le cobra se dressaient comme pour le protéger, au-dessus de son visage. Je me dis que c'était exactement le genre de visage qu'il aurait souhaité avoir au moment de rencontrer les dieux.

Nous traversâmes le palais en procession. J'avais été autorisé à marcher derrière Ankhesenamon, auprès de Simut qui m'adressa un signe de tête, content de me revoir. Ay marchait aux côtés de la reine, tapotant doucement le sol de sa canne en or. Il suçait encore une de ses pastilles au clou de girofle dont l'odeur me parvenait de temps en temps par bouffées. Il avait à nouveau mal aux dents. Mais il n'inspirait pas vraiment la pitié. Quand nous sortîmes par la porte ouest du palais, l'air de minuit était froid et les étoiles brillaient intensément dans les profondeurs de l'éternel océan de la nuit. La momie dans son cercueil ouvert fut placée sur un catafalque doré protégé par des frises de cobras sculptés et décoré de guirlandes ; les autres cercueils, emboîtés les uns dans les autres, suivaient sur une autre bière tirée par des bœufs car ils pesaient très lourd. Douze hauts dignitaires, parmi lesquels Khay et Pentu, étaient vêtus de blanc et portaient des bandelettes de deuil blanches nouées autour du front. À un signal, ils poussèrent tous un cri d'une même voix et halèrent les cordes pour faire glisser le premier catafalque, le plus léger, sur ses patins, le long de la Voie processionnelle.

Nous suivîmes la Voie principale d'abord vers l'ouest puis vers le nord. Au loin, la longue silhouette basse du temple d'Hatshepsut se détachait sur les falaises argentées par la lumière de la lune. C'était un voyage long, lent et laborieux. Un peu partout, à tous les points stratégiques de l'itinéraire, Simut avait fait placer des troupes de gardes équipés d'arcs puissants. La terre se taisait sous le regard de la lune. Les ombres de la nuit formaient d'étranges figures. Nous finîmes par atteindre l'entrée de la vallée, marchâmes vers l'ouest avant de tourner à gauche puis encore à gauche dans la vallée funéraire de l'est, la plus secrète, et nous passâmes lentement entre les vastes falaises rocheuses érodées pour gagner l'entrée de la tombe.

Quand nous finîmes par y arriver, au bout de plusieurs heures, je vis que des piles d'objets amassés avaient déjà été déchargées et placées sous des toiles blanches, comme si une vaste maisonnée déménageait d'un palais dans un autre ; ce devaient être les trésors funéraires qui meubleraient la tombe quand les rites auraient été accomplis et les cercueils mis en place et scellés à l'intérieur du sarcophage.

Des lampes éclairaient les seize marches de pierre sculptées qui menaient à la tombe, et tandis que chacun s'apprêtait pour le rite qui allait avoir lieu, je les descendis. Je fus choqué par ce que je découvris à la lueur des lampes. L'entrée de la tombe n'était pas achevée, et même le couloir d'accès semblait à peine avoir été nettoyé à temps pour la cérémonie. On voyait encore traîner sur les marches des récipients contenant des bandelettes et du natron, et les gourdes d'eau des ouvriers qu'on avait hâtivement rangées dans un coin. Je franchis l'entrée taillée à même le roc et pénétrai dans l'Antichambre.

Là aussi, les travaux étaient inachevés. Sur le sol en pente et sur les pierres brutes des murs, les marques et les lignes tracées par les maçons étaient visibles. Des débris et des copeaux de calcaire n'avaient pas été balayés au sol. On voyait des traces d'or briller çà et là sur les murs, aux endroits où les ouvriers qui transportaient les meubles royaux les avaient éraflés dans leur précipitation en heurtant les parois. L'air sentait le brûlé : cire de chandelles, huiles, encens, joncs, les pierres fraîchement taillées des murs et le plafond bas semblaient encore imprégnés de l'odeur âcre des nombreux coups de ciseaux qui les avaient façonnés, à force d'éclats et de coups répétés.

Je tournai à droite et pénétrai dans la chambre funéraire proprement dite. Les parois en étaient décorées mais de manière presque rudimentaire. On avait à l'évidence manqué de temps pour des ornements plus grandioses et plus élaborés. Les éléments massifs du tombeau en or, formés de quatre énormes boîtes, encastrées les unes dans les autres, étaient appuyés au mur en attendant d'être assemblés au sein de l'espace confiné de ce lieu obscur, une fois que les cercueils auraient été placés à l'intérieur du sarcophage. Chaque partie de ce précieux bois doré était recouverte sur l'envers, là où le bois n'était pas plaqué d'or, d'indications de montage précisant quel morceau s'assemblait avec quel autre et ainsi de suite. Occupant déjà presque tout l'espace de la chambre funéraire, il y avait un énorme sarcophage de pierre jaune. Chacun de ses angles portait des sculptures qui entremêlaient dans un luxe de détails les ailes protectrices des divinités. Je tournai à droite de nouveau et contemplai le trésor funéraire ; de nombreux objets y avaient déjà été déposés que la grande taille du tombeau empêchait d'emporter plus loin. La première chose que je remarquai fut une statue d'Anubis qui semblait vivante, mince et noire, avec ses grandes oreilles pointées comme s'il écoutait attentivement, portant une couverture que bizarrement quelqu'un lui avait posée sur les épaules comme pour le protéger du froid pendant qu'il monterait éternellement la garde dans l'obscurité. Derrière lui on voyait un énorme vase canope en or. Le long d'un mur, on avait aligné de nombreux coffres noirs scellés. De l'autre côté il y avait une grande quantité de boîtes funéraires, et auprès d'Anubis une longue rangée de coffrets d'ivoire et de bois.

Pendant que personne ne me regardait, j'en ouvris un, avec précaution. Il contenait un magnifique éventail en plumes d'autruche. Il portait une inscription : « Fabriqué avec les plumes d'une autruche tuée par Sa Majesté quand il chassait dans le désert à l'est d'Heliopolis. » Je pensai à l'éventail qu'il m'avait promis. Sur le dessus de ces boîtes, plusieurs maquettes de bateaux étaient posées en équilibre ; elles étaient exécutées avec un raffinement de détails et peintes de couleurs vives, elles avaient même des voiles miniatures et des gréements. Je remarquai à mes pieds un petit coffret de bois. Cédant à la tentation, j'en soulevai le couvercle et découvris deux petits cercueils à l'intérieur : probablement les filles mort-nées d'Ankhesenamon.

Tandis que je méditai sur ces petites reliques abandonnées dans ce fouillis d'objets en or, Khay vint me rejoindre.

— Si seulement ces enfants étaient parvenus à terme et avaient pu naître normalement, nous vivrions aujourd'hui dans un monde bien différent, dit-il.

Je hochai la tête.

— Il y a beaucoup d'objets de famille ici ; des objets qui portent les noms de la famille mais d'autres qui portent l'image d'Aton, fis-je remarquer.

— C'est vrai. Regarde ceci par exemple : des palettes, des boîtes et des bracelets qui appartenaient à ses demi-sœurs. Et ici, caché sous des étoffes, du vin de la ville d'Akhetaton et des trônes d'apparat portant le symbole d'Aton. Il s'agit d'objets personnels mais qui sont interdits actuellement, et consignés ici pour l'éternité dans cette tombe. Ce qui vaut peut-être mieux.

— J'imagine qu'Horemheb en tirerait avantage s'il mettait la main sur ces trésors. Il pourrait s'en servir contre Ankhesenamon, l'accusant d'être restée fidèle en secret à la religion bannie. Ainsi Ay profite-t-il de l'occasion pour enterrer les symboles des échecs du passé en même temps que le dernier roi de cette époque.

— Exactement. Et c'est ce qui explique cette précipitation inconvenante et cette discrétion.

— Et vois à quoi tout cela se résume finalement : du bois, de l'or, des bijoux et des os.

Nous remontâmes les marches pour regagner le monde nocturne. Je vis que les étoiles commençaient déjà à pâlir. L'aube n'allait plus tarder. L'heure était venue d'accomplir les derniers rituels. Ay avait revêtu à présent la peau de léopard d'un prêtre et avait posé sur sa vieille tête l'emblème de la royauté, la Couronne bleue, ornée de disques d'or. C'était lui qui devait accomplir le rite de l'ouverture de la Bouche, et par ce geste se désigner comme successeur. Le cercueil contenant la momie fut mis debout et Ay s'empressa de poser le couteau *peseh* fourchu sur la bouche morte du roi puis sur les autres organes des sens, le nez, les yeux et les oreilles, de façon à en ranimer le pouvoir pour permettre à l'esprit du roi de rejoindre son corps afin qu'il puisse renaître à sa prochaine vie. Tout était accompli selon les rites mais le plus vite possible, comme si Ay craignait d'être interrompu. Je remarquai que les gardes de Simut étaient postés à l'entrée de la vallée et sur ses contreforts.

Les cercueils furent descendus à grand-peine dans la tombe. Notre petit groupe en deuil suivit en rang. Dans l'Antichambre, l'air était chaud et épais. Personne ne parlait mais le bruit de nos respirations inquiètes et oppressées résonnait très fort dans l'acoustique étrange de la pièce. J'apercevais par-dessus la tête des autres quelques détails de ce qui se passait, d'étranges images fragmentaires des rites qui se déroulaient dans la chambre mortuaire. Je vis de biais le cercueil que l'on hissait à grand-peine, le reflet d'une amulette, et je sentis l'odeur de la résine chaude que l'on versait dans le cercueil intérieur. Des prières et des incantations mystérieuses se croisaient dans l'air sombre. Finalement, on mit en place le couvercle de pierre du sarcophage. J'entendais la plainte des cordes et des poulies et les grognements des hommes qui peinaient, gênés par le manque d'espace. Tout à coup, on entendit un grand craquement, et les témoins, choqués, sursautèrent. Un des ouvriers avait laissé échapper le coin qu'il portait et le couvercle de pierre s'était cassé en deux en heurtant le sarcophage. Mais celui qui dirigeait la manœuvre, voyant qu'on ne pouvait rien y faire, claqua dans ses mains. Les deux morceaux furent rassemblés et scellés à l'aide de gypse, et la fêlure fut peinte en jaune pour masquer le défaut.

Puis on se remit à l'assemblage des quatre cercueils qui devaient, l'un par-dessus l'autre, recouvrir le sarcophage. Cela prit très longtemps. Les hommes se heurtaient à des difficultés presque comiques, s'efforçant de découvrir à la lueur des lampes l'emplacement correct de chaque élément, se bousculant pour évaluer la meilleure manière et l'angle adapté pour manipuler chaque pièce et la placer dans le bon ordre, au bon endroit et en silence. Finalement tout fut achevé, et les ouvriers luisant de sueur et soufflant comme des mules épuisées se retirèrent. À présent, il ne restait qu'un espace de deux coudées entre le grand tombeau d'or et les murs décorés. Les prêtres placèrent encore quelques objets rituels selon une disposition qui n'avait de signification que pour eux seuls. Des rames en bois, des lampes et des coffrets, des jarres de vin et un bouquet d'olivier et de perséa. Les portes du tombeau furent scellées À l'intérieur demeuraient les cercueils d'or emboîtés les uns dans les autres et, minuscule, tapi au cœur de ce grand nid d'or froid sculpté et incrusté, de tout ce bois et de cette pierre jaune, menu et vulnérable au sein de ce déploiement d'or et de cette accumulation de richesses, reposait le corps froid, mince et éviscéré du roi défunt. Je le revis tout à coup et j'eus la vision de son ravissement tandis qu'il attendait le début de la chasse, sous les étoiles du désert, bien vivant.

Nous reculâmes respectueusement, la tête baissée. Ay et Ankhesenamon sortirent en dernier. Et nous repartîmes lentement vers l'Antichambre, laissant le roi dans sa chambre de pierre entouré de tout cet or, de ses objets funéraires, de divans, de masques et de bateaux miniatures, de ses échiquiers, des tabourets sur lesquels il s'était assis lorsqu'il était enfant, des coupes dans lesquelles il avait bu, de tous les objets de ce monde dont il aurait besoin dans l'Autre Monde, là où le temps n'existe plus et où les ténèbres se transforment en lumière éternelle et immuable. À ce que l'on dit.

Nous prîmes le repas funèbre et assistâmes au transport des derniers objets funéraires destinés à meubler l'Antichambre et la petite crypte sur la gauche : des roues de char, des éléments des chars en or sciés ou démontés, des coffrets superbement décorés et incrustés de marqueteries, trois élégants divans dont l'un était décoré de lions. Leur faces d'or, leur museau bleu, l'expression de pitié qu'affichait le regard sage de leurs yeux d'or me frappèrent quand ils brillèrent dans l'obscurité. Ainsi que leur ombre puissante reflétée sur le mur à la lueur des lampes lorsqu'ils passèrent devant moi. Des récipients blancs destinés aux offrandes furent empilés sur un des divans. Je reconnus la coupe d'albâtre en forme de lotus, pâle et lumineuse dans la lumière, que j'avais vue dans la cabine de Toutankhamon sur le bateau. Il y avait aussi des sièges et des trônes décorés du signe d'Aton et deux statues de gardes, grandeur nature, qui semblaient s'appliquer à ignorer tout ce désordre ; des trompettes d'argent enveloppées dans des roseaux, des cannes en or et des flèches à la pointe d'or avaient été empilées contre les murs. De nombreuses jarres de vin dont le cachet prouvait qu'elles étaient déjà anciennes et remontaient à l'époque d'Akhenaton et d'innombrables flacons d'albâtre contenant des huiles et des parfums furent déposés dans la petite crypte avec des centaines de paniers de fruits et de viande qui furent entassés sur les tabourets, les coffres et un long lit en or. Il y avait de l'or partout : un déploiement de luxe à vous rendre malade.

Enfin vint le moment d'enfermer Toutankhamon dans sa tombe pour l'éternité. J'avais l'étrange sentiment que nous autres, les vivants, entassés dans ce corridor, nous nous trouvions du mauvais côté de la porte de pierre hâtivement construite entre nous et l'Antichambre désormais déserte.

Tous ces visages rassemblés, ceux des nobles, des prêtres et de la jeune reine, m'apparurent ceux de conspirateurs occupés à commettre un crime à la lueur vacillante et inquiète des chandelles. J'éprouvais un mélange de dégoût et de pitié pour les maçons dans leurs tenues de travail toutes sales qui mettaient en place les dernières pierres et y appliquaient à grands coups de truelle un crépi gris et mouillé qu'ils lissaient ensuite, afin que les gardiens de la nécropole puissent y imprimer leurs insignes ovales d'Anubis, et déjà de nombreuses mains se tendaient, prêtes à y déposer leurs signes pour l'éternité, dans une hâte et une fébrilité qui juraient avec la signification des autres symboles. Grand par l'amour de toute la Terre... il crée les images des dieux pour qu'ils lui accordent le souffle de la vie...

Puis, comme un troupeau d'animaux, nous remontâmes le long du corridor en tenant nos frêles lampes. Ankhesenamon déposa des fleurs sur les marches : mandragore, nénuphars bleus, morelle noire, olivier et saule, un frêle bouquet en signe d'espoir de fleurs éphémères du printemps du monde. Son visage ruisselait de larmes. Je sortis le dernier et, en me retournant, je vis monter comme une marée obscure les ombres de nos silhouettes qui en partant se mêlaient aux ténèbres de l'éternité envahissant derrière nous les seize marches, jusqu'à ce que le tombeau soit obturé par de nouvelles pierres, pour toujours.

53

La demi-lune avait disparu derrière la crête des contreforts noir et bleu de la vallée. Nous nous retrouvions là ensemble, un peu perdus sur la terre des vivants, à la lueur des dernières étoiles. Mais nous n'étions pas seuls. Dans l'obscurité se dressait un personnage imposant qui nous attendait accompagné de soldats dont les armes luisaient au clair de lune. Horemheb. Je vérifiai la présence des gardes de Simut. Je distinguai des formes sombres, des corps abattus, tombés à terre dans le noir.

Le général s'avança pour défier Ay et Ankhesenamon.

— Vous n'avez pas jugé utile de m'inviter aux derniers rites funèbres du roi ? demanda-t-il.

Ay lui fit face.

— Je suis le roi. J'ai accompli les rites et pris la succession. Je l'annoncerai officiellement dans la matinée ainsi que mon couronnement prochain.

— Et toi, reine ? As-tu trouvé ma proposition si négligeable que tu n'aies même pas jugé utile d'en discuter avec moi avant de prendre la décision qui mène à cette situation tellement regrettable ?

— J'ai longuement réfléchi. Je suis la veuve de Toutankhamon. Je suis Celle qui Restaure les Dieux et la petite-fille d'Amenhotep le Glorieux. Et toi tu n'es pas noble.

— Comment oses-tu mettre en cause ma noblesse ! grogna-t-il de sa voix basse et menaçante.

Elle marqua une pause. Le moment était venu. Horemheb était impatient d'entendre ce qu'elle avait à dire.

— Il m'est arrivé des informations, privées et confidentielles, qui m'ont stupéfaite et déçue. Elles concernent la réputation et l'intégrité de l'armée.

Elle laissa ses paroles dangereuses flotter dans l'air obscur.

— La réputation et l'intégrité de l'armée sont sans tache, répliqua Horemheb sur un ton menaçant.

— Peut-être, dans ce cas le général n'est-il pas au courant de ce qui se passe au sein de ses propres régiments ? Certains éléments de l'armée entretiennent pour leur profit personnel des relations commerciales avec les Hittites, nos vieux ennemis.

Il se rapprocha ; son souffle se transformait en buée dans l'air froid de la nuit.

— Tu oses vraiment accuser mes troupes de trahison ? Toi ?

Il la regarda d'un air moqueur mais elle soutint son regard.

— Je rapporte ce qui m'a été dit. C'est peut-être faux, mais encore une fois, c'est peut-être vrai. On m'a parlé d'opium qui serait acheminé à travers nos lignes. Faire commerce avec l'ennemi ? Ce serait extrêmement fâcheux si une telle supposition venait à être connue de l'administration, des temples et de l'opinion publique.

Horemheb dégaina vivement son sabre recourbé dont la lame polie brillait à la lueur de la lune. Je craignis un instant qu'il ne lui tranche la tête. Il tenait son arme brandie dans son poing ganté, et ses soldats avaient immédiatement pointé leurs beaux arcs redoutables sur nos cœurs, prêts, sur son ordre, à tous nous massacrer en silence. Simut s'avança aussitôt pour protéger la reine, sa dague dressée vers Horemheb. Les deux hommes s'affrontèrent du regard, tendus comme des chiens avant une méchante bataille. Mais Ankhesenamon tint bon et décida d'intervenir.

— Je ne pense pas que notre assassinat servirait ta cause. Tu n'as pas assez de pouvoir pour contrôler toutes les administrations et les temples des Deux Terres. Une trop grande partie de tes troupes est retenue au loin par la guerre. Réfléchis bien. Écoute ma proposition. Mon seul désir est que l'ordre règne sur les Deux Terres et par conséquent je veux établir entre nous trois un partage équitable des pouvoirs nécessaires à maintenir cet ordre. Ay gouvernera en tant que roi car il contrôle toute l'administration du royaume. Tu resteras à ton poste de général. Le trafic clandestin doit cesser. Si tel est le cas, tu en retireras de grands avantages. Voilà quel est l'avenir.

Horemheb abaissa lentement son sabre et fit signe à ses hommes d'abaisser eux aussi leurs arcs.

— Et à quoi ressemble cet avenir ? Vas-tu épouser ce vieux débris infirme ? fit-il en désignant Ay d'un geste dédaigneux.

— Mon roi est mort mais je suis la seule à pouvoir fournir un successeur, un fils qui deviendra roi à son tour. Tel est mon destin et je l'accomplirai. Quant au père de mon fils, je le choisirai soigneusement, ce sera le meilleur des meilleurs de tous les hommes. Je le choisirai moi-même et aucun homme ne m'imposera son choix. Celui qui s'avérera être cet homme noble, quel qu'il soit, je le prendrai pour époux. Et il deviendra roi à mes côtés. Et, comme il se doit, nous gouvernerons les Deux Terres ensemble. Peut-être seras-tu celui qui se révélera être cet homme providentiel.

Ay, qui n'avait pas dit un mot pendant cet échange, intervint à présent.

— Tels sont les termes. Tu dois savoir qu'il y a un millier de gardes du palais en position au-dessus de nous et à l'entrée de la vallée. Ils sont prêts à faire tout ce qui sera nécessaire pour assurer notre sécurité. Quelle est ta réponse ?

Horemheb leva les yeux et, de chaque côté sur les crêtes, il vit des silhouettes sombres brandissant des arcs.

— Croyais-tu que je n'aurais pas prévu tout ce que tu risquais de manigancer ? poursuivit Ay.

Horemheb les observa tous les deux puis s'approcha très près.

— Magnifique, un vieillard affligé de rages de dents et une faible gamine bercée par des rêves de gloire qui tiennent les rênes du pouvoir, accompagnés d'un officier Medjay inutile qui sait que désormais sa famille ne sera plus jamais en sécurité. Écoutez…

Et il ouvrit les bras au vaste silence de la nuit et au désert qui nous écrasaient de leur grandeur.

— Savez-vous ce que c'est ? C'est le bruit du temps. Vous croyez n'entendre que le silence mais il rugit comme un lion. Il n'y a pas d'autre dieu que le temps, et je suis son général, j'attendrai. Mon heure est proche, et quand elle viendra, dans le triomphe et la gloire, vous ne serez plus que poussière et vos noms ne seront plus que poussière car je les ferai effacer l'un après l'autre de toutes les pierres, j'usurperai vos monuments et à votre place se dressera une nouvelle dynastie, portant mon nom, et le fils vaillant succédera à son vaillant père, génération après génération, dans l'avenir et à jamais.

Puis il sourit comme s'il était déjà assuré de sa victoire, fit demi-tour et s'enfonça dans les ténèbres escorté par ses troupes.

Ay le suivit du regard d'un air sinistre.

— Cet homme est plein de vent. Allons, il y a beaucoup à faire.

Brusquement, il fit la grimace et se tint la joue. Il semblait bien que tout le pouvoir du monde ne pouvait venir à bout d'une rage de dents.

Avant de partir vers un avenir incertain, Ankhesenamon se tourna vers moi.

— Je suis venue vers toi pour t'appeler à l'aide. Tu as pris tous les risques pour m'apporter ton secours ces derniers jours. J'ai bien entendu la menace qu'il a proférée contre ta famille. Sois certain que je ferai tout ce qui est en mon pouvoir pour garantir leur sécurité. Tu sais que je souhaite que tu sois mon garde du corps personnel. Ma proposition est toujours valable. Et je serai heureuse de te revoir.

Je hochai la tête. Elle se retourna et contempla tristement l'entrée murée de la tombe de feu son jeune époux. Puis elle partit, suivie de Khay et des autres nobles, et ils montèrent sur les chars qui devaient les ramener par la longue voie pavée jusqu'au palais des Ombres et à la tâche impitoyable de façonner et faire advenir un avenir tranquille pour les Deux Terres. Je repensai à ce qu'Horemheb avait dit du pouvoir, que c'était une bête sauvage. J'espérai qu'elle parviendrait à la maîtriser.

Simut et moi les regardâmes partir. L'obscurité diminuait rapidement à l'approche de l'aube.

— Horemheb a raison, j'en ai bien peur. Ay n'a plus très longtemps à vivre. Et la reine ne peut gouverner sans un héritier. Pas tant qu'Horemheb la guette.

— C'est vrai. Mais elle est en train d'acquérir de plus en plus de puissance. Elle tient de sa mère. Et cela me rend confiant, répondis-je, saisi d'un élan d'optimisme qui me prit par surprise.

— Viens, montons jusqu'au sommet de la colline et regardons le soleil se lever sur ce jour nouveau, suggéra-t-il.

Nous escaladâmes péniblement les vieux replis de la colline en suivant les sentiers qui avaient l'air de cicatrices sur son flanc rocailleux et sombre, et bientôt s'étendit sous nos yeux le vaste panorama du monde plongé dans l'ombre : les champs anciens et fertiles, le flot infini du Grand Fleuve et la ville endormie, avec ses temples glorieux et ses tours, ses palais opulents et silencieux, ses prisons et ses masures, ses maisons tranquilles et ses quartiers pauvres au loin dans le noir. J'aspirai l'air froid. Il était tonique et revigorant. Les dernières étoiles pâlissaient et on apercevait un soupçon de rouge à l'horizon par-delà la ville. Le roi était mort. Je revis ses yeux et son visage en or, enfouis là-bas dans l'obscurité, et qui voyait l'Autre Monde apparaître devant lui tandis que la lumière de l'éternité pointait et que ses esprits venaient le rejoindre.

Quant à moi, ce que mes yeux voyaient du monde me suffisait amplement. La fumée des premiers feux commençait à s'élever en volutes dans l'air pur et calme. Au loin j'entendis les premiers oiseaux commencer à chanter. Je posai ma main sur la tête de Thoth. Il m'adressa son bon vieux regard plein de sagesse. Mes enfants et mon épouse devaient dormir encore. J'avais très envie d'être auprès d'eux quand ils s'éveilleraient. Il fallait que je parvienne à me convaincre que nous allions pouvoir vivre en sécurité en dépit des périls et des menaces que nous réservait l'avenir. Je contemplai le ciel couleur indigo et l'horizon qui s'éclairait de plus en plus. Bientôt la lumière brillerait.

Note de l'auteur

Depuis 1922, l'année où Howard Carter fit sa formidable découverte dans la Vallée des Rois, Toutankhamon est devenu le plus célèbre de tous les Égyptiens de l'Antiquité, le plus captivant et en un sens le plus mystérieux. Quand j'étais petit, en 1972, on m'emmena visiter la grande exposition consacrée à Toutankhamon au British Museum. Ses objets funéraires, parmi lesquels le tombeau en or, les statuettes en or le représentant brandissant un épieu ou tenant le fléau du pouvoir, la coupe des souhaits en albâtre, un sceptre en or, de superbes bijoux, une longue trompette de bronze, un boomerang et un arc de chasse minutieusement décoré semblaient être les trésors d'un monde perdu. Et surtout son masque mortuaire en or massif martelé, certainement l'une des plus belles œuvres d'art du monde antique, semblait contenir tout entier le pouvoir mystérieux de celui qu'on appelait « l'enfant-roi » qui posséda tant de pouvoir, vécut parmi de telles merveilles et cependant mourut mystérieusement très jeune, probablement avant d'avoir vingt ans, et qui fut enterré à la hâte et totalement oublié pendant près de 3 500 ans.

La découverte de sa tombe suscita un énorme regain de fascination populaire à l'égard de l'Égypte, mais elle renforça l'attrait pour les mystères occultes des pyramides et des tombes, et les malédictions des momies dignes des films de série B au détriment d'une vision plus nuancée de cette remarquable culture. Ainsi, pour Toutankhamon, par exemple, les pyramides étaient déjà à l'époque aussi anciennes que le sont pour nous aujourd'hui les pierres de Stonehenge.

Les historiens de l'Antiquité et les archéologues nous ont fourni beaucoup de renseignements détaillés sur l'Égypte ancienne et en particulier sur le Nouveau Royaume. Sous la XVIIIe dynastie, l'Égypte régnait sur l'empire le plus puissant, le plus riche et le plus raffiné que le monde ancien ait jamais connu. C'était une société d'une très grande complexité, remarquablement organisée, capable d'édifier d'étonnants monuments, de produire des objets d'art et des bijoux superbes, soutenant son rang prééminent dans le domaine des rapports politiques internationaux et offrant à son élite une vie de luxe et de prospérité, au prix des efforts d'une importante force laborieuse. Au-delà de ses propres frontières, elle administrait un vaste territoire qui s'étendait depuis la troisième cataracte dans ce qui est aujourd'hui le Soudan jusqu'à la plus grande partie du Levant. Ses routes commerciales acheminant des denrées rares s'étendaient bien au-delà. Elle possédait une armée perfectionnée sous les ordres du général Horemheb, un clergé extrêmement puissant qui administrait de vastes étendues de terre et des biens dont il tirait de grands revenus, des services civils très élaborés et ce que l'on pouvait considérer comme une police nationale, les Medjay.

À l'origine, les Medjay étaient des nomades nubiens. À l'époque du Royaume Moyen, les anciens Égyptiens appréciaient leurs talents de combattants, ils les utilisaient comme guides et fantassins et employaient leurs dons d'éclaireurs pour recueillir des informations sur les étrangers, particulièrement dans les zones frontalières. L'Égypte ancienne, et c'est une chance pour nous, possédait une culture bureaucratique et on peut encore lire un rapport de cette époque qui dit : « Le peloton que l'on a envoyé patrouiller aux confins du désert [...] est revenu et m'a signalé ce qui suit : nous avons trouvé la trace de trente-deux hommes et de trois ânes » (Kemp, 2006). Au cours de la XVIIIe dynastie, le terme de Medjay s'appliquait plus largement pour désigner une sorte de police urbaine primitive. De nombreux exemples de crime et de corruption sont attestés pendant le temps du Nouveau Royaume, comme dans toutes les époques et toutes les cultures et, à partir des preuves dont je disposais, j'ai donc imaginé une force de police fonctionnant sur le modèle d'une police moderne, avec une hiérarchie codifiée, une forte volonté d'indépendance par rapport aux autres formes d'autorité et naturellement des détectives faisant preuve d'une grande ouverture d'esprit, des « chasseurs de mystères » dont Rahotep est le meilleur exemple.

Toute la puissance, les réalisations et les triomphes de l'Égypte du Nouveau Royaume étaient rendus possibles par les eaux nourricières du Nil, le Grand Fleuve qui délimitait pour les Égyptiens les « Deux Terres », la Noire, le sol riche et fertile autour du fleuve, et la Rouge, le désert apparemment sans limites qui les entourait et qui représentait tout ce qu'ils redoutaient : la stérilité, le chaos et la mort. Le cycle perpétuel de la renaissance quotidienne du soleil à l'est et de sa disparition à l'ouest et son mystérieux voyage nocturne à travers le territoire périlleux de l'autre vie inspirèrent leur religion superbe et complexe.

Nous savons que Toutankhamon hérita du trône alors qu'il n'avait que huit ans. Nous savons qu'Ay, qui était en fait le chancelier, gouverna en son nom. Et nous savons que Toutankhamon est né et a grandi dans des temps très troublés. Les difficultés qu'il a rencontrées au cours de son règne, il les a héritées de son père Akhenaton. L'introduction de la nouvelle religion révolutionnaire de l'Aton imposée par Akhenaton et Néfertiti et la fondation de la nouvelle capitale religieuse d'Akhetaton (actuellement Armana) avaient provoqué dans le domaine politique et religieux une crise profonde que j'ai évoquée dans *Néfertiti la Parfaite, Le Livre des morts*. Après la fin du règne d'Akhenaton, l'ancienne religion orthodoxe fut rétablie au milieu de luttes de puissantes factions rivales qui cherchaient à s'emparer du pouvoir et à étendre leur influence. Cette période de réformes forcées affecta profondément Toutankhamon qui dut prendre ses distances sur le plan politique avec le règne de son père. On peut en voir la preuve dans le fait qu'il changea son nom de Toutankhaton (« Vivante Image de l'Aton ») et remit en vigueur le nom d'Amon (« le Caché »), le dieu tout-puissant dont le complexe religieux des temples de Karnak demeure un des grands monuments du monde antique.

Les Égyptiens redoutaient grandement le chaos. Ils le considéraient comme une menace permanente contre l'ordre naturel et surnaturel, contre les valeurs de la beauté, de la justice et de la vérité. La déesse Maat, que l'on représentait sous les traits d'une femme assise tenant une plume d'autruche, symbolisait l'ordre à la fois au niveau cosmique des saisons et des étoiles et au niveau social des relations entre les dieux dans la personne du roi et des hommes… Une expression graphique du chaos qui régnait au moment du couronnement de Toutankhamon est évoquée par la Stèle de la restauration (une table de pierre recouverte d'inscriptions) qui fut érigée dans le complexe de Karnak pendant les premières années de son règne. Elle relève bien sûr en partie d'une volonté de propagande, mais la description de l'état du monde avant le règne de Toutankhamon y est incroyablement vivante. (Un passage de ce texte constitue l'épigraphe de ce livre.) La tâche du nouveau roi devait être, comme pour tous ceux qui l'avaient précédé, de restaurer le *maat* dans les Deux Terres d'Égypte, comme l'affirme la stèle. « Il a vaincu le chaos dans tout le pays... et le pays tout entier a été rétabli tel qu'il était au moment de sa création. »

Les éléments avérés d'une biographie de Toutankhamon sont extrêmement minces et la plupart des récits ne sont que des interprétations basées sur des fragments d'une authenticité très discutable. De nombreux mystères captivants demeurent. Pourquoi et en quelles circonstances Toutankhamon est-il mort si jeune ? Des analyses radiographiques récentes de sa momie ont invalidé la théorie selon laquelle il serait mort d'un coup reçu à la base du crâne. Les nouvelles constatations scientifiques font état d'une jambe fracturée et d'une septicémie. Si c'est le cas, comment cela s'est-il produit ? S'agissait-il d'un accident ? Ou bien a-t-il été victime d'un crime plus sinistre ? Nous en sommes réduits aux conjectures pour comprendre pourquoi ses funérailles semblent s'être déroulées dans une étrange précipitation : les peintures du tombeau sont sommaires et inachevées, le mobilier funéraire paraît réuni au hasard, des parties du tombeau en or ont été endommagées au moment de leur assemblage et deux fœtus momifiés ont été ensevelis avec lui sans aucune précision sur leur identité… Pourquoi le vin datait-il d'une époque antérieure et pourquoi y avait-il une telle quantité de cannes dans sa tombe ? Quel rôle joua sa femme Ankhesenamon, qui était aussi sa demi-sœur et la fille de la grande reine Néfertiti et d'Akhenaton ? Quelles étaient les prétentions d'Ay et comment parvint-il à devenir le nouveau roi ? Et où se trouvait le puissant Horemheb pendant cette période sombre et troublée ?

Le grand poète Robert Graves a écrit que les romans historiques sont des tentatives pour résoudre les mystères les plus complexes. Et il reste peu de mystères historiques plus grands que la vie et la mort de Toutankhamon ; ce roman est ma tentative personnelle par le biais de l'imagination, et en essayant d'être aussi respectueux que possible de la vérité historique pour dépeindre ces gens morts depuis si longtemps comme s'ils étaient encore bien vivants dans le présent et pour proposer une solution à l'énigme de ce jeune homme qui détint brièvement entre ses mains la crosse et le fléau du pouvoir terrestre puis qui disparut totalement des registres de l'Histoire jusqu'à ce jour de 1922 où les sceaux de sa tombe furent brisés.

On prête à Howard Carter cette réponse célèbre quand on lui demanda s'il voyait quelque chose : « Oui… des choses merveilleuses ! » Tous ceux qui depuis ont eu l'occasion de voir le masque d'or mortuaire de Toutankhamon se souviennent de ses yeux, faits de quartz et d'obsidienne et décorés de lapis-lazuli ; ils semblent fixer un point situé au-delà de tous ces simples mortels qui défilent devant lui saisis d'admiration. Ils semblent contempler la lumière de l'éternité.

Bibliographie sélective

Andrews, Carol, *Egyptian Mummies,* British Museum Press, 1998

Darnell, John Coleman, et Manassa, Colleen, *Tutankhamun's Armies*, Wiley and Sons, 2007

Kemp, Barry J., *Ancient Egypt, Anatomy of a Civilization,* Routledge, 2006

Kemp, Barry J., *The Egyptian Book of the Dead*, Granta Books, 2007

Manley, Bill, *The Penguin Historical Atlas of Ancient Egypt*, Penguin, 1996

Meskell, Lynn, *Private Life in New Kingdom Egypt,* Princeton University Press, 2002

Nunn, John F., *Ancient Egyptian Medicine,* British Museum Press, 1997

Pinch, Geraldine, *Egyptian Myth*, *A Very Short Introduction,* Oxford University Press, 2004

Pinch, Geraldine, *Magic in Ancient Egypt,* British Museum Press, 1994

Reeves, Nick, *The Complete Tutankhamun*, Thames and Hudson, 1990

Sauneron, Serge, *The Priests of Ancient Egypt*, traduit par David Lorton, Cornell University Press, 2000

Shaw, Ian, et Nicholson, Paul, *The British Museum Dictionary of Ancient Egypt*, British Museum Press, 1995

Strudwick, Nigel, et Strudwick, Helen, *Thebes in Egypt,* Cornell University Press, 1999

Wilkinson, Richard, *The Complete Temples of Ancient Egypt*, Thames and Hudson, 2000

Wilson, Penelope, *Hieroglyphs, A Very Short Introduction,* Oxford University Press, 2003

Remerciements

Bien des gens m'ont aidé pendant la rédaction de ce roman.

Bill Scott-Kerr, Sarah Turner, Deborah Adams, Lucy Pinney et Matt Johnson chez Transworld forment une équipe idéale pour accompagner un écrivain. Qu'ils soient sincèrement remerciés pour leur patience, leur soutien, leurs précieuses remarques et leur enthousiasme.

Sans mon agent exceptionnel, Peter Straus, ce livre n'existerait pas. Je voudrais aussi remercier Stephen Edwards et Laurence Laluyaux de chez Rogers, Coleridge & White. Un grand merci également à Julia Kreitman à l'Agence.

Carol Andrews, licenciée d'histoire, diplômée en égyptologie, ma savante experte en la matière, m'a généreusement fait profiter de ses connaissances remarquables, a relu les épreuves et a corrigé mes erreurs avec une grande rigueur. Je dirais, selon la formule consacrée, que toutes les erreurs qui pourraient subsister sont de ma responsabilité.

Broo Doherty, David Lancaster, John Mole, Paul Rainbow, Robert Connolly, Iain Cox et Walter Donohue ont bien voulu lire les premiers jets du roman et leurs réactions précises et pertinentes m'ont permis d'aller de l'avant. Jackie Kay m'a constamment soutenu et encouragé. La famille Dromgoole, Dom, Sasha, et leurs merveilleuses filles, Siofra, Grainne et Cara, a été pour moi une source d'inspiration. Tous mes remerciements à Edward Gonzalez Gomez ; comme le dit un chant du Nouveau Royaume « du tréfonds de mon cœur ».

En l'honneur de tous, je voudrais lever le merveilleux gobelet d'albâtre de Toutankhamon, connu sous le nom de « coupe des souhaits » et qui porte cette belle inscription :

Vis ton ka
Et puisses-tu passer des millions d'années
Toi qui aimes Thèbes
Le visage baigné dans la fraîche brise du nord
Dans un bonheur parfait.

Composé par Nord Compo
à Villeneuve-d'Ascq (Nord)

Imprimé en Espagne par Liberdúplex
à Sant Llorenç d'Hortons (Barcelone)
en février 2010

POCKET – 12, avenue d'Italie – 75627 Paris cedex 13

N° d'impression :16903
Dépôt légal : mars 2010
S19775/01